Leopold Füreder

Nationalpark Hohe Tauern
GEWÄSSER

Bibliografische Information Der Deutschen Nationalbibliothek
Die Deutsche Nationalbibliothek verzeichnet diese Publikation in der Deutschen
Nationalbibliografie; detaillierte bibliografische Daten sind im Internet über
http://dnb.d-nb.de abrufbar.

Herausgeber:
Sekretariat des Nationalparkrates Hohe Tauern,
Kirchplatz 2, 9971 Matrei i.O.

Umschlagfotos: Umschlagseite 1:   Nationalpark Hohe Tauern
                 Umschlagseite 4:   L. Füreder

© 2007 Nationalparkrat Hohe Tauern, Kirchplatz 2, 9971 Matrei i.O.

Vertrieb im Buchhandel:
Tyrolia-Verlag, Innsbruck – Wien
ISBN 978-3-7022-2808-8
E-Mail: buchverlag@tyrolia.at
Internet: www.tyrolia.at

Alle Rechte, insbesondere das Recht der Vervielfältigung und Verbreitung sowie der Übersetzung, vorbehalten.
Kein Teil des Werkes darf in irgendeiner Form ohne schriftliche Genehmigung des Nationalparkrates reproduziert
oder unter Verwendung elektronischer Systeme gespeichert, bearbeitet, vervielfältigt oder verbreitet werden.

Gesamtherstellung: Athesia-Tyrolia Druck, Innsbruck

Leopold Füreder

Fließgewässerökologie und Süßwasserfauna, Institut für Ökologie
der Leopold-Franzens-Universität Innsbruck,
Technikerstr. 25 · A-6020 Innsbruck

Nationalpark Hohe Tauern
GEWÄSSER

Inhalt

1 Einleitung **10**

    1.1 Naturraum und Bedeutung der Gewässer
           in den Hohen Tauern 10
    1.2 Wasser und Gewässer der Hohen Tauern –
           eine kurze Bilanz 15
    1.3 Ein Fest der Sinne – vom kräftigen Wasserrauschen
           zum lautlosen Stillgewässer 17
    1.4 Wirtschaftliche Aspekte und Nutzungskonflikt 18

2 Gestaltendes Element Wasser **24**

    2.1 Niederschlag: Regen und Schnee 25
    2.2 Das Abflussverhalten der Gebirgsbäche 28
    2.3 Erosion und Sedimentfrachten 32
    2.4 Schleppkraft und Geschiebedynamik 35
    2.5 Naturraumdynamik, Landschaftsformung 37

3 Gletscher – Gewässer **41**

    3.1 Gletscher und Klimageschichte
           im Nationalpark Hohe Tauern 43
    3.2 Vergletscherung und Gletscheränderungen:
           Folgen für Entstehung und Zustand der Gewässer 51
    3.3 Gletscherschwund und alpine Fließgewässerökosysteme ... 58

4 Naturraum und die Vielfalt der Gewässer **60**

    4.1 Der Gewässernaturraum 64
    4.2 Die Geologie der Hohen Tauern 65
    4.3 Vegetationsstufen 67
    4.4 Hauptflussgebiete 70
    4.5 Einzugsgebiete 70
    4.6 Vergletscherung im Einzugsgebiet 72

4.7	Die Fließgewässer der Hohen Tauern	74
4.8	Systemeigenschaften alpiner Fließgewässer	90
4.9	Aue, Ufervegetation – Der Bach als Ganzes	93
4.10	Stillgewässer	97
4.11	Quellen	106
4.12	Kleingewässer, Moore und Feuchtgebiete	109

5 Das Gewässerökosystem 116

5.1	Primärproduzenten: Algen, Moose, Makrophyten	117
5.2	Konsumenten: Von winzigen Einzellern bis zu größeren Raubtieren	123
5.3	Anpassungen an den Lebensraum der Gebirgsgewässer	147
5.4	Struktur und Funktion der tierischen Lebensgemeinschaften in Gebirgsgewässern	153
5.5	Das Überleben der Wasserinsekten im Hochgebirge	157
5.6	Lebensgemeinschaften der Hochgebirgsbäche	159
5.7	Die Fauna der Stillgewässer	165

6 Gebirgsgewässer im Wandel 168

6.1	Mensch, Kultur und Gewässer	170
6.2	Vielfältige Folgen des Klimawandels	179
6.3	Katastrophen, Muren und Hochwasserschutz	181
6.4	Der ökomorphologische Zustand der Fließgewässer	187

7 Gewässer und Indikatoren - Gewässer als Indikatoren 191

7.1	Seen als Archive rezenter und historischer Veränderungen	193
7.2	Indikatororganismen	198

8 Beeindruckende Gewässer im Nationalpark 201

9 Bildungsthema „Wasser" im Nationalpark 219

9.1 Ein erfolgreiches Projekt – die Wasserschule 220
9.2 Haus des Wassers – Treffpunkt der
forschenden Jugend Europas 222

10 Verwendete und weiterführende Literatur 223

11 Anhang – Gewässerinventar
Nationalpark Hohe Tauern - Stillgewässer 227

12 Glossar – wichtige gewässerökologische
Fachbegriffe 231

13 Bestimmungsschlüssel 235

Biographie 248

Vorwort

Der Nationalpark Hohe Tauern ist überaus reich an Gewässern, die einen sinnesstarken und nachhaltigen Eindruck bei der Begehung und Erkundung dieses großartigen Naturraums aus Tälern und Gebirgsgruppen hinterlassen. In jeder Landschaftsform, ob Tal oder Bergflanke, in jeder Höhenstufe im unveränderten und auch im vom Menschen geprägten Naturraum dominieren sowohl optisch als auch akustisch die Gewässer. Uns Menschen ist schon seit jeher eine Faszination für Wasser und Gewässer eigen. Einerseits ist Wasser lebensnotwendig, andererseits aber auch Anziehungspunkt für Freizeitakteure und Erholungsuchende. Siedlungen wurden vorwiegend im Nahbereich von Gewässern gebaut. Heutzutage bieten Fischzucht, Angel- und Wassersport die innigsten Beziehungen mit dem Element Wasser.

Im Naturraum des Hochgebirges werden die systemeigene Dynamik der Gewässer und ihre landschaftsformende Gewalt deutlich und wirken hier besonders stark auf den Menschen. Andererseits können Stillgewässer ein starker Kontrast zur oft schroff-bedrohlichen Gebirgslandschaft sein. Die Kombination aus der klanglichen Wahrnehmung und der sinnlichen Erfahrung der landschaftlichen Schönheit und regionalen, klimatischen Besonderheiten machen die Gewässer zu einem Anziehungspunkt für die Besucher des Nationalparks Hohe Tauern.

Schon allein aus diesem Grund war es für mich faszinierend, das vorhandene ökologische Wissen über die Gebirgsgewässer zusammenzutragen und aufzubereiten, damit die interessierten Besucher besser über den Reichtum und die Funktion der Gewässer unterrichtet werden sowie einiges an Hintergrundwissen und faszinierende Einblicke in die Gewässerökosysteme erhalten. Neben den maßgeblichen Umweltfaktoren in der Gebirgsregion und der Vielfalt der Gewässer wurde dabei auf die großteils hoch spezialisierte und best angepasste Tier- und Pflanzenwelt eingegangen, die in allen Gewässertypen für den Stoffumsatz und das intakte ökologische Gefüge von entscheidender Bedeutung sind. Das Wissen darüber ist meist in wissenschaftlichen Aufsätzen oder Berichten verteilt und daher für den Großteil der Interessenten nicht leicht zugänglich. Auch waren zahlreiche gewässerrelevante Aspekte bislang für das Gebiet des Nationalparks ungenügend erforscht und daher die Kenntnisse darüber einfach nicht vorhanden.

Vor einigen Jahren jedoch wurde ich vom Nationalpark Rat beauftragt, die Grundlagen für eine zukünftige Langzeitbeobachtung an den Gebirgsgewässern zu erarbeiten. Unter der Mitarbeit von mehreren Fachleuten sowie Studierenden der Limnologie der Universität Innsbruck konnte ein erster umfassender Überblick über die Gewässervielfalt im Nationalpark Hohe Tauern gewonnen werden. Die Ergebnisse dieses Projektes und die dabei erarbeiteten Fakten stellten eine wichtige Grundlage für die Gestaltung dieses Buches dar. Für die Analyse der Daten war es auch notwendig, früher durchgeführte Studien, historische und aktuelle Arbeiten an den Gewässern der Hohen Tauern mit zu berücksichtigen. Das verfügbare Material über Naturraum, Geologie, Gletscher, Vegetation, Biologie, Limnologie u.a. wurde in einer Reihe von Quellen und Archiven ausgehoben und eingearbeitet.

Hiermit sind alle Fließgewässer mit einem Mindesteinzugsgebiet von 1 km² sowie alle nennenswerten Stillgewässer (Tümpel und Seen) des Nationalparks erfasst und ihre wesentlichen Eigenschaften dargestellt. Die durchgeführten Kartierungsarbeiten lieferten einen repräsentativen Überblick über die natürliche morphologische Ausstattung der Gewässer. Gleichzeitig ermöglichen sie eine Einschätzung des ökologischen Zustandes sowie die Interpretation möglicher Auswirkungen menschlicher Aktivitäten. Die Gesamtheit der erhobenen Daten über die Gewässer bildete die Grundlage für eine auch für die Fachleute gut brauchbare Gewässertypisierung von Gebirgsgewässern der Zentralalpen.

Neben den Untersuchungen und der Freilandarbeit im Nationalpark Hohe Tauern ermöglichen zahlreiche und längere Forschungsaufenthalte in den Ötztaler Alpen, in skandinavischen und auch arktischen Gebieten wichtige Erkenntnisse über die generellen Gegebenheiten und das Funktionsgefüge in Gewässerökosystemen der kälteren und kalten Regionen.

Aus anderen eigenen Untersuchungen über die Ökologie von Hochgebirgsgewässern mit einer besonderen Berücksichtigung der vorwiegend wirbellosen Tiere, der Nahrungsverfügbarkeit in den oft extremen Lebensräumen und der Definition von Leitarten und -gemeinschaften konnten wichtige Ergebnisse über Vielfalt, Struktur und Funktion der Gewässerökosysteme mit berücksichtigt werden. Damit sind einerseits Schlussfolgerungen auf Allgemeingültigkeit von biologischen und/oder ökologischen Erkenntnissen zulässig, andererseits lassen sich manche Besonderheiten für das Gebiet des Nationalparkgebietes und der Hohen Tauern aufzeigen.

Bei der Bearbeitung der vielen gewässerrelevanten Aspekte wurde mir aber auch gleich bewusst, dass es unmöglich ist, die Mannigfaltigkeit der Gewässerökosysteme, der Lebensräume, der Organismen und der Wechselwirkung auch nur annähernd komplett darzustellen. Obwohl der Versuch vorliegt, umfassend über die Ökologie der Gewässer des Nationalparks zu berichten, liegt bei jedem der hier präsentierten Themen nur ein Überblick vor, der manchmal - wo es mir aus ökologischen Gesichtspunkten notwendig erschien – tiefer geht.

Das vorliegende Buch wurde mit zahlreichen fotografischen Aufnahmen ergänzt, die entweder von den Nationalparkverwaltungen und einigen Personen des Fachbereiches zur Verfügung gestellt oder während der Außenarbeiten im Gebiet des Nationalparks angefertigt wurden. Damit liegt sowohl den interessierten Besuchern als auch den Fachleuten verschiedener Disziplinen ein - weil neueste regionale, nationale und internationale Forschungsergebnisse eingearbeitet sind - aktueller Leitfaden über die Gewässer der Hohen Tauern vor.

Ein Buch dieses Umfangs könnte ohne die Unterstützung, Mitwirkung und Hilfestellung von verschiedenster Seite nicht fertig gestellt werden. Es ist mir daher ein besonderes Anliegen, allen Personen, die zum Gelingen dieses Buches beigetragen haben, ein herzliches Dankeschön auszusprechen. Mein besonderer Dank gilt daher:

– dem *Nationalpark Rat* und den *Nationalparkverwaltungen Kärnten, Salzburg* und *Tirol* für die finanzielle Unterstützung, die gute Zusammenarbeit und die Geduld, wenn wegen anderer zahlreicher Verpflichtungen der beabsichtigte Zeithorizont mehrmals überschritten wurde,

– *Mag. Martin Kurzthaler, Mag. Kristina Bauch* und *Mag. Gerhard Dullnig* für die kritische Durchsicht des Manuskriptes und den zahlreichen wertvollen Hinweisen und Informationen,

– den *Mitarbeitern des Nationalparks Hohe Tauern*, die durch zahlreiche Hilfestellungen die Arbeiten im Nationalpark ermöglichten und erleichterten,

– den *Nationalparkverwaltungen Kärnten, Salzburg* und *Tirol, Mag. Kathrin Amprosi, Mag. Sabine Bühler, DI Walter Hopfgartner, Mag. Thomas Kapl, Mag. Wolfgang Mark, Dr. Nikolaus Medgyesy, Dr. Erwin Meyer, Mag. Dr. Thomas Posch, Dr. Irene Schatz, Dr. Heinrich Schatz, Mag. Dr. Bettina Sonntag, Mag. Dr. Barbara Thaler-Knoflach, Dr. Peter Weichselbaumer, Mag. Christian Vacha* und *Astrid Zauner* für die Bereitstellung von Fotos,

– *Mag. Kathrin Amprosi, Mag. Sabine Bühler, Mag. Dr. Claude Hansen, Mag. Thomas Kapl, Dr.*

Cornelia Schütz, Mag. Richard Schwarzenberger, Mag. Christian Vacha und *Astrid Zauner* für die Mitarbeit während der Untersuchungen im Nationalpark,

– *Astrid Zauner* für die Literatursuche und *Mag. Monika Rier* für deren weitere Bearbeitung and Auswertung, *Britta Tautermann* für die Gestaltung und Überarbeitung einiger grafischer Darstellungen,

– *Mag. Gabriel Seitlinger* und *Mag. Dr. Claude Hansen* für die Erstellung der GIS-Karten und

– *Elisabeth Leis* für die kritische Überprüfung der richtigen Anwendung der neuen deutschen Rechtschreibung.

Nicht zuletzt möchte ich mich besonders bei *Monika*, *Anna* und *Lena* für ihr Verständnis bedanken. Ihnen ist dieses Buch gewidmet.

1 Einleitung

1.1 Naturraum und Bedeutung der Gewässer in den Hohen Tauern

Gebirgsregionen gelten gerade in der Zeit zunehmender und immer rascher erfolgender Veränderungen als letzte Ressource für die Gesundung und Erholung vieler Menschen.

Großteils unerschlossene Landschaften, reine Luft und reines Wasser garantieren besonders in Berggebieten noch einen gesunden Lebensraum. In tieferen Lagen haben Siedlungstätigkeit, Industrie, Landwirtschaft und Verkehr Natur und Landschaft weitflächig und grundlegend verändert. Jedoch – auch der Massentourismus dringt immer weiter in die alpinen Regionen vor, sogar vor der über Jahrtausende vom Menschen gemiedenen Gletscherregion macht er nicht halt. Es ist zu befürchten, dass sich jene nachteiligen Veränderungen, die dort großflächig zu erwarten sind, auch in absehbarer Zukunft auf weite Gebiete der tieferen Lagen auswirken. Zuerst werden sich diese Veränderungen in Menge und Güte der letzten Reinwasserreserven bemerkbar machen. Letztlich ist zu befürchten, dass jenes Wasser, das immer mehr in die großen Stauseen der Kraftwerke der Alpenregion fließt, bald über die Turbinen oder um diese herum zur Versorgung weiter Teile Europas dienen könnte.

Obwohl die Alpen als das am intensivsten genutzte Gebirge der Erde gelten, beherbergen sie nach wie vor die größte biologische

Foto 1.1. Mit seinen 1836 km² bildet der Nationalpark Hohe Tauern einen großen, noch weitgehend naturbelassenen Gebirgsraum. Eine Reihe bedeutender Seen, große Wasserfälle, besonders eindrucksvolle Klammen, großflächige Moorgebiete, Täler mit Felsensteppen, zahlreiche stattliche Gletscher und mehr als 300 Berggipfel über 3000 m bilden viel beachtete und beeindruckende Naturschauspiele im Labyrinth von Tälern und Bergketten (Virgental mit Bergersee, NPHT Tirol).

Vielfalt in Europa. Die Alpen sind eine der letzten Regionen in Europa, in denen es noch echte Wildnis gibt. Wegen der Topographie sind viele Gebiete auch heute noch schwer zugänglich und blieben weitgehend unberührt.

Die Alpen sind zugleich atemberaubend und wunderschön. Sie sind eine der letzten Bastionen der Natur gegen das Fortschrittsdenken und die immer weiter wachsenden Ansprüche der Menschheit. Eine gesunde Natur ist Kraftquelle und Lebensgrundlage für uns alle. Daraus leitet sich auch die Verpflichtung ab, künftigen Generationen eine intakte Naturlandschaft zu hinterlassen.

Die Gebirgslandschaft unterscheidet die Alpen von allen umliegenden deutlich flacheren Regionen und macht sie innerhalb Europas zu etwas Einmaligen. So ist auch das Gebiet des Nationalparks Hohe Tauern als ein Naturraum zu schätzen, der anderswo wegen seiner klimatischen, geologischen, hydrologischen und topographischen Verhältnisse sowie seines Reichtums an Bodenschätzen bereits erschlossen oder ausgebeutet wäre. Gerade deswegen wurde aus besonderer Verantwortung gegenüber der Natur und den Menschen in den Ländern Kärnten, Salzburg und Tirol das Gesetz zur Errichtung des Nationalparks Hohe Tauern erlassen. Hochgeschätzte Ideale, die bei der Gründung des Nationalparks formuliert wurden, wie „Unberührtes und Ursprünglichkeit der Natur bewahren", „Vielfalt der Natur und Großartiges erleben", „Geschaffenes pflegen im Leben mit Kultur", „Unbekanntes und das Geheimnis des Lebens erforschen", „Verantwortung für die Natur übernehmen" und „Besonderes weitergeben", werden im größten Schutzgebiet der europäischen Alpen seit Jahren mit Sorgfalt, Weitsicht und Verantwortung umgesetzt. Dass es den Verantwortlichen und auch den Bewohnern und Besuchern der Nationalparkregion Ernst ist mit der Umsetzung dieser Ideale, bezeugen heute beeindruckende Beispiele.

Heute ist der Nationalpark mit 1836 km² das größte Schutzgebiet in den europäischen Alpen. Er ist aber auch noch von vier Landschafts-, zwei Naturschutzgebieten, einer Reihe von Naturdenkmälern und einem Ramsar Schutzgebiet umgeben. Die Krimmler Wasserfälle erlangten Europadiplom. Er ist ein „Natura 2000"-Schutzgebiet gemäß der Richtlinien der Europäischen Union und sichert einen der wertvollsten Beiträge Österreichs zur Erhaltung des Welterbes. Neben dem Naturpotential umfasst der Nationalpark Hohe Tauern auch eine Zone mit traditioneller Almwirtschaft. Auch die Außenzone, in der sich die Erholung suchenden Menschen aufhalten, weist noch eine intakte bäuerliche Kulturlandschaft auf, wie wir sie in vielen Bereichen Mitteleuropas nicht mehr finden.

Der Nationalpark Hohe Tauern

Der Nationalpark Hohe Tauern umfasst mit seinen 1836 km² weite Teile des zentralalpinen Hauptkammes der Ostalpen Österreichs im Bereich der Hohen Tauern. Er liegt im Gebirgsraum zwischen den Quellursprüngen der Isel, Möll, Mur und Salzach und erstreckt sich über 100 km von Ost nach West und über 40 km von Nord nach Süd. Er umfasst Höhenlagen zwischen 1.000 m in den Tälern und 3.798 m am Gipfel des Großglockners, dem höchsten Berg Österreichs. Der Nationalpark Hohe Tauern ist mit seinen mehr als 300 Berggipfeln über 3.000 Metern, darunter Großvenediger, Hoher Sonnblick und Hochalmspitze, ein repräsentativer Ausschnitt der Ostalpen.

Der Nationalpark Hohe Tauern ist ein junger Nationalpark mit langer und wechselhafter Entstehungsgeschichte, der als solcher Rechtskraft durch das Nationalparkgesetz in Kärnten 1981, in Salzburg im Jänner 1984 und in Tirol im Jänner 1992 erhielt. Die Diskussion geht bereits auf das Jahr 1909 zurück, dennoch wurde die Realisierung des Nationalparks durch energiewirtschaftliche Nutzungsinteressen und großtechnische Gletschererschließungsprojekte für lange Zeit verhindert. Sorgfältiges Vorgehen bei der Nationalpark-Planung, Befürchtungen seitens der einheimischen Bevölkerung gegenüber weiteren Kraftwerksbauten und Schiegebieten, Berücksichtigung der Bedürfnisse und Interessen der Grundbesitzer – dadurch kam es schließlich zur Errichtung des Nationalparks. Der Erfolg dieser Vorgangsweise wird durch Einbringung weiterer Gebiete in den Nationalpark in den letzten Jahren seitens der Gemeinden bestätigt.

Heute umfasst der Nationalpark Hohe Tauern eine Fläche von 183.600 ha, die sich auf die Länder Kärnten (42.000 ha), Salzburg (80.500 h) und Tirol (61.100 ha) verteilen, und ist somit das größte Schutzgebiet in den Alpen. Die Fläche ist zugleich die größte noch weitgehend unberührte, geschützte Naturlandschaft im Alpenraum. Der Nationalpark ist umgeben von mehreren Landschafts-, Naturschutzgebieten, 26 Naturdenkmälern, einem Naturdenkmal mit Europanaturschutzdiplom und einem Ramsar Schutzgebiet. Der Nationalpark Hohe Tauern ist „Natura 2000"-Schutzgebiet gemäß den Richtlinien der Europäischen Union.

1 Einleitung

Im Gebiet des Nationalparks Hohe Tauern gibt es unzählige Aktivitäten, die regionale, nationale und internationale Bedeutung erlangt haben und inzwischen als Lehrstück alpiner Raumordnungs- und Naturschutzpolitik gelten. So konnte etwa der Alpensteinbock erfolgreich wieder eingebürgert werden und besiedelt heute vorwiegend den sonnigeren und trockeneren Südteil der Hohen Tauern. Die Bartgeier-Wiedereinbürgerung nahm im Nationalpark Hohe Tauern seinen Anfang. Selbst die vom Menschen ausgerotteten Großräuber wie Luchs, Wolf und Bär wurden wieder gesichtet. Auch der Fischotter wandert langsam ein und kann sich wieder etablieren. Seit seiner Gründung gibt es im Nationalpark eine Reihe von Forschungsaktivitäten, die bezüglich ihrer Aussagekraft auf die Hohen Tauern generell, aber auch auf die Alpen und andere Gebirgszüge der Erde übertragen werden können.

Durch eine beachtliche Biotopvielfalt, die aus variabler Höhenzonierung und reicher räumlicher Gliederung des Gebirgsraumes resultieren, durch klimatische Unterschiede zwischen Nord- und Südseite und durch verschiedensten Gesteine und Böden, finden wir hier nicht nur eine außerordentliche Pflanzenvielfalt und eine artenreiche Tierwelt, sondern eine überaus vielfältige Gewässerlebewelt.

Das hochalpine Landschaftsbild der Hohen Tauern wird nämlich nicht nur von Bergen, alpinen Rasen, Zwergstrauchheiden, Wäldern und Almflächen, sondern auch ganz wesentlich von Gletschern, Gletscherbächen, Gebirgsbächen und Stillgewässern in einer großen Zahl und enormen Vielfalt geprägt. Ihr natürlicher Einfluss reicht aber weit über das optische Erscheinungsbild hinaus. Gletscher, zum Beispiel, sind eine besondere Naturerscheinung in den Polargebieten und den Hochgebirgen der Erde. Überall dort, wo mehr Schnee fällt als im Sommer schmilzt, bildet sich im Laufe der Jahre Gletschereis. In den Hohen Tauern kann über 2.800 m Seehöhe der Schnee ganzjährig liegen bleiben. Der in Firnbecken und Karen angesammelte Eisüberschuss fließt – der Schwerkraft folgend – träge talwärts und bildet Gletscherzungen. Diese sind im Sommer „Quelle" der abflussreichen Gletscherflüsse, die in ihrer Dynamik und Formkraft die Hochgebirgslandschaft deutlich prägen.

Über die letzten 100 bis 150 Jahre ist ein besonders deutlicher Rückgang der Gletscherflächen und Eismassen festzustellen. Neben einer Reihe von Auswirkungen im Nahbereich der sich zurückziehenden Gletscher sind wohl die auffälligsten an den Gewässern zu verzeichnen. Neben den Gletscherseen sind es die sehr dynamischen Gewässerstrecken, die zum faszinierenden Landschaftsbild im Bereich der Gletscher gehören. Im Nahbereich der Gletscher ist im Gletscherbach eine ausgeprägte Dynamik im Abflussgeschehen zu verzeichnen. Erst wenn der Gletscher deutlich an Größe und Volumen abnimmt, wird die Dynamik allmählich durch Stabilität abgelöst.

Foto 1.2. In den Hohen Tauern befindet sich eine große Vielfalt an naturbelassenen Gewässerlebensräumen in einer für eine Gebirgsregion ganz charakteristischen Systemausstattung. Die vom Menschen meist unveränderten Wasserwelten prägen nicht nur das Bild der Gebirgslandschaft, sondern formen diese mit ihrer natürlichen – manchmal bedrohlichen – Dynamik auch ständig um. Neben dieser Landschaftsformung im Großen ist auch eine faszinierende Wirkung auf ihre Lebewelt im Kleinen festzustellen (Umbalfälle, Osttirol. M. Kurzthaler).

1 Einleitung

Foto 1.3. Das Krimmler Achental ist das längste Gebirgstal im Nationalpark Hohe Tauern und bietet ein besonderes Schauspiel. Von den vergletscherten Tauerngipfeln über alpines Kulturland bis zu den größten Wasserfällen Mitteleuropas lässt sich über mehr als 20 km unberührte Natur, aber auch die lange kulturelle Nutzung der Tauerntäler erfahren. Im Hintergrund kann man die stark zurückschmelzenden Hanggletscher des Krimmler Keeses erkennen, mächtiger und prägender Quell für den Gletscherfluss Krimmler Ache (Krimmler Achental, Salzburg. NPHT Salzburg).

Bedingt durch den Naturraum des Gebirges findet sich ein kleinräumig wechselndes Mosaik unterschiedlichster Landschaften, auch hier stellen sich Dynamik und Stabilität in ganz charakteristischen Verhältnissen ein. Das Ergebnis ist ein besonderer Formenschatz des Gebirgsraums Hohe Tauern zu dem auch die zahlreichen Flüsse, Seen und Tümpel gehören.

In Gebirgsregionen sind die Gewässer generell – oft besonders eindrucksvoll und deutlich die Fließgewässer – von Gletschern geprägt. Entweder sie sind durch sie entstanden – vor Jahrzehnten, Jahrhunderten oder Jahrtausenden – oder die Beeinflussung ist noch immer aktuell, was sich zum Beispiel an der Tages- und Jahresdynamik des Abflussgeschehens erkennen lässt.

Fließgewässer sind speziell in ihrem Abflussverhalten geprägt, das im Wesentlichen vom Ursprung (z.B. Gletscher, Quelle, See) und von regionalen klimatischen Gegebenheiten abhängt. Aufgrund der Umweltfaktoren und der biologischen Eigenschaften können die Fließgewässer ganz speziellen Gewässertypen zugeordnet werden. Sie basiert besonders den Ursprung des Gewässers und/oder der Gletscherbeeinflussung. So unterscheidet der Gewässerökologe grundsätzlich Gletscherbäche, Quellbäche, von Regen und Schneeschmelze dominierte Bäche und gletschergeprägte Bäche.

Von verschiedenen Untersuchungen in den Zentralalpen sowie aus anderen europäischen Gebirgsregionen sind charakteristische Verteilungsmuster wasserbewohnender Insekten und anderer wirbelloser Tiere bekannt. Zusammen mit den unterschiedlichen Anpassungsstrategien der Leitarten wird diese Abfolge als Antwort auf die oft extremen Systemeigenschaften gesehen. Die Lebewelt der Gebirgsgewässer gilt generell als eine hoch spezialisierte Gemeinschaft, deren Eigenschaft und Anpassung in der großen Zahl an ursprünglichen Gewässern im Nationalpark in herausragender Weise studiert werden kann.

Neben ihrer bedeutenden Rolle im Naturhaushalt der Hohen Tauern und ihrer wichtigen hydrogeomorphologischen und ökologischen Funktion wird den Gewässern des Nationalparks eine weitere Besonderheit zugeschrieben. Wegen ihrer Lage im Schutzgebiet sind sie großteils von Beeinträchtigungen durch die Tätigkeit des Menschen verschont geblieben. Sie befinden sich daher großteils in einem ursprünglichen, natürlichen Zustand. Sogar größere alpine Flusslandschaften und Seengebiete können in der Region des Nationalparks noch in diesem Zustand angetroffen werden – ein überaus reicher Formenschatz alpiner Gewässer. Besonders wenn es um das Erleben und Verstehen von gewässerökologischen und biologischen Zusammenhängen geht - sei es nun für Schüler, Lehrende, Urlauber oder Forscher - bietet der „Hochgebirgs-Nationalpark" ein reiches Betätigungsfeld.

Besonders in Gebieten, die wie die Alpen nahe oder umringt von dicht besiedelten Tälern und tiefer liegenden Siedlungsräumen liegen, sind die Gewässer der ständigen Gefahr einer Nutzung und anderer anthropogenen Beeinträchtigung ausgesetzt. So stellen Maßnahmen zur Vermeidung von Hochwässern, Muren und Erosionen sowie zur Ableitung und Aufstauung des Wassers für Versorgung, Bewässerung und Stromerzeugung die häufigsten Eingriffe bis weit in die Hochgebirgslagen dar.

Nicht zuletzt wegen der generellen Bedrohung, der Sensibilität gegenüber Umweltveränderungen und dem Bewusstsein der Bedeutung intakter Hochgebirgsflüsse für die tiefer liegenden Gewässerlandschaften rückten höher gelegene Gewässer in letzter Zeit wieder vermehrt ins wissenschaftliche und öffentliche Interesse. Dabei sind äußerst interessante Details über die vermeintlich einfach strukturierten Gewässerlebensräume zutage getreten. Das vorliegende Buch stellt unter Berücksichtigung der aktuellen und auch älteren, schwer zugänglichen Literatur einen kurzen Abriss

Foto 1.4. An den vom Menschen kaum beeinflussten Fließgewässerlandschaften lässt sich die natürliche Dynamik und Entwicklung von Gewässern gut erkennen. Im Naturschauspiel Vordermoos befindet sich heute eine großflächige Mäanderstrecke, die sich durch zunehmende Verlandung eines früher hier gelegenen Sees entwickelt hat (Vordermoos, Hollersbach, Salzburg. C. Vacha).

einiger wesentlicher Systemeigenschaften sowie grundsätzlicher Wirkungsweisen von Gebirgsgewässern dar, die für das Verständnis von ökologischen Zusammenhängen und Gesetzmäßigkeiten notwendig sind. Weiters werden viele Beispiele angeführt, wie die Gewässer im Nationalpark der Hohen Tauern als Model- und Referenzsysteme fungieren, um die Ökologie natürlicher Gewässer verstehen und Auswirkungen von regionalen und globalen Veränderungen interpretieren zu können.

Gerade in einem Schutzgebiet dieser Größe mitten in den Hohen Tauern lassen sich die für Gebirgslandschaften typischen Gewässer in ihrer Besonderheit und Vielfalt erfahren und werden für die Besucher des Nationalparks zu einem besonderen Erlebnis. Neben ihrer Wirkung und Bedeutung in der Gebirgslandschaft der Hohen Tauern selbst sind ihre Unberührtheit und natürliche Ausstattung wesentliche Eigenschaften, wodurch sie für mehrere Wissenschaftsdisziplinen als Modellsysteme für zahlreiche Fragestellungen und Anwendungen von unschätzbarem Wert sind.

1.2 Wasser und Gewässer der Hohen Tauern - eine kurze Bilanz

Gletscher, Schnee, Seen, Fließgewässer, Feuchtgebiete – die Welt des Wassers hat viele Gesichter im Nationalpark. Beeindruckende Facetten des Wasserhaushaltes in einer großen und prächtigen Gebirgsregion.

Im Nationalpark Hohe Tauern spielt das Wasser eine herausragende Rolle. Angesichts des Wasserreichtums fällt es schwer, die Vielfalt und den Formenreichtum zu überblicken. So war die genaue Zahl an Bächen und Seen im Nationalpark unbekannt; über ihre Charakteristik und Lebensraumeigenschaften lagen nur verstreute und schwer zugängliche Daten vor. In einem Gewässerinventar haben Wissenschafter der Universität Innsbruck erst kürzlich eine genaue Inventur der Nationalpark-Gewässer durchgeführt. Das Ergebnis: 285 Fließ- und 136 Stillgewässer

wurden in ihren Eigenschaften und Ausprägungen kartiert und detailgenau dokumentiert. In dieser Gewässerbilanzierung wurden 120 Bäche in Salzburg, 107 in Tirol und 58 in Kärnten gezählt, unter der Voraussetzung, dass das Einzugsgebiet mindestens 1 km^2 umfasst. Zusammengehängt sind diese Bäche fast 1000 Kilometer lang, was etwa den Entfernungen Matrei – Neapel, Matrei – Paris oder Matrei – Hamburg entspricht. Spitzenreiter ist dabei die Krimmler Ache mit 20,2 Kilometern, als kürzester Bach gilt der Hutnerbach in Tirol mit 440 Metern.

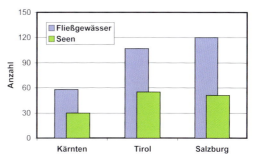

Abb. 1.1. Die Verteilung der Stillgewässer (grün) und der Fließgewässer (blau) im Nationalpark Hohe Tauern auf die einzelnen Bundesländeranteile.

Die Fließgewässer überwinden in den Hohen Tauern mehrere Höhenstufen, die sich in den Umweltbedingungen deutlich unterscheiden und besonders auffällig hinsichtlich der charakteristischen Vegetation eine deutliche Zonierung zeigen.

Foto. 1.5. Die oft sehr wasserreichen Fließgewässer der Hohen Tauern überwinden in ihrem Längsverlauf mehrere Vegetationsstufen, wodurch sich die Flusslandschaften deutlich ändern können. Die Landnutzung durch den Menschen trägt aber besonders in tieferen Lagen zur Veränderung der Gewässerlandschaft bei, wie hier am Wasserfall bei der Scharrer Alm am Hollersbach in Salzburg (NPHT Salzburg, F. Rieder).

1 Einleitung

Wer zu einem Bergsee wandern will, der hat im Nationalpark Hohe Tauern die sprichwörtliche Qual der Wahl: 136 sogenannte Stillgewässer weist die kürzlich durchgeführte Gewässerbilanzierung des Nationalparks aus (Grundlage ÖK-Karte 1:50.000). Diese Stillgewässer werden von den Fachleuten erst dann als „See" bezeichnet, wenn die sommerliche Tageserwärmung des Wassers den Seegrund nicht erreicht. In der Praxis heißt das, dass der See eine gewisse Tiefe haben muss, um auch wirklich ein See zu sein. Seichtere Gewässer werden als „Tümpel" oder „Lacken" bezeichnet. Auch sie sind wichtige Lebensräume für Pflanzen und Tiere im Ökosystem, können sich aber deutlich von größeren Stillgewässern unterscheiden. Bei einer Berücksichtigung von kleineren Stillgewässern aktueller Orthophotos (Befliegung 2003) erhöht sich ihre Zahl sogar auf über 550, eine andere Aufnahme meldet sogar über 800. Hier wurden jedoch alle erkennbaren Wasserflächen aufgenommen.

Die Stillgewässer des Nationalparks liegen in einer Höhe von 1.200 bis 3.000 Metern Seehöhe, der Großteil auf einer Höhe zwischen 2.100 und 2.700 Metern. Im Tiroler Anteil des Nationalparks liegt nur ein See unterhalb dieser Höhe, in Kärnten drei. In Salzburg findet man 16 Seen unterhalb von 2.100 Metern. Über 2.700 Metern Seehöhe gibt es im gesamten Nationalpark nur mehr neun Seen. Dazu gehören der Großbachsee oder der Eissee beim Gradötzkees in Tirol, der Fürleggsee in Salzburg oder der Obere Langkarsee in Kärnten. Als der niedrigste See im ganzen Nationalpark gilt der Stappitzer See in Kärnten, der Aufgrund seiner verborgenen Klimageschichte Berühmtheit erlangt hat.

Im Durchschnitt sind die Seen im Nationalpark zehn bis 15 m tief und einige Hektar groß. Ganz unterschiedlich ist ihre Färbung:

Foto 1.6. In der Gebirgsregion des Nationalparks Hohe Tauern liegen zwischen 1.200 bis 3.000 Metern Seehöhe über 130 Stillgewässer, wobei sich der Großteil auf einer Höhe zwischen 2.100 und 2.700 Metern befindet. Obwohl sie im Durchschnitt 15 m tief sind, dürften viele aufgrund ihrer geringen Tiefe eigentlich nicht als „See" bezeichnet werden – im Fachjargon gelten sie daher als „Tümpel" oder „Lacken". Es gibt aber auch Beispiele beträchtlich großer und tiefer Gebirgsseen. So hat zum Beispiel der Kratzenbergsee im Hollersbachtal eine Fläche von 27,4 Hektar. Der Untere Schwarzsee im Murtal mit 57 Metern gilt als der tiefste See. Der Wangenitzsee in der Schobergruppe bedeckt eine Fläche von fast 22 Hektar und ist 48 Meter tief. Von der Seenplatte im Kärntner Gradental hat man einen tollen Ausblick auf den Georgskopf und Friedrichskopf (NPHT Kärnten).

blau, grün, braun oder fast schwarz. Je nach Jahreszeit, Sonnenstand, Tiefe, schwebenden mineralischen oder biologischen Bestandteilen, Untergrund und Lichteinfall erscheinen sie in ganz unterschiedlichen Farben.

Auch Gebirgsseen können eine beeindruckende Größe einnehmen. So hat zum Beispiel der Kratzenbergsee im Hollersbachtal eine Fläche von 27,4 ha. Auch der tiefste See ist bekannt: Der Untere Schwarzsee im Murtal ist 56,8 m tief. Der Wangenitzsee in der Schobergruppe kann sich ebenso sehen lassen: Er bedeckt eine Fläche von fast 22 ha und ist 48 m tief. Das Rauriser und das Gasteinertal im Salzburger Anteil gehören zu den seenreichsten Tälern des Nationalparks Hohe Tauern.

Gewässer definieren in ihrer landschaftlichen Wirkung oft den gesamten Großraum. Nicht nur, dass zahlreiche Gebirgstäler durch die Gewässer geformt oder überformt wurden, sondern die direkte sinnliche Wahrnehmung wird meist durch die Gewässer vereinnahmt.

1.3 Ein Fest der Sinne - vom kräftigen Wasserrauschen zum lautlosen Stillgewässer

Gebirgsbäche stürzen über hunderte Meter in tiefe Schluchten, schlängeln sich in Mäandern über weite Almböden und rauschen und gurgeln munter über Stock und Stein: ein starker sinnlicher Eindruck, der jeden gefangen nimmt. Eine ruhelose Dynamik, die nur Fließgewässern eigen ist. Im krassen Gegensatz dazu – der stille Bergsee.

Die meisten Fließgewässer im Nationalpark überwinden in ihrem Verlauf zwei, manchmal sogar drei Vegetationsstufen. Über eine relativ geringe Distanz überwinden die Bäche große Höhenunterschiede – manchmal in Form von Wasserfällen. Die Besucher des Nationalparks können dabei die unterschiedlichsten Wasserfall-Typen bestaunen: Rinnen-, Strahl-, Kaskaden- oder Schleierwasserfälle. Der See-

bachfall im Obersulzbachtal ist beispielsweise ein 300 Meter hoher Schleierfall. Das innere Habachtal ist reich an Wasserfällen, die vom Habachkees in den Taltrog stürzen. Bei Heiligenblut gibt es bezeichnenderweise einen „Wasser-Wunder-Weg": Am Jungfernsprung helfen Aussichtsplattformen, Stege und Brücken, dem Besucher ein einzigartiges Naturschauspiel näher zubringen.

Den spektakulärsten Eindruck bereiten aber sicherlich die Krimmler Wasserfälle: Sie gelten als die höchsten Europas. Mit drei Wasserfällen und mehreren Steilstufen überwindet die Krimmler Ache dabei fast 400 Meter Höhenunterschied. Auf Grund ihrer Einzigartigkeit dürfen sich die Krimmler Wasserfälle mit dem Europadiplom schmücken.

Foto 1.7. Als wesentliche Landschaftsbestandteile stellen die Gewässer besondere Höhepunkte im Landschaftsbild dar und üben dadurch eine nicht zu unterschätzende ästhetische Funktion aus. Sie sind ein wesentlicher Faktor im Naturerlebnis. Der Fallbach im Maltatal ist der höchste Wasserfall in Kärnten (NPHT Kärnten)

Im echten Gegensatz dazu stehen besonders im Herbst, wenn sie ihren großen Auftritt haben: die stillen Bergseen. Wie glitzernde Perlen liegen sie in der Sonne, spiegeln an ihrer glatten Oberfläche die Berge, Wälder und Wolken. Die Seen im Nationalpark sind ein Ort der Ruhe und Entspannung, an ihren Ufern kann man die Seele baumeln lassen. Kein Wunder, dass es viele Legenden und Mythen rund um die mystischen Bergseen gibt. Unter ihrer stillen Oberfläche bergen die Seen zahlreiche ökologische und geologische Geheimnisse.

Durch den ständigen Wechsel an Faszination und Bedrohung ist den Gewässern seit Jahrhunderten, ja Jahrtausenden, neben der Versorgungsfunktion auch eine mystische Bedeutung eigen. Weltweit werden heute noch Quellen oder Flüsse verehrt oder es werden dem Wasser auch Kräfte zugeschrieben, die mit den Künsten der Wissenschaft nicht eindeutig nachweisbar sind. Oft zeigen sich sogar übersinnliche Zugänge, die sich die Menschen noch erhalten haben.

1.4 Wirtschaftliche Aspekte und Nutzungskonflikte

Der Mensch lebt schon seit Jahrtausenden in den Bergen – ganzjährig oder nur im Sommer. Wirtschaftliche Aspekte und die Nutzung der Gebirgsregion haben sich aber im Lauf der Jahrhunderte gewandelt. Auch die räumliche Konzentration und Dimension verteilten sich unterschiedlich. Mit der Technisierung steigt der Raumanspruch ständig höher.

Besonders in dicht besiedelten Gebieten wie die Alpenregion sind die Gewässerökosysteme einer ständigen Gefahr einer Nutzung und anderer anthropogenen Beeinträchtigung ausgesetzt. Abgesehen von der ohnehin schon gewohnten baulichen Veränderung zum Hochwasser- und Katastrophenschutz sind die Gewässer einer ständigen Gefahr ausgesetzt: Großdimensionierter Wasserentzug, Aufstauung oder Überstauung ganzer Seen oder Flusslandschaften sind festzustellen. Heute werden vor allem Gletscherbäche zur Erzeugung von Wasserkraft genutzt oder vorgeschlagen, woraus sich ein alarmierender Sachverhalt ergibt. Im Gletscherbachinventar des Österreichischen Alpenvereins wurde schon im Jahr 1988 eine energiewirtschaftliche Nutzung für 68 von 177 Gletscherbächen Österreichs festgestellt. Bei zusätzlicher Berücksichtigung der damals geplanten Nutzungen, verblieben nur mehr 64 größere unbeeinträchtigte Gletscherbäche.

Systematische Regulierungen an alpinen Gewässern wurden großteils ab dem 19. Jahrhundert durchgeführt. Dennoch gab es zahlreiche Eingriffe, die sich kleinräumig oder punktuell an den betroffenen Gewässern auswirkten. Obwohl die Dimension im Vergleich zur heutigen Situation eine andere war, unterschieden sich die wirtschaftlichen Interessen der Nutzungen nicht wesentlich. Gebirgsgewässer wurden zum Antrieb von Mühlen, Schmieden und Sägen, als Transportsystem (Holztrift) und für die Fischereiwirtschaft zum Nahrungserwerb oder Handel genutzt. Lokale Ufersicherungen zum Schutz der Siedlungen, teilweise auch der bewirtschafteten Flächen, sind seit Jahrhunderten bekannt. Allerdings sind diese historischen Eingriffe als lokal begrenzt zu verstehen, besonders was die Gebirgsflüsse angeht, sodass kaum großflächige Beeinträchtigungen auf das ökologische Wirkungsgefüge in historischer Zeit eintraten.

Erst die systematischen Regulierungen und die umfassenden energiewirtschaftlichen Nutzungen des 20. Jahrhunderts führten großflächig zur Monotonisierung vieler Flusslandschaften bis hin zur völligen Zerstörung der aquatischen Lebensräume. Für die gesamte Alpenregion muss eigentlich angenommen werden, dass der Großteil der verbliebenen einigermaßen natürlichen und naturnahen Gewässer im Hochgebirge und/oder in Schutzgebieten zu finden ist. Andere, tiefer liegende Regionen sind heute durch Gewässer mit einer Fülle von Beeinträchtigungen und Denaturierungen gekennzeichnet.

Nicht nur aus diesem Grund ist der Nationalpark Hohe Tauern als Gewässernationalpark weit über die Grenzen Österreichs hinaus bekannt. Man ist versucht zu meinen: Eine Regung der Gerechtigkeit!

Der Kampf ums Wasser

Der Kampf ums Wasser war es nämlich, der eine Sensibilisierung der Öffentlichkeit, aller Schichten der Bevölkerung und besonders auch der ansässigen Menschen bewirkte und das Bewusstsein um diese großartige Welt der Gewässer schärfte. In großer Übereinstimmung wuchs der Naturschutzgedanke, verweilte nicht nur bei den Naturbesorgten und Engagierten, sondern wurde plötzlich Angelegenheit einer/eines Jeden. Über Jahrzehnte dauerte der Kampf um verschiedenste Großerschließungsobjekte um den Großglockner – um Kompromisse wurde gefeilscht, schließlich aber für die Natur und Landschaft entschieden. Die Designierung des Schutzgebietes und damit nationaler und internationaler Druck war die einzig wirksame Aktion, die wenig beeinträchtigte Natur- und Kulturlandschaft mit ihrem ungeheuren Gewässerreichtum in seiner vorliegenden Form zu erhalten.

Nicht nur einmal wurde dabei den Betroffenen klar, dass Grundbesitz der einzig wirkliche Schutz für die Natur ist, während Gesetze oft nur allzu leichtfertig wieder geändert werden. Groteske Details andernorts sind fast täglich aus den Medien zu erfahren. Man denke nur an die Erschließung der Wilden Krimml – nicht unweit des Nationalparks Hohe Tauern, die ständig drohende Gletscherskigebietserweiterung (trotz mehrmals politisch beschlossenem Gletscherschutz) und die geheimnisvollen Pläne zur Wasserkraftnutzung in oft prächtigen Gebirgstälern, die allesamt auch vor Schutzgebieten nicht Halt machen. Das Feilschen um Gebietserweiterungen und Ausgleichsnaturflächen geht munter weiter.

Mit den fadenscheinigen Argumenten für die Maßnahmen zur Energiegewinnung, ver-

Foto 1.8. Ehemalige politische und wirtschaftliche Interessen lassen sich auch heute noch am Grenzverlauf des Nationalparks erkennen, letztendlich wird einem dabei auch die Bedeutung eines Schutzgebietes bewusst. Das ehemalige Niedermoor Nassfeld ist außerhalb des Nationalparks gelegen und wurde für das Kleinkraftwerk der Franz-Josefs-Höhe zwischen 1951 und 1953 aufgestaut. Heute ist hier ein künstlicher Stausee, das Niedermoor damit Geschichte. Das gesamte Gebiet wurde bei der Errichtung des Nationalparks ausgenommen. Vielleicht weil es den Plan gab, Schlamm aus dem Margaritzenspeicher in diesem See zu entsorgen? (NPHT Kärnten).

1 Einleitung

Foto 1.9. Das Kalser Dorfertal sollte für die Stromerzeugung in einen riesigen Speichersee verwandelt werden – ein unwiederbringlicher Verlust, wie wohl aus dieser Perspektive deutlich wird. Diese ehrgeizigen Pläne der Elektrizitätswirtschaft und Politik für eine großräumige Wasserkraftnutzung sollten auch heute noch als abschreckende Beispiele gezeichnet werden. Das damals geplante Großkraftwerk Osttirol sah nicht nur die mächtige Überstauung des hinteren Dorfertals vor, sondern auch eine Ableitung von unzähligen Flüssen der Tauernregion. Auch das Kraftwerksprojekt Oberpinzgau, das in ähnlicher Weise unbescheiden sein sollte, was die Nutzung der Gewässer anging, wäre ein schwerer Eingriff in eine intakte und einzigartige Naturlandschaft gewesen. Glücklicherweise konnten diese Projekte nicht realisiert werden. Landschaftsbild, Naturhaushalt und komplexe Zusammenhänge konnten bewahrt werden (NPHT Tirol, P. Gruber).

bunden mit gleichzeitiger Bewahrung oder Erhöhung der Sicherheit im alpinen Raum, wurde und wird noch immer versucht, rein wirtschaftliche und energiepolitische Interessen über die negativen ökologischen und oft auch ökonomischen Auswirkungen zu stellen. Ignoranz und kurzsichtige Intentionen stellten sich in den Hohen Tauern glücklicherweise als nicht erfolgreich heraus. Die Sorge und das Bemühen um den Natur- und Kulturraum, einschließlich der vielfältigen und formenreichen Gewässerlandschaften, aber auch eine spürbare und bewusst gelebte Heimatverbundenheit führten dann schließlich zur Errichtung des Nationalparks Hohe Tauern.

Bereits in den 70er Jahren war die Landschaft der Hohen Tauern vielfältig durch Anlagen zur Energiegewinnung beeinflusst. Dennoch stellte dies nur einen Bruchteil der damals geplanten Projekte dar. Schon am

21. Oktober 1971 wurde die Heiligenbluter Vereinbarung zur Errichtung des Drei-Länder-Nationalparks von den drei Landeshauptleuten von Kärnten, Salzburg und Tirol unterzeichnet. Trotzdem verhinderten die energiewirtschaftliche Interessen, zusammen mit schitouristischen Projekten und dem Widerstand einzelner Gemeinden lange Zeit die Verwirklichung des Nationalparks. Erst durch intensive Aufklärung und Berücksichtigung der Wünsche der Menschen, die in der Nationalparkregion leben, konnte allmählich eine Zustimmung der gesamten Bevölkerung erreicht werden.

Als dramatische Beispiele der großflächigen Wasserkraftnutzung seien das damals geplante Großkraftwerk Osttirol, das eine großräumige Überstauung des hinteren Dorfertals und eine Ableitung von unzähligen Flüssen der Tauernregion vorsah, und das Kraftwerksprojekt Oberpinzgau, in ähnlicher Weise unbescheiden, was die Nutzung der Gewässer anging, erwähnt. Da die Gebiete mit bestehenden Anlagen bei der Grenzziehung des Nationalparks ausgeklammert wurden, können heute einige der existierenden Großbauwerke mitsamt ihrem enormen Eingriff in die Landschaft des Hochgebirges aus der Nähe erfahren werden.

Wenngleich man in letzter Zeit gedacht hat, alternative und wirklich umweltschonende Energiequellen (zum Beispiel die Solarenergie) würden gegenüber der Wasserkraft favorisiert, kündigen sich heute vielerorts bedrohende Aktivitäten an. Die Politik vergleicht Österreich, wo erfreulicherweise erst 50% des ausbauwürdigen Potentials zur Stromgewinnung aus Wasserkraft genutzt werden, mit der Schweiz, die beinahe zu 100 % die Möglichkeiten ausschöpft. Auch hierzulande wird eine gute Verträglichkeit von Spitzenstromkraftwerken samt Speichersee mit dem Naturraum, einschließlich touristischem Umfeld, vorgetäuscht, um die äußerst negative Wirkung auf das Landschaftsgefüge und den verändernden und oft vernichtenden Folgen für die ökologischen Eigenschaften der See- und Flusslandschaften zu verdrängen. Am Beispiel Dorfertal kann man sich die Auswirkungen der einmal beabsichtigten Zerstörung der Landschaft gut vorstellen.

Foto 1.10. An Sturzbächen und Wasserfällen wäre der Verlust des typisch-wilden Charakters eines Gebirgsgewässers besonders auffällig, sobald Wasser für die Elektrizitätsgewinnung umgeleitet und eingezogen wird (Jungfernsprung, Heiligenblut; NPHT Kärnten).

**Nationalpark und Kraftwerk in Osttirol: Kompromiss vom Kompromiss des Kompromisses? –
Ein Aufsatz von W. Retter aus dem Jahr 1981.**

Am **14. August 1970** stellte die Elektrizitätswirtschaft in einem Memorandum an die Landeshauptleute von Kärnten, Salzburg und Tirol fest: „Der für den Nationalpark vorgesehene Bereich ist nicht nur als Bergregion ein einmaliges Naturdenkmal, sondern als vergletschertes Hochgebirge ebenso ein volkswirtschaftlich unersetzliches Ausbaugebiet für Speicherkraftwerke mit einem unausgenützten Potential von fast zwei Milliarden Kilowattstunden."
Am **21. Oktober 1971** unterzeichneten die drei Landeshauptleute in Heiligenblut die Nationalparkvereinbarung.
Am **1. März 1973** stellte die Bezirkszeitung „Osttiroler Bote" das Kraftwerksprojekt „Dorfertal-Matrei" vor (entsprechend der späteren Variante 74/1): Ableitung fast aller Gletscherbäche Osttirols zur Füllung eines Riesenspeichers im Kalser Dorfertal: dass bei diesem damaligen Projekt das Gschlöß unbeeinträchtigt blieb, wurde als großes Entgegenkommen an den Landschaftsschutz herausgestellt.
Am **13. Dezember 1973** erklärte Landeshauptmann (und TIWAG-Vorsitzender) Wallnöfer im Tiroler Landtag, bei der weiteren Entwicklung des Nationalparks müsse Rücksicht genommen werden, was mit dem Kraftwerksbau geschehe. Man könne erst mit der Durchführung der wasserrechtlichen Verhandlungen beurteilen, welche konkreten Gebiete für den Nationalpark ausgewiesen würden. Das Tempo der Vorgangsweise sei bewusst langsam.
Schon aus diesen wenigen Fakten werden so manche Wechselwirkungen zwischen den Geburtswehen des Nationalparks Hohe Tauern und einem politisch äußerst einflussreichen Wirtschaftszweig deutlich. Die E-Wirtschaft erhob denn auch weiters vorsorglich Gesamtanspruch auf die Gewässer des Nationalparks: Auch in Kernzonen sollte deren energiewirtschaftliche Nutzung möglich bleiben.
Gewisse Widerstände in der Bevölkerung des betroffenen Gebietes und die in der Öffentlichkeit immer deutlicher auftauchende Frage nach der Entwicklung des Nationalparkvorhabens führten dazu, dass „Kompromisse" beschworen wurden und besonders in Wahlprogrammen von „Mittelweg", „Schutz der Landschaft" oder gar „maximaler Schonung von Umbaltal und Innergschlöß" die Rede war.
Wie sieht es mit diesen „Kompromissen" heute aus? Nach wie vor droht der Nationalpark – zumindest in Tirol – an den Vorstellungen der E-Wirtschaft zu scheitern. Das Projekt des Jahres 1973 wurde in keiner Weise reduziert, im Gegenteil sogar dahin ausgeweitet, dass auch die Gschlösser Bäche durch Hochableitungen erfasst werden sollen. Mit diesem zur wasserrechtlichen Genehmigung eingebrachten Projekt 74/3 bliebe nunmehr in ganz Osttirol kein einziger Gletscherbach unentwässert. Der besondere landschaftliche Nachteil dieser Variante liegt darin, dass damit in gerade jenen Talabschnitten das Wasser fehlen würde, in denen sich die meisten Besucher aufhalten, im Bereich zwischen tausend und zweitausend Meter. In letzter Zeit sind sogar noch Schwarzach und Debantbach ins Projekt einbezogen worden.
Nicht in allen Gewässerstrecken wird eine Wasserableitung landschaftlich gleich gravierend sein. Die Nationalparkkommission war allerdings von vornherein den Wünschen der Kraftwerksbauer sehr – vielleicht zu sehr – entgegenkommend. Bei der Festlegung der Kernzonenvorschläge ging sie nur in zwei Bereichen tiefer als die vorgesehene Bachfassungen: Im Gschlöß, dem das ökologische Gutachten besonderen Landschaftswert bescheinigt, und im Umbaltal, wo die Isel „den höchsten Gewässerwert, gemessen am Erlebnispotential" aufweist; die Iselfälle sind „die größte Sehenswürdigkeit Osttirols". Das Umbaltal mit seinen Iselfällen weist übrigens nach den Krimmler Fällen die höchsten Besucherzahlen in allen Wandertälern des Nationalparks auf.
Die E-Wirtschaft spricht von „geringfügigen Überschneidungen" und verlangt eine Korrektur – natürlich auf Kosten des Nationalparks; als Ausgleich bot sie geringe stundenweise Spülwassermengen an. Dies veranlasste denn auch die Nationalparkkommission zur Empfehlung an die Landesregierungen von Kärnten und Tirol, bei Realisierung dieses Projektes von der Nationalparkvereinbarung zurückzutreten. Zumindest einzelne Zugangstäler in den Nationalpark mit intakten Gewässern (von mehr als zwanzig allein in Osttirol!) zu erhalten ist ohnehin eine denkbar bescheidene Forderung.
Gelegentlich führen Kraftwerksbauer als Beweis für ihr Entgegenkommen an, dass sie auf die Beileitung von weiteren dreißig Gewässern verzichtet hätten. Dies offenbar vor allem deswegen, weil diese energiewirtschaftlich nicht so interessant sind – war doch bislang noch keine Antwort auf die Frage zu bekommen, warum man nicht einige von diesen landschaftlich weniger wertvollen Gewässern nutzt und dafür solche Kostbarkeiten wie die Umbalfälle unberührt lässt. – Auch ein gewisser Pumpaufwand bei etwas tieferer Fassung einzelner Bäche erscheint durchaus zumutbar – schließlich sind ja eine Reihe anderer Großspeicher von vornherein für beträchtliche Pumpwassermengen konzipiert (z.B. Malta mehr als 50%, Sellrain-Silz an die 90%).
Obwohl nach einem Beschluss der Salzburger Landesregierung die westlichen Tauerntäler des Oberpinzgaues von energiewirtschaftlichen Eingriffen freibleiben sollen, trat die E-Wirtschaft in letzter Zeit mit etwas modifizierten Ausbauplänen auch für dieses Gebiet an die Öffentlichkeit. Hier sollen allerdings die Beileitungen wesentlich tiefer – unter 1450 m – liegen. In Osttirol sollte ähnliches – zumindest für einige Fassungsstellen – nicht möglich sein?
Worum geht es also? Nicht darum, „jedes Kraftwerksprojekt zu verhindern", wie oft unterstellt wird, sondern um die nationalparkwürdige Erhaltung wenigstens einiger Täler mit ihren Gewässerstrecken in Form eines echten Kompromisses – auch unter Inkaufnahme eines gewissen Mehraufwandes.
Energiewirtschaftliche Fragen sind sicherlich von großer öffentlicher Bedeutung. Allerdings ist die vermehrte Bereitstellung von elektrischer Energie bei weitem nicht die einzige Seite der Energieproblematik; berücksichtigt muss auch die Energiequalität werden – welche Arten von Energie in welcher Menge brauchen wir wofür, mit welchen sozialen und kulturellen Konsequenzen! –, die Umwandlungs- und Verteilungsverluste, die Verbesserung des Wirkungsgrades des Energieverbrauches u.v.a. mehr. Energieeinsparung durch verschiedene Maßnahmen ist letzlich auch viel billiger als der Ausbau immer neuer Versorgungskapazitäten. Auch die Tarifgestaltung birgt manche Möglichkeit für das Eindäm-

men des Mehrverbrauches – z.T. allerdings Maßnahmen, die nicht im primären Interesse von Energieversorgungsunternehmen liegen.

Die Bewahrung letzter Reste ursprünglicher Gebiete unseres Landes für die Allgemeinheit steht in mindestens ebenso großem öffentlichem Interesse wie der Bau weiterer Wasserkraftwerke – wobei zu bedenken ist, dass es für die Landschaft keinen Ersatz gibt. Es gilt also, das Machbare zu ändern, um das Unwiederbringliche zu erhalten. Wenn man sich nicht dem Vorwurf aussetzen möchte, Totengräber des Nationalparks zu sein, wird bei kommenden Entscheidungen für die Stellen des Landes (z.B. bevorstehende Stellungnahme des Landes Tirol zur Wasserrechtsverhandlung) und Bundes zu bedenken sein, dass das typische Argument der E-Wirtschaft, die Erhaltung von Naturschönheiten erfordere von der Allgemeinheit höhere Stromkosten, doch viel eher umgekehrt gesehen werden muss: dass die Allgemeinheit für kaum verringerte Stromkosten mit der Vernichtung z.T. unersetzlicher Naturschönheiten bezahlt.

Es geht hier also um politische und nicht nur um technische Entscheidungen, um übergeordnete Werturteile also. Wenn auch hierbei als gewichtigstes Argument nur die Umrechnung von Gewässerstrecken in Kilowattstunden oder Erdöläquivalente in Frage käme, gälte das Wort von Horst Stern: „Es ist sinnlos, mit Technokraten zu streiten, die kennen den Preis von allem und den Wert von nichts."

2 Gestaltendes Element Wasser

In Gebirgslandschaften ist die überprägende Wirkung der historischen und der heutigen Vergletscherung deutlich zu erkennen. Aber auch das Wasser spielt im landschaftlichen Formenschatz eine ständige und bedeutende Rolle. Erosion, Transport und Ablagerung der Gesteine, oder die Ausbildung von Vegetation und die Bodenentwicklung sind neben anderen Faktoren von der Menge, Verteilung und Verfügbarkeit des Wassers abhängig.

Bei einer Reihe von exogenen Prozessen spielt das Wasser in flüssiger und/oder fester Form eine - wenn nicht die - entscheidende Rolle in der Gestaltung des Naturraumes. Besonders in den Lagen oberhalb der Baumgrenze sowie darunter in Flusstälern, ist diese überformende Wirkung deutlich dokumentiert. Niederschlag, Verwitterung, Erosion und Ablagerung haben in langen Prozessen die Gebirgslandschaft geformt. Ihre qualitative und quantitative Wirkung und das Wechselspiel dieser Prozesse sind verantwortlich für das Verstehen der Naturraumgestaltung und der Landschaftsdynamik, daher auch der strukturellen und funktionellen Ausstattung der Gewässerökosysteme. Letztendlich spielt Wasser in flüssiger und fester Form eine entscheidende Rolle für Lebensraumvielfalt, -dynamik und Biodiversität in der Gebirgslandschaft. Das gilt in besonderem Maße für die Flusslandschaften der Gebirge mit ihren Überschwemmungsflächen, Erosions- und Umlagerungsbereichen.

Foto 2.1. Die überformende und gestaltende Wirkung des Wassers ist besonders in Gebirgslandschaften von der Ausstattung des Reliefs bestimmt, andererseits wird das Relief durch die oft schießenden und stürzenden Wassermassen verändert. Häufig sind tiefe Einschneidungen und Schluchten das Ergebnis der erodierenden Kraft der Flüsse und Bäche. An anderen Stellen wird Gesteinsmaterial abgelagert, bzw. in breiteren Bereichen des Talbodens umgelagert. Auch im Kleinen wird die Landschaft stark durch das Wasser geformt (Schößwendklamm, Salzburg. NPHT Salzburg, F.Rieder).

2.1 Niederschlag: Regen und Schnee

Das Gebirgsklima ist durch eine hohe Variabilität gekennzeichnet, da die deutlichen Gradienten bedeutender Faktoren sich zudem noch deutlich kleinräumig verändern können. Generell muss man aber von einer extremen Ausprägung des Klimas ausgehen. Das Wasser in Form von Nebel, Regen oder Schnee und auch als Schmelzwasser sind besondere Merkmale der Hydrologie im Gebirgsraum. Durch die relativ große Steilheit erfolgt in der Regel ein rascher Abfluss, wodurch auch das Erosionsrisiko steigt.

Wenn man die gesamten Ostalpen bezüglich der räumlichen Niederschlagsverteilung ansieht, dann fallen besonders die feuchten Nord- und Südränder auf. Dazwischen befinden sich die etwas trockeneren Zentralalpen. In ihrem Zentrum jedoch, entlang des Alpenhauptkammes besonders im Bereich der Hohen Tauern, sind die inneralpinen Trockenbereiche inselartig durch Regionen hoher Niederschlagsmenge unterbrochen. Die Menge an Niederschlag ist an den Südflanken der Hohen Tauern geringer als in den Staulagen nördlich des Alpenhauptkammes. Die maximalen Niederschläge treten in den Hochlagen auf und können Werte von 3.500 mm erreichen.

Das Relief und dadurch bedingt unterschiedliche Luv-Lee-Effekte bewirken eine sehr heterogene räumliche Verteilung der Niederschläge. Auch die jahreszeitliche Verteilung der Niederschläge ist regional unterschiedlich. Der Norden ist eher sommerfeucht, der Süden wegen der mediterranen Prägung winterfeucht, kann aber auch Niederschlagsmaxima im Frühjahr oder im Herbst haben. Dazwischen liegen durch die Barrierewirkung der Gebirgskämme trockene Gebiete, die auch kleinräumig ein unterschiedliches Klima zeigen können.

Mit der Höhe nimmt in den Alpen der Niederschlag generell zu, allerdings zeigen sich wiederum regionale Unterschiede. In der Gipfelregion kann der Nebelniederschlag erhebliche Anteile am Gesamtniederschlag erreichen. Auf dem Sonnblick (3.106 m) liegt der Nebelniederschlag normalerweise über dem mit Totalisatoren gemessenen Niederschlag aus Regen oder Schnee.

Foto 2.2. Das Relief und dadurch bedingt unterschiedliche Luv-Lee-Effekte bewirken eine sehr heterogene räumliche und zeitliche Verteilung der Niederschläge. Zum ganz typischen Erscheinungsbild des Gebirges gehört der Nebel, der je nach Höhenlage auch beträchtlich zum Niederschlag (als Nebelniederschlag) beitragen kann (Sajatmähder in Osttirol; NPHT Tirol, M. Kurzthaler).

Bedingt durch die Höhenlage fällt im Gebirgsraum der Hohen Tauern eine deutliche Menge des Niederschlags als Schnee. Die Schneemächtigkeit nimmt nicht generell linear mit der Höhe zu, obwohl normalerweise lokale Gradienten feststellbar sind. Auch hier gibt es regionale Schwankungen, die reliefbedingt und in Abhängigkeit von den herrschenden Windrichtungen im Gelände ungleich verteilt sind. Generell ist die Tendenz gegeben, dass die Mächtigkeit der Schneedecke bis zur Höhenlage der winterlichen Inversion (etwa 1.000 m) zunimmt. Darüber, das ist die Lage über der möglichen Nebeldecke, nimmt die Schneedecke wegen der höheren Sonneneinstrahlung zunächst wieder ab. Darüber steigt sie wieder an. Bei Vorhandensein einer zweiten Inversionshöhe kann sich das gleiche Muster nach oben nochmals wiederholen.

Der Zeitpunkt der maximalen Schneedeckenmächtigkeit verspätet sich mit zunehmender Höhe und erfolgt in Hochlagen oft

2 Gestaltendes Element Wasser

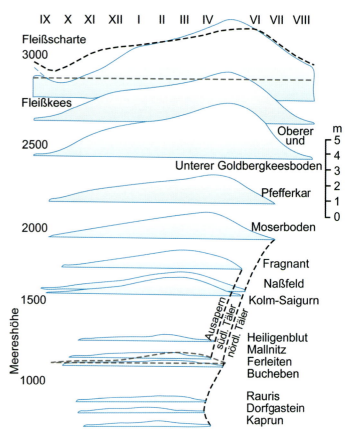

Abb. 2.1. Die Dauer der Schneebedeckung sowie auch deren Mächtigkeit sind stark von der Meereshöhe abhängig. Der Zeitpunkt der maximalen Schneedecke verlagert sich normalerweise mit der Höhe jahreszeitlich nach hinten und erfolgt in Hochlagen oft erst im Zeitraum März bis Mai. Diese Darstellung zeigt die Mächtigkeit der Schneedecke (rechte Skala), die durchschnittliche Dauer (obere Skala, römische Ziffern sind Monate), in unterschiedlichen Höhen (linke Skala) (Quelle: Franz 1979, verändert).

erst im Zeitraum März bis Mai. Die ungleiche Verteilung und Mächtigkeit der Schneedecke spiegelt sich auch in der Vegetationsverteilung deutlich wider.

So wie sich die Zunahme und Abnahme der Schneedecke sehr unterschiedlich gestaltet kann, unterliegt auch die Schneedeckendauer erheblichen örtlichen und zeitlichen Abweichungen vom generellen Trend. Grundsätzlich ist ein steiler Gradient mit der Höhe feststellbar: von etwa 100 Tagen Schneebedeckung in 1.000 m, über 250 Tagen in 2.000 m, bis 300 Tage in 2.500 m Meereshöhe. Im August fallen auf 3.000 m etwa 65 % des Niederschlages als Schnee, auf 2.000 m sind es nur noch 12 bis 15 %.

Abgesehen von Starkniederschlägen hat die räumliche und jahreszeitliche Verteilung der Niederschläge eine entscheidende Wirkung auf die Abflussdynamik der Fließgewässer. So ist ihr Jahresverlauf erheblich vom Anteil, der als Schnee fällt und liegen bleibt, sowie von der Mächtigkeit und Dauer der Schneebedeckung beeinflusst. Wenn man bedenkt, dass innerhalb der Alpen ein großer Teil der Einzugsgebiete oberhalb der Waldgrenze liegt und dies die Region der größten Schneemenge und der längeren Dauer der Schneebedeckung ist, so ist der Zusammenhang mit dem Abflussverhalten unserer Gebirgsbäche verständlich.

Damit kommt für die gesamte Region der Hohen Tauern den Prozessen oberhalb der Baumgrenze – der alpinen, subnivalen und nivalen Höhenstufe – eine wesentliche Bedeutung bei der Steuerung der Wasserführung und Sedimentfrachten zu. Änderungen der Schneebedeckung, der Gletscherausdehnung oder der Vegetationsbedeckung der alpinen Rasen können zu massiven Veränderungen führen wie etwa Hochwässer, Muren oder Schwemmfächer, die sogar bis auf die Talböden der subalpinen und montanen Höhenstufen wirken.

Wasserhaushalt und Klima der Hohen Tauern:

Der Wasserhaushalt in der Gebirgsregion und die Wasserführung der Bäche hängen vom Zusammenwirken verschiedener Faktoren ab. Entscheidend für den Abfluss der Flüsse der Hohen Tauern ist vor allem das Klima wie etwa die Niederschlagsverteilung, die Verdunstung und - damit im Zusammenhang - das Verhalten der Gletscher, da ja die meisten der größeren Bäche von Gletscherwässern gespeist werden.

Die Hohen Tauern bilden eine Wetter- und Klimascheide, wobei die nördlichen Lagen zum mitteleuropäischen Klimabereich gehören und daher wesentlich von der Großwetterlage abhängig sind. Im Sommer herrscht meist unbeständiges Wetter mit reichlichen Niederschlägen, während im Winter die Hohen Tauern eine Wärmeinsel bilden und auch mehr Sonnentage aufweisen als das im Norden angrenzende Salzachlängstal. Die südlichen Bereiche werden von Ausläufern des Genuatiefs geprägt, das vor allem in der zweiten Jahreshälfte Niederschläge verursacht. In Gebirgstälern spielt oft die Inversion eine besondere Rolle. So hat z.B. Bucheben (1140 m) ein um 0,7 °C höheres Jännermittel als Rauris (914 m). Das Temperaturminimum wird in den Tälern im Jänner und in 3000 m Höhe im Februar erreicht, das Maximum im August. Die Jahresschwankungen der Temperatur betragen in 1000 m 19,7 °C, in 2000 m 15,8 °C und in 3000 m 14,7 °C. Ebenso wie die Jahresamplitude nimmt auch die Tagesamplitude mit zunehmender Höhe ab.

Als Folge des Hochdruckkeils über den Alpen wird das Niederschlagsminimum im Winter erreicht, während im Juli die meisten Niederschläge fallen. Eine Besonderheit sind die Frühjahrsniederschläge, Ausläufer der mediterranen Frühjahrsregen, die ein Maximum im März und April bewirken. Im Winter und im Frühling nimmt der Prozentanteil am Jahresniederschlag mit der Höhe zu, während er im Sommer abnimmt und im Herbst im Wesentlichen gleich bleibt. Der Jahresniederschlag liegt in den Kammlagen bei 2400 mm, auch im hintersten Stubachtal, Kaprunertal und Fuschertal fallen die Niederschläge noch reichlich. Zum Ausgang der Täler hin nehmen sie jedoch beträchtlich ab, im nördlichen Raurisertal und im Gasteinertal liegen die Jahresmittel bei 1000 mm und teilweise sogar noch darunter.

Ein Großteil des Niederschlages fällt in Form von Schnee, in den Tälern 25% des Jahresniederschlags, in 3000 m bis zu 100%. Die größte Schneehöhe – sie liegt in Zell am See z.B. bei 57 cm und in 3000 m zwischen 6 und 10 m, auf dem Sonnblick sogar bei 11,90 m – findet man in den Tallagen im Februar, während sich im Gebirge das Maximum in das Frühjahr verschiebt. An 120 bis 160 Tagen weisen die Tauerntäler eine zusammenhängende Schneedecke auf, die Ende März, Anfang April schwindet. In den hinteren Talabschnitten bleibt der Schnee bis Ende Juni liegen. Bei der Schneeschmelze spielt der Föhn eine entscheidende Rolle. Oberhalb der Schneegrenze bleibt die Schneedecke das ganze Jahr über erhalten. Diese Grenze liegt im Bereich der Hohen Tauern bei 2700 – 2800 m, weist aber einige deutliche Einsattelungen auf, z.B. im Gebiet der Krimmler Tauern, am Hochtor und im Gebiet der Goldberggruppe, wo die Schneegrenze bis 2600 m herabreicht. Dieses Tiefergehen der Schneegrenze ist an orographische Senken gebunden, zu denen der Niederschlag von Norden her leichten Zugang hat. Der Höhenunterschied der Schneegrenze zwischen Sonn- und Schattenseite kann bei ähnlichen morphologischen Verhältnissen 200 bis 400 betragen.

Datenquelle: Höller (1985).

Foto. 2.3. In den Jahren 1965 und 1966 brachte der Gradenbach eine Hochwasserkatastrophe nach Putschall. Nach heftigen Regenfällen kam es zu verstärkten Bewegungen des „Wandernden Berges". Hangrutschungen und vermehrter Geschiebeeintrag vom Eggerwiesenkopf waren die Folge. Hochwasser mit Schlamm und Schutt führten in den zwei aufeinander folgenden Jahren zur großflächigen Verwüstung des Talbodens. Die Aufräumarbeiten mussten großteils aus der Luft erfolgen, weil auch die Zufahrtsstraßen vermurt waren. Erst durch Verbauungsmaßnahmen der Wildbach- und Lawinenverbauung konnten weitere Katastrophen verhindert werden (NPHT Kärnten).

2.2 Das Abflussverhalten der Gebirgsbäche

Gebirgsbäche sind in besonderem Maß von einem überaus dynamischen Abflussgeschehen geprägt. Rasch anschwellende Hochwässer bei Starkregen im Einzugsgebiet, extreme sommerliche Wasserführung der Gletscherbäche und die damit verbundene, große Erosionsenergie sind charakteristische Merkmale von Gebirgsbächen.

Gerade für die ökologische Betrachtung der Fließgewässer ist nicht nur die gesamte Wassermenge von Bedeutung, sondern auch die jahreszeitliche Verteilung des Abflusses sowie die Speicherung des Niederschlages in Seen, Schneedecke und Gletschern. Dies trifft besonders auf Gebirgsregionen zu.

Entsprechend der unterschiedlichen Ursachen der Abflussentstehung und Ausprägung werden in der Hydrologie charakteristische Hauptabflusstypen und zusammengesetzte, komplexe Regimetypen unterschieden, die man generell als Abflussregime bezeichnet. Die Abflusstypen des Alpenraumes sind generell durch das „Einfache Regime" gekennzeichnet; diese sind damit auch repräsentativ für das Gebiet des Nationalparks Hohe Tauern. Dabei bilden fünf Abflusstypen die Gruppe der Einfachen Regime (Tab. 2.1). Sie unterscheiden sich im Wesentlichen durch die Rangfolge der abflussreichsten Monate. Die Minimalabflüsse zwischen Dezember und März tragen nicht zur Unterscheidung bei.

Tab. 2.1. Einfache Abflussregime (aus Mader et al. 1996)

Regime	Rangfolge der Monatsabflüsse
Glazial	Juli/Aug.>Jun >Sep.>Mai
Glazio-Nival	Juli>Juni/Aug.>Sep.>Mai
Nivo-Glazial	Juni/Juli>Aug.>Mai>Sep.
Nival	Juni>Jul >Ma >Aug.>Sep.
Gemäßigt-Nival	Mai/Juni>Juli/April>Aug.>Sep.

In den vergletscherten Zentralalpen ist erwartungsgemäß häufig das glaziale Abflussregime typisch, bei dem das sommerliche Maximum durch die Gletscherspende hervorgerufen wird. Beim nivalen Abflussregime liegt ein Maximum in der Zeit der Schneeschmelze im Einzugsgebiet. Ein pluviales Abflussregime wird durch Regenereignisse geprägt, Schneeschmelze und Gletschereinfluss treten in den Hintergrund. Obwohl es eine Reihe von Zwischen- und Übergangsformen gibt, die in der Fachwelt als „Komplexe Regime" bezeichnet werden, sind in der Region der Hohen Tauern vor allem folgende Haupttypen zu unterscheiden: Glaziales und Übergang zum nivalen Abflussregime (von glazio-nival bis gemäßigt-nival).

Glaziales Abflussregime

Ein hoher Gletscheranteil und eine tages- und jahreszeitlich schwankende Gletscherspende kennzeichnen diesen Abflusstyp. Typisch sind dabei die Maxima in den Monaten Juli und August, in denen rund 60 % der Jahresabflussmenge abfließen. Normalerweise sind es sogar 90 % im Zeitraum vom Mai bis September.

Die Einzugsgebiete haben typischerweise einen hohen Gletscheranteil, der nach verschiedenen Autoren ein unterschiedliches Minimum (30 %, 20 %, 15 %) und eine große mittlere Höhe haben kann. Bei etwas niedrigeren Höhenlagen sinkt der Gletscheranteil und die Schneeschmelze setzt früher ein, sodass auch die Monate Mai und Juni stärker betont werden. Die Monate Juli und August werden etwas gedämpft.

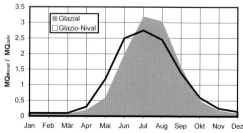

Abb. 2.2. Glaziales (Venter Ache, Tirol, 1951-1982) und glazio-nivales (Obersulzbach, Salzburg, 1961-1982) Abflussregime. Eine gebräuchliche Darstellung der Abflussganglinie ist der Quotient aus dem mittleren Monatsabflusses (MQMonat) und dem mittleren Jahresabfluss (MQJahr) für jedes Monat (aus Mader et al. 1996)

Sommerliche Schneefälle haben einen großen positiven Einfluss auf die Massenbilanz der Gletscher, aber auch auf die Reduktion der Gletscherspende. So kann bei einem sommerlichen Kälteeinbruch oder Schlechtwetter das Maximum des Abflusses eines Gletscherflusses deutlich zurückgehen.

Foto 2.4. Gletscherbäche, so wie hier der Zettalunitzbach in Osttirol, haben im Juli und August ihr Abflussmaximum (NPHT Tirol).

Nivales Abflussregime

Gerade im Gebirgsraum treten häufig Übergänge zwischen dem glazialen und dem nivalen Abflussregime auf. Diese werden als glazio-nival oder nivo-glazial bezeichnet. Beim Ersteren erfolgt eine stärkere Betonung der Monate Juni und Juli, die Vergletscherung liegt meist unter 20 %, während Letzteres das Maximum im Juni hat. Die Vergletscherung liegt nur mehr bei wenigen Prozent.

Das echte nivale Abflussregime ist geprägt durch einen Beginn der Schneeschmelze bereits im April und der Hauptphase im Mai und Juni. 70 % der Jahresmenge fließen in den Monaten Mai bis September ab. Die Einzugsgebiete sind unvergletschert. Durch den nivalen Charakter (Schneeschmelze) ist das Abflussmaximum bereits im Juni und das Abflussgeschehen stärker im Mai als im August. Die Minimalabflüsse beschränken sich auf die Monate Dezember bis Februar.

Gemäßigt-nivales Regime

Auch bei diesem Typ ist die Schneeschmelze der wesentliche Steuerungsfaktor dieses Regimes, allerdings sind bereits pluviale Einflussfaktoren von Bedeutung. Die Monate April bis Juni sind die abflussstärksten, wobei das Maximum entweder im Mai oder im Juni auftritt.

Bei tiefer liegenden Einzugsgebieten ohne Vergletscherung ist der Abflussjahresgang mehrgipfelig, mit normalerweise einem Maximum im Frühjahr zu Zeiten der Schneeschmelze und einem zweiten im Herbst, bedingt durch Niederschläge: Nivo-pluviales und pluvo-nivales Abflussregime. Rein pluviale Abflussregime treten in den Alpen kaum auf.

Für eine Charakterisierung der Abflussverhältnisse und einer besseren Vergleichsmöglichkeit werden normalerweise noch weitere Kenngrößen unterschieden: Man spricht vom „Niederwasser", wenn die geringste Wasserführung innerhalb eines bestimmten Zeitraums angegeben werden soll. Beispiele dafür sind niedrigstes/höchstes Jahresniederwasser, mittleres Jahresniederwasser. Das „Mittelwasser" ist das arithmetische Mittel aller Tagesmittel innerhalb eines Jahres. Beim „Hochwasser" handelt es sich analog zu den anderen Begriffen um den höchsten Abfluss innerhalb einer Zeitreihe oder eines Jahres. Wiederum sind das niedrigste/höchste Jahreshochwasser oder das mittlere Jahreshochwasser häufig verwendete Kenngrößen.

Foto 2.5. Natürliches Augusthochwasser der Isel (9.8.1987), bedingt durch höhere Wasserführung im Sommer (Gletscherfluss) und gleichzeitig starke Regenfälle (NPHT Tirol).

Abflussregime im Nationalpark Hohe Tauern

Über die einzelnen Abflussregime ist nur relativ wenig Datenmaterial für das Gebiet des Nationalparks vorhanden. Pegelmessungen, die bereits über einen längeren Zeitraum und regelmäßig durchgeführt wurden, gibt es nur an einigen wenigen Bächen. Ihr relativer Anteil beträgt für den Kärntner Anteil des Nationalparks etwas unter 5 % der Fließgewässer mit einem Einzugsgebiet >1 km², im Tiroler Anteil nur 2 % und im Salzburger Anteil annähernd 6 %.

Das Abflussgeschehen der Bäche im Nationalpark ist in Kärnten vom Mallnitzbach, in Tirol von Dorferbach, Gschlößbach, Ködnitzbach, Schwarzach und Teischnitzbach sowie in Salzburg von Felberbach, Großarlbach, Habach, Hüttwinklbach, Mur, Ober- und Untersulzbach genauer bekannt.

Tab. 2.2. Verfügbare Abflussregime der Fließgewässer im Nationalpark (wo verfügbar, jeweils Angaben aus den Hydrographischen Jahrbüchern 1982, 1985, 1990; NIG 6 ... Nivo-glaziales Regime mit Abflussmaximum im Juni; GLA 7 ... Glaziales Regime mit Maximum im Juli; NIV 6 ... Nivales Regime mit Maximum im Juni; GEN 6 ... Gemäßigt-nivales Regime mit Maximum im Juni; usw.; aus Mader et al. 1996).

Region und Gewässer	Regimetyp und Monat mit Maximalabfluss
Kärnten	
Mallnitzbach	NIG 6 / NIG 6 / NIG 6
Tirol	
Dorferbach	GLA 7 / GLA 7 / NIG 7
Gschlößbach	GLA 7 / GLA 7 / NIG 7
Ködnitzbach	--- / NIG 7 / ---
Schwarzach	--- / NIG 6 / ---
Teischnitzbach	NIG 7 / NIG 7 / NIG 7
Salzburg	
Felberbach	NIV 6 / NIV 6 / NIV 6
Großarlbach	GEN 6 / GEN 6 / GEN 6
Habach	--- / NIG 7 / NIG 7
Hüttwinklache	NIG 6 / NIG 6 / NIG 7
Mur	NIV 6 / NIV 6 / NIV 6
Obersulzbach	NIG 7 / GLA 7 / GLA 7
Untersulzbach	NIG 7 / GLA 7 / GLA 7

Foto 2.6. Schon am Bachbett ist hier zu erkennen, dass eine große Dynamik im Abflussgeschehen vorherrscht. Als typischer gletschergespeister Fluss zeigt der Obersulzbach einen deutlichen Unterschied zwischen sommerlichem Hochwasser und winterlichem Niedrigwasser. Selbst im Sommer ist auch in den frühen Morgenstunden und am Vormittag die Wasserführung wesentlich geringer als am späten Nachmittag (L. Füreder).

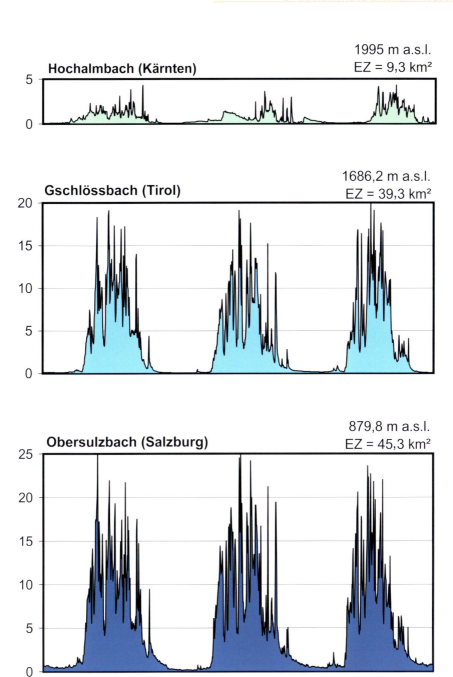

Abb. 2.3. Typische Abflussganglinien alpiner Gebirgsbäche. Der Hochalmbach ist ein unvergletscherter Gebirgsbach, dessen Abfluss über die schneefreien Monate ansteigt und mit Scheeschmelz- und Regenereignissen ansteigt. Der Gschlössbach ist ein abflussstarker Gletscherbach, der besonders durch Abflussspitzen im Sommer gekennzeichnet ist. Das Gleiche gilt für den Obersulzbach. Der höhere Abfluss erklärt sich aus der tieferen Lage der Pegelmessstelle, was sich auch an einem höheren Winterabfluss im Vergleich zum Gschlössbach zeigt (Hydrographische Zentralanstalt, Wien).

2.3 Erosion und Sedimentfrachten

Die hydraulischen Faktoren, bedingt durch Gefälle, Wassertiefe, Fließgeschwindigkeit und Abflussdynamik, und einige Gebietsparameter wie Niederschlag, Temperatur, Vegetation und Landnutzung wirken zusammen. Sie steuern das Erosionsgeschehen sowie Menge und Zusammensetzung der Sedimentfrachten der Fließgewässer.

Die hydraulischen Kräfte erzeugen knapp über dem Boden oder an den Ufern das Herauslösen und Ablösen von Feststoffen bzw. des Substrates. Diese Wirkung der Scherkräfte wird als Erosion bezeichnet. Je nach Lage kann man zum Beispiel Sohl- und Ufererosion unterscheiden. Wasser erzeugt somit beim Überströmen fester Oberflächen Schlepp- und Hebekräfte, die, wenn die Kräfte groß genug sind, Substrate in Bewegung setzen. Es kommt meist zu räumlichen Unterschieden des Weitertransports, die sich durch die Korngröße des Substrats ergeben. In der fließenden Welle werden Feinpartikel und Seston transportiert (Suspensionsfracht), am Gewässergrund hingegen grobe Substrate, die rollend-hüpfend an der Sohle weitertransportiert werden (Geröll und Geschiebe).

Die Scherkraft hängt vom spezifischen Gewicht des Wassers, der Tiefe, der Wassermenge und dem Gefälle ab. Sie nimmt mit steigender Tiefe und mit dem Quadrat der Fließgeschwindigkeit zu. Hohe Fließgeschwindigkeiten, wie sie in Gebirgsbäche die Regel sind, üben somit starke Schleppkräfte auf die Flusssohle aus und beeinflussen die Korngrößenzusammensetzung und die Menge des transportierten Geschiebes.

Folglich kann an der dominierenden Korngröße oder der Korngrößenzusammensetzung der Bereich der vorherrschenden Fließgeschwindigkeit abgelesen werden. Diese Information bleibt sogar über lange Zeiträume verfügbar, denn auch bei frühzeitlichen fluviatilen Ablagerungen kann man auf das ehemalige Abflussgeschehen schließen.

Tab. 2.3. Ablagerungen unterschiedlicher Substrate und transportiertes Material in Abhängigkeit von der Fließgeschwindigkeit (modifiziert nach Jungwirth et al. 2003).

Fließgeschwindigkeit	Art der Ablagerung
< 20 cm s^{-1}	Leichtes organisches Material wird auf Feinsediment abgelagert. Diese organische Sedimentauflage ist Lebensraum und Nahrung vieler im und am Gewässerboden lebender wirbelloser Tiere (Benthos) und bildet eine hochproduktive Lebensgrundlage für höhere Lebewesen (z.B. Fische).
25 - 50 cm s^{-1}	Sand wird teilweise abgelagert, stellt aber aufgrund seiner Mobilität ungünstige Lebens- und Ernährungsbedingungen für Benthos und Fische dar (erst in tiefer gelegenen, flacheren Flussabschnitten können sich bereichsweise stabile und demnach produktive Sandbänke ablagern).
60 - 90 cm s^{-1}	Feiner Kies und Sand bleibt nicht mehr liegen, hingegen sind die vorherrschenden Substrate aus grobem Kies (Ausnahme bei Hochwasser). In Abhängigkeit der Gewässer- und Ufersituation und der Produktion im Gewässer kann unter günstigen Nährstoffverhältnissen eine produktive Fischfauna vorhanden sein (z.B. Äschen- und Forellenregion).
120 - 170 cm s^{-1}	Grober Schotter bleibt liegen, grober Kies ist noch in Bewegung. Für Besiedlung mit tierischen Organismen ist die bewegliche Sohlenoberfläche nicht günstig. Im groben Lückenraum kann sich jedoch die Schotterfauna gut entwickeln. Dies ist die typische Situation in einem Gebirgsbach, wo strömungsangepasste und strömungsliebende Insektenlarven dominieren.
> 170 cm s^{-1}	Auch grober Schotter ist in Bewegung und daher für die Besiedlung mit tierischen Organismen ungünstig.

Foto 2.7. Die Gesteinsablagerung lässt auch hier erkennen, dass in bestimmten Zeiträumen hohe Fließgeschwindigkeiten im Flussbett des Obersulzbach vorherrschen. Die geringe Tageserwärmung im Herbst reicht nicht mehr zum Abschmelzen der Gletscher, daher wird der Abfluss im Verlauf des Tages kaum ansteigen. Das steht aber ganz im Gegensatz zur Situation der Gletscherspende im Sommer: Die Blockgröße des Substrates gibt noch sehr beeindruckend Auskunft über die sommerlichen Abflussmaxima (L. Füreder).

Bezüglich der Herkunft kann man allochthone und autochthone Feststoffe unterscheiden. Während allochthones Material aus dem näheren oder weiteren Gewässerumland in das Gewässersystem gelangt, stammt autochthones Material aus dem Gewässersystem selber. Der Einstoß von Geschiebe erfolgt meist aus einzelnen Feststoffherden, nur selten existieren längere Gewässerstrecken mit Erosion. Bei Wildbächen können durch Hangrutschungen plötzlich große Mengen an Geschiebe in das Gewässer gelangen. Dies ist oft im Gebirge der Fall. Normalerweise ist das Geschiebe aber autochthonen Ursprungs und entsteht bei der Erosion von Sohle und/oder Ufer.

Während der Geschiebetransport vor allem bei Hochwasser erfolgt, werden Schwebstoffe immer transportiert. Sogar in scheinbar klarem Wasser ist eine gewisse Menge an Schwebstoffen vorhanden. Der Großteil des Feststofftransportes wird durch die Schwebstoffe gestellt. Nur in alpinen Fließgewässern kann der Geschiebetransport einen bedeutenden Beitrag (>10 %) zum Gesamttransport leisten. Im weiteren Verlauf der Fließgewässer nimmt dieser Anteil ab, bis in den Bächen des Tieflandes der Gesamttransport fast ausschließlich durch die Schwebstoffe bestimmt wird.

Die Schwebstoffführung hat eine große Bedeutung auf die Verlandung von strömungsberuhigten Fließgewässerbereichen (Seitengewässer, Altarme, Buchten, Mündungen in Stillgewässer, Auflandungen). Auch wirkt die Schwebstoffführung auf die ökologischen Zusammenhänge im System. So können Wasserchemie, Licht und Produktion eines Gewässers stark beeinflusst werden.

Feststofffracht - Lösungsfracht

Beim transportierten Material, dem Austrag, ist neben dem Feststoffaustrag auch ein Lösungsaustrag zu berücksichtigen. Als Lösungsfracht bezeichnet man gelöste chemische und organische Stoffe. In der Regel überwiegt bei kleinen alpinen Einzugsgebieten der physikalische Abtrag, der den chemischen Anteil deutlich übersteigt, während in großen Einzugsgebieten dieser Unterschied kaum besteht. Den größten Anteil an Lösungsaustrag erreichen Gebiete mit löslichen Gesteinen, wie z.B. in den nördlichen und südlichen Kalkalpen.

Vom gesamten Massenexport aus den Alpen, der in der Größenordnung von 74 Mio. Tonnen pro Jahr liegt, entfallen rund zwei Drittel auf Feststoffe, während ein Drittel in Lösung ist.

Auch bei den abflussstarken Gletscherflüssen der Hohen Tauern ist dieser Vorgang deutlich zu sehen. Bis in die großen, die Alpen entwässernden Flüsse ist dann die charakteristische Gletschertrübe der Sommermonate noch gut festzustellen und hat auch gewisse ökologische Konsequenzen, was unter anderem Primärproduktion und Tierleben betrifft.

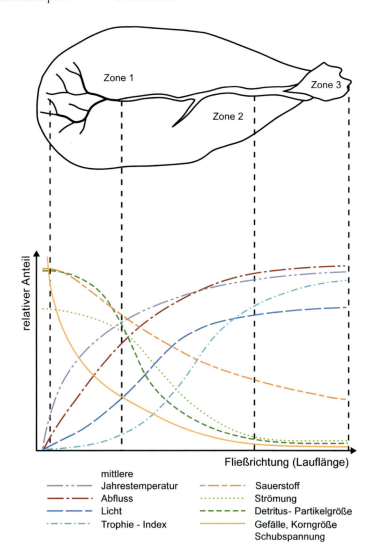

Abb. 2.4. Im Längsverlauf der Fließgewässer ändern sich die für das System wesentlichen Faktoren deutlich. Im stark gegliederten Relief des Gebirges finden sich besonders die Gewässerabschnitte der Zone 1, können aber mit Gewässerabschnitten unterbrochen sein, die in der Ausformung der Umweltfaktoren schon der Zone 2 entsprechen. Gefälle, Korngröße und Schubspannung (orange Linie) befinden sich generell in maximaler Ausprägung. Bei Verflachung des Reliefs können diese geringer ausfallen (modifiziert nach Jungwirth et al. 2003).

2.4 Schleppkraft und Geschiebedynamik

Die räumliche und zeitliche Dynamik des Abflussgeschehens und die dadurch sehr unterschiedlich wirksamen Kräfte machen Fließgewässer zu äußerst wechselhaften Lebensräumen. Diese Dynamik in Abfluss, Scherkräften, Schwebstoff- und Geschiebetransport ist dabei sicherlich eines der wichtigsten Charakteristika von Fließgewässern.

Gebirgsgewässer in höheren Lagen sind besonders von unvorhersehbaren und zufälligen Ereignissen gekennzeichnet. Obwohl Gletscherbäche im Sommer regelmäßig Abflussspitzen mit hohem Trübstoffgehalt und mächtigen Substratumlagerungen und Geschiebebewegungen aufweisen, sind auch von Gletschern unbeeinflusste Bäche oft von unregelmäßig und plötzlich auftretenden Hochwasserereignissen gekennzeichnet. Diese können bei entsprechendem Ausmaß und Größe des Gewässers dramatische Folgen haben.

Die wesentlichen Einflussfaktoren für die Geschiebetransportkapazität (das ist das Vermögen des Gewässers Sohl- und/oder Ufermaterial mitzutransportieren) sind Abfluss und Sohlbreite. Ab einer bestimmten Abflusshöhe und einer daraus folgenden kritischen Schubspannung kommt es zur Bewegung der Sohlsedimente. Ist eine Deckschicht vorhanden, beginnen die Sohlerosion und der dadurch verursachte Geschiebetransport erst, wenn die Deckschicht aufgerissen ist. Mit zunehmendem Abfluss erhöhen sich auch Sohlschubspannung und Transportkapazität. Sobald das Gerinne den Abfluss nicht mehr fassen kann, kommt es zu einer Überschwemmung des Umlandes, wobei die Fließwiderstände zunehmen und die Transportkapazität leicht zurückgeht.

Die Gewässersohlbreite hat auch einen wesentlichen Einfluss auf die Geschiebetransportkapazität. Mit zunehmender Sohlbreite kann bei gleichem Abfluss mehr Geschiebe transportiert werden. Da aber mit zunehmender Sohlbreite die Wassertiefe abnimmt, nimmt ab einer bestimmten Sohlbreite die Transportkapazität wieder ab. Es gibt aber eine bestimmte Sohlbreite an der die Geschiebetransportkapazität maximal ist, die sogenannte optimale Sohlbreite.

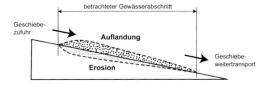

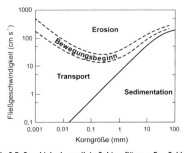

Abb. 2.5. Geschiebedynamik in Gebirgsflüssen: Das Sohlgefälle ist als das Ergebnis der Menge des antransportierten Geschiebes (Auflandung) und dem Weitertransport des erodierten Materials zu verstehen (oben); in der unteren Abbildung ist das Zusammenspiel von Fließgeschwindigkeit und Korngröße als die entscheidende Größe für Sedimentation, Bewegungsbeginn und Transport von Feststoffen dargestellt (aus: Hütte 2000).

Schon lange weiß man, dass Geschiebezufuhr und -abtransport sich die Waage halten müssen. Denn der Fluss strebt jenem Gefälle zu, das unter den gegebenen Abflussbedingungen gerade ausreicht, das angelieferte Geschiebe fortzubewegen. So hängt das Sohlgefälle von zwei Faktoren ab: erstens von der Menge des antransportierten Geschiebes und zweitens von der weiteren Transportkapazität des Fließgewässers.

Entscheidende, oft auch folgenschwere Veränderungen in diesem Gleichgewicht werden durch Längsverbauungen erzielt, die durch Erhöhung der Fließgeschwindigkeit eine größere Geschiebetransportkapazität und damit die Eintiefung des Bachbettes zur

Folge haben. Oft kann nur durch groß dimensionierte Geschieberückhaltebecken oder andere Querbauwerke gegengesteuert werden. Die natürliche Dynamik eines Gebirgsbaches ist damit aber deutlich gestört. Der Geschieberückhalt beim Zusammenfluss von Schlatenbach und Viltragenbach im Innergschlöß ist ein eindrucksvolles Beispiel. Zusammen mit der Regulierung des Gschlößbaches ist sie zwar Garant für die Sicherung der Weiden im Innergschlöß, aus Sicht der Gewässerökologie und des Gewässerschutzes ist das Flusssystem aber stark gestört.

In Folge des Geschieberückhalts ist normalerweise im Unterlauf oder im Vorfluter (das ist jenes Fließgewässer, in das ein betrachtetes Gewässer einmündet) ein Geschiebedefizit festzustellen. Da in diesem das Sohlsubstrat durch die Schleppspannung natürlicherweise weitertransportiert wird, vom Oberlauf aber nichts mehr oder zu wenig nachkommt, tieft sich das Bachbett zunehmend ein.

Foto 2.8. Der Viltragenbach wird seinem Namen schon gerecht. Sehr eindrucksvoll ist hier die natürliche Geschiebedynamik zu sehen. Der Gewässerlauf wechselt ständig und verzweigt sich mehrmals im Längsverlauf, die Dynamik ist also nicht nur auf die Feststoffe beschränkt. Ein beträchtlicher Teil des Wassers verläuft sogar im Großschotterkörper, sodass auch die vertikale Dimension an Bedeutung gewinnt (L. Füreder).

Foto 2.9. Geschiebedynamik in Gebirgsflüssen: In sensiblen Bereichen wurden groß-dimensionierte Bauwerke zum Rückhalt des Feststofftransports errichtet, die einer natürlichen Geschiebedynamik entgegenarbeiten. Zum Schutz darunter liegender Almbereiche (z.B. hier in Innergschlöß) wurde eine äußerst dynamische Umlagerungsstrecke in ihrer natürlichen Ausprägung stark verändert. Da die anfallenden Feststoffe nicht mehr weiter transportiert werden, muss die Geschiebefalle regelmäßig mit Baggern und Lastwagen entleert werden (L. Füreder).

2.5 Naturraumdynamik, Landschaftsformung

Abflussdynamik, Scherkräfte, Schwebstoff- und Geschiebetransport als wichtige Eigenschaften von Fließgewässern haben auch größere Dimension. Die Geomorphologie von Flusslandschaften, das Mosaik der Tallandschaften und generell der Naturraum zeigen deutliche Zeichen der zurückliegenden und rezenten fluvialen Prozesse.

Alpine Fließgewässer sind durch ein großes Sohlgefälle charakterisiert und verlaufen über größere Distanzen in mehr oder weniger tief eingeschnittenen Tälern. Weil die Sedimentfrachten in den Gerinnen in der Regel nicht mit flächenhaften Abtragungsprozessen an den Hängen zu korrelieren sind, erodieren die Gerinne meist sehr stark lateral und in die Tiefe und nehmen von dort ihre Fracht auf. Der Eintrag von Material erfolgt meist linienhaft über kleine Nebengerinne oder auch episodisch über Ereignisse wie Lawinen, Felsstürze und Muren.

Die typischen Gebirgs-Wildfluss-Ökosysteme sind durch ständigen Wechsel des Gefälles und somit auch der Fließgeschwindigkeit sowie durch eine stark unterschiedliche Wasser- und Geschiebeführung in den jeweiligen Jahreszeiten gekennzeichnet. Da die Transportkraft des Wassers mit zunehmender Fließgeschwindigkeit und Wasserführung wächst, werden besonders zu Zeiten der Hochwässer Kies und Geröll transportiert. Lässt die Schleppkraft des Wassers nach, so bleiben die Geschiebe an flachen und breiten Talabschnitten als Inseln aus Kies und Geröll liegen. Beim nächsten Hochwasser werden diese Inseln und Uferbänke teilweise erneut umgelagert. Dadurch wechseln die Lebensbedingungen kleinräumig und zeitlich stark. Pflanzen und Tiere, die in diesen dynamischen Lebensräumen vorkommen, müssen gut angepasste Lebensformen und Überlebensstrategien entwickelt haben. Weiden zum Beispiel haben biegsame Äste, die dem abfließenden Wasser nur geringen Widerstand leisten und daher kaum abgerissen oder erodiert werden. Verletzungen der Triebe regen ihr Wachstum noch an.

Abgesehen von den Auswirkungen, die das Gewässerökosystem und die hoch spezialisierten Pflanzen und Tiere betreffen, gibt es aber noch die größere Dimension, nämlich den Naturraum und die Landschaft, die maßgeblich durch die geomorphologischen Prozesse geprägt wurden und werden.

Foto 2.10. Die Geschiebedynamik ist auch am Obersulzbach besonders gut zu erkennen. Etwas flachere Abschnitte entstehen durch Auflandung, an steileren Stufen bleibt das Material nicht liegen, sondern wird weiter transportiert. Bei steilen Abschnitten entsteht innerhalb relativ kurzer Distanzen die treppenartige Abfolge von Kolken und Schnellen (L. Füreder).

Foto 2.11. Oft kann das zwischengelagerte Geschiebe große Bereiche des Talraumes einnehmen. Der Bachlauf ist dann verzweigt. Es bilden sich Inseln, die aber meist nicht lange bestehen bleiben, sondern rasch wieder umgelagert werden. Wegen des generell großen Umlagerungsgeschehens finden sich auch keine Pflanzen in Gewässernähe (Froßnitzbach, Osttirol, M. Kurzthaler).

Feststoffhaushalt und Geschiebedynamik stehen im unmittelbaren Zusammenhang mit der Gewässerbettbildung, da diese von der Menge des eingebrachten Geschiebes und der Transportkapazität innerhalb eines Gewässerabschnittes deutlich beeinflusst wird.

Normalerweise stellen sich Aufhöhung und Eintiefung der Flusssohle entsprechend des Geschiebeeintrags und Geschiebetransports ein. Die Bildung von Schotterinseln sowie die Veränderungen der lokalen Gefälleverhältnisse sind Folge der Geschiebedynamik. Voraussetzung für eine natürliche Systemausstattung der Fließgewässer und Flussräume ist daher ein naturraumtypisches Geschiebegeschehen.

Nicht nur die Ausformung und Gestaltung von Flusstälern, sondern auch die spezifische Ausprägung des jeweiligen Reliefs der Flusslandschaft sowie überhaupt die Entstehung und Gestaltung der Einzugsgebiete gehen auf geomorphologische Prozesse zurück.

Wichtig dabei sind neben den tektonischen Vorgängen vor allem die Verwitterung (physikalische und chemische Gesteinsaufbereitung), die Abtragung in Form von Erosion (fluvial und glazial) und flächenhafte Abtragung von Hängen sowie die weitere Aufbereitung und der Transport der Verwitterungsprodukte. Dieses Faktorengefüge bewirkt die Ausbildung ganz unterschiedlicher Talformen. Klammtäler und Kerbtäler entstehen, wenn ausschließlich oder nahezu ausschließlich Erosion stattfindet. Sobald auch eine Hangabtragung erfolgt, bildet sich ein Talboden aus (z.B. in Form eines Sohlentales). Die Morphologie der Fließgewässer wird besonders vom Talquerschnitt beeinflusst, weil er die Bewegungsfreiheit vorgibt. Bei Klammtälern entspricht der Flussquerschnitt im Wesentlichen dem Talquerschnitt. Breite Täler bieten hingegen hohe Freiheit für dynamische Entwicklung.

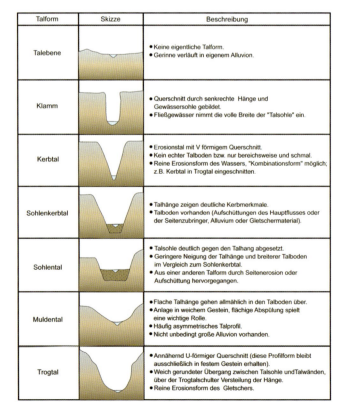

Abb. 2.6. Die Ausformung von Flusstälern, die spezifische Ausprägung des jeweiligen Reliefs der Flusslandschaft sowie überhaupt die Entstehung und Gestaltung der Einzugsgebiete gehen auf geomorphologische Prozesse zurück. Diese wirken auf die abiotischen und damit auch biotischen Verhältnisse von Fließgewässern großräumig und langfristig. Wichtige Prozesse sind neben den tektonischen Vorgängen vor allem die Verwitterung, die Abtragung in Form von Erosion (fluvial und glazial) und die flächenhafte Abtragung von Hängen sowie die weitere Aufbereitung und der Transport der Verwitterungsprodukte. Dieses Faktorengefüge bewirkt die Ausbildung ganz unterschiedlicher Talformen. Im von Gletschern geprägten Gebirgsraum der Alpen überwiegt das Trogtal (nach Jungwirth et al. 2003).

2 Gestaltendes Element Wasser

Foto 2.12. Die Ausformung der Flusstäler geht im Hochgebirge auf die frühere Tätigkeit der Gletscher zurück. Nach der langen Erosionstätigkeit der Gletscherzungen fängt der abfließende Bach an, sich allmählich in das glazial entstandene Trogtal einzugraben. Durch Seitenerosion ist der Übergang zwischen Talsohle und Talwänden gerundet. Nahe der Gipfelregionen der seitlich begrenzenden Bergflanken sind noch die Schürfreste ehemaliger Gletscher zu erkennen (Wildgerlos, im Hintergrund der Untere Gerlossee, mit 13,8 ha einer der größten Seen im Nationalpark, NPHT Salzburg, F. Rieder).

2 Gestaltendes Element Wasser

Die Flusstäler in den Alpen und auch in den angrenzenden Gebieten wurden wesentlich während der letzten Eiszeiten geprägt und sind daher häufig pleistozänen Ursprungs. Die bedeutenden Prozesse bzw. Faktoren der Tektonik, Verwitterung und Abtragung haben vor allem in diesen Epochen die großräumige Prägung der Landschaft der Alpen übernommen. Die pleistozäne Überformung resultierte bei vielen Flusstälern in der Ausbildung von Terrassensystemen. Während der Kaltzeiten wurden durch Frostverwitterung große Schottermengen produziert, schließlich hangabwärts verfrachtet und abgelagert. Während der Warmzeiten entstand weniger Schotter. Die Flüsse schnitten sich in die vorhandenen Ablagerungen ein und trugen diese zum Teil wieder ab. Die Abtragung erfolgte aber nicht über die gesamte Talbreite, sondern es blieben meist mächtige Terrassen stehen. Interessant ist auch, dass es durch die Abfolge von Ablagerung und teilweiser Abtragung zu einer Reliefumkehr kam. Weil sich die jüngere Eiszeit in die jeweils ältere eingeschnitten hat, liegen heute die ältesten Terrassen am höchsten und die jüngsten am tiefsten.

Die Terrassen, die durch diese weiter zurückliegenden Prozesse entstanden sind, wurden in manchen Regionen mit jüngeren Terrassenbildungen erweitert. Diese sind zwar auch durch Klimaschwankungen entstanden, aber häufig nur sehr schwach ausgebildet.

Foto 2.13. Die wechselhafte Klimageschichte hat besonders den Naturraum der Alpen und die Flusstäler gestaltet, geomorphologische Prozesse in weiterer Folge führten zu einer vielfältigen Morphologie der Fließgewässer. Gerade im Gebiet der Hohen Tauern reicht das Spektrum von mäandrierenden, ruhig fließenden Bächen über stark verzweigte Flüsse bis hin zu kaskadenartig abstürzenden, hochturbulenten Gebirgsflüssen. Die unterschiedlichen Erscheinungsformen sind Ausdruck der von den naturräumlichen Merkmalen des Einzugsgebietes und des Klimas abhängigen fluvialen Prozesse sowie der Flussgenese, die von der langfristigen tektonischen und klimatischen Entwicklung bestimmt wird (Gletschervorfeld Ödwinkelkees, Stubachtal; NPHT Salzburg).

3 Gletscher – Gewässer

Das alpine Landschaftsbild der Hohen Tauern wird nicht nur von Fels und Ödland, Wald und Almflächen geprägt, sondern ist dominiert von den hellen, glänzenden Flächen der Gletscher. Ihr natürlicher Eindruck reicht aber weit über das optische Erscheinungsbild hinaus, nicht zuletzt wenn man an die imposante Geräuschkulisse und das einzigartige Naturschauspiel eines Gletscherflusses im Sommer denkt.

Gletscher sind eine besondere Naturerscheinung in den Polargebieten und allen Hochgebirgen der Erde. Überall dort, wo mehr Schnee fällt als im Sommer schmilzt, bildet sich im Laufe der Jahre Gletschereis.

Gletscher spielen in vielerlei Hinsicht eine wichtige Rolle in Gebirgslandschaften. Hierzu gehören touristische Attraktivität, der Einfluss auf den Wasserhaushalt, die Bedeutung für die Energiegewinnung (bei Ableitung der Gletscherflüsse), Einflüsse auf das Mikroklima, der Zusammenhang mit Naturgefahren und zunehmend auch die Funktion als sensibler Indikator für den globalen Klimawandel, durch den seit Jahrzehnten ein deutlicher Gletscherschwund verursacht wird.

Heute sind mit 3.000 km² etwa 2 bis 3 % der Alpen vergletschert, die Westalpen mehr als die Ostalpen. Bei den mehr als 2.000 Gletschern der Alpen handelt es sich meist um kleine Kar- und Hanggletscher in strahlungsgeschützten Hochlagen. Das gesamte Eisvolumen der Alpen umfasst rund 100 km³. Große Gletscher können aber auch die ganze periglaziale Höhenstufe durchziehen und bis in die potentielle Waldstufe hinabreichen, wie z.B. die Pasterze in den Hohen Tauern oder einige andere Alpengletscher (Aletschgletscher, Glacier Blanc, Glacier Noir und Glacier des Bossons bei Chamonix).

Foto 3.1. Gletscher sind eine typische Naturerscheinung unserer Hochgebirge und spielen dort auch eine wichtige Rolle (NPHT Tirol).

3 Gletscher – Gewässer

Die Hohen Tauern gehören zu den am stärksten vergletscherten Gebirgsgruppen in den Ostalpen, wobei die im Westen gelegene Venedigergruppe besonders viele Gletscher aufweist. Schon der Volksmund bezeichnete die Hohen Tauern als „Keesberge". Dieses „Kees" findet sich auch heute noch in vielen Gletschernamen und Landkarten. Es ist dem althochdeutschen Wort „Kees" entlehnt und bedeutet bezeichnenderweise „Kälte" und „Eis". Kulturforscher wissen die „Keesberge" der Hohen Tauern als Gegensatz zu den nichtvergletscherten „Grasbergen" der Kitzbüheler Alpen nördlich der Hohen Tauern.

In den Hohen Tauern gibt es noch eine große Anzahl bedeutender Gletscher. Mit insgesamt 20 524 ha weist der Gebirgszug der Hohen Tauern die größte Gletscherfläche Österreichs auf. Gegen Ende der 80iger Jahre des letzten Jahrhunderts lagen die durchschnittliche Gletschergröße in der Venedigergruppe mit 89,3 ha, gefolgt von der Glocknergruppe mit 83,6 ha und waren damit die größten Gletscher im Gebiet. Im Salzburger Nationalparkanteil bedeckten die Gletscher eine Fläche von rund 82 km², im Kärntner Anteil ca. 31 km² und in der Tiroler Nationalparkregion rund 60 km². Heute sind etwa 130 km² des Nationalparks vergletschert.

Die Gletscher sind im Hochgebirge von den dort herrschenden kühlen und niederschlagsreichen Klimabedingungen geprägt und in existentieller Weise abhängig. Bei einer Änderung des Klimas haben sich die Gletscher den neuen Verhältnissen anzupassen. Inzwischen weiß man über die Zusammenhänge relativ gut Bescheid: das „Ewige Eis" nimmt in kühlen Klimaphasen an Masse zu, die Gletscher stoßen vor, während in warmen Klimaphasen von der sprichwörtlichen „Ewigkeit" kaum mehr was bleibt. Gletscherschwund – die Gletscher schmelzen, ihre Zungen werden schlanker, kürzer und verlieren an Mächtigkeit bis sie ganz verschwinden. Prozesse, die nicht nur über Jahrtausende die Landschaft formten, sondern auch mit den sich verändernden Eis- und Schneemassen und den resultierenden Kräften und Vorgängen maßgeblich das Abflussgeschehen der Gebirgsflüsse beeinflussen. Auch die Neubildung und Veränderung sowie das Verschwinden von allerlei Gewässern ist als Folge der glazialen Prozesse festzustellen.

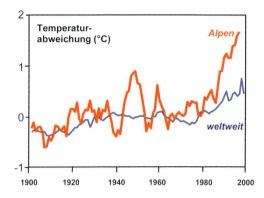

Abb. 3.1. Temperaturanstieg für die Alpen über das letzte Jahrhundert, der um einiges deutlicher ausgefallen ist als das weltweite Mittel (Beniston et al. 1977, verändert).

Foto 3.2. In den letzten 150 Jahren ist die alpine Vergletscherung, unterbrochen durch wenige stagnierende oder kurzzeitige Vorstoßphasen, stark zurückgegangen. Ein Prozess, der nicht einzigartig ist. Derartige Rückzugsphasen hat es mehrere seit dem Ausklingen der letzten Eiszeit gegeben. In den Hochtälern der Hohen Tauern kann man die jüngsten Rückzugsepochen sehr gut zeitlich festlegen, weil meist die Stirn- und Seitenmoräne um 1850 und 1920 zumindest teilweise erhalten geblieben ist wie hier im Gschlößtal (NPHT Tirol).

3.1 Gletscher und Klimageschichte im Nationalpark Hohe Tauern

Eiszeiten und Gletscherschwund: Das Werden und Vergehen der Gletscher hängt in erster Linie von den klimatischen Bedingungen ab. Neben der Größe, Höhe und Exposition des Einzugsgebietes spielen Temperatur, Sonneneinstrahlung und Niederschlag für die Existenz und Größe der Gletscher eine entscheidende Rolle. Der über die letzten 150 Jahre zu beobachtende Gletscherschwund ist Ausdruck eines globalen Klimawandels.

Die Meteorologie fasst unter „Klima" das Ergebnis der Wechselwirkungen zwischen der Lufthülle der Erde (Atmosphäre), der festen Erdoberfläche (Lithosphäre), den Wassergebieten der Erde (Hydrosphäre), den Eisgebieten der Erde (Kryosphäre) und den Lebewesen sowie der Vegetation der Erde (Biosphäre) zusammen. Dazu kommen noch äußere Einflüsse, wie z.B. die Sonneneinstrahlung. Diese oft komplexen Wechselwirkungen äußern sich in Wettererscheinungen, die zur Definition des Klimas in einem bestimmten Gebiet über einen Zeitraum von zumindest mehreren Jahren durch Mittelwerte, Häufigkeiten u. dgl. beschrieben werden.

Inzwischen weiß man einigermaßen über Klimamodelle, die mit Daten der letzten Jahrzehnte und Jahrhunderte „gefüttert" werden, dass sich die klimatischen Gegebenheiten weltweit oftmals geändert haben. So gab es im Verlauf der letzten rund drei Millionen Jahre etwa 20 Kalt- und Warmzeiten. Wir befinden uns derzeit - und das nicht wie man vielleicht annehmen könnte seit etwa 150 Jahren, sondern seit etwa 10.000 Jahren - in einer Warmzeit. Die Würm-Kaltzeit als letzter Abschnitt des Pleistozäns, also der jüngsten großen Eiszeit, begann vor etwa 80.000 Jahren und endete vor etwa 11.000 Jahren; ihren Höhepunkt erreichte sie vor rund 18.000 Jahren (Hochglazial). Zu dieser Zeit reichte zum Beispiel der Draugletscher als größter Gletscher Kärntens weit über Klagenfurt hinaus in die Niederungen. Über der heutigen Stadt Klagenfurt war das Eis etwa 600 m, über dem Bereich von Villach rund 900 m mächtig. Wesentlich mächtiger war die Eisdecke mit fast 1.200 m über Spittal a.d. Drau, was sich aber im Vergleich zu der etwa 1.600 m Eisdecke über Innsbruck wieder etwas bescheidener ausmacht. Nur einzelne Gebirgskämme oder Gebirgsstöcke überragten damals als firn- und eisbedeckte Felslandschaften die riesige Gletscherlandschaft. Beispielsweise waren das alle höher gelegenen Gipfelregionen der Hohe Tauern, welche heute die Abgrenzungen der großen Tauerntäler bilden. Auch Großvenediger, Großglockner, Sonnblick, Ankogel, Teile der Kreuzeckgruppe, um nur die größten zu nennen, überragten die damalige Eislandschaft. Diese aus dem Eis aufragenden Gipfel wurden nach einem grönländischen Wort als „Nunataker" bezeichnet.

Während der Eiszeit haben die großen Gletscher in den Alpen nach dem geologischen Werden das vorhandene Relief nachhaltig überformt. Die eiszeitlichen Gletscher waren daher der letzte großflächige landschaftsgestaltende Faktor im Alpenraum. Heute sind die Spuren dieser gewaltigen und großflächigen Überformung noch deutlich zu sehen. Die Hohen Tauern waren während der Eiszeit das Nährgebiet von großen Gletschern, die den so genannten eiszeitlichen (glazialen) Formenschatz schufen, wie er in den Hohen Tauern besonders typisch vorkommt.

Foto 3.3. Einst haben mächtige Gletscher die Gebirgslandschaft der Alpen geprägt – heute sind zwar bestenfalls die Gipfelregionen vergletschert, dennoch ist in den Hohen Tauern der glaziale Formenschatz allgegenwärtig (NPHT Salzburg).

Glaziale und Interglaziale

In der Erdgeschichte hat es mehrmals Eiszeiten gegeben, sie sind aber an und für sich ein eher seltenes Ereignis. Es hat länger andauernde Warmperioden gegeben als Eiszeiten. Die jüngste Eiszeit (Quartär) wurde mit einer beginnenden Abkühlung des Klimas schon vor etwa 30 Mio. Jahren eingeleitet. Schon vor 3 Mio. Jahren erreichten die Temperaturen eiszeitliche Tiefwerte. Besonders in den vergangenen 2-3 Mio. Jahren schwankte das Klima extrem, wobei sich Kaltzeiten mit starker Vergletscherung (Glaziale) mit Warmzeiten mit kleineren und weniger Gletschern (Interglaziale) abwechselten. Während der Höhepunkte der Kaltzeiten war die Erde zu 30 % vergletschert gegenüber der heutigen 10 %. Zwischen den Glazialen und Interglazialen gab es weitere Schwankungen, die ebenfalls durch eine Dynamik der Gletscher geprägt waren.

würmeiszeitliche Vorstoß vor ca. 22.000 Jahren einsetzte, um 18.000 vor heute sein Maximum erreichte und vor 14.000-15.000 Jahren wieder allmählich seinem Ende zuging.

Rekonstruktionen des Klimas ergaben eine um 1.200 - 1.300 m tiefere Schneegrenze während des Hochglazials und um etwa 10 °C tieferen Sommertemperaturen. Bewaldung und Vegetationsbedeckung, die in den Zwischeneiszeiten in höhere Lagen vordrangen, mussten der Klimaverschlechterung wieder weichen.

Foto 3.5. Aus der großflächigen Vergletscherung ragten nur mehr einzelne Gebirgsstöcke heraus - nachempfunden als Frühjahrsimpression am Johannisberg (NPHT Tirol).

Foto 3.4. So mag die Eisoberfläche des Eisstromnetzes über den Alpen ausgesehen haben – jedoch in Dimensionen, was Mächtigkeit und Ausdehnung betrifft, die man sich heute kaum vorstellen kann (NPHT Tirol).

Die letzte Eiszeit...

Heute leben wir in einer Warm- bzw. Interglazialzeit, die auch als Zwischeneiszeit bezeichnet wird. Auch in der letzten Vergletscherungsperiode (die in den Alpen Würm-Eiszeit genannt wird) gab es große Klimaschwankungen, wobei der letzte große

Während der letzten Eiszeit erfüllten am Höhepunkt der Vergletscherung mächtige Eisströme die Täler der Ostalpen. Man spricht von einer Talnetzvergletscherung oder einem Eisstromnetz, wo dann nur mehr die hohen Plateaus oder einzelne Nunataker herausragten. Sich ein Bild der damaligen Verhältnisse zu machen, ist nicht unmöglich. Man muss nur etwas weiter wegfahren, um ähnliche Vergletscherungsausmaße vorzufinden: In einzelnen Gebirgen Alaskas findet man heute noch Verhältnisse, wie sie während der Eiszeit in den Alpen geherrscht haben.

Bei Austritt der Eismassen ins Alpenvorland bildeten sich zumeist große Vorlandgletscher. Die Hohen Tauern waren Nährgebiet für den Salzachgletscher im Norden und – wie bereits erwähnt – für den Draugletscher im Süden. Die Eisoberfläche lag über dem Kalser und Fel-

3 Gletscher – Gewässer

Abb. 3.2. Rekonstruktion der Ausdehnung des Eisstromnetzes während der letzten Eiszeit.

ber Tauern nur wenig über 2.600 m und war auch in den obersten Sammelbecken der Täler nicht viel höher. Die Eisstromhöhe betrug jedoch im Salzachtal noch 2.600 m, da es zu einem Rückstau an den Kitzbühler Alpen kam. Der eiszeitliche Salzachgletscher hatte zur Zeit seiner maximalen Ausdehnung in der Würm-Kaltzeit eine Fläche von ca. 6.800 km².

Das Alpine Spätglazial begann vor ca. 16.000-17.000 Jahren und endete vor 10.000 Jahren. Um 12.000 vor heute waren die Gletscher schon beträchtlich kürzer. Die Schneegrenze lag vergleichsweise 300-400 m tiefer, die Sommertemperaturen mussten 3-4 °C unter den gegenwärtigen gelegen sein. Im Egesenstadium, das als die letzte spätglaziale Vorstoßperiode gilt, waren die Sommertemperaturen nur um 2-3 °C kühler als heute. Danach, um etwa 10.000 vor heute, trat eine rasche Erwärmung ein, die mit den gegenwärtigen Verhältnissen durchaus vergleichbar ist.

Im alpinen Postglazial, wie die Zeit nach der letzten Vereisung genannt wird, schwankten das Klima und die Gletscher mit geringer Amplitude um die heutigen Verhältnisse. Diese Schwankungsbreite ist etwa vergleichbar mit dem Unterschied zwischen dem letzten maximalen Vorstoß um 1850 und der Rückzugsregion in der heutigen Zeit. Heute weiß man, dass dies öfters in den letzten 10.000 Jahren geschah, sodass die Postglazialzeit durch Klima-, Gletscher- und Waldgrenzschwankungen in einer relativ engen und ähnlichen Bandbreite charakterisiert ist. Es gab mindestens acht Gletschervorstoßperioden, wobei die Schneegrenze ca. 100 m abgesenkt war, was einer längerfristigen Abnahme der Sommertemperatur um 0,6 °C entspricht. In wärmeren Phasen lag die Waldgrenze 100-150 m höher als bei den gegenwärtigen Klimaverhältnissen. Die Waldgrenze schwankte daher nur in einem Bereich um 200-250 m, die Sommertemperatur innerhalb eines Bereiches um ca. 1,6 °C.

Foto 3.6. Der Rückzug der Alpengletscher hatte die Ausbildung oft großer Gletschervorfelder zur Folge, wie hier am Viltragenbach (L. Füreder).

3 Gletscher – Gewässer

... und heute?

Nach dem Schwinden der eiszeitlichen Gletscher ist ein Formenschatz zurückgeblieben, der den Hohen Tauern ein charakteristisches Gepräge gibt und der sie erst richtig zum Hochgebirge stempelt. Der mehrmalige Wechsel von Eiszeiten u. Zwischeneiszeiten verursachte eine nachhaltige Formung und Überformung des Gebirges. In fast jedem größeren Tal kann man direkt unter den einzelnen Bergspitzen und – kämmen die Grenze des Egesenstadiums erkennen. Ebenso sind in fast jedem Tal in Gletschernähe die End- und Seitenmoränen aus den letzten größeren Vorstößen um 1850 – und etwas schwächer um 1920 – gut zu erkennen.

Die Alpen- und damit auch die Tauerngletscher befinden sich seit der Mitte des vorigen Jahrhunderts in einer Rückschmelzphase, die nur durch wenige Stillstände bzw. kurze Vorstöße unterbrochen wurde. Ganz deutlich kann dieses erst kürzlich erfolgte Szenario am Beispiel der Pasterze in der Glocknergruppe nachempfunden werden. Glaziologen der Universitäten Salzburg und Graz dokumentierten dieses spektakuläre Zeugnis des jüngsten Klimawandels. Erst jüngst ist ein naturkundlicher Führer zum Gletscherweg Pasterze erschienen, der die Details des Zungenrückgangs enthält.

Die Pasterze ist seit 1850 um fast 3 km kürzer geworden und hat 1,7 Milliarden m³ Masse verloren. Die Fläche reduzierte sich um etwa ein Drittel. Der allgemeine starke Rückzug ist damit eine sehr deutliche Reaktion auf die Erwärmung des Klimas, was sich in einer Zunahme der mittleren Sommertemperatur seit Mitte des vorigen Jahrhunderts jedoch nur um rund 1,8 °C widerspiegelt.

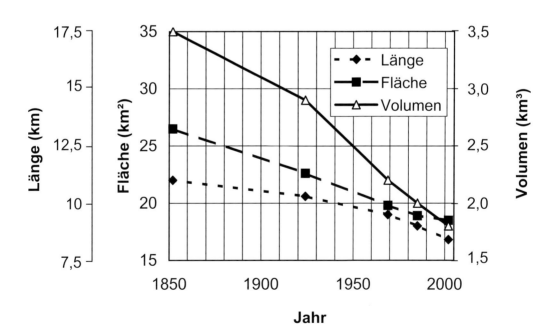

Abb. 3.3. Längen-, Flächen- und Volumenänderung der Pasterze in der Glocknergruppe von 1952 bis 2002. Die Gletscherzunge wurde um 2,6 km kürzer, hat heute etwa die Hälfte der damaligen Masse und etwa ein Drittel der damaligen Fläche (verändert nach: Gletscherweg Pasterze; Herausgeber: Österreichischer Alpenverein).

3 Gletscher – Gewässer

Foto 3.7.-3.11. Die Pasterze in der Glocknergruppe – trotz des enormen Rückgangs ist sie noch immer der größte Gletscher der Ostalpen (NPHT Kärnten).

Der allgemeine Rückzug der Alpengletscher war um 1920 unterbrochen worden. Damals begannen die Gletscher wieder vorzustoßen. Mit Beginn der 20er Jahre des letzten Jahrhunderts setzte eine Erwärmung des Klimas ein, die rund 4 Jahrzehnte dauerte und die ihren Höhepunkt in den 40er Jahren erreichte: es war dies bis dahin das wärmste Jahrzehnt seit 1850. Von 1950 bis 1980 sanken darauf die Sommertemperaturen im Gebirge wieder im Mittel um 1 °C ab. Mit dem Jahr 1965 setzte die jüngste Vorstoßphase der Gletscher ein, die dann 1980 ein weiteres Maximum erreichte. Kleinere, höher gelegene Gletscher haben auf die gletschergünstigen Klimaverhältnisse rascher mit einem Vorstoß reagiert. Bei größeren Gletschern und Talgletschern dauerte die Reaktionszeit länger. Sie antworteten erst nach mehreren Jahren oder erst nach ein, zwei Jahrzehnten und mehr mit einem Vorstoß. So hatte die Pasterze (mit 9,2 km Länge) zwar wegen des Massenzuwachses mit einer Verdoppelung der Fließgeschwindigkeit im oberen und mittleren Teil der Zunge reagiert, die Massenwelle erreichte jedoch nicht das Zungenende. Für die große Pasterze war die Klimaabkühlung zu kurz. Sie schmilzt weiterhin zurück. Die jüngste Vorstoßphase der Gletscher in den Alpen, und damit auch der in den Tauern, ist wieder vorbei. Seit dem letzten Maximalstand von 1850 hatte das Sonnblickkees noch nie eine so geringe Masse. Von 1982 bis 1993 wurde der Gletscher um 30 m kürzer. Jedoch in den letzten Jahren schmolz das Eis wieder stärker ab als in den vergangenen Sommern. Die sommerliche Hitze besonders im Jahr 2003 hat zu großen Volumen-, Flächen- und Längenverlusten bei den heimischen Gletschern geführt.

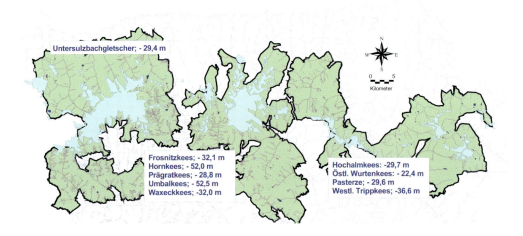

Abb. 3.4. Rückgang ausgewählter Gletscher im Beobachtungszeitraum 2002/2003 in Meter (Datenquelle: Österreichischer Alpenverein; Karten: SAGIS, BEV (u.a. Zl. 70 367/90, Zl. 70 160/99). TAGIS – Salzburger Nationalparkfonds; Karte erstellt von G. Seitlinger).

Insgesamt werden im Gebiet des Nationalparks rund 40 Gletscher im Rahmen des Gletschermessdienstes des Österreichischen Alpenvereins beobachtet. Darunter die bereits dargestellte Pasterze, wo es die längste Messreihe (seit 1879) gibt, und auch der Stubacher Sonnblickkees, dessen Veränderungen seit 1960 dokumentiert werden.

Seit 1981 sind dort kontinuierlich insgesamt 26,2 Millionen Kubikmeter Eismasse geschmolzen. Zu einem Rekordverlust von rund 3,8 Millionen Kubikmeter Eis hat im Jahr 2003 der wärmste Sommer seit Beginn der Wetteraufzeichnungen in Österreich geführt. Mit drei Meter Eis, die durchschnittlich vom Gletscher abgeschmolzen sind, wurde der Rekord aus dem Jahr 1947 um 30 Zentimeter überschritten. Ursache dafür war eine Kombination ungünstiger Faktoren wie relativ wenig Winterschnee, der Wüstenstaub vom November 2002 sowie die überdurchschnittlich lang anhaltenden, mehrere Wochen nicht unterbrochenen Warmperioden vom Mai bis Ende August 2003. Diese hat vor allem südlich des Alpenhauptkammes große Niederschlagsarmut mit sich gebracht.

Der starke Massenverlust betrifft mehr oder weniger alle Tauerngletscher. In den Nährgebieten der Gletscher sind die Firnschichten von vielen Jahrzehnten abgeschmolzen, besonders in den Hohen Tauern waren die Gletscher nie mehr so stark ausgeapert wie seit 1947. Die Abschmelzung in den Nährgebieten der Alpengletscher hat ein Ausmaß erreicht, wie es in der Postglazialzeit nur selten der Fall war.

Der Sommer 2003 wurde von den heimischen Gletscherforschern als „extrem, aber nicht einmalig" bezeichnet. Der Mittelwert der Längenänderung erreichte mit 22,9 Metern den stärksten Rückgang seit 1959. Rekordhalter war dabei nicht ein Gletscher der Hohen Tauern, sondern der Sexegerten Ferner in den Ötztaler Alpen.

Durch das starke Rückschmelzen der Gletscherzungen wird in den Gletschervorfeldern Gelände frei, das in der Nacheiszeit immer wieder eisbedeckt war. Zum Beispiel wurden an der Pasterze Bäume gefunden, die vor rund 9.000 bzw. 10.000 Jahren dort wuchsen, wo sich heute noch die Pasterzenzunge befindet. Obwohl sich immer mehr und mehr die Hinweise verdichten, dass die jüngste Klimaerwärmung nicht mehr „natürlich" ist, sondern durch anthropogene Einflüsse überlagert wird, gibt es auch überlieferte Rekordjahre. Der Sommer 2003 lag zwar mit 0,6 °C über den 2,7 °C im Sommer 1811, die bislang wärmsten Temperaturen seit Beginn der Aufzeichnungen der Instrumentenbeobachtungen vor 220 Jahren. Außergewöhnlich heiße Sommer sind auch für die Jahre 1616 und 1540 dokumentiert. So dürfte der heißeste Sommer der vergangenen 500 Jahre in Mitteleuropa der des Jahres 1616 gewesen sein, mit einer Trockenperiode im Juni/Juli von mehr als 50 Tagen und einem ebenso trockenen Herbst. Feldfrüchte, Gras, Hecken verdorrten, die Weinernte begann einen Monat früher als üblich. Im Jahr 1540 wird berichtet, dass zehn Monate Mittelmeerklima mit wenigen Regentagen in Mitteleuropa geherrscht hätten.

Die festgestellten Rekorde sind also keine Einzelfälle, sondern kommen in langen Abständen immer wieder einmal vor. Hält jedoch der über die letzten Jahrzehnte festgestellte Trend weiter an, so könnte sich das Bild des Hochgebirges doch einigermaßen verändern. Ein mehrfach prognostiziertes Szenario wäre, dass durch den Treibhauseffekt die zukünftige Klimaerwärmung ein Mehrfaches an Temperaturerhöhung bringen könne als in den bisherigen nacheiszeitlichen Warmphasen. Der Rückzug der Gletscher, auch in den Hohen Tauern, wäre dann so stark, dass nur mehr die höchsten Gipfelregionen vergletschert wären.

Gesamtalpin ist seit 1850 eine Fläche von 3.000 km² eisfrei geworden, wodurch viele kleine Gletscher vollständig verschwunden sind. Das ergibt einen Massenverlust von 50 bis 60 %. Das Gesamtvolumen beträgt derzeit rund 100 km³. In Österreich beträgt der Flächenverlust seit der Kleinen Eiszeit 46 %. Und das durch einen Temperaturanstieg von nur 0,5 bis 0,6 °C und einer Erhöhung der Gletscher-Schneegrenze um 100 m. Für die Schweizer Alpen zeigen Gletscherschwund-Szenarien bei einer gedachten Anhebung der Gletscher-Gleichgewichtslinie um 200 m und 500 m, dass im ersten Fall 56 % der Gletscher abschmelzen, im zweiten Fall sogar 90 %.

Damit würden sich in den Gewässern der Hohen Tauern auch allmählich, aber grundlegend die Lebensbedingungen verändern. Die komplexen Zusammenhänge sind dabei bislang nur ansatzweise untersucht.

Foto 3.12. Gletschervorfelder können entweder ganz steil sein... (Kristallwand, NPHT Tirol).

Foto 3.13. ... oder flache und große Dimensionen einnehmen, wie hier im Viltragenbach unterhalb des Viltragenkeeses der Venedigergruppe in Osttirol (L. Füreder).

Foto 3.14. Gletscherrückgang – was bleibt zurück? Oft finden sich in der von Gletschern überprägten Hochgebirgslandschaft Seen oder Hochgebirgstümpel, wie hier der Dösener See am Säuleck. Im Hintergrund die Mallnitzer Scharte, von der ein Blockgletscher bis zum Dösener See fließt (NPHT Kärnten).

3.2 Vergletscherung und Gletscheränderungen: Folgen für Entstehung und Zustand der Gewässer

In der Gebirgsregion der Hohen Tauern wirken seit Jahrtausenden Vergletscherung, Gletscherrückgang, Bodenentwicklung und Bodenerosion sowie Vegetationsschwankungen mit den Gewässern zusammen und hinterlassen ein sehr vielgestaltiges Mosaik an Landschaften. Die Geologen verstehen Gletscher als dynamische „geologische Körper", die auf klimatische Schwankungen mit entsprechendem Zuwachs oder Rückgang reagieren und durch die Bewegungen des Gletschereises exogene Prozesse der Erosion, des Transportes und der Sedimentation ausüben – Prozesse, die besonders mit Gewässern zu tun haben.

Nicht nur, dass die Gletscherschwankungen des Holozäns und erst recht die massive Vergletscherung der Alpen in den Eiszeiten das Relief der Alpen entscheidend mitgestaltet haben, die glazialen Prozesse haben durch die Erosions- und Akkumulationsformen sowie durch entsprechende Sedimente auch die attraktive und abwechslungsreiche Landschaft geformt.

Heute zeigen Moränen, glaziofluviale Ablagerungen und das Relief deutlich, dass die Gletscher nicht nur seit einigen Jahrzehnten im Abschmelzen begriffen sind, sondern dass sich auch in den letzten 10.000 Jahren des Holozäns kräftige Änderungen der Gletscherflächen und ihrer Volumina ereignet haben.

Gletscher beeinflussen nicht nur die Geomorphologie, sondern auch das lokale und weltweite Klima, was in den Medien meist mit dramatischen Änderungen des Meeresspiegels mit dazugehörigen Folgeerscheinungen verdeutlicht wird. Ein Tieferliegen des Meeresspiegels während der letzten Vereisung im Quartär um bis zu 120 m sowie ein weltweiter Anstieg um etwa 60 m bei Abschmelzen der heute vorliegenden Eismassen gilt auch in der Fachwelt als einigermaßen plausibel. Abgesehen von diesen dramatischen Folgen sind im Nahbereich der Gletscher aber ebenfalls deutliche Zeichen der Veränderungen sichtbar. Der Großteil der Stillgewässer der Alpen, ist durch den Rückgang der Gletscher entstanden. Das betrifft sowohl die Alpenrandseen als auch die inneralpinen Seen und auch Hochgebirgstümpel. Ein Prozess, der sich bis heute fortsetzt. In den Hohen Tauern kann man auch heute noch die Entstehung von neuen Stillgewässern beobachten und die Entwicklung dieser Seen auf das genaueste dokumentieren.

Im unmittelbaren Nahbereich der Gletscher kann man eine Vielzahl von kleineren und größeren Wasseransammlungen vorfinden, die entweder direkt mit den Abschmelzvorgängen der Gletscher in Zusammenhang stehen oder aber durch Niederschläge gespeist werden. Die Vertiefungen im Boden wurden aber ursächlich von der Gletscherbewegung oder vom abfließenden Schmelzwasser gebildet. Durch das fortschreitende Rückziehen der Gletscherzunge verliert dann die Vertiefung die Verbindung zum Gletscher und wird nur noch von Niederschlagsereignissen sowie vom Grund- oder Hangwasser gespeist. So kann eine Vielzahl vielfälter Gewässer vorliegen, die in unterschiedlicher Weise von kaltem und trübem Schmelzwasser oder klarem Regenwasser oder auch Grundwasser gespeist werden. In sommerlichen Wärmeperioden kann dann die Verdunstung zu zusätzlichen Eigenheiten der Wasserkörper führen. Entsprechend dieser Einwirkungen liegen dann ganz unterschiedlich gefärbte Gewässer vor, von milchig grau, über grün und blau bis transparent.

Karseen und andere Stillgewässer

Karseen sind ein besonderes Produkt der Glazialerosion. Da in den Hohen Tauern die Kargletscher überwiegen, liegen auch besonders viele Stillgewässer des Hochgebirges als Karseen vor. Im Bereich der Kargletscher kommt es vor allem im Randbereich an der Kontaktzone zwischen Eis und Fels durch wiederholte Auftau- und Gefrierprozesse zur Verwitterung des anstehenden Gesteins. Das entstehende Schuttmaterial wird dann durch die Eisbewegungen und Schmelzwasser nach unten transportiert und an der Stirn des Kargletschers als Moränenwall abgelagert. Durch den lang anhaltenden Prozess kommt es zur typischen Ausformung eines Kars mit steilen Hängen und einer mehr oder weniger ausgeprägten Vertiefung. Bei Rückgang des Gletschers, wenn das Kar entweder durch einen Felsriegel oder durch Feinmaterial abgedichtet ist, entsteht ein Karsee.

Da in den Hohen Tauern vor allem Kargletscher, Hängegletscher und Wandgletscher die häufigsten Gletschertypen sind, ist eine erstaunliche Vielfalt an Karseen vorhanden. Diese können sich hinsichtlich Größe, Tiefe, Alter, Gletschereinfluss, Verlandungsprozess, um nur einige Parameter zu nennen, klar unterscheiden. Ihre hydrologischen und ökologischen Eigenschaften sind deutlich von der Verdichtung des Beckens abhängig, von dem Zeitraum seit der Entstehung des Sees sowie von einem noch bestehenden Einfluss eines Gletschers.

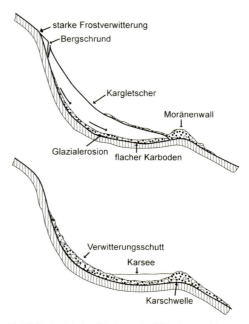

Abb. 3.5. Als Ergebnis der Gletschererosion blieben in zahlreichen Gebirgsstöcken Kare und auch Karseen zurück. Diese können sich hinsichtlich Größe, Tiefe, Transparenz, usw. unterscheiden (aus: Krainer 1994).

In den Hohen Tauern kommen aber auch alpine Talgletscher und vereinzelt Plateau- und Nischengletscher vor. Eindrucksvolle Talgletscher sind die Pasterze, die über 8 km lang ist oder das Untersulzbachkees in der Venedigergruppe. Durch den Rückgang der Gletscher zeigen sich vor allem an diesen Talgletschern ein Freiwerden mehr oder weniger ausgedehnter Rückzugsgebiete, so genannte Gletschervorfelder. Wenn die frei werdenden

Bereiche nach unten durch einen Felsriegel abgedichtet sind, können auch Seen entstehen. Weil diese Seen im Nahbereich der Gletscherzunge sind, werden sie meist sehr rasch mit Sediment aufgefüllt, man spricht dann von einem Sandersee. Der berühmteste Sandersee in den Hohen Tauern ist im Bereich der Pasterze zu finden.

Die intensiven Abschmelzvorgänge im Sommer bewirken eine stärkere Dynamik des Gletscherabflusses mit ausgeprägten Erosions- und Sedimentationsprozessen. Ganz deutlich schneiden sich die Gletscherflüsse seit der letzten Vereisung verstärkt in den Untergrund ein. Die Intensität der Tiefenerosion wird im Wesentlichen durch die Faktoren Gefälle, Abflussmenge, Menge des transportierten Materials und Gesteinsuntergrund bestimmt. In den Hohen Tauern sind sehr eindrucksvolle Beispiele jüngst erfolgter Tiefenerosion vorhanden, wie etwa an den Krimmler Wasserfällen oder am Schlatenbach, wo tief eingeschnittene Erosionsrinnen zu sehen sind.

Hingegen kommt in flacheren Talabschnitten es wegen dem abnehmenden Gefälle und der geringeren Strömungsgeschwindigkeiten zu vermehrter Ablagerung des Gesteinsmaterials. Im Extrem – der bereits erwähnte Sandersee. Diese Sedimentationsbereiche sind in den Hohen Tauern nur kleinräumig vorhanden, da das Erosionsgeschehen im gesamten Gebirgsraum dominiert. Der Großteil der Frachten wird nicht vor Ort abgelagert, sondern wesentlich weiter in die Unterläufe der größeren Flüsse transportiert. Das feinere suspendierte Material wird sogar noch weiter, sogar bis ins Meer getragen.

Im Zusammenhang mit der Entstehung von Gewässern sind vereinzelt auch Massenbewegungen zu nennen. Als weitere Folge des Rückgangs der letzten großen Vereisung und auch der jüngst erfolgten Gletscherrückgänge ist eine Häufung von Murenabgängen und Bergstürzen festzustellen. Die Hänge wurden durch die Glazialprozesse relativ steil gestaltet und zurückgebliebenes Material wurde durch Verwitterungs- und Frostprozesse instabil, sodass die Häufigkeit der Bergstürze und Hangrutschungen stieg. Durch diese Massenbewegungen können auch größere Stillgewässer entstehen. Schöne Beispiele sind der Dorfer See im Dorfertal oder ein See im Felbertal, die beide durch einen Bergsturz entstanden sind.

Foto 3.15. Der Sandersee im Gletschervorfeld der Pasterze (NPHT Kärnten)

Einige Beispiele neu entstandener Seen

Im Verlauf des Gletscherrückzugs seit der Mitte des 19. Jahrhunderts sind in den Rückzugsgebieten so manche kleine, zum Teil aber auch größere Seen entstanden. Eindrucksvollstes Beispiel ist wohl der bereits erwähnte Sandersee im Rückzugsgebiet der Pasterze, der je nach Gletscherspende mit Wasser oder vorwiegend mit Sedimentmaterial gefüllt ist. Es gibt aber auch eine Reihe von anderen neu entstandenen Seen, die von Salzburger Glaziologen wissenschaftlich untersucht werden. Beispiele dafür sind die schon länger bestehenden Medelzlacke am Übergang des Kalser Tauern in 2.576 m Seehöhe sowie der Schaffelkogelsee in 2.572 m östlich des Fürlegpfeilers. Ein erst jüngst entstandener See ist der Eisrandsee im Vorfeld des Stubacher Sonnblickkeeses in 2.499 m. Weitere Beispiele sind der an der orographisch linken Seite des Sonnblickkeeses neu entstandene „Keessee" in einer Höhe von etwa 2.510 m sowie zwei wahrscheinlich nicht erhalten bleibende Seen am Eisrand des Stubacher Sonnblickgletschers (2.499 m) und der zwischen Gipfelpyramide und oberem Ende des Plateaugletschers des Hochfürleggs (2.943 m) in einem Windkolk episodisch auftretende Eissee.

Ebenso wie das „Vergehen" eines Sees, das Verlanden, ein lang andauernder Prozess sein kann, kann sich auch die „Geburt" eines Sees eher über Jahre oder Jahrzehnte hinziehen. Der Keessee mit einer Länge von derzeit 150 m und einer Breite von 75 m tauchte erstmals 1986 auf, als in der sich zurückziehenden Gletscherzunge des Sonnblickgletschers eine Anzahl runder Spalten eine subglaziale Mulde vermuten ließ. In den folgenden Jahren, während denen der Eiskörper weiter zurückschmolz und nachsank, vergrößerte sich der See zusehends. Da noch immer große Teile von Toteis die südwestliche Seite des Sees begrenzen, ist mit einer weiteren Zunahme der jetzigen Fläche von etwas über 9.000 m² zu rechnen.

Nicht allen Seen, die seit der Gletscherhochstandsphase von 1850 in den Hohen Tauern entstanden sind, ist eine länger währende Existenz beschieden. Einige verschwinden nach ein paar Jahren wieder, von anderen hingegen weiß man, dass sie zu Beginn der 1960er Jahre schon einmal eisfrei waren, von der darauf folgenden kleinen Gletschervorstoßphase von Mitte der 60er bis zu Beginn der 80er Jahre wieder überfahren wurden, sich nach der Rückzugsphase der vergangenen zwei Dezennien erst wieder neu bilden konnten. Wieder andere werden, wohl aufgrund ihrer geomorphologischen Lage, eingebettet in Moränenrücken und Anstehendes, länger erhalten bleiben.

Foto 3.16. Im Nahbereich von Gletschern können bei besonderen Gegebenheiten im Gelände oft kurzlebige Aufstauungen entstehen – wie hier im Gletschervorfeld des Umbalkeeses (NPHT Tirol).

Foto 3.17. Auch am Gößnitzkees bildete sich ein Gletscherrandsee (NPHT Kärnten).

Foto 3.18. Im Nahbereich des Krimmler Keeses bildete sich über mehrere Jahre ein See, der Krimmler Eissee (NPHT Salzburg).

Gletscherbäche

Ob ein Bach von einem Gletscher beeinflusst wird oder nicht, ist ein entscheidender Faktor für Gewässermorphologie und Dynamik, sowie für seine Lebensraumausstattung samt Lebensbedingungen, die dieser den tierischen und pflanzlichen Organismen bietet.

Die Ökologie von Gletscherbächen, die abiotischen Gegebenheiten und ihre Wirkung auf die Gletscherbachzönosen wird neben anderen Faktoren maßgeblich von der Temperatur in diesen Systemen beeinflusst. Am Gletschertor, wo das Schmelzwasser austritt, hat das Wasser etwa 0° C, und das fast über das gesamte Jahr. Flussabwärts kann sich bei entsprechender Exposition und Gefälle der Bach erwärmen, vor allem, wenn Seitenbäche dazukommen, die nicht von Gletschern gespeist werden. Oder in flachen, längeren Bachabschnitten, wo durch Sonneneinstrahlung eine raschere Erwärmung des Gewässers möglich wird. Im Gegensatz zu reinen Quellbächen erreicht ein Gletscherbach jedoch meist nicht mehr als 10° C. Höhere Werte können mit entsprechendem Abstand vom Gletscher und der Exposition des Gewässers an einigen sonnigen Sommertagen vorkommen. Die durchschnittlich niedrigen Temperaturen (Temperaturtage, Monatsmitteltemperaturen) ermöglichen vor allem in Gletschernähe nur eine geringe Primärproduktion, was aber auch durch die Gletschertrübe bedingt wird.

Ein weiterer bedeutender Umweltfaktor, der mit dem Ausmaß der Vergletscherung des Einzugsgebietes zusammenhängt und der auf die Primärproduzenten und Konsumenten im Gewässer entscheidend wirkt, ist der Trübstoffgehalt der Gletscherabflüsse. Die Sandstrahlwirkung der suspendierten Gesteinspartikel sowie die Reduktion der Lichttransmission sind besonders limitierende Faktoren für das Algenwachstum. Je nach Jahreszeit, Aktivität des Gletschers und Gletscherspende können unterschiedliche Mengen an Gesteinsschluff und Feinsedimente transportiert werden. Während der Schmelzperiode im Frühjahr und der sommerlichen Abflussmaxima sind Konzentrationen von 500 bis zu 2000 mg je Liter möglich, was für einen Gletscherbach mittlerer Größe einige Tonnen suspendierte Fracht pro Tag bedeuten kann. Gerade zu diesen Zeiten ist es den meisten Algen und Wirbellosen, die in von Gletschern unbeeinflussten Gewässern durchaus in vergleichbaren Höhen auch massenhaft zu finden sind, kaum möglich, dichte Bestände auszubilden.

Foto 3.19. Die Gletscherbäche bieten ein grandioses Naturschauspiel: Über die Felsflächen schießt das Wasser herab und spritzt an Felsblöcken fontänenartig auf. Es tost, schäumt und rauscht. Im vom Gletscherabfluss samt Gesteinsmehl und Grobschotter erodierten Fels sind auch Tosbecken und Höhlen ausgeformt – ein deutliches Zeichen der stetigen Erosionsvorgänge (P. Gruber).

Daher sind Algen auch nur durch wenige Arten in Gletscherbächen vertreten. Die wohl einzige Ausnahme stellt die Goldalge Hydrurus foetidus dar, eine Alge aus der Familie der Goldalgen (Chrysophyceae), die in bestimmten Zeiträumen die vorherrschende Art auch nahe am Gletscher sein kann. Meist sind es Perioden mit günstigeren Umweltbedingungen, die dann ein Massenvorkommen dieser Alge ermöglichen. In der dynamischen, trübstoffreichen und sommerkalten Situation ist jedoch die autochthone Produktion (das ist jene Produktion, die im Gewässer stattfindet) gering. Einträge von außen (Produkte der allochthonen Produktion, organisches Material, das im Umland oder Uferbereich, also außerhalb des Systems gebildet wird und dann ins Gewässer gelangt, z.B. Laub und andere Pflanzenteile) spielen oberhalb der Waldgrenze kaum eine Rolle als Nahrungsgrundlage für die Kleintiere der Gletscherbäche. Je weiter oben man einen Gletscherbach betrachtet, desto größer wird der Anteil vegetationsloser Flächen im Einzugsgebiet. Folglich ist wenig organisches Material als Nahrungsgrundlage für die Gletscherbachfauna vorhanden.

Unter den Bedingungen des Nahrungsmangels, der geringen Temperaturen und der dynamischen Abflussverhältnisse mit hohem Trübstoffgehalt und beträchtlichem Geschiebetransport haben es nur wenige hochspezialisierte Tierarten geschafft, sich zu etablieren und auch erfolgreich ihren Entwicklungszyklus zu vollenden. Denn nur das Überleben in allen Entwicklungsstadien - als Ei, Larve, Puppe im Wasser und als flugfähiges Insekt an Land - gewährleistet die erfolgreiche Existenz einer Art.

Für alle Entwicklungsstadien müssen ganz artspezifische Minimalanforderungen an den jeweiligen Lebensraum verwirklicht sein. Das Ei braucht bestimmte Substratstabilität und einen Temperaturbereich, wo die Embryonalentwicklung stattfinden kann, damit aus ihm in einem geeigneten Zeitraum auch die Larve schlüpfen kann. Zum Wachstum und zur weiteren Entwicklung der Larve, die generell mehrere Larvenstadien durchlebt, die jeweils mit einer Häutung abgeschlossen werden, sind ein bestimmter Temperaturgenuss und auch eine bestimmte Nahrungsmenge erforderlich. Gerade diese beiden Faktoren sind in den sommerkalten Gletscherbächen stets ein Minimum. Die Insekten der kalten Gewässer haben mehrere Strategien verwirklicht, die es ihnen möglich macht, trotz extremer Bedingungen erfolgreich die Entwicklung abzuschließen. So ist bei einigen kälteangepassten Arten in der Arktis und in den Alpen die Generationszeit verlängert. Manche bleiben kleiner als ihre Verwandten in etwas wärmeren Gewässern oder sie investieren weniger in ihre Nachkommen (weniger und/oder kleinere Eier). Charakteristische und meist einzige Bewohner der Metakryal – Zone, in der das Wasser nicht wärmer als 2° C wird, sind z.B. Chironomiden der Gattung Diamesa. Die wohl berühmteste Bewohnerin, die nur in den obersten Abschnitten der Gletscherbäche vorkommt, ist Diamesa steinboecki.

3 Gletscher – Gewässer

Mit zunehmender Entfernung vom Gletscher erhöht sich normalerweise der Eintrag an allochthoner organischer Substanz aus dem Umland. Wegen der Glättung extremer Verhältnisse kann zusätzlich die Primärproduktion für längere Zeiträume im Verlauf des Jahres höhere Werte annehmen. Dadurch sind mehrere Energiequellen und eine größere und reichere Nahrungsbasis vorhanden, sodass auch die Vielfalt der Arten zunimmt.

Eine bedeutende Eigenschaft glazial geprägter Fließgewässer sind die enormen Abflussschwankungen, die für eine erhöhte Instabilität des Bachbettes verantwortlich sind. Neben der geringen Temperatur wirkt sich diese zusätzlich hemmend auf die Ansiedlung von pflanzlichen und tierischen Organismen aus. Der Verlauf des Abflusses im Jahr spiegelt jenen der Lufttemperatur wieder. Die Monate mit der höchsten Lufttemperatur weisen auch meist den größten Abfluss auf). Der Abfluss steigt in Gletscherbächen mit Beginn der Schneeschmelze im Frühjahr kontinuierlich an. Die abflussreichsten Monate in Gletscherbächen sind Juli und August. Auch die Tagesganglinie richtet sich nach der Temperatur, wobei es meist zu einer Abflussspitze am Nachmittag kommt. Ein Großteil des Jahresabflusses findet zwischen den Monaten Juni bis September statt. Die minimalen Abflüsse erstrecken sich von Dezember bis März und sind durch Speicherung in Schnee und Eis bedingt. Im Gegensatz dazu erreichen von Gletschern unbeeinflusste Gebirgsbäche ihre Abflussspitzen bereits im Juni, wenn die Schneeschmelze am stärksten ist (von der Höhenlage abhängig). Sobald der Großteil des Schnees im Einzugsgebiet abgeschmolzen ist, zeigt das Abflussgeschehen keine größeren Tagesunterschiede mehr auf. Nur mehr starke Regenfälle können einen Anstieg bewirken.

Genauso wie in Fließgewässern werden auch die Lebensvorgänge in Stillgewässern entscheidend durch den Gletschereinfluss geprägt. Temperatur und Lichttransmission stellen auch hier wesentliche Faktoren für die Lebewelt dar, die durch einen Gletschereinfluss extrem gestaltet sind. Typischerweise sind von Gletschern gespeiste Seen sommerkalt und die Eindringtiefe des Lichtes ist durch die Trübe deutlich herabgesetzt, sodass ähnliche Auswirkungen auf die Komponenten des Ökosystems und auch die passende Antwort durch Anpassungen der Lebewesen zu erwarten ist. Eine intensive Erforschung dieser interessanten Aspekte steht leider noch aus.

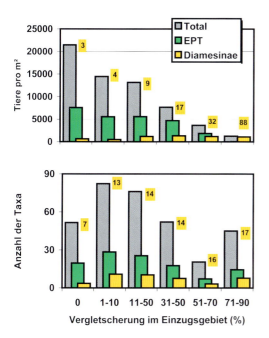

Abb. 3.6. Besiedlungsdichte und Artenzahl in einem Gletscherbach sind in besonderem Maße vom Vergletscherungsgrad des Einzugsgebietes abhängig. Eine faunistische Auswertung zahlreicher Untersuchungen in Gletscherbächen der österreichischen Zentralalpen (60 Gewässerabschnitte zwischen 1000 und 2500 m ü.M.) lässt ein deutliches Bild der Wirkung der Vergletscherung erkennen. In wenig vergletscherten Bereichen kommen durchschnittlich mehr als 20.000 Tiere pro m² Gewässersohle vor, eine Dichte, die dann mit zunehmender Vergletscherung rasch abnimmt. Bei größerem Gletschereinfluss wird die Gesellschaft immer deutlicher von Insekten, bei starker Vergletscherung nur mehr von Arten der Diamesinae (eine Unterfamilie der Zuckmücken) dominiert. Die Anzahl der vorkommenden Arten nimmt ebenso stark ab, die Diamesinae können aber ihre Artenzahl beibehalten. Es handelt sich dabei aber um andere Arten, als in Gewässern mit geringerer Vergletscherung. Graue Säulen zeigen alle wirbellosen Tiere, grüne stellen Eintagsfliegen, Steinfliegen und Köcherfliegen zusammengefasst und gelbe die Zuckmücken Diamesinae dar. Das obere Diagramm zeigt die Besiedlungsdichten und das untere die Anzahl der unterscheidbaren taxonomischen Einheiten (Taxa, Arten). Quelle: Füreder (2005).

3.3 Gletscherschwund und alpine Fließgewässerökosysteme

Als Schlüsselfaktoren für die Entwicklungsmöglichkeit der Gewässerzönose an einer bestimmten Stelle im Längsverlauf eines Gletscherbaches sind vor allem der Zeitraum seit der letzten Vergletscherung, die Wassertemperatur, die Stabilität und die Nährstoffverfügbarkeit von Bedeutung. Diese für Struktur und Funktion der Bachzönosen maßgeblichen Faktoren erlangen auch in der Diskussion globaler Klimaveränderungen an Bedeutung.

Bis heute zeigen besonders die Gebirgslandschaften die zeitlichen und räumlichen Heterogenitäten von Klima, Hydrologie und Geomorphologie. Während der letzten Eiszeit haben Gletscher etwa 32% der gesamten Landfläche bedeckt, woraus sich die enorme Bedeutung der Gletscherflüsse über Jahrhunderte hinweg ableiten lässt. Da heute weniger als 10% der Landfläche mit Gletschern bedeckt sind, wurden im Lauf der Zeit viele Gletscherflüsse von Flüssen abgelöst, die heute von Schneeschmelze, vor allem aber von Niederschlägen in ihrem Abflussverhalten übers Jahr geprägt sind. Daraus ist zu schließen, dass der Anteil der gletschergeprägten Fließgewässer über die letzten Jahrtausende stark abgenommen hat.

Dieser Tatbestand und auch jüngere Beobachtungen verdeutlichen: Der Klimawandel ist ständige Realität. Wie bereits dargestellt, konnte seit dem letzten Hochstand der Vergletscherung um 1850 ein kontinuierlicher Rückgang der Gletscher in vielen Teilen der Erde beobachtet werden. Viele Beispiele aus den europäischen Alpen verdeutlichen, dass besonders das letzte Jahrhundert von einem dramatischen Rückzug der Talgletscher charakterisiert ist.

Moderne Klimamodelle prognostizieren eine Reihe von Veränderungen, die deutliche Auswirkungen auf den Wasserkreislauf und damit auf Fließgewässer haben werden. So sind durch die zeitliche Verschiebung der Niederschlagshäufigkeit und -mengen, vermehrte Starkniederschläge, weniger Niederschläge in Form von Schnee, Anstieg der Schneegrenze, Abschmelzen eines Großteils der Gletscher und die Veränderung des Abflussregimes ein deutlicher Einfluss auf die Fliessgewässerökosysteme zu erwarten.

Die Auswirkungen des Klimawandels auf die alpinen Fließgewässerökosysteme sind vielerorts als äußerst komplex diskutiert worden, Untersuchungen dazu gibt es jedoch kaum. Von eigenen Studien in den Zentralalpen und auch in anderen kalten Regionen lassen sich jedoch einige grundsätzliche Tendenzen voraussagen, die in alpinen Fließgewässern zu erwarten sind – zumindest was das ökosystemare Niveau betrifft.

Durch den prognostizierten Klimawandel und den fortschreitenden Rückgang der Vergletscherung kommt es zu einer Veränderung der Schlüsselprozesse in Gletscherbächen. Betrachtet man Gebirgsbäche entlang einer Umweltextreme-Diversität-Kurve, so kommen Gletscherbäche am unteren Ende des absteigenden Astes zu liegen. Neben dem Rückgang der Vergletscherung des Einzugsgebietes sowie der Abnahme der Dauer der Schneebedeckung werden sich besonders Temperaturhaushalt, Menge und chemische Zusammensetzung des Wassers auf den Gewässertyp auswirken. Die durch extreme Umweltfaktoren charakterisierten Gletscherbäche oder Gletscherbachabschnitte werden allmählich den Einfluss der Gletscher verlieren. Temperatur, Trübstoffgehalt und die starke Dynamik des Abflusses werden sich günstiger gestalten. Bei Abnahme der Extremfaktoren positionieren sich die Gewässerabschnitte in günstigeren Lagen, d.h. sie bewegen sich zum Optimum der Kurve.

Die Extremstandorte verschwinden und die Lebensbedingungen in alpinen Fließgewässern werden ähnlicher. Die durch wenige, aber hochspezialisierte Arten gekennzeichnete Gletscherbachzönose wird durch eine abgelöst, die durch mehrere (viele) Arten charakterisiert ist, die hinsichtlich Temperatur und Nahrungsanspruch weniger oder kaum spezialisiert sind. Spezielle Indikatorarten oder glaziale Arten werden sukzessive verschwinden.

Abgesehen von den Veränderungen auf Ökosystem-Niveau gibt es möglicherweise noch eine Vielzahl von weiteren Auswirkungen des Klimawandels auf Fließgewässersysteme. Im Gegensatz zum Verlust der Gletscherbacharten, die an die extremen Umweltfaktoren optimal angepasst sind und von anderen Besiedlern verdrängt werden, ist ein verändertes Abflussgeschehen mit anfangs häufigen Hochwasserereignissen ein viel auffälligeres Zeugnis von Klimaveränderungen. Zusammen mit veränderter Niederschlagsaktivität destabilisieren sie möglicherweise alpine Vegetation und Waldgesellschaften. Allesamt Faktoren, die Fließgewässer innerhalb, aber auch außerhalb der Alpen in mannigfacher Weise direkt oder indirekt beeinträchtigen werden.

Die hohe Zahl der durch menschliche Aktivitäten beeinflussten Bäche und Flüsse der Alpen macht es nicht gerade leicht, mögliche Auswirkungen des Klimawandels eindeutig darzustellen. Besonders in etwas tiefer gelegenen Flusslandschaften sind die Prozesse durch Längsverbauungen und Sohlstabilisierung stark verändert. Nicht zuletzt kommt daher ganzheitlichen Ökosystemstudien in den weitgehend naturbelassenen Gewässern, wie sie im Nationalpark vorliegen, besondere Bedeutung zu. Die reiche Vielfalt der Gewässer in einem gut überschaubaren Gebirgsraum bietet die Möglichkeit, die prognostizierte Änderung der Umwelt- und Klimafaktoren an den natürlichen Ökosystemen und deren Lebensgemeinschaften zu testen. Im vom Menschen kaum veränderten Gebirgsraum lässt sich das komplexe Mosaik von Funktion und Diversität als Folge der Störungen als die treibende Kraft in alpinen Fließgewässern und besonders hinsichtlich der sich durch den Klimawandel zu erwartenden Änderungen sehr gut darstellen und diskutieren.

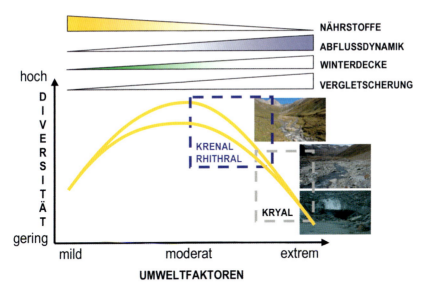

Abb. 3.7. Szenario der Auswirkung des Klimawandels auf Umweltfaktoren und damit auf Struktur und Funktion der Lebensgemeinschaften (hier als Diversität ausgedrückt) von Gletscherbächen. Die alpinen Bäche liegen entlang einer Diversität-Extremfaktoren-Kurve in der rechten Hälfte. Gletscherbäche (KRYAL) kommen wegen der extremen Ausprägung der Umweltfaktoren (Abflussdynamik, Temperatur, Nährstoffverfügbarkeit) und der wenigen, aber best angepassten Arten am äußeren Ende der Kurve zu liegen. In Quellbächen (KRENAL) und in durch Schneeschmelze und Regen geprägten Bächen (RHITHRAL) ist wegen der moderaten Umweltbedingungen die Existenz vieler Organismen möglich, wodurch dort die höchste Diversität zu erwarten ist. Wenn die Umweltfaktoren äußerst mild werden, dann werden die Gewässer sehr produktiv, es kommt zu erhöhten Temperaturen und einem Überangebot an Nährstoffen, sodass das Vorkommen bestimmter Arten gefördert wird, die dann zahlenmäßig dominieren und für andere Arten ein große Konkurrenz darstellen. Folglich sinkt die Diversität in diesen Gewässern. Die Auswirkungen des Klimawandels würden die Gegebenheiten in den Gletscherbächen folgendermaßen ändern: Durch den Gletscherschwund geht die Vergletscherung des Einzugsgebietes stark zurück, folglich sinkt auch die Tages- und Jahresdynamik im Abflussgeschehen. Die Dauer der Schneebedeckung nimmt wegen des Temperaturanstiegs ab. Alle drei Faktoren begünstigen die Produktion im Einzugsgebiet und sowie im Gewässer selbst, sodass die Nährstoffverfügbarkeit generell erhöht wird. Quelle: Füreder (2005).

4 Naturraum und die Vielfalt der Gewässer der Hohen Tauern

Bei einer ganzheitlichen Betrachtung der Gewässer sind auch die Systemeigenschaften im übergeordneten Raum gefragt. Diese prägen entscheidend Ausbildung und Form von Gewässern, aber auch die Schlüsselfaktoren in den Gewässern selbst, nämlich in Stillgewässern, Bächen und Flüssen gleichermaßen. Denn im vielgestaltigen Relief des Naturraumes der Hohen Tauern ist eine große Vielfalt an faszinierenden Gewässern anzutreffen.

In der ausgeprägten Längszonierung der Alpen in Nord-, Zentral- und Südalpen, sind die Hohen Tauern ausschließlich Teil der kristallinen Zentralalpen, die als dichtes, fluviatil gestaltetes und glazial überprägtes Talnetz in einzelne Gebirgszüge und Talschaften gegliedert sind. Durch deren räumliche Anordnung und Gestaltung werden auch das Flussnetz und das Abflussverhalten der Flüsse bestimmt. Die Hauptsammler der Gebirgsflüsse folgen den langen, parallel zum Hauptgebirgskamm der Hohen Tauern orientierten Tälern (Salzachtal im Norden und Drautal im Süden). Bevor sie dort einmünden, folgen die Gebirgsflüsse den vielgestaltigen Tälern zwischen den Gebirgsgruppen. So gehen auch die größeren Quertäler nach den glazialen Prozessen auf die Zuflüsse der Längstäler zurück, die oft schluchtartig Geländeschultern oder Terrassen durchbrechen.

Die Zentralalpen weisen im deutlich höheren Westabschnitt, dessen Gipfelflur durchwegs über 3.000 Meter liegt und der von den Rätischen Alpen Vorarlbergs bis einschließlich der Hohen Tauern reicht, den Landschaftstyp eines Grat-Hochgebirges auf, das in hohem Maße von der eiszeitlichen Vergletscherung überprägt wurde. Auch gegenwärtig ist die Vergletscherung – trotz des großen Rückganges – durchaus noch beachtlich. Im Gletscherkataster sind rund 900 Gletscher mit einer Gesamtfläche von 540 km² angeführt, wobei in erster Linie die vereisten Areale der Silvretta, der Ötztaler Alpen, der Stubaier und der Zillertaler Alpen sowie der Hohen Tauern zu erwähnen sind. In der Glocknergruppe der Hohen Tauern befindet sich nicht nur die höchste Erhebung Österreichs, der Großglockner (3.797 m), sondern auch der größte Einzelgletscher Österreichs, die rund 20 km² große Pasterze.

Foto 4.1. Von den Rätischen Alpen bis einschließlich der Hohen Tauern gelten die Zentralalpen als der typische Landschaftstyp des Grat-Hochgebirges (L. Füreder).

Foto 4.2. Wesentlich für ein alpines Gewässer ist, ob ein Gletscher im Einzugsgebiet liegt, das gilt für Fließgewässer gleichermaßen wie für Seen. Seen wirken dann oft als Feststofffalle, da durch die Stagnation die feineren Kornanteile (Sand, Schluff) aussedimentieren (K. Amprosi).

Die ehemals stark vergletscherten Bereiche weisen heute ein deutliches, raues Relief auf. Tiefe und lange Trogtäler durchsetzen als Folge den Hauptkamm, so etwa die Seitentäler im Pinzgau (Krimmler Achental, Obersulzbachtal, Untersulzbachtal) und die Hochtäler Osttirols. Dazwischen ragen die Gebirgskämme und Gebirgsstöcke bis weit über 3.000 m Meereshöhe.

Die zentralen Ostalpen besitzen durch den Massenerhebungseffekt ein ganz charakteristisches Klima, das an der Nordflanke und den ersten Gebirgskämmen als „relativ ozeanisch", im Gebirgsschatten dann als „relativ kontinental" zu bezeichnen ist. Gegen die südlichen Teile der Zentralalpen gewinnt allmählich der „ozeanische Aspekt" wieder an Bedeutung.

Die klimatisch bedingte Waldgrenze steigt durch das unterschiedliche Temperaturklima von den niederschlagsreichen Nordflanken über die kontinental geprägten Zentralalpen zu den südexponierten Randgebirgen sukzessive an. Die Jahrestemperatur an der Waldgrenze liegt um 0 °C, Schnee liegt etwa das halbe Jahr. Im Bereich der permanenten Schneegrenze, die etwa 700 bis 1.000 m höher liegt, fällt die Jahrestemperatur unter -5 °C.

Mit Ausnahme einiger Laubwaldinseln sind die Täler der Hohen Tauern durch Fichtenwald *(Picea abies)* geprägt, zu der sich in der Regel die Lärche *(Larix decidua)* gesellt. Ab etwa 1.500 m beginnt die Zirbe *(Pinus zembra)* sich auszubreiten, die dann zusammen mit der Lärche fast durchwegs die Waldgrenze bildet. Das Leitgehölz der subalpinen Lagen ist die Latsche *(Pinus mugo)*, die in großflächigen Beständen die höheren Lagen besiedelt, wo sie im Bereich der Lawinenstriche und Blockhalden steht.

Die Talgründe der Hohen Tauern liegen grundsätzlich so hoch, dass die Höhenstufenabfolge bereits mit montanem Fichtenwald oder Fichten-Lärchenwald beginnt, der dann in den subalpinen Lärchenwald übergeht. Die untere alpine Stufe ist durch ein Mosaik von Zwergstrauchheiden und Weiden geprägt, darüber, ab etwa 2.000 m, finden sich alpine Grasheiden. Ab etwa 2.800 m endet die Zone des geschlossenen Rasens, die aber gelegentlich noch wesentlich höher steigen kann. Der Übergang zu den offenen Kraut- und Polsterfluren der nivalen Stufe fällt in der Regel mit der Permafrostgrenze zusammen. Darüber findet sich bis zur Schneegrenze die Pionier- und Felsvegetation.

Der Gewässernaturraum ist ein Schutzgebiet

Der überaus wasserreiche Drei-Länder-Nationalpark ist das größte Schutzgebiet der Alpen. Je nach Schutzbestimmungen gliedert sich der Nationalpark in drei Zonen: Kern- und Außenzone und Sonderschutzgebiete. Die Kernzone ist großteils unberührte Naturlandschaft, wo Eingriffe in die Natur weitgehend untersagt und auch in der Vergangenheit kaum erfolgt sind. Die Außenzonen bilden traditionelle Kulturlandschaften, wo über einen langen Zeitraum Kultivierung und Bewirtschaftung erfolgt sind. In den Sonderschutzgebieten ist jeder Eingriff in die Natur und Landschaft untersagt. Bereits ausgewiesene Sonderschutzgebiete sind z.B. das Gebiet Großglockner-Pasterze-Gamsgrube und Teile des Untersulzbachtales. Dadurch ist neben der vielfältigen Naturausstattung auch ein unterschiedlicher Grad der menschlichen Beeinflussung bzw. der Veränderungen gegeben. Durch die besondere Schutzsituation präsentiert sich das große zusammenhängende Gebiet als ein ökologisch intakter Naturraum, wo großräumige Zusammenhänge, wie z.B. Wechselwirkungen zwischen Einzugsgebiet und Gewässer, auf ihre Kausalität überprüfbar sind. Szenarien mit naturräumlicher Bedeutung, wie etwa die Auswirkungen von Klimaänderungen, können erforscht und überprüft werden. Ein großräumig-intakter Naturraum stellt auch optimale Grundlagen für Beobachtung und Erforschung von Gewässersystemen und das Verstehen von natürlichen Prozessen zur Verfügung. Die erwähnte Abfolge von Beeinträchtigungen ermöglicht zudem, diese Systeme hinsichtlich aktueller Szenarien des Wandels zu studieren.

Bei der Betrachtung des Naturraumes darf ein Aspekt nicht außer Acht gelassen werden: Das Gebiet war über lange Zeit einer Nutzung unterworfen. Die Almwirtschaft, die sich bis zu den Anfängen der Besiedlung im Alpenraum zurückverfolgen lässt, wurde vermutlich in allen inneralpinen Tälern und Hochtälern betrieben, vorausgesetzt das Gebiet war einigermaßen zugänglich. Die „Blütezeit" der Almwirtschaft gilt zwar als historisch, da seit der Wärmeperiode im ausklingenden Mittelalter die Almwirtschaft als rückläufig gilt. Besonders die Nutzung vieler Hochlagen fand mit der „Kleinen Eiszeit" um 1850 ein jähes Ende.

4 Naturraum und die Vielfalt der Gewässer

Foto 4.3. und 4.4. Die Höhenlage eines betrachteten Gewässers ist wegen der Vegetation im Gewässerumland und auch im Einzugsgebiet von wesentlicher Bedeutung, da davon strukturelle und funktionelle Gegebenheiten sowohl im Uferbereich als auch im Gewässer selbst abhängen. Natürliche Uferstabilisierung, verminderter Lichteinfall und erhöhter Eintrag von organischem Material sind einige der Merkmale von Fließgewässern mit gut entwickelter Ufervegetation (oben: Dorferbach, Osttirol, NPHT Tirol, unten: Seebachtal, Kärnten, L. Füreder).

Die wirtschaftliche Entwicklung im 20. Jahrhundert trug dann dazu bei, dass die aufwendige Nutzung der Hochlagen weitgehend zusammenbrach. Dem entgegen wirkten die Förderungen, die besonders die Bergbauerngebiete betrafen, die aber kaum eine Wende brachten. Punktuell erfolgte eine Intensivierung, großteils aber eine Extensivierung der landwirtschaftlichen Nutzung. Heute befinden sich noch etwa 350 Almen im Gebiet des Nationalparks, wo insgesamt 12.000 Rinder, 500 Pferde und 12.000 Schafe Platz finden.

Die Auswirkungen der Almnutzung auf die Gewässer können vielfältig sein. Sie erfolgen meist lokal, ihre Intensität nimmt aber grundsätzlich mit zunehmender Größe der Gewässer ab. Dort, wo sich Weidetiere an Gewässern häufen, kann es zu einem auffälligen Nährstoffeintrag kommen.

Durch Anreicherung von Nährstoffen wird die Produktion im Gewässer erhöht, wodurch unter anderem vermehrtes Algenwachstum auftritt – ein auffälliges Anzeichen der Eutrophierung. Gewässer- und Flusslandschaften, die sich in Weidegebieten befinden, sind in ihrem Uferbereich und unmittelbaren Umland durch das meist völlige Fehlen von Gehölzvegetation gekennzeichnet. Intensiver Verbiss verhindert das Aufkommen von Jungpflanzen. Steilere Ufer werden meist vom Weidevieh gemieden, sodass sich dort sogar Bäume und Sträucher etablieren können.

So wurde durch die langjährige Landnutzung die Vegetation im unmittelbaren Umland aber auch im Einzugsgebiet der Gewässer deutlich verändert. Wo natürlicherweise ein dichter Buschbestand oder Laubwald zu finden wäre, sind heute großteils Wiesen vorhanden.

Foto 4.5. Bei der Betrachtung des Naturraumes darf natürlich ein Aspekt nicht außer Acht gelassen werden: das Gebiet war über lange Zeit einer Nutzung unterworfen. Die Almwirtschaft, die sich bis zu den Anfängen der Besiedlung im Alpenraum zurückverfolgen lässt, wurde vermutlich in allen inneralpinen Tälern und Hochtälern betrieben, vorausgesetzt das Gebiet war einigermaßen zugänglich. Auch hier am Hollersbach (Salzburg), wo im unteren Bereich zwar noch Auwald vorkommt, ist die Auswirkung der Beweidung gut zu erkennen (L. Füreder).

4.1 Der Gewässernaturraum

Gletscher und Gewässer gehören in der Gebirgsregion der Hohen Tauern zu den prägenden Landschaftsbestandteilen und erfüllen wichtige Funktionen im Naturhaushalt, besonders aber in der Speicherung und im Abtransport von Wasser. Neben dem Klima spielen dabei Geologie, Größe, Form und Morphologie des Einzugsgebietes sowie Vegetation und Bodennutzung eine entscheidende Rolle.

Durch klimatische und meteorologische Gegebenheiten, wie etwa Art, Intensität und Dauer von Niederschlägen, Boden und Lufttemperatur, wird nicht nur die Vergletscherung des Hochgebirges, sondern auch das zeitliche und mengenmäßige Abflussgeschehen der Gebirgsflüsse beeinflusst. Für die Ausprägung der Gewässer sind vor allem die Eigenschaften und Ausstattung der Einzugsgebiete verantwortlich. Das sind im Besonderen:

▶ Geologie, Bodenbeschaffenheit und Wassersättigung des Bodens,
▶ Größe, Form und Morphologie des Einzugsgebietes sowie
▶ Vegetation und Bodennutzung.

Grundsätzlich werden alle Gewässer – direkt und/oder indirekt, aber auch verzögert – durch Niederschläge gespeist. Der Weg des Wassers vom Niederschlag bis zum Abfluss in den Fließgewässern oder zur vorübergehenden Speicherung in Seen beruht auf vielen Einzelprozessen, wovon dann Form, Zustand und Ausstattung eines Gewässers abhängen. Durch die Lage der Gewässer in einer Gebirgsregion, sind naturräumliche Gegebenheiten wie Fläche, Bodenbeschaffenheit, Vegetation und Geomorphologie des Einzugsgebietes und dessen Vergletscherungsgrad besonders wichtige Eigenschaften.

Heute steht bei der ökologischen Betrachtung von Gewässern besonders ein landschaftsökologisches Verständnis im Vordergrund. Obwohl jedem Gewässer eine individuelle Ausformung und ökologische Besonderheiten eigen sind, können doch generelle Eigenschaften definiert werden. Diese sind direkt und indirekt von der Beschaffenheit seines Einzugsgebietes (Geologie, Vegetation) und dem Klima und von dem, wie es während der Entstehungsgeschichte der betrachteten Landschaft verändert wurde, beeinflusst. Die Transportvorgänge und die Gerinnegeometrie als wesentliche Komponenten der Flussbettbildung resultieren daraus.

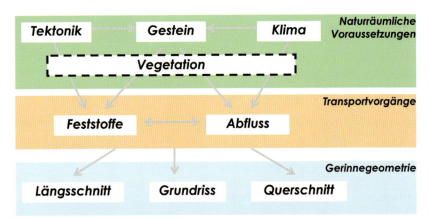

Abb. 4.1. Gewässer sind deutlich vom Naturraum geprägt – hier exemplarisch als stark vernetztes System für die Flussbettbildung dargestellt (nach Mangelsdorf und Scheurmann 1980): Die Tektonik als Gesamtheit der aus dem Erdinnern gesteuerten Bewegungen der Erdkruste in horizontaler und vertikaler Richtung, die Geologie als Sammelbegriff für die mineralische Zusammensetzung der Landoberfläche der Erde einschließlich der Böden, das Klima als Summe aller atmosphärischen Erscheinungen und die Vegetation. Diese Eigenschaften des Naturraumes beeinflussen entscheidend Feststoff- und Abflussdynamik als die wesentlichen Transportvorgänge im Flusssystem, die sich ihrerseits wieder für die Dimensionen der Gerinnemorphologie verantwortlich zeigen.

4.2 Die Geologie der Hohen Tauern

Die Alpen gehören zu den jungen Falten- und Deckengebirgen, die am Ende der Kreidezeit und im Tertiär entstanden sind. Am heute in vielen Regionen schwer zu entwirrenden Deckenstapel sind generell drei Faziesbereiche zu unterscheiden, das Helvetikum, das Penninikum sowie das Ost- bzw. Südalpin. Mit diesen Einheiten gelten die Alpen als hervorragendes Modell der Gebirgsbildung als Ergebnis der Kontinentalverschiebung und sind auch diesbezüglich gut untersucht. Das Helvetikum gilt als der ursprüngliche europäische Kontinentalrand, das Ost- und Südalpin als der afrikanische Kontinentalrand und das Penninikum sind Beckensedimente, die in den ozeanischen Bereichen der Tethys (das ist der mesozoisch/känozoische Vorläufer des Mittelmeeres) abgelagert wurden.

Die westlichen Teile der Zentralalpen werden dominant von Paragneisen (Schiefergneisen) aufgebaut; Orthogneise sind hingegen weniger stark verbreitet. Zwischen Brenner und Katschberg ist das Pennin im Bereich der Zentralalpen auf einer Länge von 160 Kilometer durch die Abtragung freigelegt und bildet das bekannte „Tauernfenster". In diesem Bereich liegen die Zillertaler Alpen und die Hohen Tauern. Der vielfältige Gesteinsbestand dieser Gebirgsgruppen wird von Granitgneisen („Zentralgneise"), Grüngesteinen (z.B. Grünschiefer, Prasinit) und Glimmerschiefern dominiert, wobei die Zentralgneiskerne von einer Schieferhülle umgeben werden. Die Ostbegrenzung dieses Fließgewässer-Naturraumes verläuft westlich des Großarltales zur Arlscharte, von dort zum Katschberg und weiter das Liesertal abwärts zum Drautal.

Wesentliche Gesteinsformationen in den Hohen Tauern

Die Gesteine des „Alten Daches"

Diese Gesteinsgruppe besteht aus verschiedenen Paragneisen, Granatglimmerschiefern, häufig granatführenden Amphiboliten, Migmatiten und Orthogneisen. Zum Alten Dach zählen der Zwölferzug zwischen Stubach- und Felbertal, die Greinerserie im Westabschnitt der Hohen Tauern, die alten Gneise in Südteil der Oberen Schieferhülle über dem Granatspitzkern, die Storzserie und Kareckserie am Nordostende der Hohen Tauern (Hafnergruppe) und die Altkristallingesteine innerhalb der Ankogelgruppe.

Die Habachserie

Die Habachserie ist nach dem Habachtal im Salzburger Nationalpark benannt. Sie lässt sich in drei Abfolgen gliedern: Basisschieferfolge, Untere und Obere Magmatitabfolge. Charakteristisch für diese Gesteinsserie ist das weitgehende Fehlen von Karbonatgesteinen. Es kommen nur geringmächtige Linsen von Eisendolomit und Ankerit bzw. kleine Kalkmarmorlagen vor. Das Hauptverbreitungsgebiet liegt am Nordrand der Hohen Tauern zwischen Kapruner Tal und Krimmler Achental.

Der Zentralgneis

Hier finden sich überwiegend Gneise granodioritischer bis granitischer Zusammensetzung. Zum Teil kommen auch tonalitische und syenitische Gneise vor. Im westlichen Tauernfenster finden sich auch Diorite und Gabbros. Die Zentralgneise treten in Form von „Kernen" im zentralen Bereich der Hohen Tauern auf: Zillertaler und Tuxer Kern sowie Ahornkern im Westen, Großvenediger Kern und Granatspitzkern im mittleren Abschnitt und Sonnblick-, Ankogel- und Hochalmspitzkern im Ostabschnitt des Tauernfensters.

Die obere Schieferhülle

Sie wurde früher auch als kalkreiche Schieferhülle bezeichnet und setzt sich aus einer Abfolge verschiedenster Sedimente und Vulkanite zusammen. Innerhalb der Oberen Schieferhülle werden fünf Gesteinsausbildungen, so genannte

Fazieszonen, unterschieden. Von Norden nach Süden findet man: Hochstegenfazies, Brennkogelfazies, Glocknerfazies, Fuscherfazies und Klammkalkfazies.

Die Matreier Zone

Die Matreier Zone ist ein schmaler Gesteinsstreifen am Südrand des Tauernfensters. Dieser Streifen ist aus dunklen und hellen Phylliten, Kalkglimmerschiefern, Quarziten, metamorph überprägten Feinbreccien und turbiditischen Sedimenten sowie Kalken, Dolomiten, Gipsen und Dolomitbreccien zusammengesetzt.

Das Kristallin der Schobergruppe

Als Schobergruppe wird der Gebirgszug zwischen Mölltal und Iseltal bezeichnet. Sie wird in einen Liegendkomplex (Nordteil der Schobergruppe) und einen Hangendkomplex (Süd- und Südostteil der Schobergruppe) gegliedert. Beide sind durch eine „Schuppenzone" getrennt. Der Liegendkomplex besteht aus diversen Glimmerschiefern, Graphitschiefern, Hornblendegarbenschiefern und verschiedenen Typen von Gneisen. Dazwischen finden sich teilweise mächtige Amphibolite und Serpentinite sowie zum Teil Orthogesteine, helle Granodiorite und Orthoaugengneise. Die Schuppenzone wird durch Mikroklinaugengneis und Eklogit-Amphiboliten gebildet. Der Hangendkomplex setzt sich aus Glimmerschiefern, Gneisen und Eklogit-Amphiboliten zusammen.

Das Kristallin der Deferegger Alpen

Hier werden wiederum zwei geologische Einheiten unterschieden: Die Nordeinheit (Lasörlinggruppe) besteht aus verschiedenen Glimmerschiefern, Paragneisen, Amphibolitzügen und zum Teil Orthogneisen. Am Südrand dominieren Biotitschiefer, Zweiglimmerschiefer und Paragneise. Die Südeinheit wird von einer mächtigen Paragneis-Glimmer-schieferserie gebildet, in die Eklogite, Amphibolite und Marmore eingeschaltet sind.

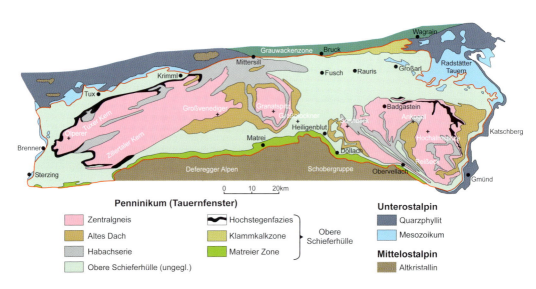

Abb. 4.2. Geologie der Hohen Tauern: Übersichtskarte mit den wichtigsten geologischen Baueinheiten des Tauernfensters (Penninikum) und seiner Umrahmung (umgezeichnet und vereinfacht nach Tollmann, 1971; aus: Krainer, 2005).

4.3 Vegetationsstufen

Die Prozesse in den Gewässern werden neben ihrer Höhenlage maßgeblich von den Gegebenheiten in Uferbereich, Umland und Einzugsgebiet beeinflusst. Der Vegetation kommt sowohl in qualitativer als auch in quantitativer Hinsicht große Bedeutung zu.

Ein Fließgewässer entwässert von seinem Ursprung bis zu seiner Mündung oder - wie im vorliegenden Fall bei den größeren Gebirgsflüssen - zur Grenze des Nationalparks unterschiedliche Höhenstufen und damit auch verschiedene Vegetationsabfolgen. Dadurch ändern sich die äußeren Bedingungen im Längsverlauf, die auch einen wesentlichen direkten oder indirekten Einfluss auf die Ökologie des Gewässers haben. Ökologische Faktorenkomplexe und Gegebenheiten in den Fließgewässerabschnitten, aber auch in Stillgewässern sind deutlich von der Vegetation im Umland und im Einzugsgebiet abhängig. Dadurch unterscheiden sich Gewässer der alpinen Stufe oft grundlegend von Gewässern der bewaldeten montanen Stufe. Denn in den obersten Lagen findet sich außer Flechten und vereinzelten Polsterpflanzen kaum Vegetation, etwas tiefer dominieren vor allem alpine Rasen, Schneetälchengesellschaften und Polsterpflanzen.

Wie viele Untersuchungen gezeigt haben, sind für das ökologische Verständnis von Gewässern besonders die Eigenschaften des Einzugsgebietes, des näheren Umlandes und des gewässerbegleitenden Uferbereiches mit zu berücksichtigen. Meist genügt die alleinige Angabe der Seehöhe nicht. Durch die unterschiedlichen klimatischen Bedingungen (z.B. zunehmende Kontinentalität von West nach Ost, mediterraner Einfluss im Süden) wird die entsprechende Vegetationsstufe oft bei sehr unterschiedlichen absoluten Höhen erreicht.

Entsprechend seiner Höhenerstreckung lässt sich das Gebiet des Nationalparks Hohe Tauern in vier Hauptvegetationsstufen *montan*, *subalpin*, *alpin* und *nival* unterteilen. Charakteristisch für die Hohen Tauern ist dabei, dass die einzelnen Stufen auf der Südseite durch die allgemein günstigeren klimatischen Bedingungen höhere Lagen erreichen können als auf der Nordseite.

Tab. 4.1. Grundsätzliche Eigenschaften von Fließgewässern hinsichtlich ihrer Lage oberhalb der Waldgrenze (alpine Vegetationsstufe) oder unterhalb der Waldgrenze (montane Vegetationsstufe). Einige dieser Ausprägungen können auch auf Stillgewässer übertragen werden, sofern sie nicht zu groß sind.

Eigenschaften	Bäche der alpinen Stufe	Bäche in der montane Stufe
Schneedecke	ungleichmäßig bis mächtig	generell mächtig
Kronendach	fehlt	vorhanden bis geschlossen
Ufervegetation	fehlt oder Kräuter und kleine Sträucher	Kräuter, Sträucher, Bäume
Falllaub	gering bis fehlend	vorhanden
größere Holzteile	nicht vorhanden	vorhanden
Rückhalt organischer Substanz	gering	hoch
Autotrophe Produktion	variabel, limitiert durch Trübstoffe und Umlagerung, Temperatur und Nährstoffe	variabel, limitiert durch Trübstoffe und Umlagerung und Licht
Trophischer Zustand	autotroph	heterotroph

Die *montane Stufe* wird im Nationalpark meist von Fichtenwäldern dominiert. Bei ausreichenden Niederschlägen kann sich jedoch auch die Buche gegen die Konkurrenz der Fichte durchsetzen und sogar in den Talniederungen dominieren, wie z.B. an der Nordabdachung der Hohen Tauern oder auch in niederschlagsreichen Teilen Osttirols außerhalb des Nationalparks. Die montane Stufe ist geprägt durch Wirtschaftsgrünland, zum Teil Bergmähder, sehr vereinzelt sind Laub- und Kiefernwälder ausgebildet.

Die anschließende *subalpine Stufe* prägen Lärchen-Zirbenwälder, wobei jedoch zur Ausdehnung der Weidegebiete in den Hochlagen viele dieser Waldbestände gerodet wurden. Den Übergang zur alpinen Stufe bilden Zwergsträucher. Sowohl Rostrote als auch

Behaarte Alpenrose, Zwergwacholder, Latsche, Heidel- und Preiselbeere sind hier regelmäßig zu finden.

Ab einer Höhe von ca. 2.200 bzw. 2.300 m beginnt die *alpine Stufe*. Alpine Rasen und mit zunehmender Höhe Schneetälchengesellschaften und Polsterpflanzen bestimmen hier die Vegetation. Einige Vertreter dieser Vegetationsstufe sind z.B. Krummseggen- oder Blaugras-Horstseggen-Rasen, Polsterpflanzen wie Alpenmannsschild und Stengelloses Leimkraut, Krautweiden oder Alpenschaumkraut, die in Schneetälchengesellschaften vorkommen.

In der darüber liegenden *nivalen Stufe,* der Region von Schnee und Eis, kommen kaum mehr höhere Pflanzen vor. Auf schneefreien Felsblöcken und Schuttkegeln bilden Algen und vor allem Flechten einen wichtigen Vegetationsaspekt.

Tab. 4.2. Höhenlage der Vegetationsstufen im Nationalpark Hohe Tauern. Die angegebenen Werte geben Durchschnittswerte an, die jeweiligen Übergänge sind stark verzahnt und können wegen des vielgestaltigen Reliefs deutliche Schwankungen zeigen.

Vegetationsstufe	Nordseite [m Seehöhe]	Südseite [m Seehöhe]
Montan	bis ~1600	bis ~1700
Subalpin	~1600 – ~2200	~1700 – ~2300
Alpin	~2200 – ~3100	~2300 – ~3200
Nival	ab ~3100	ab ~3200

Die meisten Fließgewässer passieren in ihrem Verlauf zwei, manche sogar drei Vegetationsstufen. In folgender Darstellung gibt es daher außer den drei Hauptstufen alpin (A), subalpin (SA) und montan (M) noch drei Kombinationsformen: SA-M, A-SA und A-SA-M. So gilt für die Fließgewässer des Nationalparks mit einer Einzugsgebietsgröße ab 1 km², dass sie bei entsprechender Länge entweder die alpine und subalpine, subalpine und montane, oder alle drei, nämlich die alpine, subalpine und montane Vegetationsstufe entwässern.

Für die Fließgewässer des Inventars überwiegen in allen drei Bundesländeranteilen die Kombinationsstufen SA-M (bis ~ 2.300 m Seehöhe) und A-SA (~ 1.600 - ~3.200 m Seehöhe). Interessant dabei ist, dass diese Flussauswahl im Tiroler Anteil mit fast der Hälfte (45,8 %) in den oberen Vegetationsstufen A - SA dominieren und 21, 5 % ausschließlich tiefere Flächen entwässern, während sich die Salzburger Fließgewässer genau umgekehrt zu nur 21,7 % auf die Stufe A-SA und 41,7 % die Stufe SA-M verteilen.

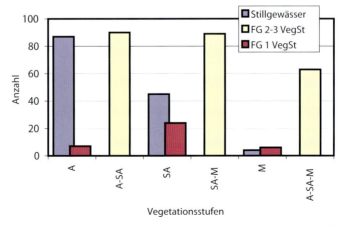

Abb. 4.3. Anzahl der Stillgewässer (blau) und Fließgewässer (Einzugsgebiet >1 km²) in den Vegetationsstufen (A alpin, SA subalpin, M montan) des Nationalparks Hohe Tauern. „Beige" ist die Anzahl der Fließgewässer dargestellt, die zwei oder drei Vegetationsstufen entwässern (A-SA alpin-subalpin, SA-M subalpin-montan, A-SA-M alpin-subalpin-montan), die anderen, „violett" gefärbten entwässern nur eine Vegetationsstufe.

Beispiele von Bächen, die zwei aufeinander folgende Vegetationsstufen entwässern, sind unter anderen:

SA-M: Zopenitzenbach, Steinbach, Kretschitzbach in Kärnten; Dietenbach, Feglitzbach, Frosnitzbach in Tirol und Brechlseebach, Leckbach, Leitenkarbach in Salzburg

A-SA: Albitzenbach, Kleinelendbach, Hornbach in Kärnten; Dorferbach, Gradötzbach, Ködnitzbach in Tirol und Gosskarbach, Lenzangerbach, Windbach in Salzburg.

Fließgewässer, die nur eine der Vegetationsstufen entwässern, kommen bei der getroffenen Auswahl (Einzugsgebiet ab 1 km²) relativ selten vor. So befinden sich im gesamten Nationalpark nur 2,2 % der Bäche dieser Kategorie in der montanen Stufe. Der relative Anteil der „alpinen" Bäche (deren Einzugsgebiet zur Gänze in der alpinen Stufe liegt) ist mit durchschnittlich 2,5 % im Nationalpark genauso gering. Die meisten Bäche, die nur eine Vegetationsstufe entwässert, liegen in der subalpinen Zone; ihr Anteil beträgt 8,6 %. Obwohl nur wenige sehr lange Fließgewässer vorkommen, entwässern doch fast ein Viertel der Gewässer (22,6 %) alle drei Vegetationsstufen. Auch dies unterstreicht den Gebirgscharakter des beobachteten Gebietes. Über eine relativ geringe Distanz (es überwiegen relativ kurze Fließgewässer) überwinden die Bäche große Höhenunterschiede und entsprechen dadurch dem typischen Erscheinungsbild von rhithralen und glazio-rhithralen Fließgewässerstrecken.

Von den 136 erfassten Stillgewässern liegt mit 87 die überwiegende Mehrheit (64 %) in der alpinen Stufe. In der subalpinen Vegetationsstufe befinden sich 45 (33,1 %) und in der montanen Stufe nur mehr 4 (2,9 %).

Foto 4.6. In Gebirgslandschaften entwässert ein Fließgewässer meist mehrere Vegetationszonen. Der Windbach als Seitengewässer der Salzburger Krimmler Ache entwässert die alpine und subalpine Stufe. Erst im untersten Abschnitt, etwas oberhalb der Mündung in die Ache, schließt die montane Zone an (C. Vacha).

Foto 4.7. Der typische Gehölzerbestand an Fließgewässern der montanen Stufe ist der Grünerlenwald. Wenn es die Geländeform zulässt, werden die bachbegleitenden Bereiche seit langer Zeit genutzt. Augehölznutzung und Beweidung haben den natürlichen Charakter dieser Bereiche großteils verändert (Gradenbach, Kärnten; K. Amprosi).

Foto 4.8. In etwas tieferen Lagen fließt das Gewässer durch dichten Wald der montanen Stufe (Hollersbach in Salzburg; C. Vacha).

4.4 Hauptflussgebiete

Alle Bäche des Nationalparks haben Anteil an großen Gewässersystemen, die alle Teil des Donaueinzugsgebiets sind.

Für die Gewässer des Nationalparks Hohe Tauern sind vier Hauptflussgebiete von Bedeutung: Inn, Salzach, Drau und Mur. Die überwiegende Mehrzahl der Bäche des Salzburger Anteils fließt in die Salzach. Nur im äußersten Westen entwässert der Gerlosbach in den Inn und im östlichsten Teil zählen die obere Mur und der Muritzenbach zum Hauptflussgebiet der Mur. Wie die Tiroler Bäche des Nationalparks gehören auch die Fließgewässer des Kärntner Anteils zu den Zubringern der Drau.

4.5 Einzugsgebiete

Neben der Gliederung des Gewässernetzes, gehört die Größe und Beschaffenheit des Einzugsgebietes zu den grundlegenden hydrographischen Informationen eines Gewässers. Zusammen mit der Länge des Flusssystems gibt die Größe des Einzugsgebietes gute Auskunft über die Dimension des Gewässernetzes. Bei Stillgewässern ist es oft die Relation Größe des Sees zur Größe des Einzugsgebietes, die ökologisch relevant ist, da zahlreiche limnologische Faktoren von der Größe des Einzugsgebietes abhängen. Vom Einfluss der Naturausstattung des Gebirgsraumes auf Struktur und Funktion von Gewässern oder Gewässerabschnitten weiß man jedoch noch wenig.

Das Einzugsgebiet ist jenes Gebiet, das von einem Gewässer und seinen Zubringern ober- und unterirdisch entwässert wird. Wie bereits mehrfach hingewiesen, beträgt die Mindestgröße der Einzugsgebiete des Gewässerinventars 1 km². Ein genereller Überblick der Verteilung der Bäche hinsichtlich der Einzugsgebietsgröße zeigt ein ganz typisches Muster, das wohl auch charakteristisch für Gebirgsregionen ist.

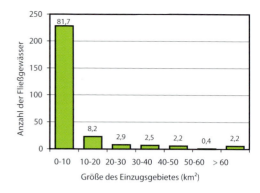

Abb. 4.4. Anzahl der Fließgewässer (Einzugsgebiet > 1km²), ausgewertet nach der Größe ihres Einzugsgebietes (Zahl über den Säulen geben den relativen Anteil in Prozent an).

In allen drei Länderteilen dominieren jene Fließgewässer mit einem Einzugsgebiet zwischen 1 und 10 km², ein Muster das sich daher auch für den ganzen Nationalpark zeigt: 81,7 % der berücksichtigten Bäche fallen in diese Größenordnung. Die absolute Anzahl der Bäche in den einzelnen Größenklassen unterstreicht ebenfalls die Dominanz der kleinen Einzugsgebiete bis zu 10 km².

Die Fließgewässereinzugsgebiete haben im gesamten Nationalpark eine mittlere Größe von 8,31 km². Einzugsgebiete, die größer als 10 km² sind, spielen daher bezüglich der mengenmäßigen Verteilung der Fließgewässer eine untergeordnete Rolle. Im Gegensatz dazu steht aber der große „Auftritt" dieser Flüsse in der Landschaft mit ihrem prägenden Charakter des Gebirgsbaches. Es sind dies für das Nationalparkgebiet in Kärnten z.B. die großen Seitenbäche der Möll, der Gößnitzbach (Einzugsgebietsgröße: 39,5 km²), der Gradenbach (31,3 km²) und der Wangenitzbach (23,0 km²); in Tirol die zur Drau entwässernden Bäche der Hauptäler Arventalbach (18,5 km²), Gschlößbach (45,6 km²), Dorferbach (17,7 km²) und Trojeralmbach (19,0 km²); und in Salzburg die Salzachzubringer Anlaufbach (42,4 km²), Habach (46,4 km²), Obersulzbach (82,5 km²) und Untersulzbach (41,0 km²).

Tab. 4.3. Die kleinsten und größten Einzugsgebiete der Fließgewässer des Nationalparks mit einem Einzugsgebiet (EG) ab 1 km².

EG (km²)	Kärnten	Tirol	Salzburg
Kleinstes	1,2 (Egger Bach)	1,2 (Michelbach)	1 (Sperauerbach)
Größtes	70,2 (Leiterbach)	65,3 (Schwarzach)	129,6 (Krimmler Ache)
⌀ Größe	8,8	7,0	9,3

Abb. 4.5. Das System der Flussordnungszahlen gibt Auskunft über die Dimension eines Fließgewässers.

Diesem Muster entspricht auch die Verteilung der Flussordnungszahlen, die auch eine gute Einschätzung der Dimension eines Gewässerabschnittes darstellen. Normalerweise beginnt ein Bach an der Quelle oder am Gletscher mit der Flussordnung 1. Treffen dann zwei Bäche gleicher Ordnung aufeinander, dann ergibt sich für den nachfolgenden gemeinsamen Abschnitt die Flussordnung 2. Das lässt sich dann entsprechend fortführen. Mit der Flussordnungszahl weiß man einigermaßen über die Größe und Abflussstärke eines Gewässers Bescheid.

Im Gebiet des Nationalparks sind Fließgewässer der Ordnungen 1, 2 und 3, d.h. Quell- und Gletscherbäche und obere Rhithral- bzw. Glazio-Rhithral-Abschnitte mit kleinem Einzugsgebiet vorherrschend.

Foto 4.9. Fließgewässer mit einer größeren Flussordnungszahl (FOZ), wie hier der Gschlößbach in Osttirol mit FOZ 4 und einem großen Einzugsgebiet, sind im Vergleich mit jenen geringerer FOZ und kleinerem Einzugsgebiet unterrepräsentiert (NPHT Tirol).

4.6 Vergletscherung im Einzugsgebiet

Die Vergletscherung im Einzugsgebiet ist im Gebiet der Hohen Tauern ein allgegenwärtiges und prägendes Erscheinungsbild und kann bis in die tiefer liegenden Bereiche sichtbare Auswirkungen haben. Regionales Klima, Vegetationsbedeckung und Störungshäufigkeiten sind oft davon beeinträchtigt – in Gewässern bewirkt eine größere Gletscherbedeckung im Einzugsgebiet eine Intensivierung der Extremfaktoren.

In den Hohen Tauern gibt es noch eine große Anzahl bedeutender Gletscher. Mit insgesamt 20.524 ha weist der Gebirgszug der Hohen Tauern die größte Gletscherfläche Österreichs auf, wobei die durchschnittliche Gletschergröße in der Venedigergruppe mit 89,3 ha, gefolgt von der Glocknergruppe mit 83,6 ha, am größten ist. Im Salzburger Nationalparkanteil bedecken die Gletscher eine Fläche von rund 80 km², im Kärntner Anteil ca. 30 km² und in der Tiroler Nationalparkregion rund 60 km².

Damit wird deutlich, dass im Gebiet der Hohen Tauern die Vergletscherung der Hochgebirgsregion ein prägendes und allgegenwärtiges Erscheinungsbild des Naturraumes ist. Da ja auch viele Gewässer entweder in dieser Höhenlage liegen oder zumindest dort entspringen, ist das Vorhandensein eines Gletschers im Einzugsgebiet des Still- oder Fließgewässers wegen dem mehr oder weniger deutlichen Einfluss auf das Ökosystem von großem Interesse.

Wenngleich absolute Flächenangaben der von Gletschern bedeckten Gebiete in km² nur begrenzte Rückschlüsse auf deren Einfluss auf die Ökologie in einem Gewässer erlauben, ist das Verhältnis vergletscherter zu unvergletschertem Einzugsbereich in vielen Fällen ein operatives Merkmal. Ein glaziales Abflussregime lässt sich nicht allein über die Gletscherfläche definieren, meist sind auch andere Faktoren ausschlaggebend wie Größe, Exposition und Neigung des Einzugsgebietes, abflussstarke Nebengewässer oder zahlreiche Seen im Einzugsgebiet. Dennoch liefert eine Einschätzung der potentiellen Gletscherbeeinflussung durch die Angabe des Vergletscherungsgrades eine wichtige grundlegende Information, besonders wenn keine Abflussdaten verfügbar sind. Für ein glaziales Abflussregime wird in der Hydrologie meist eine Vergletscherung des Einzugsgebietes von mindestens 15 – 20 % angegeben.

Foto 4.10. Das Ausmaß der Vergletscherung im Einzugsgebiet bewirkt einen abiotischen und biotischen Faktorenkomplex, der im Wesentlichen durch die Abflussdynamik und Sohlinstabilität geprägt ist. Beispiel Viltragenbach, Osttirol (L. Füreder).

Foto 4.11. Die Vergletscherung im Einzugsgebiet der Schwarzach ist stark zurückgegangen, was die Stabilität des Baches erhöht hat. An Schotterinseln und –bänken kann sich der Meereshöhe entsprechend Pioniervegetation ansiedeln (L. Füreder).

Eine sehr gute Übersicht von Gletscherbächen findet sich im „Österreichischen Gletscherbachinventar" des Alpenvereins, das für die Gebirgsgruppe der Hohen Tauern insgesamt 74 Gletscherbäche ausgewiesen hat, die ein vergletschertes geographisches Einzugsgebiet von mindestens 4 ha haben.

Davon befinden sich 57 Bäche zumindest teilweise auf dem Gebiet des Nationalparks Hohe Tauern.

Da, abgesehen von diesen, auch bei anderen Gewässern eine deutliche Vergletscherung des Einzugsgebietes festzustellen ist, wurden hier für einen repräsentativen Überblick drei grundsätzliche Kategorien sowohl für Fließ- als auch für Stillgewässer unterschieden:

a) jene Gewässer, deren Einzugsgebiet frei von Gletschern ist,

b) im Einzugsgebiet sind zwar kleine Gletscher vorhanden, sie spielen aber zur Größe des Einzugsgebietes keine große Rolle, und

c) es ist eine deutliche Vergletscherung des Einzugsgebietes festzustellen.

Eine derartige Klassifizierung erscheint hinsichtlich der unterschiedlichen Verfügbarkeit des Vergletscherungsgrades für einzelne Einzugsgebiete und der kurzlebigen Gültigkeit von absoluten Angaben (man bedenke den deutlichen Gletscherrückgang der letzten Jahre) als durchaus sinnvoll.

Etwa die Hälfte der Fließgewässer des Nationalparks mit einem Einzugsgebiet ab 1 km² sind nicht von Gletschern beeinflusst (48,2 %); in Tirol und Salzburg sind es etwas mehr als die Hälfte, in Kärnten jedoch überwiegen die von Gletschern geprägten. Eine geringe Vergletscherung im Einzugsgebiet der erfassten Fließgewässer liegt bei 8,2 %. Die Zahl an deutlich von Gletschern geprägten Fließgewässer sind in Kärnten 22, in Tirol und Salzburg jeweils 48; das sind insgesamt 42,3 %.

Auch die Stillgewässer lassen sich mengenmäßig hinsichtlich der Vergletscherung des Einzugsgebietes zu etwa gleichen Teilen gruppieren. Betrachtet man den gesamten Nationalpark, überwiegen die Stillgewässer mit unvergletschertem Einzugsgebiet vor denen mit einer deutlichen Vergletscherung. Den geringsten Anteil nehmen die Stillgewässer ein, deren Einzugsgebiet eine geringe Vergletscherung aufweisen ein. In Tirol und Salzburg überwiegen die Stillgewässer in gletscherfreien Einzugsgebieten, während in Kärnten die Einzugsgebiete mit deutlicher Vergletscherung überwiegen. Mehr als die Hälfte der Stillgewässer fallen in Tirol mit 56,4 % und in Salzburg sogar mit 62,7 % in diese Kategorie.

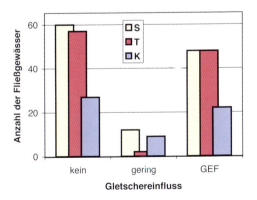
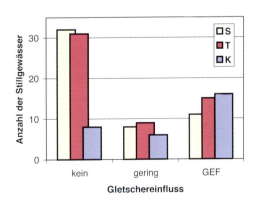

Abb. 4.6. Der Gletschereinfluss an betrachteten Gewässern im Nationalpark Hohe Tauern. In der linken Abbildung sind alle Fließgewässer mit einem Einzugsgebiet > 1 km² erfasst, rechts sind alle bekannten Stillgewässer im Bereich des Nationalparks dargestellt. „kein" bedeutet, dass das Einzugsgebiet frei von Gletschern ist; bei „gering" sind zwar kleine Gletscher vorhanden, sie spielen aber in Relation zur Größe des Einzugsgebietes keine große Rolle; und bei „GEF" ist eine deutliche Vergletscherung des Einzugsgebietes festzustellen (K Kärnten, T Tirol, S Salzburg). Quelle: Füreder und Amprosi.

Abb. 4.12. Auch in Stillgewässern macht sich die Vergletscherung im Einzugsgebiet bemerkbar. Diese ist hier leicht an der milchig-trüben Färbung erkennbar, hat aber auch Konsequenzen für das Ökosystem. Geringe Lichteinstrahlung und niedrige Temperaturen können Primärproduktion und Stoffwechselvorgänge hemmen (Mittlerer Gradensee; NPHT Kärnten).

4.7 Die Fließgewässer der Hohen Tauern

Sie stürzen über Hunderte Meter in tiefe Schluchten, schlängeln sich in Mäandern über weite Almböden oder gurgeln munter über Stock und Stein: Die Bäche im Nationalpark Hohe Tauern könnten unterschiedlicher nicht sein. Keiner gleicht dem anderen – alle Bäche haben eine ganz individuelle Charakteristik.

Nur eines ist allen gemeinsam: Letztlich landet das Wasser aller Nationalpark-Bäche im Schwarzen Meer. Das rund 1.800 Quadratmeter große Gebiet des Nationalparks Hohe Tauern entwässert zu drei Hauptflüssen: Salzach, Mur und Drau. Diese münden wiederum alle in die Donau, die schließlich ins Schwarze Meer fließt. Ein langer Weg, den die kostbaren Wassertropfen des Nationalparks Hohe Tauern zurücklegen.

Bei dem reichen Formenschatz der Gebirgsbäche fragt man aber dennoch nach Gemeinsamkeiten. Eine Antwort liegt vielleicht in der Entstehung der Fließgewässer. Manche Bäche werden vom Schmelzwasser der Gletscher gespeist, andere entspringen aus einer Quelle oder fließen von einem See ab. Einige sind nur vom Regen beeinflusst, andere von der Schneeschmelze im Frühjahr oder Frühsommer. Muss ein Bach hohe Geländestufen überwinden, können Wasserfälle die Folge sein. Diese unterschiedliche Bachmorphologie folgt aber bestimmten Gesetzmäßigkeiten. So kann man die verschiedenen Fließgewässerformen in Typen einteilen. Eindrucksvolle Beispiele sind etwa die Mäanderstrecken mit sehr geringem Gefälle im Hollersbachtal oder sogenannte Alluvion- oder Furkationsstrecken, in denen sich der Bach über großen Schotterflächen in viele Haupt- und Seitenarme verzweigt. Eine typische Bachform ist auch die megalithal-dominierte Umlagerungsstrecke: Das sind große Gesteinsblöcke im Bachbett, die durch das Wasser ständig umgelagert und verändert werden. Schöne Beispiele dafür sind der Gschlößbach oder der Untersulzbach. Gerade im Hochgebirge wechseln die verschiedenen Gewässertypen auf ganz kleinem Raum – das macht die Vielfalt der Bäche in den Hohen Tauern so interessant.

4 Naturraum und die Vielfalt der Gewässer

Foto 4.13. Das Spektrum der Gewässer im Nationalpark ist enorm (Zirknitzbach, NPHT Kärnten).

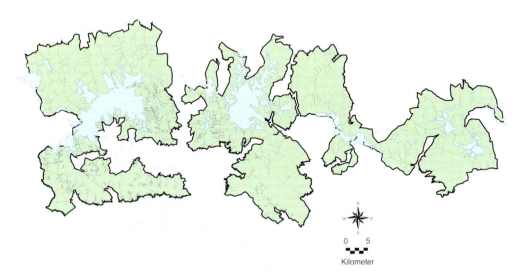

Abb. 4.7. Die Fließgewässer des Nationalparks Hohe Tauern. „Rot" sind jene Flüsse eingezeichnet, die das Gebiet des Nationalparks entwässern und dort ein Einzugsgebiet von mindestens 1 km² haben. Alle hier enthaltenen Auswertungen beziehen sich nur auf das Gebiet des Nationalparks. Datengrundlage: Gewässerinventar (Amprosi 2001, Füreder et al. 2002). (Kartenquelle: SAGIS, BEV (u.a. Zl. 70 367/98, Zl. 70 160/99), TAGIS – Salzburger Nationalparkfonds; Karte erstellt von G. Seitlinger und C.M. Hansen).

Fließgewässer-Dimensionen

Wenn man die Fließgewässer des Nationalparks mit einem Einzugsgebiet von mindestens 1 km² berücksichtigt, dann ergibt sich eine Gesamtlänge von fast 1000 Kilometer. Davon fallen 196,2 km auf Kärnten, 347,5 km auf Tirol und 437 km auf Salzburg, ein Verhältnis, das im Wesentlichen dem Flächenverhältnis der Teilflächen des Nationalparks entspricht. Der in dieser Auswahl kürzeste Bach ist der Hutnerbach in Tirol mit 0,44 km, der längste mit 20,19 km die Krimmler Ache in Salzburg.

Wenn man die relative Verteilung der Flusslängen berücksichtigt, so fällt wie bei den Einzugsgebieten auf, dass wiederum die kleinere Dimension überwiegt. Da der Nationalpark Hohe Tauern zum Großteil im Hochgebirge liegt, haben die aufgenommenen Fließgewässer den Charakter von Fließgewässeroberläufen. In allen drei Bundesländern fällt der Großteil der Bäche (> 70 %) in die Längenklasse < 4 km, ein Umstand, der sich auch in der relativen Verteilung der Flussordnungen zeigt. Es dominieren Bäche der Ordnungszahl 1 – 3, d.h. Quell- und Gletscherbäche und Abschnitte der oberen Rhithral- bzw. Glazio-Rhithral-Region. 17,2 % der Bäche liegen in der Längenklasse 4 – 8 km. Längere Fließgewässer sind im Gebiet des Nationalparks eher Einzelfälle: In Tirol ist dies der Debantbach mit 19,46 km, in Salzburg die Krimmler Ache mit 20,19 km und der Hollersbach mit 17,23 km Länge.

Die durchschnittliche Länge der Bäche ist in Kärnten mit 7,65 km am größten und damit etwas mehr als doppelt so lang wie die für den gesamten Nationalpark gemittelte Flusslänge von 3,51 km. Besonders lange Flüsse (16-20 km) gibt es im Kärntner Anteil nicht, doch befinden sich fast 8 % in der Klasse zwischen 8 und 12 km. Dies sind z.B. Bäche aus den Seitentälern des Mölltales wie der Gößnitzbach (11,19 km), der Gradenbach (8,96), der Leiterbach (8,07 km) und der Wangenitzbach (8,19 km).

Ein Großteil der ins Fließgewässerinventar aufgenommenen Bäche hat eine niedrige Flussordnung (1 bis 3), wobei die Ordnungen 2 und 3 dominieren. Da viele Quellregionen und Bäche der oberen Rhithralbereiche mit den Flussordnungszahlen (FOZ) 1 und 2 aufgrund der Größe ihres Einzugsgebietes (< 1km²) hier nicht berücksichtigt sind, erscheint die Klasse FOZ 3 dominant. Besonders auffallend ist dies in Salzburg, dort gibt es 41 Bäche der FOZ 3, hingegen nur 30 mit FOZ 2 und 23 mit FOZ 1. Vergleichsweise große Bäche der Ordnungen 4 und 5 nehmen nur einen geringen Anteil ein. Von insgesamt 279 sind dies nur 29. Folgende Fließgewässer erreichen auf dem Gebiet des Nationalparks die höchste Flussordnung (5): Seebach (Kärnten); Anlaufbach, Höllkarbach, Hüttwinklache, Krimmler Ache und Seidlwinkelache (Salzburg).

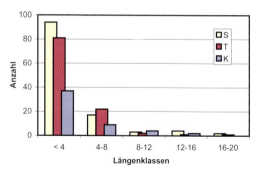

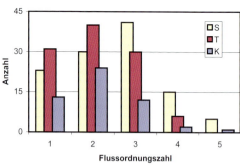

Abb. 4.8. Wie bei den Einzugsgebieten überwiegen bei den Fließgewässern des Gebirgsraumes Hohe Tauern die kleineren Dimensionen. Innerhalb der Längenklasse bis 4 km liegen in jedem der Länderanteile mehr als 70 % der betrachteten Bäche (oben). Auch bei den Flussordnungszahlen überwiegen die Ordnungen 2 und 3 (unten). Gewässer der Flussordnung 1 sind wegen der Beschränkung auf Bäche mit einem Einzugsgebiet > 1 km² unterrepräsentiert (K Kärnten, T Tirol, S Salzburg).

Die typischen Gebirgsbäche der Hohen Tauern

Durch ihre Lage unter der permanenten Schnee- und über bzw. unter der Waldgrenze zeichnen sich Gebirgsbäche durch geringe Temperaturen im Jahresverlauf aus und sind besonders von Schneebedeckung, Schneeschmelze und Regenereignissen geprägt; kleinräumig wechselnd können Quellen, Hang- und Grundwässer große Bedeutung haben. Bei einer Vielzahl von Gebirgsbächen ist das Abflussgeschehen von den Schmelzereignissen der Gletscher in ihrem Einzugsgebiet abhängig, denen generell eine enorme Bedeutung im Wasserhaushalt des Hochgebirges zukommt. Auch Stillgewässer können entscheidend durch Gletscher beeinflusst sein, ein Umstand, der sich meist durch tiefe Temperaturen oder durch geringe Sichttiefen äußert.

Da Gewässer in unterschiedlicher Weise und Intensität von Gletschern beeinflusst oder von diesen überhaupt nicht geprägt sein können, erfolgt meist folgende Aufgliederung: Gletscherbäche, Bäche mit Gletscherwasseranteil, sowie ruhende Gewässer mit Gletscheranteil einerseits und andererseits Fließ- und Stillgewässer, die keine Gletscher im Einzugsgebiet haben. Folgt man älteren Typologien, so fallen alle Bäche in die Kategorie „Hochgebirgsbach", von denen zwei Sondertypen abgegrenzt wurden: Gletscherbäche und jene, die einen See im Oberlauf haben.

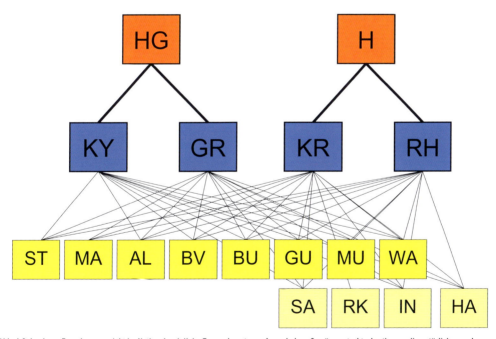

Abb. 4.9. In einem Forschungsprojekt im Nationalpark Hohe Tauern konnten aufgrund einer Gewässerstrukturkartierung die natürlichen und naturnahen Fließgewässerstrecken ausgewiesen werden. Insgesamt wurden 165 natürlich ausgeprägte Fließgewässerstrecken nach hierarchischen Kriterien analysiert und schließlich verschiedene Typen definiert. Die erste Ebene unterschied die Gewässer nach Vorhandensein oder Fehlen von Gletschern mit erheblichem Einfluss auf das Gewässer: HG (Hochgebirgsbach mit Gletscher im Einzugsgebiet, H Hochgebirgsbach ohne Gletschereinfluss). Die zweite Ebene betrachtete die Lage im Gewässersystem, d.h. ob der betrachtete Abschnitt nah der Quelle oder seinem Ursprung liegt (KY Kryal, Abschnitt an das Gletschertor anschließend; KR Krenal, Quelle und Quellabfluss) oder in weiterer Entfernung vom Ursprung (GR Glazio-Rhithral, Gletscherbach; RH Rhithral Gebirgsbach, nur von Regen oder Schneeschmelze aber nicht durch Gletscher geprägt). Die letzte Ebene kennzeichnet morphologische Ausprägungen, wie sie im Nationalpark vorgefunden und kartiert wurden (ST Stillwasser-dominierte Strecke, MA Mäanderstrecke, AL Alluvion, BV bogig-verzweigte und BU bogig-unverzweigte Strecke, GU gerade-unverzweigte Strecke, MU Megalithal-Umlagerungsstrecke und WA Wasserfall). Die letzte Zeile zeigt Sondertypen, die aus der Gradientenfolge aus Gefälle und Laufentwicklung herausfallen und eine Vielzahl von morphologischen Ausprägungen annehmen können, z.B. SA Seeausrinn, RK Rheokrene, IN Interstitialstrecke, HA Hangbach (aus: Füreder & Vacha 2000).

Foto 4.14. Eindrucksvoll: Schlatenkees mit Schlatenbach am Großvenediger, Osttirol (M. Kurzthaler).

Tab. 4.4. Kriterien für Fließgewässertypisierung: Definition gemäß Herkunft (1. Ebene), Hierarchie (2. Ebene) und topographisch-gewässermorphologischer Gegebenheiten (3. Ebene).

Code	Beschreibung	Charakteristik
1. Ebene: Herkunft		
AG	Alpine (Hoch-)Gebirgsbäche mit vergletschertem Einzugsgebiet	(für eine detaillierte Charakterisierung siehe z.B. WARD 1994, MILNER & PETTS 1994, FÜREDER 1999)
A	Alpine (Hoch-)Gebirgsbäche ohne Gletschereinfluss	(für eine detaillierte Charakterisierung siehe z.B. WARD 1994, FÜREDER 1999)
2. Ebene: Hierarchie		
KY	Kryal (*sensu* STEFFAN 1971), Gletscherbachoberläufe	Gletscherbachabschnitte, die an den Gletscher anschließen, durchwegs kalte Temperaturen mit geringen Tages- und Jahresschwankungen (1-2°C), große tages- und jahreszeitliche Unterschiede in Abfluss und Trübstoffgehalt, geringe Primärproduktion
GR	Glazio-rhithral (*sensu* FÜREDER 1999), alpiner Bachtyp mit erheblichem Gletschereinfluss in einiger Distanz zum Gletscher	Fließgewässerstrecken, die sich in größerer Entfernung zum Gletscher befinden, jedoch in Abflussmuster, Temperaturschwankungen, Trübstoffgehalt und Substratinstabilität deutlich von diesem geprägt sind
KR	Krenal / Hypokrenal (*sensu* ILLIES & BOTOSANEANU, 1963), quell- und grundwassergeprägte Oberläufe	Quellbäche, die durch ± konstante Bedingungen in Temperatur und Abfluss geprägt sind
RH	Rhithral (*sensu* ILLIES 1961), quell- und grundwassergeprägte Gebirgsbäche im nicht-vergletscherten Einzugsgebiet	Mit zunehmendem Abstand zur Quelle erhalten die Umweltbedingungen (Niederschlag, Schneeschmelze, Sonneneinstrahlung, Lufttemperatur) größere Bedeutung
3. Ebene: Topographie / Gewässermorphologie		
ST	Stillwasserdominierter Gewässerabschnitt	Gewässerabschnitt mit geringem Gefälle, wobei beruhigte Strömungsbereiche dominieren
MA	Mäander	Gewässerabschnitt mit stark bogiger Linienführung mit geringem Gefälle; in höheren Lagen hauptsächlich in nichtvergletscherten Systemen; in tieferen Lagen häufiger
AL	Alluvion	mehrfach/häufig verzweigter Flussabschnitte mit hoher Dynamik und geringem Gefälle; hauptsächlich in vergletschertem Einzugsgebiet in höheren Lagen
BV	bogig, verzweigter Gewässerabschnitt	geringes bis mittleres Gefälle, breiterer Talboden
BU	bogig, unverzweigter Gewässerabschnitt	geringes bis mittleres Gefälle, schmaler Talboden
GU	gerader, unverzweigter Gewässerabschnitt	Topographie ermöglicht kaum Bachentwicklung, typisch für Schluchtstrecken, meist steiles bis mittleres Gefälle
MU	„Megalithal-dominierte" Umlagerungsstrecke	steiles Gefälle, grobe Gesteinsblöcke dominieren, hohe Abfluss und Geschiebedynamik, meist in stark-gletscherbeeinflussten Abschnitten
WA	Wasserfall	sehr steiles bis senkrechtes Gefälle
Sondertypen		
SA	Seeausrinn	Fließgewässerabschnitte, die vor allem von abiotischen, biotischen und trophischen Gegebenheiten eines Stillgewässers geprägt sind
RK	Rheokrene	Eigentlicher und eng begrenzter Bereich der Quelle ("Eukrenal" *sensu* ILLIES 1961), konstante abiotische Verhältnisse (Temperatur, Abfluss)
IN	Interstitialstrecke	Unterirdisch verlaufender Gewässerabschnitt (z.B. unter Blockmaterial)
HA	Hangbach	Vielzahl der kleineren Nebenbäche, die – entsprechend der Topographie in Gebirgsregionen – vorwiegend sehr steile Hänge entwässern

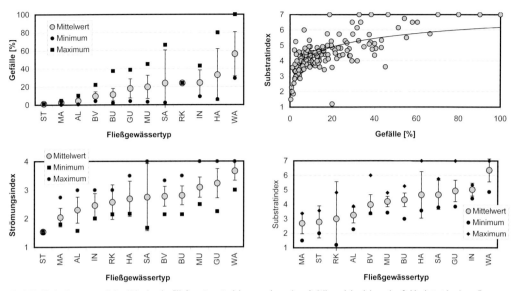

Abb. 4.10. Die Analyse wesentlicher Kriterien der Fließgewässertypisierung zeigen, dass Gefälle und dominierendes Sohlsubstrat in einem Zusammenhang stehen und dass sich Gefälleverhältnisse, Substrat- und Strömungsverteilung in den definierten Fließgewässertypen in ihrer Dimension und Schwankung unterschiedlich darstellen.

Tab. 4.5. Verzeichnis der verwendeten Indices für die Analyse von Zusammensetzung von Substrat, Strömung und Ufervegetation in den definierten Fließgewässertypen.

Substratindex	Beschreibung
1	Psammal (Sand; 0,063 - 2 mm)
2	Akal (Fein-Mittelkies; 0,2 - 2 cm)
3	Mikrolithal (Grobkies; 2 - 6,3 cm)
4	Mesolithal (6,3 - 20 cm)
5	Makrolithal (20 - 40 cm)
6	Megalithal ($\rightarrow$ 40 cm)
7	Fels
Strömungsindex	
1	Stillwasserbereiche
2	ruhig strömend
3	rasch strömend
4	turbulente Strömung
Vegetationsindex	
1	keine Vegetation
2	krautige Vegetation
3	Strauchvegetation
4	Baumvegetation

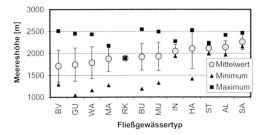

Abb. 4.11. Verteilung der einzelnen Fließgewässertypen in Abhängigkeit von der Höhenlage: Auffällig ist, dass die meisten ausgewiesenen morphologischen Typen über alle Meereshöhen zu finden sind, während natürlich-naturnahe stillwasser-dominierte Abschnitte (ST), Allivialstrecken (AL) und Seeausrinne (SA) fast ausschließlich in höheren Lagen zu finden sind.

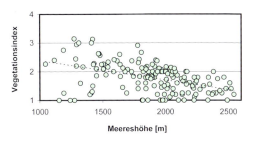

Abb. 4.12. Vegetationsausprägung an den definierten Fließgewässerstrecken in Abhängigkeit von der Meereshöhe. Wie es die natürliche Vegetationsabfolge vermuten lässt, die mit zunehmender Meereshöhe von Gehölzpflanzen zu alpinen Rasengesellschaften übergeht und in großen Höhen von vegetationsfreien Flächen immer mehr abgelöst wird, ändert sich auch der Vegetationsindex.

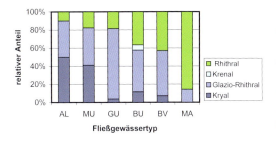

Abb. 4.13. Die Verteilung von sechs morphologischen Fließgewässertypen aufgrund ihrer Lage im Gewässersystem und der Gletscherbeeinflussung.

Entscheidende Faktoren für die gewässertypische Ausprägung

Für die gewässertypische Ausprägung der Gebirgsbäche sind geologisch-topographische und klimatische Faktoren von Bedeutung. Höhenlage, Gefälle und Abflussgeschehen beeinflussen Strömungsverhältnisse und Substratzusammensetzung, allesamt Parameter die sich zusammen mit der Vegetationsbedeckung der Ufer auch bei vorliegender Auswertung als wesentliche Systemeigenschaften für die Ausprägung eines bestimmten Gewässertyps herausgestellt haben (Abb. 4.9. – 4.13., Tab. 4.4. – 4.5.).

Der Bewuchs der Gewässerböschungen ist in der Regel stark von der Ausprägung der jeweiligen Uferstrukturen abhängig. Anstehender Fels, Geröllhalden und ausgedehnte Schotterbänke im Uferbereich sind, unabhängig von der Höhenlage, großteils vegetationsfrei oder höchstens von spärlicher Krautvegetation bewachsen. Der Möglichkeit des Aufkommens von Strauch- und vor allem Gehölzvegetation wird mit zunehmender Meereshöhe eine natürliche Grenze gesetzt.

Abgesehen von den natürlichen Grenzen wird in den Bereichen intensiv und extensiv genutzter Weideflächen in der Talsohle ein natürlicher Bewuchs mit Strauch- und Gehölzvegetation durch anthropogene Eingriffe in Richtung von Kräutern und Gräsern dominierter Florenelemente und -gemeinschaften (Weideflächen) verändert.

Die Substratzusammensetzung des Gewässerbettes der einzelnen Fließgewässertypen wird im Wesentlichen durch das Gefälle und den damit verbundenen Strömungsverhältnissen bestimmt. Abweichungen von diesem Trend ergeben sich vor allem in Bachabschnitten, in denen die Gewässersohle von anstehendem Fels dominiert wird. Der Substratindex liegt daher in diesen Gewässerstrecken, unabhängig vom Gefälle, tendenziell höher. Ein weiterer Faktor, den es in diesem Zusammenhang zu berücksichtigen gilt, ist das unterschiedliche Dargebot an Geschiebe aus dem Oberlauf bzw. das von den Talflanken einstößt. Es ist im Wesentlichen abhängig von der Geologie im Einzugsgebiet, von der Wasserführung und dem Abflussregime der Bäche, dem Gefälle, der Talform und vom Vorhandensein von transportfähigen Geschiebeherden im Einzugsgebiet. Der Geschiebetrieb ist ein wesentlicher Faktor für die Ausprägung von Substratverhältnissen und Morphologie jedes einzelnen Fließgewässertyps. Eine Abschätzung des Geschiebepotentials im Einzugsgebiet und des Geschiebetriebes ist im Feld nur sehr schwer möglich und nur von Fachleuten durchführbar.

Bei der Interpretation der Auswertung der Fließgewässertypen in Bezug auf ihre Höhenlage und der Lage im Gewässersystem ist einschränkend darzustellen, dass zahlreiche Gewässerstrecken, vor allem in aufgeweiteten Talböden, durch anthropogene Eingriffe z. T. stark überformt sind und aus diesem Grund in der Typisierung nicht enthalten sind. Dies betrifft vor allem potentielle Mäanderstrecken, Umlagerungsstrecken (Alluvione) und Abschnitte mit bogig-verzweigtem Verlauf. Aus diesem Grund kann diese Auswertung nur grobe Anhaltspunkte über die Lage im System und die Höhenlage der einzelnen Gewässertypen geben.

Bei Betrachtung der Lage der einzelnen Fließgewässertypen im Flusssystem zeigt sich, dass beispielsweise Mäanderstrecken hauptsächlich in von Gletschern unbeeinflussten Gewässerabschnitten auftreten. Dies ist vornehmlich auf den geringeren Geschiebetrieb in diesen Abschnitten im Gegensatz zu stark geschiebeführenden Bächen in glazial-beeinflussten Gewässerstrecken zurückzuführen. Verminderter Geschiebeeinstoß ermöglicht die Ausbildung von Mäanderstrecken in breiten, flachen Talkesseln. Die Dynamik bzw. das Mäandrieren des Baches in diesen Talböden wird vor allem durch Seitenerosion verursacht. Alluvione und von Megalithal dominierte Umlagerungsstrecken, Fließgewässerstecken mit ausgedehnten Schotterbänken und verzweigtem Flussverlauf mit ausgeprägter Dynamik sind im Gegensatz zu Mäanderstrecken zum überwiegenden Teil in stark geschiebeführenden Gletscherbächen anzutreffen.

Gletscher, Gletscherbäche, Gletschermilch

Die Gletscherbäche sind eine Besonderheit des Nationalparks: Sie erkennt man gleich einmal daran, dass sie nicht so klar sind, wie man sich einen Gebirgsbach eigentlich vorstellt. Die Gletscherbäche führen zermahlenes Gestein mit sich, das durch das Gletschereis abgeschliffen wird. Wegen seiner milchigweißen Farbe wird dieses Wasser auch „Gletschermilch" genannt.

Gletscherbäche sind auch im Sommer erfrischend kühl. Einen Temperaturanstieg in der heißen Jahreszeit gibt es nur eingeschränkt. Dafür ändert sich die Wassermenge deutlich: Während im Winter kaum Wasser abfließt, schwellen die Gletscherbäche in den Monaten Juni, Juli, August ganz gewaltig an. In diesen Monaten fließen bis zu 70 Prozent der Jahreswassermenge ab. Die warmen Temperaturen lassen das Eis am Gletscher abschmelzen. Auch im Tagesverlauf ändert sich die Wassermenge: Gegen Mittag steigt durch die Sonneneinstrahlung die Menge bis zum Nachmittag an, in der Nacht sinkt sie wieder ab. Typische Gletscherbäche, wo man das sommerliche Schauspiel sehr gut beobachten kann, sind die Krimmler Ache, der Obersulzbach, die Gschlößbach sowie der Groß- und Kleinelendbach.

Gletscherbäche erfahren durch die Wirkung des schmelzenden Eises genau in den Zeiten, wo in gletscherunbeeinflussten Bächen stabilere Zustände herrschen, eine zusätzliche Dimension der abiotischen Bedingungen. Die Schmelzwässer sind die stärkste und für den Lebensraum bedeutendste Komponente; sie prägen die hydrographischen Verhältnisse im Gletscherbach. Bei maximaler Gletscherspende (Schmelzwasserbildung), die normalerweise in den Nachmittags- bis Abendstunden eines warmen Sommertages eintritt, erhöhen sich Strömungsgeschwindigkeit, Abfluss und Trübstoffgehalt des Baches dramatisch; andere für das Leben im Gletscherbach wichtige Parameter, wie Temperatur und Lichtangebot, gehen bedingt durch die Kälte des Schmelzwassers und die Gletschertrübe zurück. Unmittelbar aus den extremen Abflussschwankungen und hohen Abflussspitzen resultiert eine enorme Instabilität der Bachsohle. All diese Umweltfaktoren und ihre extreme Ausprägung wirken sich auf die Lebewelt aus. Dabei sind für die Fauna zwei Faktorenkomplexe von besonderer Bedeutung: Zum einen sind es die instabilen und extremen physikalischen Verhältnisse, zum anderen die geringe Nährstoffkonzentration und –verfügbarkeit in den Gewässern.

Neben den wesentlichen Merkmalen wie ganzjährig niedrige Temperaturen, eine äußerst instabile Bachsohle und ein hoher Trübstoffgehalt in Zeiten mit erhöhtem Abfluss (Sommermonate), führen Gletscherbäche in der Regel nur geringe Konzentrationen an gelösten Substanzen. Wegen der systemeigenen Dynamik und der resultierenden Sohlumlagerung kann sich auch kaum ein Biofilm entwickeln. Gletscherbäche gelten daher generell als nährstoffarm. Je höher man sich entlang des Gewässers in Richtung Gletscher bewegt, umso extremer werden die meisten dieser Extremfaktoren.

Mäander, Schotterbett und Gesteinsblöcke

Die Vielfalt an Gewässern allein in der Region der Hohen Tauern, ihre unterschiedliche morphologischen Ausprägungen, die Unterschiede im Nah- sowie im Einzugsbereich des Gewässers entlang des Höhengradienten oder der Vegetationsstufen, die die Notwendigkeit einer genaueren Eingrenzung der vorzufindenden Grundtypen. Mäanderstrecken sind Gewässerabschnitte mit sehr geringem Gefälle und haben sich zum Beispiel im Hollersbachtal bilden können. In so genannten Alluvion- oder Furkationsstrecken verzweigt sich der Bach über großen Schotterflächen in Haupt- und Seitenarme. Eine typische Bachform ist auch die megalithal-dominierte Umlagerungsstrecke: Das sind große Gesteinsblöcke im Bachbett, die durch das Wasser ständig umgelagert und verändert werden. Schöne Beispiele dafür sind der Gschlößbach oder der Untersulzbach.

Gerade im Hochgebirge wechseln die verschiedenen Gewässertypen auf kleinem Raum – das macht die Vielfalt der Bäche in den Hohen Tauern so interessant. Für eine jüngst durchgeführte Typisierung von Gebirgsgewässern wurden aus den Ergebnissen einer ökomorphologischen Zustandskartierung einer repräsentativen Anzahl von Fließgewässern alle natürlich-naturnahen Gewässerstrecken ausgewählt. Aufgrund der Auswertung der ökomorphologischen Kriterien konnten die für die Hohen Tauern charakteristischen Fließgewässertypen ausgewiesen werden: Stillwasser-dominierte Gewässerstrecken, Mäander, Alluvial- oder Furkationsstrecken, bogig-verzweigte, bogig-unverzweigte und gerade-unverzweigte Gewässerstrecken sowie Megalithal-dominierte Bachabschnitte. Das Extrem dieser Reihung bilden dann Wasserfälle. Als Sondertypen für den Nationalpark wurden Seeausrinne, unterirdisch verlaufende Gewässerstrecken, Quellabflüsse und Hangbäche ausgewiesen.

Stillwasser-dominierte Gewässerstrecke

In Stillwasser-dominierten Gewässerabschnitten kommt es aufgrund des geringen Gefälles und/oder natürlicher Abflussbehinderungen zu einem Aufstauen und somit zu einer stark verringerten Fließgeschwindigkeit. Das Sohlsubstrat wird in diesen Gewässerstrecken in der Regel von sehr feinkörnigem Material dominiert. Schöne Beispiele finden sich an den Gletschertoren der Krimmler Ache und des Obersulzbaches.

Mäander

Fließgewässer mit mäandrierendem Bachverlauf sind vor allem im Tiefland weit verbreitete und typische Erscheinungsformen. Aber auch im Hochgebirge kann es unter bestimmten geologischen und topographischen Voraussetzungen zur Ausbildung von Mäandern kommen. Als Mäanderstrecken werden Fließgewässerabschnitte in breiten Talböden mit sehr geringem Gefälle, feinkörnigem Sohlsubstrat und stark bogigem Verlauf bezeichnet, deren Flusslauf sich streckenweise entgegen der Fließrichtung richtet. Beispiele findet man etwa am Trojeralmbach. Besonders eindrucksvolle Mäanderstrecken sind aber im hinteren Hollersbachtal ausgebildet. In zwei durch eine Steilstufe getrennten breiten, flachen Talkesseln (Vorder- und Hintermoos) bilden der Hüttenbach sowie einige kleinere Seitenbäche und Quellabflüsse die typische Ausformung eines mäandrierenden Bachverlaufes.

Foto 4.15. Am Gletschertor des Obersulzbachkeeses ist der obere Abschnitt durch eine Geländeschulter aufgestaut, wodurch stagnierende Fließverhältnisse vorherrschen. Als Fließgewässertyp würde er die Bezeichnung HG_KY_ST erhalten (HG für Hochgebirgsfluss mit Gletschereinfluss; KY Kryal für den oberen Bereich eines Gletscherbaches, ST für Stillwasser-dominiert (L. Füreder).

Foto 4.16. Ein äußerst flacher Talboden bedingt die Ausbildung von Mäandern, wie hier am Beispiel des Trojeralmbachs in Osttirol (L. Füreder).

Foto 4.17. Die wohl beeindruckendsten Mäanderstrecken im Nationalpark befinden sich im Hollersbachtal: das Vordermoos und das Hintermoos. Ehemals Seen – durch langzeitliche Verlandung sind allmählich diese seltenen Gewässertypen entstanden (F. Rieder).

Alluvial- oder Furkationsstrecke

Alluvial- oder Furkationsstrecken bilden einen charakteristischen Fließgewässertyp in den alpinen Flusslandschaften. Der Bach verzweigt sich in breiten Tälern mit geringem Gefälle über ausgedehnte Schotterflächen und kann zahlreiche Haupt- und Seitenarme ausbilden. Das Sohlsubstrat setzt sich in der Regel aus kleinkörnigem Material zusammen. Besonders unterhalb von Gletschern können sich neben ausgedehnten Schotterflächen auch große Sand- und Schluffbänke ausbilden. Von besonderer Bedeutung für diesen Typ ist die außerordentlich ausgeprägte Dynamik dieser Gewässerstrecken. Durch ständige Umlagerung des Sohlsubstrates ändert der Bach laufend sein Erscheinungsbild. Je nach Höhenlage, Geschiebetrieb und Abflussregime können Furkationsstrecken auch eine gewisse Variabilität bezüglich ihrer Stabilität und der Ausbildung von Pioniervegetationsgesellschaften zeigen. Im Nationalpark Hohe Tauern befinden sich vor allem unterhalb großer Gletscher mächtige Alluvialstrecken (Untersulzbach, Möll, Gschlößbach).

zweigungen auf meist nur einen Haupt- und wenige Seitenarme beschränkt. Das Substrat ist von Meso/Makrolithal dominiert, es können aber auch bei stärkerem Gefälle Megalithalanteile überwiegen. Bogig-verzweigte Gewässerstrecken entstehen vorwiegend in Kerbtälern. Diese Talform schränkt die Laufentwicklung gegenüber Alluvialstrecken in breiten Talkesseln deutlich ein.

Foto 4.19. Der Gradenbach im Kärnten zeigt über längere Distanzen einen bogig-verzweigten Flusscharakter (L. Füreder).

Bogig-unverzweigte Gewässerstrecke

Bogige-unverzweigte Fließstrecken bilden eine Übergangsform zwischen den Typen bogig-verzweigt und gerade-unverzweigt. Das Gefälle ist gering bis mittel, das Substrat setzt sich aus mittleren bis großen Korngrößen zusammen. Kleinräumig kann sich das Fließgewässer noch verzweigen. Enge Kerbtäler gelten als typische Landschaftsform ihrer Entstehung.

Gerade-unverzweigte Gewässerstrecke

Foto 4.18. Auf Schotterschwemmböden, wie hier am Froßnitzbach in Osttirol, zeigen die Bäche ein äußerst dynamisches und vielverzweigtes Fließverhalten (M. Kurzthaler).

Bogig-verzweigte Gewässerstrecke

Als bogig-verzweigte Fließgewässerstrecken werden Bachabschnitte bezeichnet, deren Gefälle deutlich höher als das von Furkationsstrecken ist, wodurch sich die Ver-

Als gerade-unverzweigt wurden Fließgewässerabschnitte bezeichnet, die aufgrund der engen Talform keine Laufentwicklung mehr zulassen. Unter diesen Typ fallen vor allem enge Schlucht- und Klammstrecken. Dieser Fließgewässertyp ist durch ein mittleres Gefälle und grobkörniges bis felsiges Substrat charakterisiert.

Foto 4.20. Der Oberlauf der Mur im äußersten Osten des Salzburger Teils des Nationalparks zeigt einen bogig-unverzweigten Verlauf. Der Fluss ist etwas tiefer eingegraben, die Uferböschung ist meist steil (L. Füreder).

Foto 4.21. Gerade unverzweigte Fließstrecken befinden sich meist in Schluchtstrecken. Der Fluss hat sich generell stark eingetieft (L. Füreder).

Megalithal-dominierte Umlagerungsstrecke

Dieser Fließgewässertyp ist durch ein mittleres Gefälle und hohe Dynamik gekennzeichnet. Das Substrat des Gewässerbettes besteht großteils aus großen Gesteinsblöcken (Mega- und Makrolithal), das ständig umgelagert wird. In diesen, oftmals den gesamten Talboden ausfüllenden Gewässerbetten verläuft der Abfluss meist in bogigem, gelegentlich verzweigtem Verlauf. Oft ist der Flusslauf treppenartig („Stufe-Becken-Sequenzen") ausgebildet (z.B. Gschlößbach, Untersulzbach).

Foto 4.22. Megalithal-dominierte Umlagerungsstrecken liegen meist in etwas steilerem Gelände und sind durch eine große Abflussdynamik und entsprechendem Geschiebetrieb entstanden (L. Füreder).

Wasserfälle

Wasserfälle sind durch ihr großes Gefälle, turbulenten, schießenden bzw. stürzenden Abfluss und durch anstehenden Fels in der Sohle gekennzeichnet. Im Gegensatz zu Hangbächen bezieht sich diese Kategorie auf Steilstufen von Hauptbächen, die bezüglich Fließgeschwindigkeiten und Strömungsverhältnissen die extremsten Ausprägungen aller Fließgewässertypen zeigen. Im Nationalpark Hohe Tauern bieten zahlreiche mächtige Wasserfälle ein besonderes Naturschauspiel, wobei die unterschiedlichsten Wasserfall-Typen bestaunt werden können: Rinnen-, Strahl-, Kaskaden- oder Schleierwasserfälle.

Der Seebachfall im Obersulzbachtal ist beispielsweise ein 300 Meter hoher Schleierfall. Auch das innere Habachtal ist reich an Wasserfällen, die vom Habachkees in den Taltrog stürzen. Am spektakulärsten sind sicherlich die Krimmler Wasserfälle: Sie gelten als die höchsten Europas. Mit drei Wasserfällen und mehreren Steilstufen überwindet die Krimmler Ache dabei fast 400 Meter Höhenunterschied. Auf Grund ihrer Einzigartigkeit dürfen sich die Krimmler Wasserfälle mit dem Europadiplom schmücken.

Foto 4.23. Ein häufiges Erscheinungsbild sind die vielen Wasserfälle im Nationalpark Hohe Tauern. Eine Besonderheit stellt der Schleierwasserfall am Staniskabach in der Gemeinde Kals am Großglockner dar. Dieser wurde auch als Naturdenkmal Tirols ausgewiesen (NPHT Tirol).

Sondertypen: Steile Hangbäche, Untergrundstrecken und Seeausrinne

Als Sonderformen, die ebenfalls zur Formenausstattung der Gebirgsgewässer der Hohen Tauern gehören aber aus der Gradientenfolge aus Gefälle und Laufentwicklung herausfallen, gelten besonders die Gerinnetypen wie Hangbäche, Interstitialstrecke und Seeausrinn als typisch für den Nationalpark Hohe Tauern.

Unter dem Typ „Hangbach" sind die Fülle von Fließgewässern zusammengefasst, die im Nationalpark meist ohne Gletschereinfluss von den oft recht steilen Talflanken über eine mehr oder weniger längere Strecke in das Hauptgewässer münden. Hangbäche zeichnen sich daher meist durch ein großes Gefälle und grobes bzw. felsiges Substrat aus. Sie überströmen in relativ schmaler Sohlbreite einen verhältnismäßig großen Höhengradienten.

Die Bezeichnung „Interstitialstrecken" ist der Bezeichnung für das Lückenraumsystem in der Bachsohle, dem „hyporheischen Interstitial" entlehnt. Charakteristische Formationen für diesen Gewässertyp sind mächtige, meist groblückige Grobschotterkegel sowie Felssturz- und Blockhalden, die für einen längeren Abschnitt die Fließstrecke zur Gänze überdecken.

Beim Typ „Seeausrinn" steht ein rein limnologischer Gesichtspunkt, nämlich die besonderen Verhältnisse, hervorgerufen durch den Abfluss des oberhalb liegenden Sees, in chemischer, physikalischer und biologischer Hinsicht im Vordergrund. Die morphologische Ausprägung kann sehr variabel sein und einigen der bislang definierten Typen entsprechen.

Im Verlauf der Fließgewässer mit einem Einzugsgebiet ab 1km² gibt es auf dem Gebiet des Nationalparks zahlreiche Seen, wo dann im abfließenden Bach von einem Seeausrinn gesprochen wird. Wenn man zum Beispiel die Kategorie „See im Oberlauf" berücksichtigt, so dominiert eindeutig der Tiroler Anteil mit 26 Bächen, die in ihrem Verlauf für mindestens einen Abschnitt einen Seeausrinn bilden. In Salzburg und Kärnten liegen 15 bzw. 13 derartige Bäche.

Foto 4.24. Ein Seeausrinn kann morphologisch vielgestaltig sein. Limnologisch gesehen ist er eine Besonderheit, weil er deutlich vom vorgelagerten See geprägt und auch von charakteristischen Organismen besiedelt ist Ausrinn des Kraterbergsees; (C. Vacha).

4.8 Systemeigenschaften alpiner Fließgewässer

Fließgewässer der kalten Zonen, der alpinen und auch der arktischen Gebiete, haben eine Reihe von Gemeinsamkeiten: So finden sich in alpinen und arktischen Fließgewässern grundsätzlich vergleichbare abiotischen Eigenschaften (wie etwa geringe Temperatur und Nährstoffgehalt, saisonale Ausprägung), die sich in durchaus vergleichbaren Lebensstrategien der vorkommenden und meist optimal angepassten Organismen äußern.

In der zeitgemäßen Fließgewässerökologie werden Flusssysteme grundsätzlich als vierdimensionale Gebilde gesehen, deren drei räumliche Dimensionen (longitudinal, lateral und vertikal) vom zeitlichen Geschehen als vierte Dimension überlagert werden. Bei alpin geprägten Oberläufen sind die jahreszeitlich unterschiedlichen Kräfte und Prozesse am Beginn oder in den obersten Abschnitten sowie im Längsverlauf, die lateralen Beziehungen zum Ufer, Umland und Einzugsgebiet sowie die vertikalen Austauschvorgänge zwischen Fluss und Grundwasserraum von besonderer Bedeutung.

In Gebirgsregionen sind Fließgewässer besonders von ihrem Abflussverhalten geprägt, das im Wesentlichen vom Ursprung (z.B. Gletscher, Quelle, See) und von regionalen klimatischen Gegebenheiten abhängt. Aufgrund der vorgefundenen Umweltfaktoren, biologischen Gegebenheiten und der Tierartengemeinschaft wurden die alpinen Fließgewässer (-abschnitte) als spezifische Gewässertypen definiert. In der Gebirgslandschaft der Alpen ist eine erste Trennung hinsichtlich ihres Ursprungs und/oder der Gletscherbeeinflussung vorzunehmen: Gletscherbäche (Fachausdruck: KRYAL), Quellbäche (KRENAL), von Regenereignissen und/oder Schneeschmelze beeinflusste Bäche (RHITHRAL) und Fließgewässerabschnitten, die sich zwar schon in einigem Abstand vom Gletscher befinden, aber noch deutlich von diesem geprägt sind (GLAZIO-RHITHRAL). Eine Definition der Gewässerabschnitte in diese ganz speziellen Fließgewässertypen macht besonders ökologisch gesehen Sinn. Die vorherrschenden Umweltfaktoren und das davon abhängige und geprägte ökologische Wirkungsgefüge in diesen Abschnitten bedingen das Auftreten ganz charakteristischer Lebensgemeinschaften, die sich bei Vergleich der verschiedenen Typen deutlich unterscheiden.

Tab. 4.6. Wesentliche Systemeigenschaften in den verschiedenen Gebirgsbachabschnitten.

	KRENAL	KRYAL	RHITHRAL	GLAZIO-RHITHRAL
Temperaturgradient	0 - 10	0 - 4	0 - 13	0 - 8
Jährliche kumulative Temperatur	> 500	< 300	500 - > 1000	500 - 1000
Jahreszeitliche Abflussdynamik	keine bis gering	hoch	moderat	extrem
Tägliche Abflussdynamik	keine	hoch	gering bis moderat	extrem
Trübstoffführung	keine	hoch	keine bis gering	hoch
Flussbettstabilität	hoch	gering	moderat	gering

4 Naturraum und die Vielfalt der Gewässer

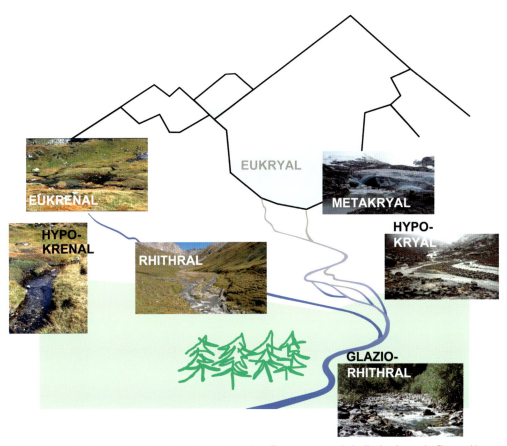

Abb. 4.14. Die charakteristischen Abschnitte von Hochgebirgsflüssen in einem Flusssystem, wo auch eine Vergletscherung des Einzugsgebietes gegeben ist. Eine mögliche und durchaus übliche Typisierung der Fließgewässer(abschnitte) kann folgendermaßen erfolgen: Der obere Abschnitt des Gletscherbaches wird als KRYAL bezeichnet. Der Gletscher selbst gilt als EUKRYAL, die obersten Abschnitte des Gletscherbaches als META- und HYPOKRYAL. Bäche ohne Gletscher beginnen normalerweise als Quelle oder Grundwasseraustritt, ein Bereich, der KRENAL genannt wird. Der Bereich der eigentlichen Quelle wird dabei als EUKRENAL, der abfließende Bach als HYPOKRENAL definiert, der dann allmählich in ein RHITHRAL-Gewässer (von Gletschern unbeeinflusster Gebirgsbach, dessen Wasserführung und Abflussgeschehen von Regen- und Schneeschmelzereignissen geprägt sind) übergeht. Mit zunehmendem Abstand zum Gletscher werden die typischen glazialen Einflussgrößen abgeschwächt und bei Vorliegen entsprechender, noch deutlicher Gletscherprägung spricht man vom GLAZIO-RHITHRAL (Abbildung nach Füreder 1999).

Abflussdynamik, Temperatur, Wasserchemie, Trübstoffkonzentration, Substratumlagerung gelten als überaus wichtige Faktoren, die für Gebirgsbäche die entscheidenden Komponenten sind. Besonders Gletscherbäche und von Gletschern geprägte Flüsse sind durch diese Faktoren maßgeblich beeinflusst und dadurch am deutlichsten von übrigen Gebirgsbächen der alpinen und subalpinen Region abgrenzbar.

Das charakteristische Abflussverhalten, mit maximaler Wasserführung im Sommer (Zeit der Gletscherschmelze) und Abflussspitzen am Nachmittag (maximale Wirkung der Gletscherschmelze), sowie der charakteristische Temperaturverlauf gehören zu den Besonderheiten des Gletscherbaches. Ein oft in Quellbächen ausgeprägter Temperaturanstieg im Sommer durch die Einstrahlung der Sonne ist im Gletscherbach durch das Abschmelzen des Gletschers eingeschränkt oder verhindert. Daher erreicht ein Gletscherbach nicht die Maximaltemperatur, die normalerweise in einem quellgespeisten Bach im Sommer vorzufinden ist. Über einen längeren Zeitraum gemessen, können Lebewesen im Gletscherbach wesentlich geringere kumulative Temperaturen erfahren als jene in anderen von Gletschern unbeeinflussten Gewässern. Der hypothetische Verlauf der minimalen und maximalen Wassertemperatur entlang eines Gletscherbaches und eines Quellbaches sind in folgender Abbildung dargestellt.

In einer an der Universität Innsbruck über zwei Jahre erfolgten monatlichen Untersuchung der hydrologischen, physikalischen und chemischen Umweltfaktoren eines typischen Gletscherbaches (KRYAL, GLAZIO-RHITHRAL) und eines von Gletschern nicht beeinflussten Hochgebirgsbaches (KRENAL, RHITHRAL) und deren Einfluss auf die Gewässerzönosen zeigten sich ganz wesentliche gewässerspezifische Unterschiede. Die meisten abiotischen Parameter (Konzentrationen wichtiger Anionen und Kationen, gelöster Kohlenstoff und Trübstoffe) wiesen bei Vergleich des Gletscherbaches mit dem Quellbach einen signifikanten Unterschied auf. Im Gletscherbach war durch die ausgeprägte Jahresdynamik von Abfluss, Temperatur, Trübstoffführung, Ionenkonzentration und auch der gelösten Substanzen der jahreszeitliche Wechsel der vorwiegenden Herkunft des Wassers ersichtlich: Gletscherschmelzwasser im Sommer, Grundwasser im Herbst und besonders Winter, Schneeschmelze im Frühjahr. Damit lässt sich nicht nur die unterschiedliche Zusammensetzung des Wassers über das Jahr genau darstellen, sondern auch die daraus folgenden saisonal wichtigen Komponenten für die Lebewelt abschätzen und quantifizieren.

Mit zunehmendem Abstand vom Gletscher werden die saisonalen und täglichen Schwankungen durch steigenden Einfluss von Zubringern je nach Typ des zufließenden Gewässers entweder verstärkt (bei einmündenden Gletscherbächen) oder geglättet (bei vermehrtem Grundwasser- oder Quellbachzufluss). Dabei können deutliche räumliche und zeitliche Heterogenitäten innerhalb relativ kurzer Gewässerstrecken auftreten, wodurch dann kleinräumig ein komplexes System unterschiedlicher Gewässertypen entstehen kann.

So können in unbeeinträchtigten Gebirgslandschaften, wie sie im Nationalpark vorliegen, sich mehrere alpine Fließgewässer in breiteren Tälern zu einer komplexen Fluss-

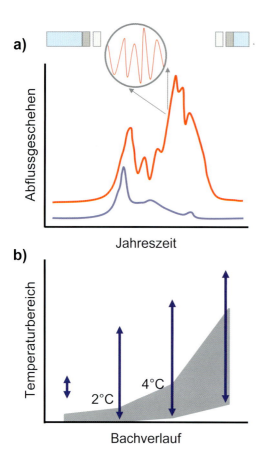

Abb. 4.15. a) Abflussgeschehen in einem Gletscherbach (rot) und einem Quellbach (blau). Die erste deutliche Erhöhung des Abflusses ist in beiden Bächen zur Zeit der Schneeschmelze festzustellen. Im Gletscherbach erfolgt im Verlauf des Sommers eine deutliche Steigerung der Schüttung, bedingt durch das Schmelzen des Gletschers. Im erhöhten Sommerabfluss ist eine charakteristische Tagesdynamik festzustellen (Kreis). Der Balken über dem Diagramm gibt die Dauer der Schneedecke, die Schneeschmelze im Frühjahr und deren Bildung im Herbst an.
b) Typischer Längsverlauf der Schwankungen der Wassertemperaturen in einem Gletscherbach (grau) und einem Quellbach (blau) mit zunehmendem Abstand vom Ursprung (Gletschertor, Quellaustritt). Die sommerlichen Höchstwerte in den oberen Abschnitten eines Gletscherbaches liegen zwischen 0 und 4 °C! Mit zunehmendem Abstand wird der Bach zwar wärmer, wegen des Einflusses des Schmelzwassers im Sommer erwärmt er sich weniger als ein Quellbach in vergleichbarer Lage und Größe (nach Füreder 1999, Füreder et al. 2001).

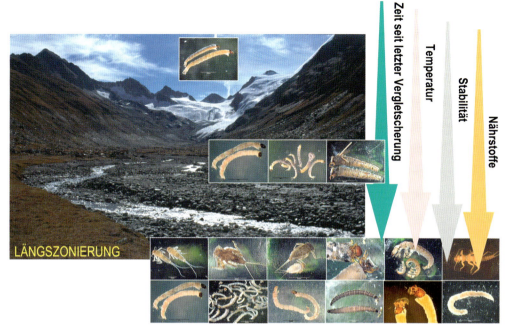

Abb. 4.16. Typische Längenzonierung der wirbellosen Tiere in einem Gletscherbach als Folge der Umweltverhältnisse. Die Gewässerabschnitte wären aufgrund des Vorkommens bestimmter Arten in folgende biozonotische Regionen einzuteilen: KRYAL (oben) und GLAZIO-RHITHRAL (unten). Aus: Füreder (2002).

landschaft aus gletscher- und grundwassergeprägten Bachläufen vereinen. In ihrer Zusammensetzung können sie sich besonders in Bezug auf den Einfluss der einzelnen Komponenten sowohl im Längsverlauf als auch im Jahresverlauf stark ändern.

Aufgrund der relativ hohen Vergletscherung überwiegen im Nationalpark Hohe Tauern die Gewässerabschnitte mit Gletschereinfluss (KRYAL und GLAZIO-RHITHRAL).

4.9 Aue, Ufervegetation – Der Bach als Ganzes

Abgesehen von der Herkunft des Wassers und der davon bedingten Charakteristik und Dynamik, hängt das ökologische Wirkungsgefüge alpiner Fließgewässer besonders von der longitudinalen Konnektivität im Hauptfluss und den Zubringern sowie den natürlichen Austauschprozessen zwischen Fluss und Bettsedimenten sowie des Uferbereiches ab. Darüber hinaus erweisen sich der Eintrag allochthonen (= außerhalb des Systems entstandenen) organischen Materials als Energiebasis sowie die natürliche Habitatausstattung, die zu einem erheblichen Teil von der Ufervegetation entweder mitgestaltet oder stark beeinflusst sein kann, als Schlüsselfaktoren. Totholz und Laub, die aus der unmittelbaren Umgebung des Gewässers ins Wasser gelangen, sind sowohl Struktur als auch Nahrung für die Gewässerlebewelt. Auch die kleinräumige Substratverteilung und -vielfalt hängt normalerweise von Totholzansammlungen im Gewässer ab, da dadurch auch die Strömungsmuster entscheidend verändert werden. Die räumliche und zeitliche Komplexität des Systems wird maßgeblich von den Wechselwirkungen zwischen Gewässer-Ufer-Aue geprägt. Sofern es die morphologischen Gegebenheiten der Fließgewässer zulassen, sind daher die ökologischen Systemkomponenten maßgeblich von der lateralen Vernetzung mitbestimmt.

Die funktionelle Bedeutung der Aue oder der Ufervegetation für ein natürliches Gewässer hängt besonders von den bei Hochwasser überschwemmten Bereichen des Gewässerumlandes ab. Gerinne- und Talquerschnitt, Gefälle sowie die bei Hochwasser abfließende Wassermenge bestimmen die Größe der Überschwemmungsfläche. Je flacher und breiter die Talsohle und je höher der Hochwasserabfluss, umso größer ist die Aue bzw. die überströmte Fläche. Umso deutlicher werden sich auch die Wechselwirkungen und Austauschprozesse entwickeln. Häufigkeit, Dauer und Zeitpunkt der Hochwasserereignisse bestimmen die Lebensbedingungen in der Aue und in den Verzahnungsbereichen Wasser – Land.

Bei kleineren Gewässern mit kleinem Einzugsgebiet, das sind vor allem die Bachoberläufe, kommt es meist zu sehr unregelmäßigen, kurzzeitigen Hochwässern. Diese können normalerweise schon durch lokal begrenzte Niederschlagsereignisse ausgelöst werden.

In der Gebirgsregion der Hohen Tauern sind auch in größeren Fließgewässern die Überflutungsflächen meist deutlich begrenzt, was in erster Linie von der Topographie des Gebietes abhängt. Nur in flacheren Talniederungen können die Überflutungsflächen größere Dimensionen einnehmen. Oft müssen die Flüsse über lange Bereiche Steilabschnitte, Steilstücke und Schluchten überwinden, sodass für die Ausbildung einer Aue wenig Platz bleibt.

Wegen der schon seit dem Mittelalter praktizierten Beweidung sind besonders in den flacheren Talbereichen kaum höhere Gehölze zu finden. Zur Sicherung der wertvollen Almwiesen wurde zudem noch eine Ufersicherung errichtet, die – selbst wenn sie von einem einreihigen oder mehrreihigen Ufergehölzsaum bestanden ist – kaum die notwendige Vernetzung gewährleistet.

Eine einigermaßen intakte und gewässertypische Ufervegetation findet sich meist nur mehr im schwer zugänglichen Gelände. Dort ist der meist steile Ufersaum mit charakteristischen Gehölzbeständen und einzelnen Bäumen oder kleineren Baumgruppen bewachsen. Oft kann man am Vorhandensein der Gehölzvegetation auf eine gewisse Steilheit der Uferböschung, das heißt gleichermaßen eine Unzugänglichkeit für Weidevieh, schließen.

Foto 4.25. Wegen der Weidenutzung auch im Nahbereich der Gewässer, findet sich eine dichte Ufervegetation oft nur mehr in sehr steilem, unzugänglichem Gelände, wie hier an der Schwarzach in Osttirol (K. Amprosi).

Die auffälligsten bachbegleitenden Gehölze in höheren Lagen sind **Grünerlen** und **Weiden**, die aber nicht ausschließlich auf Wasserläufe beschränkt sind. Sie bilden auch dichte Bestände auf regelmäßig überfluteten, nassen Schwemmböden, stocken aber auch an wasserzügigen, nassen Rinnen und steilen Hängen, vor allem in Lawinenstrichen. So sind auch Lawinengräben mit langer Schneebedeckung, Feuchtmulden und wasserüberrieselte Steilhänge die bevorzugten Standorte für eine hochstaudenreiche Gebüschgesellschaft. Die Grünerle *(Alnus viridis)* prägt die subalpine Gebüschformation meist auf saurem Substrat. Auf Karbonat sind verschiedene Weiden vorherrschend, z.B. die Bäumchen-Weide *(Salix waldsteiniana)*, die Großblättrige Weide *(Salix appendiculata)* oder die Ruch-Weide *(Salix foetida)*.

4 Naturraum und die Vielfalt der Gewässer

Foto 4.26. Eine einigermaßen intakte und gewässertypische Ufervegetation findet sich meist nur mehr im schwer zugänglichen Gelände. Dort ist der häufig steile Ufersaum mit charakteristischen Gehölzbeständen (Erlen, Weiden) und einzelnen Bäumen oder kleineren Baumgruppen bewachsen (E. Egger).

Sowohl Grünerle als auch Weide sind durch zahlreiche Strategien im Falle von Überflutungen oder Umlagerungen gekennzeichnet und sind daher bestens an die dynamische Situation im Gebirge angepasst. So beginnen die Weiden schon wenige Stunden nach Rückgang einer Überflutung zu keimen.

Foto 4.27. Die auffälligsten bachbegleitenden Gehölze in höheren Lagen sind Grünerlen und Weiden, die aber nicht ausschließlich auf Wasserläufe beschränkt sind. Typische Gebirgsaue am Hollersbach unterhalb Ofnerboden (C. Vacha).

Charakteristisch ist auch das schnelle Wachstum, das eine besonders effektive Strategie im Gebirge darstellt. Umgelagerte oder neu entstandene Schlick- und Schotterbänke können dadurch rasch besiedelt werden. Eine Strategie, die sich auch überaus erfolgreich in Lawinenstrichen zeigt. Auch hier sind Grünerlen und Weiden die Pioniergehölze. Weitere erfolgreiche Eigenschaften der Weiden etwa begründen sich am robusten Charakter bei Störungen: So können bei Entwurzelungen Sekundärwurzeln (sogenannte Adventivwurzeln) an den Ästen gebildet werden, die wieder für die Etablierung eines Bestandes sorgen oder sogar Sedimentüberdeckungen bis zu wenigen Metern Mächtigkeit ertragen.

Die größten geschlossenen Grünerlenbestände befinden sich in den Talschlüssen des Hollersbach-, Habach- und des Fuscher Tales, wo sie entweder direkt an den Wald anschließen oder zum Teil die Hochtalalmen umrahmen.

Foto 4.28. Die Auvegetation der montanen und submontanen Stufe ist geprägt von der standorttypischen Grauerle. Hier wird auch die funktionelle Bedeutung eines Laubholzbestandes deutlich: Im Frühjahr, wenn noch keine Blätter angelegt sind, kann die Sonnenstrahlung gut ins Gewässer vordringen, das Wasser wird rasch erwärmt. Im Herbst bietet das abgeworfene Laub im Wasser einen wichtigen Lebensraum, aber auch eine äußerst wichtige Nahrungsquelle für die wasserlebenden Wirbellosen, weil sie rasch mit Bakterien und Pilzen bewachsen werden (L. Füreder).

Die **Grauerlenau** ist ein fluss- und bachbegleitender Gehölzbestand vor allem der montanen und subalpinen Stufe und damit auch die charakteristische Uferbegleitung der größeren Flüsse der Hohen Tauern. Das Substrat ist mehr oder weniger gefestigt, der Bestandsbaum ist die Grauerle (Alnus incana), dazwischen ist normalerweise eine üppige Krautschicht ausgebildet. Die Grauerle ist ein Pionierbaum, der an Bachufern und an sickernassen Rutschhängen eine wichtige Sicherungsfunktion erfüllt. Durch ihre leicht verrottbaren Blätter und ihre Fähigkeit, mit Hilfe von Bakterien in den Wurzeln Luftstickstoff zu binden, trägt die Grauerle entscheidend zur Verbesserung des Standortes bei.

Ausgedehnte Grauerlenbestände kommen in allen Tauerntälern, sowohl entlang der Bäche als auch an den Hängen vor. Über 1.400 m wird die Grauerle von der Grünerle abgelöst. Infolge der Gewässerregulierungen und forstlichen Maßnahmen sind besonders in den Talniederungen viele Grauerlenauen nur noch fragmentarisch entwickelt. Auch kann der Weidebetrieb erheblichen Schaden anrichten, sodass nur mehr vereinzelte Gehölze stehen bleiben.

Fazit ist, dass selbst im Schutzgebiet des Nationalparks die gewässertypischen Auebereiche unterrepräsentiert sind. Langanhaltende Bewirtschaftung und Nutzung, die oft in Gewässernähe erfolgten, haben dazu beigetragen.

Foto 4.29. In manchen Tauerntälern finden sich noch größere Auwaldgebiete wie hier im Dorfertal. Die Grau- und Grünerlen gehen allmählich mit zunehmender Höhe oder zunehmenden Abstand zum Fließgewässer in einen Fichten- und Lärchenwald über. In höheren Lagen wird die Lärche von der Zirbe abgelöst (NPHT Tirol, M. Kurzthaler).

4.10 Stillgewässer

Der Großteil der Alpenseen ist durch glaziale Prozesse entstanden – das gilt auch für die Seen des Nationalparks. Die überwiegende Anzahl ist lagebedingt dem Typ des Karsees zuzuordnen, der aber in äußerst unterschiedlicher Größe und Tiefe vorliegen kann. Bei den meisten Stillgewässern der Alpen handelt es sich fachlich richtig gesprochen um „keine echten Seen".

Über den Alpenbogen verteilt findet man heute etwa 4.000 Seen, die in ganz unterschiedlichen Formen vorliegen. Darunter sind auch jene, die man besonders in höheren Lagen antrifft und die auch ganz typisch für die Hohen Tauern sind: Karseen, Toteisseen, Bergsturzseen und Gletscherseen, um nur die häufigsten zu nennen. Die meisten dieser Seen hängen mit dem abschmelzenden Eis am Ende der letzten Vergletscherung in einem Zusammenhang. Das kann einige Jahrtausende, Jahrhunderte oder Jahrzehnte, manchmal auch nur Jahre zurückliegen (siehe auch Kapitel „Gletscher-Gewässer" und „Gewässer im Wandel"). Normalerweise sind die höher liegenden Gewässer jünger. Daraus lässt sich gut ableiten, dass die Ursache der Seenbildung besonders im Gebirgsraum großteils durch Gletscher bedingt ist.

Ähnlich wie die Fließgewässer erfüllen auch Stillgewässer mehrere Funktionen. Sehr augenscheinlich ist ihre Speicherwirkung, sodass sie eine nicht unwesentliche Rolle in der alpinen Hydrologie und Hochwassergefahr spielen. Nicht nur Wasser wird über längere Zeiträume zurückgehalten, sondern auch Trübstoffe von Gletscherabflüssen und auch Sedimente. Nach Gletschern fungieren Stillgewässer als eine Art Puffer, so kann sich z.B. kaltes Gletscherschmelzwasser leicht erwärmen oder suspendiertes Material aussedimentieren. Oft verlanden die Stillgewässer wegen der hohen Sedimentfracht der Zubringer rasch, wodurch verschieden ausgedehnte aquatisch-terrestrische Übergangsbereiche entstehen können. An vielen Seen findet man wertvolle Biotope mit vielfältiger Flora und Fauna, wobei ebenfalls die Verlandungszonen eine bedeutende Rolle einnehmen. Durch den Wasserrückhalt wird auch das Mikroklima entscheidend mitgestaltet, was je nach Größe des Sees besonders auf Temperaturschwankungen ausgleichend wirkt.

Eine charakteristische Eigenheit von Seen ist die Temperatur- und Dichteschichtung, die eine Gliederung der Wassersäule in Epilimnion (obere lichtdurchflutete Schicht), Metalimnion (Sprungschicht) und Hypolimnion (Tiefenschicht) zur Folge hat. Aufbau und Stabilität der Schichtung sind von mehreren Faktoren abhängig, die grundsätzlich vom Klima, dem regionalen Wettergeschehen und von den Dimensionen des Sees abhängen. Je nach Ausbildung der Jahreszeiten und der relativen Länge bestimmter Regen- oder Trockenperioden werden je nach Gestaltung der Zirkulationsperioden (Durchmischung) verschiedene Seen unterschieden. So dominiert in der gemäßigten Region der dimiktische See, der einmal im Frühjahr und einmal im Herbst die gesamte Wassersäule (holomiktisch) oder einen Teil davon (meromiktisch) durchmischt. Dazwischen bilden sich die typische Winterschichtung und die Sommerschichtung aus, die sich vor allem in der Temperatur des Epilimnions unterscheiden.

Wegen der langen Schneebedeckung kommt in den höheren Lagen der Hohen Tauern vor allem der kalt-monomiktische See vor. Die Vollzirkulation vollzieht sich im Sommer, die meist auch den ganzen Sommer wegen der regen Windtätigkeit anhält und keine Schichtung entstehen lässt. Daher werden vor allem die flachen Seen täglich bis zum Grund umgewälzt. Hochalpine Seen sind rund 3 Monate im Jahr eisfrei, manchmal auch nur ein bis zwei Monate. Unter der Eisdecke liegen die Temperaturen zwischen 1 bis 4 °C, wegen der Dichteanomalie des Wassers liegen die Temperaturen in typischer Reihenfolge vor: die wärmsten in der Tiefe (4°C, da hat das Wasser die größte Dichte) und die kältesten direkt unter dem Eis. Das Metalimnion, die Sprungschicht, jene Schicht mit dem größten Temperaturgradienten, beginnt meist gleich unter der Eisdecke. Auch seichte Seen frieren im Winter nie bis zum Grund zu.

Foto 4.30. Die zahlreichen und vielfältigen Stillgewässer der Hohen Tauern sind besondere Anziehungspunkte und laden auch zum Verweilen ein (NPHT Ttirol).

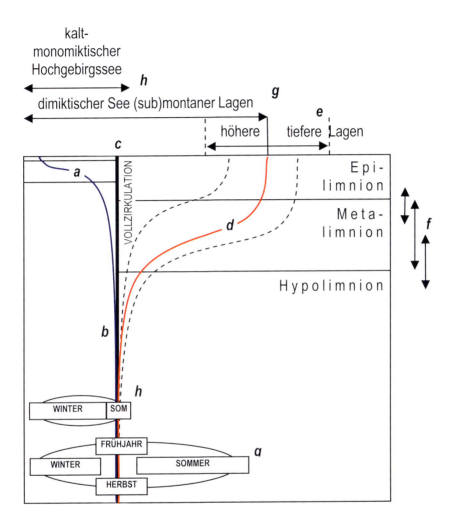

Abb. 4.17. Die charakteristische Temperaturschichtung von Stillgewässern in der gemäßigten Zone. Der Aufbau und die Stabilität der Sommerschichtung, die den Wasserkörper in die drei Schichten Epilimnion, Metalimnion und Hypolimnion gliedert, ist von mehreren Faktoren abhängig. Die typische Winterschichtung (a) ist durch eine inverse Temperaturverteilung gekennzeichnet. Direkt unter der Eisoberfläche ist das Wasser am kältesten, dann folgt relativ rasch eine Schicht mit einem ausgeprägten Temperaturgradienten. In einiger Tiefe wird rasch die über die Wintermonate wärmste Temperatur von 4 °C erreicht (b). Nach Schmelzen der Winterdecke wird der See kräftig durchmischt, die Temperaturverteilung ist dann über die gesamte Wassersäule gleichmäßig, charakteristischerweise 4 °C (c). In Folge zunehmender Sonneneinstrahlung und höherer Lufttemperaturen wird besonders in den oberen Schichten das Wasser allmählich wärmer. Durch den steigenden temperaturbedingten Dichteunterschied zwischen dem kalten Tiefenwasser und dem allmählich wärmer werdenden oberen Bereich wird eine stabile Schichtung erreicht (d), sodass im Sommer dann die drei Vertikalbereiche über längere Zeit erhalten bleiben. Das Metalimnion wird auch als Sprungschicht bezeichnet, weil in diesen wenigen Metern die Temperatur von der Tiefe zur Oberfläche sprunghaft ansteigt. Der Unterschied zwischen der Tiefen- und der Oberflächentemperatur, die je nach Höhelage wärmer oder kälter sein kann (e), und auch die Dicke und Tiefe der Sprungschicht (f) sind vom Klima der Region oder von der Meereshöhe abhängig. Während der Zirkulationszyklus der gemäßigten Zone (auch noch in der submontanen und montanen Zone) aus zwei Schichtungen (Winter und Sommer) und zwei Durchmischungen (Frühjahr und Herbst; daher dimiktischer See) besteht (g), zeigt der kalt-monomiktische See nur eine lange Schichtung unter der Winterdecke und eine Periode der Durchmischung über den Sommer (h).

Die Seen des Nationalparks Hohe Tauern

Gerade in der Gebirgsregion sind die Stillgewässer der krasse Gegensatz zum tosenden Wildbach. Besonders im Herbst haben sie ihren großen Auftritt. Bei klaren, sonnigen Wetterbedingungen spiegeln sie an ihrer glatten Oberfläche die Gletscher, Berge, Wälder und Wolken. Die Stillgewässer im Nationalpark werden dann ihrem Namen gerecht – sie sind ein Ort der Ruhe und Entspannung. Kein Wunder, dass es viele Legenden und Mythen rund um die mystischen Bergseen gibt. Denn auch unter ihrer stillen Oberfläche bergen die Seen viele ökologische und geologische Geheimnisse.

Im Gebiet des Nationalparks befinden sich 136 Stillgewässer (Aufnahmekriterium ÖK-Karte 1:50.000) unterschiedlicher Ausdehnung und Tiefe. Die Tiefe ist es auch, die ausschlaggebend ist, ob ein See „See" genannt werden darf. Dann darf nämlich die sommerliche Tageserwärmung des Wassers den Seegrund nicht erreichen.

Seichtere Gewässer werden als „Tümpel" oder „Lacken" bezeichnet. Somit wäre die richtige Bezeichnung wohl „Hochgebirgstümpel" und nicht „Hochgebirgssee". Allen gemein ist, dass sie als wichtige Lebensräume für Pflanzen und Tiere fungieren und erheblich zum Artenreichtum des Hochgebirges beitragen.

Die durchschnittliche Fläche der Stillgewässer ist in allen drei Bundesländern ähnlich und liegt zwischen 2 und 3 ha. Für den gesamten Nationalpark ergab sich eine Durchschnittsgröße von 2,4 ha. Diese dürfte etwas überschätzt sein, da meist bei den kleineren Stillgewässern die Ausdehnung nicht bekannt ist. Der größte See des Nationalparks ist der Kratzenbergsee im Salzburger Hollersbachtal auf 2.162 m. Er hat eine Fläche von 27,4 ha. Auch der tiefste See ist bekannt: Der Untere Schwarzsee im Murtal ist bis zu 57 m tief. Auch der Wangenitzsee in der Schobergruppe kann sich sehen lassen. Er bedeckt eine Fläche von fast 22 ha und ist 48 m tief. Das Rauriser und das Gasteinertal gehören zu den seenreichsten Tälern des Nationalparks Hohe Tauern.

Tab. 4.5. Die Oberflächengröße der Stillgewässer mit bekannter Größe im Nationalpark. Dabei ist das kleinste Stillgewässer der Salzbodensee im Tiroler Teil, das größte der Kratzenbergsee im hinteren Hollersbachtal. Auch der Kärntner Wangenitzsee erreicht fast 20 ha.

	Kärnten	Tirol	Salzburg	gesamter NP
Anzahl d. Seen mit bekannter Fläche	20	53	18	91
relativer Anteil	66,7	96,4	35,3	66,9
⌀ Fläche [ha]	2,8	2,1	2,2	2,4
kleinstes Stillgewässer	Konradlacke (0,4 ha)	Salzbodensee (0,2 ha)	Hochbirgsee (0,6 ha)	Salzbodensee (0,2 ha)
größtes Stillgewässer	Wangenitzsee (19,3 ha)	Wildensee (11,3 ha)	Kratzenbergsee (27,4 ha)	Kratzenbergsee (27,4 ha)

Die Stillgewässer liegen in einer Höhe von 1.200 und 3.000 Metern Seehöhe, wobei der Großteil sich zwischen 2.100 m und 2.700 m befindet. Im Tiroler Anteil des Nationalparks liegt nur ein See unterhalb dieser Höhe, in Kärnten drei. In Salzburg findet man 16 Seen unterhalb von 2.100 m. Über 2.700 m Seehöhe gibt es im gesamten Nationalpark nur mehr neun Seen. Dazu gehören der Großbachsee oder der Eissee beim Gradötzkees in Tirol, der Fürlegsee in Salzburg, mit 2.920 m der höchstgelegene See des Nationalparks, oder der Obere Langkarsee in Kärnten. Als der am niedersten gelegene See im ganzen Nationalpark gilt der Stappitzer See in Kärnten auf 1.260 m.

Entsprechend ihrer Höhenlage verteilen sich die Stillgewässer auf die verschiedenen

Vegetationsstufen. Die weitaus größte Anzahl der Stillgewässer liegt in der alpinen Vegetationszone, nur im Salzburger Anteil liegt etwas mehr als die Hälfte in der subalpinen Stufe. Manche der Gewässer liegen auch an der Grenze des Lebens, so der Eissee beim Gradötzkees auf 2.760 m Seehöhe. In der montanen Vegetationszone kommen kaum noch Stillgewässer vor.

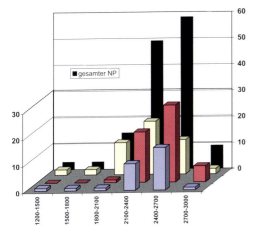

Abb.4.18. Die Höhenlage der Stillgewässer des Nationalparks, wobei die blau dargestellten auf Kärntner, die roten auf Tiroler und die beige gefärbten auf Salzburger Gebiet liegen. An der Rückwand ist die Anzahl im gesamten Nationalpark dargestellt.

Die maximale Tiefe ist meist nur von den größeren Stillgewässern, also meist echten „Seen" bekannt. So finden sich Seen, die einige 10-Meter tief sind (z.B. Kratzenbergsee etwa 32 m, Wangenitzsee mit 48 m, Unterer Schwarzsee im Murtal 56,8 m), die meisten dürften jedoch eine Tiefe zwischen zehn und 15 m aufweisen. Es gibt aber auch eine Reihe von seichteren Tümpeln, die nur wenige Meter tief sind.

Wie bereits an anderer Stelle aufgezeigt, sind die Seen Zeugen der ehemaligen Vergletscherung; Gletscher waren großteils die Ursache ihrer Entstehung. Dies ist aber kein Phänomen der Vergangenheit. Auch heute bilden sich neue Seen – wie früher – oft in Zusammenhang mit dem Abschmelzen der Gletscher. So sind im Nationalpark Hohe Tauern in den vergangenen 60 bis 70 Jahren viele neue Seen entstanden. Im Rauriser und Gasteiner Tal werden zehn bzw. acht neue Seen beobachtet. Junge Stillgewässer gibt es auch im Wildgerlos-, Krimmlerachen- und obersten Murtal sowie im Stubachtal. Dort ist die Genese des Keessee und des Eisrandsees am Stubacher Sonnblick gut dokumentiert.

Anders als in den Seen der Niederungen herrschen in den Stillgewässern des Nationalparks fast das ganze Jahr über extreme Bedingungen: Von Mitte Oktober bis Ende Juni sind die höher gelegenen Seen von Eis bedeckt. In den Gletscherregionen hält sich die Eisdecke noch länger.

So erreichen die Bergseen auch im Sommer kaum Badetemperatur: Die Werte klettern nur selten über 12 °C. Seen, die durch Gletscherwasser gespeist werden, kommen überhaupt nur auf 4 bis 6 °C.

Foto 4.31. Ein relativ flaches und nicht allzu tiefes Stillgewässer, welches beispielhaft für einen nicht als „See" geltenden Gebirgstümpel ist (NPHT Tirol).

Mehr als die Hälfte aller Stillgewässer im Nationalpark haben keinen Gletscher im Einzugsgebiet. Eine deutliche Präsenz von Gletschern im Einzugsgebiet ist bei nicht ganz 30 % festzustellen. Den geringsten Anteil nehmen die Gewässer mit geringem Gletschereinfluss (16,4 %) ein.

Die Stillgewässer des Nationalparks sind weitgehend unbeeinträchtigt. Obwohl Weidewirtschaft oder andere landwirtschaftliche Nutzungen im Einzugsgebiet der tiefer liegenden Seen durchaus üblich sind, liegen für keine Seen auf dem Gebiet des Nationalparks Angaben über deutliche anthropogene Beeinträchtigungen vor. Einige sind jedoch in Seen des Vorfeldes vorhanden: In Kärnten ist dies der Sandersee, der durch eine künstliche Sperre am Nordende in der derzeitigen Form vorliegt. Im unmittelbaren Grenzbereich zum Nationalpark liegen Grünsee und Unterer Bockhartsee in Salzburg, die beide zur energiewirtschaftlichen Nutzung aufgestaut wurden. Bei der Errichtung des Nationalparks wurden sie daher vom Schutzgebiet ausgenommen.

Foto 4.32. Oft ist die Abgrenzung eines Quellaustritts, eines Kleingewässers und eines Stillgewässers schwer zu definieren. Quelle und Stillwasserbereich zwischen den Gradenseen und dem Gradenmoos (NPHT Kärnten).

Foto 4.33. Sobald ein See entsteht, beginnt auch schon wieder seine Verlandung: Sand und Kies werden über den Zufluss angeschwemmt, Schutt und Felsen lagern sich im See ab. An den seichten Ufern siedeln sich Wasser- und Sumpfpflanzen an. Die Existenz von Seen ist also durch die Auffüllung des Seebeckens mit anorganischen und organischen Sedimente zeitlich begrenzt. An der Verlandung sind mineralische klastische Sedimente beteiligt, die mit den Zuflüssen in den See transportiert werden. Andererseits tragen organische Ablagerungen bei, die durch Organismen im See selbst und in seiner terrestrischen Umgebung gebildet werden. Je höher ein See liegt und je jünger er ist, desto höher wird der mineralogische Anteil im Verlandungssediment sein. Im Hochgebirge kann wegen der geringen Produktivität der organische Anteil nur bedeutend sein, wenn der See ein gewisses Alter erreicht hat (Langsee, Felbertal; NPHT Salzburg).

Hochgebirgsseen – Lebensräume für Extremisten

Wie bereits bei den Fließgewässern der kalten Regionen dargestellt, locken derartige Temperaturen und der geringe Nährstoffgehalt der Gebirgsseen nur Überlebenskünstler unter den Tieren an. Nur widerstandsfähige und extrem angepasste Organismen haben in dieser Umgebung eine Chance. Im Winter sinken einige dieser Lebewesen in eine Phase der Inaktivität und überleben am Gewässergrund. Für andere ist der Gewässergrund ohnehin der Lebensraum und dort, eine gewisse Tiefe vorausgesetzt, herrschen das ganze Jahr über die gleiche Temperaturen vor, nämlich um 4 °C.

Kleine Zier- oder Kieselalgen, Kleinkrebse oder Rädertiere haben in den Gebirgsseen einen Lebensraum. In größerer Tiefe ist der Schlamm mit kleinen Würmern (Borstenwürmer, Oligochaeta) und Zuckmücklarven (Chironomidae) besiedelt, die optimal an die Bedingungen angepasst sind. Wieder sind es zahlreiche Arten der Mückenfamilie Chironomidae, die in unterschiedlichsten Lebensräumen – angefangen vom Schlamm, über Aufwuchs auf Steinen, aquatischen Moosen bis sogar zum wechselfeuchten Milieu der Gewässerränder – leben können. Im Freiwasser können mikroskopisch kleine Urtierchen, Rädertiere und Kleinkrebse überleben. Fische waren in den Hochgebirgsseen früher nicht beheimatet. Der Besatz begann aber früh: Schon im Mittelalter wurden Seesaiblinge und Bachforellen eingesetzt, die heute noch in zahlreichen Gebirgsseen vorhanden sind. Freilich können sich diese wegen der vergleichbar schlechten Nahrungssituation oft nur als Kümmerformen entwickeln.

Erwartungsgemäß zeigen die zahlreichen von Gletschern geprägten Seen die extremsten Lebensbedingungen, sodass dort nur wenige Arten dauerhaft vorkommen können. Es ist auch anzunehmen, dass manche Eisrandseen überhaupt ohne höheres Leben sind.

Foto 4.34. Manche nach der letzten Eiszeit entstandenen Hochgebirgsseen sind heute völlig verschwunden. Aus ihnen entstanden Moore. Wo man heute das Vorder- und Hintermoos im Hollersbachtal mit ihren prächtigen Mäanderstrecke bewundern kann, waren früher Gebirgsseen, die dann allmählich verlandeten. Ob sich im Bereich des darunter liegenden Ofnerbodensee (auf 1.464 m), der bereits großflächige Verlandungsbereiche aufweist, auch einmal eine derartige Flusslandschaft ausbildet, wird sich erst in Zukunft zeigen (NPHT Salzburg).

Foto 4.35. Seen können sich aber auch periodisch bilden: Der Schödersee im hintersten Talschluss des Großarltals wird nur nach starken Regengüssen und zur Zeit der Schneeschmelze aufgestaut und unterirdisch entwässert. Im Sommer ist der See trocken (NPHT Salzburg, F. Rieder).

Foto 4.38. Dorfer See im Kalser Dorfertal (M. Kurzthaler).

Foto 4.36. Am Ofnerboden im Hollersbachtal (Salzburg) ist die zunehmende Verlandung eines Stillgewässers zu sehen (C. Vacha).

Foto 4.39. Wildensee im Tauerntal (G. Zlöbl).

Foto 4.37. Der Eissee im Windbachtal, ein Nebental des Krimmler Achentals, liegt am Ende eines Eiszungenrestes (C. Vacha).

Foto 4.40. Wangenitzsee (A. Angermann).

4 Naturraum und die Vielfalt der Gewässer

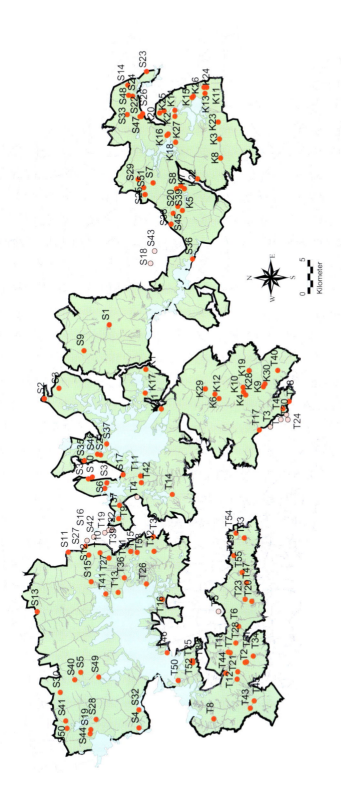

Abb. 4.19. Die Stillgewässer des Nationalparks Hohe Tauern. Die Bezeichnungen S, T und K deuten auf die Lage der „Seen" im jeweiligen Bundesland Salzburg, Tirol und Kärnten hin. Streng genommen, liegen einige der „Seen" außerhalb der Nationalparkgrenzen (rosa Punkte). Da sie aber in unmittelbarer Nähe anderer Stillgewässer oder im gleichen Gebirgsstock liegen, wurden sie in diese Darstellung aufgenommen. Eine Auflistung der Stillgewässer findet sich im Anhang. Datengrundlage: Gewässerinventar (Amprosi 2001, Füreder & Amprosi 2002). (Kartenquelle: SAGIS, BEV (u.a. Zl. 70 367/98, Zl. 70 160/99), TAGIS – Salzburger Nationalparkfonds; Karte erstellt von G. Seitlinger und C.M. Hansen)

4.11 Quellen

Quellen sind streng genommen aus der Erde zutage tretendes Wasser. Dies kann auf vielfältige Weise geschehen und auch an ganz unterschiedlichen Lokalitäten im Gebirgsraum erfolgen, sodass Quellen sehr variabel ausgebildet und beschaffen sein können. Fast allen gemeinsam sind stabile Verhältnisse, wenn es etwa um Temperatur, Chemismus und Schüttung geht.

Trotz ihrer Mannigfaltigkeit kann man Quellen zuerst einmal grundsätzlich in abflusslose Gewässer und solche, die am Beginn eines Fließgewässers stehen, einteilen.

▶ Quellmulden, abflusslose „endorheische" Quellen: Kleine, oft intermittierend schüttende Quellen; ihr Wasser stammt oft aus bodennahen Schichten und versickert relativ rasch wieder.

▶ Quellen am Beginn von Fließgewässern: Meist größere, perennierend (= übers ganze Jahr) schüttende Quellen; ihr Wasser stammt gewöhnlich aus tieferen Schichten und hat eine längere Verweildauer im Boden. Die Schüttung reagiert normalerweise weniger auf Niederschlagsschwankungen.

Foto 4.41. Eine charakteristische Quelle beim Naturlehrweg Seebachtal. Bei entsprechender Quellschüttung wird feines organisches Material abtransportiert, sodass klares Wasser vorliegt (NPHT Kärnten).

Klassische biologische Quelltypen

Im Lauf der letzten Hundert Jahre wurden wiederholt Quelltypologien vorgestellt, die auf hydrogeologische Analysen aufbauen. Die Zuordnung der Quellen, wie z.B. Überfall-, Schicht- oder Verwerfungsquelle, basiert auf Form und Anordnung der wasserstauenden oder wasserleitenden Schicht. So klassifiziert die Hydrologie die Grundwasseraustritte nach Lage und Neigung der Grundwasser leitenden (Aquiferen) und nicht GW leitenden (Aquifugen) Gesteinsschichten. Die Herkunft des Wassers kann ebenfalls für die Bezeichnung der Quelle herangezogen werden (z.B. Bodenwasserquelle oder Grundwasserquelle). Auch die Wasserchemie kann für Quellen namensgebend sein (z.B. Schwefel-, Salz- und Eisenquellen).

Die Biologie einer Quelle wird jedoch nicht in erster Linie durch die geologische Struktur, aus der das Wasser kommt, bestimmt, sondern durch die Lage und die Habitatsstruktur. Wegen der in zahlreichen Untersuchungen vorgefundenen Unterschiede, die bei Vergleich verschiedener Regionen größer sind als die der Quelltypen in einer Region, ist eine überregional gültige Quelltypologie, die zum Beispiel auf dem Vorkommen von tierischen Organismen beruht, kaum durchzuführen. So kann der ökologische Unterschied verschiedener Quelltypen auf mehreren Faktoren beruhen, z.B. auf den unterschiedlichen Substrattypen, in denen spezifische Lebensgemeinschaften vorkommen.

Zu Beginn des 20. Jahrhunderts wurden die ersten ökologischen Quelltypologien entworfen, deren klassische Aufteilung in Fließ-, Sumpf- und Teichquelle alle darauf folgenden Generationen von Gewässerforschern überdauert und bis heute nichts an Aktualität eingebüßt hat. Die Unterscheidung der drei klassischen Typen basiert auf der morphologischen Struktur des Quellbereiches am Wasseraustritt. Es sind dies die limnologischen Quelltypen. Fließende Übergänge, insbesondere solche zwischen

Sumpf- und Fließquellen, sind dabei eher die Regel als die Ausnahme.

Rheokrene (Fließquelle, Sturzquelle)

Das austretende Wasser fließt rasch ab. Der Quellbereich ähnelt dem Oberlauf eines Kleingewässers. Das Substrat ist felsig, steinig oder kiesig (selten sandig), Feindetritus (= feines abgestorbenes organisches Material) wird fortlaufend abgeschwemmt. Quelle und Quellbach sind gewöhnlich ohne höhere Wasserpflanzen, auffallend ist aber oft der dichte Moosbewuchs am Austritt des Wassers. Im engeren Umfeld von Rheokrenen können sich auf hygropetrischen und madicolen (Spritzwasser-) Zonen eigenständige, hochspezialisierte Lebensgemeinschaften ausbilden.

Foto 4.42. In der Nähe des Schlatenkeeses beim Abstieg ins Gschlößtal quert man einige dieser Quellaustritte, die vorerst den Charakter eines Moores beschreiben, dann einen kleinen Quellbach bilden. Die eindeutige Zuteilung zu einem Gewässertyp fällt oft nicht leicht – überhaupt bei der Vielfalt der Kleingewässer, die in allen möglichen Typen und Übergängen auftreten können (L. Füreder).

Helokrene (Sickerquelle, Sumpfquelle)

In flachem Gelände oder in Quellmulden am Hang durchsickert das austretende Wasser das Erdreich und bildet eine Sickerquelle oder einen Quellsumpf. Die langsame Strömung bewirkt die Sedimentation von Schlamm sowie grob- und feinpartikulärem organischem Material. In Quellsümpfen entwickelt sich meist eine geschlossene Vegetation; je nach Ausbildung unterscheiden die Botaniker krautige, moosige und andere Quellflurgesellschaften.

Limnokrene (Weiherquelle)

Das Wasser tritt am Grunde eines Weihers oder Tümpels aus. Am Überlauf am Rand der Mulde oder Eintiefung entspringt der Quellbach. Limnokrenen weisen gewöhnlich sandig-schlammiges Substrat auf, dessen Besiedlung kalten, nährstoffarmen Seen ähnelt.

Foto 4.43. Kleine Quellaustritte können in größerer Zahl in Flusslandschaften auftreten. Hier wird am Quelltopf feiner Gletscherschluff aufgewirbelt. Der Definition nach handelt es sich um eine Sickerquelle (Helokrene) (L. Füreder).

Charakteristische Eigenschaften von Quellen

Quellen, Grundwasseraustritte an der Erdoberfläche, können also je nach Neigung und Gestaltung des Geländes unterschiedlich als Limnokrene, Helokrene und Rheokrene ausgebildet sein. Im Wärmehaushalt wie in der Besiedlung durch Organismen bestehen große Unterschiede zwischen diesen limnologischen Quelltypen.

Die Quelltemperaturen (Grundwassertemperaturen) entsprechen etwa der mittleren Lufttemperatur im Jahr. Mit zunehmender geographischer Breite und Höhenlage nehmen die Quelltemperaturen sowie die Jahresamplituden der Temperatur ab. Je nach Höhenlage und Exposition bezüglich Gebirgsrelief und Sonneneinstrahlung und auch Quelltyp können daher ganz unterschiedliche Temperaturverhältnisse mit tages- und jahreszeitlichen Unterschieden vorherrschen. Generell kann man aber für Quellen feststellen:

Quellen haben meist die konstantesten Temperaturen. Die mittleren Luft- und Wassertemperaturen korrelieren normalerweise miteinander. Im Vergleich zu den nachfolgenden Fließgewässerbereichen zeigen Quellen geringere sommerliche Tagesamplituden, geringere Jahresamplituden und auch geringere sommerliche Mitteltemperaturen.

Da für alle biologische Prozesse, z.B. Entwicklung und Wachstum von Wasserinsekten, die Wärmesumme (die Summe der durchlebten Temperatur) über einen längeren Zeitraum bedeutsam ist, kann angesichts der auftretenden vielfältigen Temperaturverhältnisse schon auf deutlich unterschiedliche Pflanzen- und Tiergesellschaften geschlossen werden. Wegen der Kleinräumigkeit und vorausgesetzt einer nicht zu großen Schüttung, können sich Quellbiotope auch relativ rasch bei entsprechender Sonneneinstrahlung erwärmen.

Ein weiterer wesentlicher Umweltfaktor für die biologische Beschaffenheit einer Quelle stellt die Wasserchemie dar, das sind die im Wasser gelösten Gase, anorganische und organische Verbindungen und Feststoffe. Diese stellen allesamt eine mehr oder weniger große Bedeutung für die Organismen und den Stoffumsatz im Gewässer dar.

Grundsätzlich wirkt sich die quelltypische Konstanz von Umweltfaktoren, die mit gewissen Einschränkungen über das ganze Jahr über herrschen, positiv auf die Quellbewohner aus. Quellen werden daher normalerweise als sehr artenreiche Lebensräume beschrieben, die von einer Reihe von Spezialisten besiedelt sind.

In Quellen kommt es gelegentlich zu Ausfällungen bestimmter Stoffe, die wegen höherem Druck im Grundwasser übersättigt vorliegen und dann beim Austreten an der Oberfläche sich am Bodensubstrat ablagern. Bei der chemischen Entkalkung können dickere Überzüge aus Calciumcarbonat, das teilweise mit Pflanzenresten vermischt ist, dem so genannten Travertin abgelagert werden. In eisenhältigen Quellaustritten, wo CO_2-übersättigtes Grundwasser an der Erdoberfläche CO_2 abgibt, ist ausgefälltes Eisen als Eisen(III)hydroxid $Fe(OH)_3$ und $FeO(OH)$ überall zu sehen. Dieses wird als Eisenocker oder Goethit bezeichnet.

Foto 4.44. An Quellaustritten kann man oft typische Erscheinungen feststellen. Zum Beispiel sind die Oberflächen oft kräftig rostrot gefärbt, was ein Zeichen für ein eisenhältiges Grundwasser ist. In ähnlicher Weise können sich auch dickere Überzüge von Calciumcarbonat bilden (Quellbereich Astner Moos; NPHT Kärnten).

4.12 Kleingewässer, Moore und Feuchtgebiete

Feuchtgebiete können an vielfältigsten Höhenstufen und in unterschiedlichster Größenordnung vorkommen, normalerweise sind sie auch nicht leicht abzugrenzen. Eines aber haben sie alle gemeinsam – ihre Ökologie wird vom Faktor Wasser bestimmt. Quellaustritte, Verlandungszonen von Bergseen, stark vernetzte Bachuferbereiche und Niedermoore zeichnen sich durch eine ganz spezifische Tier- und Pflanzenwelt aus, welche sich deutlich von ihrer Umgebung unterscheidet und sich in ihrem Vorkommen auf diese „Spezialstandorte" beschränkt.

Als eine Sonderform von Stillgewässern und auch von Fließgewässern sind hier die kleineren Ausbildungen solcher Gewässer beschrieben und in ihren limnologischen, gewässerökologischen Gegebenheiten charakterisiert. Gerade diese Kleingewässer sind durch die intensive Nutzung unserer Landschaft sehr stark dezimiert, in manchen Gebieten des Nationalparks Hohe Tauern aber noch in intakter Ausprägung und Funktion vorhanden.

Wegen der geringen Tiefe und Dimension von Kleingewässern sind die vorherrschenden ökologischen Bedingungen sehr stark von äußeren Faktoren geprägt. Nährstoffhaushalt, Licht- und Temperaturverhältnisse sind stark von der Umgebung beeinflusst. Unter den Faktoren, die sich auf den Charakter eines Kleingewässers auswirken, haben folgende einen besonderen Stellenwert:

- Standort des Gewässers: Seine Höhenlage und Exposition zur Sonne beeinflussen wesentliche ökologische Faktoren, wie etwa die mittlere Jahrestemperaturen und Dauer der Schneebedeckung.

- Vegetation des Ufers und des Umlandes: Der Bewuchs der unmittelbaren Umgebung (z.B. Wald, Sträucher, krautige Vegetation) hat durch seine Schattenwirkung erheblichen Einfluss auf Lichtangebot, Sonneneinstrahlung, Wassertemperaturen und somit auch auf die Primärproduktion im Gewässer. Die Vegetation und Bodenbedeckung wirkt sich über den Eintrag von organischem Material auch auf den Nährstoffgehalt des Kleingewässers aus.

- Geologie der Umgebung: Wie die Vegetation im Einzugsgebiet wirkt sich auch die Geologie auf die Prozesse im Gewässer aus.

- Gewässersubstrat: Der Untergrund des Gewässers, wie zum Beispiel humoser oder sandiger Boden, Felsen, Schlamm, beeinflusst die biologischen Prozesse am Gewässergrund. So kann auch die Besiedlung durch bodenlebende Algen und Makrophyten von der Bodenbeschaffenheit abhängen.

- Vernetzung mit benachbarten Gewässern: Die Einbindung in ein Gewässersystem (z.B. temporäre Verbindung zu Fließgewässern, Überflutung, Kontakt zu anderen Kleingewässern) ermöglichen einen guten Austausch von Arten, was als Besiedlungsressource von besonderer Bedeutung ist.

Die Abgrenzung spezieller Typen von Kleingewässern ist nicht immer einfach. Die Entstehung dieser Lebensräume im Zuge der Verlandung von Seen, der Vernässung von Auwiesen oder oft durch Moorbildung bedingt das Vorliegen einer Vielzahl verschiedener Kleingewässer. Diese können aber räumlich eng miteinander verzahnt sein.

Obwohl sie in niederschlagsreichen Gebieten häufig vorhanden sind, finden sich über unscheinbare Kleingewässer, wie wassergefüllte Baumhöhlen oder die oft kurzfristig Regenwasser gefüllten Rinnen oder Mulden, keine ökologischen Angaben.

Eine Unterscheidung der Kleingewässertypen kann entsprechend ihrer Vernetzung mit dem Umland vorgenommen werden. So kann man stark ***vernetzte Gewässerlebensräume*** (z.B. Verlandungszonen, Feuchtwiesen, Moore) und mehr oder weniger ***abgegrenzte Kleingewässer*** (z.B. Tümpel, Quellfluren, überrieselte Felsen, wassergefüllte Felsmulden und Quellrinnsale) unterscheiden.

Vernetzte Lebensräume

Verlandungszonen

Der Eintrag und die Sedimentation von Schwebstoffen und feinem Substrat, das Abrutschen von Teilen der Uferzone und das Ausdehnen der Ufervegetation in diese Bereiche verursachen die Verlandung von Stillgewässern. In tieferen und mittleren Lagen sind Verlandungszonen meist dicht bewachsen, in hohen Lagen findet sich nur spärliche Vegetation. Durch das Verlanden kommt es zum Abschnüren kleinerer Tümpel und Flachwasserbereiche, die nur bei hohem Wasserstand mit dem See verbunden sind und daher ein ganz eigenes Habitat bilden vor allem bezüglich der Wassertemperatur und des Sauerstoff- und Nährstoffgehaltes. Einige dieser Bereiche können auch temporär sein.

Als Pflanzen finden sich häufig Wollgrasriedgesellschaft mit *Eriophorum scheuchzeri* (dem Scheuchzers Wollgras), verschiedenen Braunmoosen *(Drepanocladus sp.)* und *Carex rostrata* (der Schnabelsegge), landeinwärts anschließend die Braunseggensumpfgesellschaft, außerdem *Viola palustris* (Sumpfveilchen), *Parnassia palustris* (Sumpfherzblatt), *Calycocorsus stipitatus* (Kronenlattich), *Juncus alpino-articulatus* (Gebirgsbinse), *Juncus triglumis* (Dreiblütige Binse), *Eriophorum angustifolium* (Schmalblättrige Binse) *Bartsia alpina* (Alpen-Trauerhelm), *Pinguicula alpina* (Alpen-Fettkraut), trockenere Stellen mit *Trichophorum cespitosum* (Haarbinse).

Diese reich strukturierten Feuchtstandorte sind auch für zahlreiche Tierarten dauernder oder vorübergehender Lebensraum. So findet man häufig Alpenmolch, Erdkröte, Grasfrosch, und Ringelnatter.

Diffuse Quellaustritte, Quellfluren (siehe auch Quellen)

Kleine, oft diffuse Quellaustritte und Quellfluren bilden einen eigenen Lebensraum der ebenfalls unter dem Stichwort „Kleingewässer" eingeordnet werden kann. Hier sollen vor allem quellartige Gewässer beschrieben werden: Stellen, an denen Wasser zutage tritt, das jedoch nur langsam fließt und häufig bereits nach wenigen Metern schon wieder versickert (siehe auch Helokrene) bzw. Quellen, die stark genug aus dem Boden dringen, dass sie einen Quelltopf freihalten, aber zu flach liegen, als dass ihr Wasser schnell abfließen könnte (siehe auch Limnokrene). Diese Kleingewässertypen entwickeln keine Charakteristika schneller fließender Bäche. In gewisser Weise ähneln diese Kleingewässer den Feucht- oder Nasswiesen, der aquatische Lebensraum wird jedoch durch die speziellen physikalisch-chemischen Eigenheiten des Quellwassers geprägt (gleichmäßige Wassertemperaturen, hoher CO_2- und niedriger O_2-Gehalt am Wasseraustritt). Durch die Temperaturkonstanz des austretenden Grundwassers ist die Schneebedeckung auf diesen Standorten meist verkürzt im Vergleich zu umliegenden Flächen.

Die Gesellschaft der Pflanzen wird vor allem von Laubmoosen *(Bryum schleicheri, Cratoneuron* sp., *Philonotis* sp.*)*, Lebermoosen *(Scapania* sp., *Marsupella* sp.*)*, der Glänzenden Gänsekresse *(Arabis soyeri), Saxifraga* – Arten (z.B. dem Quellsteinbrech *Saxifraga aizoides)*, dem Bitteren Schaumkraut *(Cardamine amara)* und der Eis-Segge *(Carex frigida)* gebildet.

In Kalkquellmooren, die im Gebiet der Hohen Tauern eher selten sind, findet man Davallseggenried (Bartsio-Caricetum) mit *Carex davalliana* (Davall Segge), *Carex panicea* (Hirse-Segge), *Carex flava* (Gelbe Segge), *Bartsia alpina* (Alpen-Trauerhelm), *Tofieldia calyculata* (Graslilie), *Primula farinosa* (Mehlprimel), *Pinguicula alpina* (Alpen-Fettkraut), *Juncus trifidus* (Dreiblütige Binse), *Saxifraga stellaris* (Stern-Steinbrech), *Carex frigida*

Foto 4.45. Für eine größere Anzahl von Tieren sind die zahlreichen Kleingewässer der Hohen Tauern ein wichtiger und essentieller Lebensraum. Sie sind Kinderstube sowohl für Schwanz- als auch für Froschlurche. Der Grasfrosch ist über alle Höhen bis in die alpine Zone verbreitet, wie zum Beispiel hier im Quellbereich Astner Moos auf 2300 m (NPHT Kärnten).

(Eis-Segge), *Dactylorhiza mafalis* (Breitblättriges Knabenkraut).

Als Spezialfall sind Austritte von Gletscherschmelzwasser in frischem Moräneschutt zu sehen, die typischen Pflanzen sind hier *Saxifraga aizoides* (Quell-Steinbrech), *Cerastium uniflorum* (Einblütiges Hornkaut),

Equisetum variegatum (Bunter Schachtelhalm) und *Rhacomitrioum canescens* (Graues Zackenmützenmoos).

Als Tiere kommen meist stenöke Arten vor, die zum Teil stark an die speziellen Bedingungen des Quellwassers angepasst sind (z.B. der Quellstrudelwurm *Polycelis felina*).

Feucht- oder Nasswiesen

Feuchte Wiesenflächen sind durch Mahd oder Weidenutzung überformte Feuchtgebiete. Sie finden sich an Stellen, wo ein permanent hoher Wasserstand einen gut strukturierten Lebensraum beispielsweise für Mückenlarven und Amphibien bietet, sowie an anderen Stellen, die lediglich im Frühjahr, nach der Schneeschmelze, oder bei lang anhaltenden Regenfällen "Kleingewässercharakter" besitzen.

Als typische Pflanzen sind hier Weidezeiger wie *Nardus stricta* (Bürstling), *Deschampsia caespitosa* (Rasen-Schmiele) zu nennen, ansonsten kommen mehr oder weniger intakte Pflanzengemeinschaften wie bei Verlandungszonen und/oder Mooren vor.

Zu den Tiere, die besonders Feucht- oder Nasswiesen aufsuchen, gehören Grasfrosch, Alpensalamander, Alpenmolch, Wasserpieper, Sumpfrohrsänger und Braunkehlchen.

Moore

Fast alle Moore weisen verschiedenste Typen an Kleingewässern auf, die ein breites Spektrum von sehr seichten, flächig ausgebildeten Gewässern bis größere, periodische oder ständig wasserführende Stillgewässer einnehmen können.

Tabelle 4.6. Häufige Kleingewässer in Mooren, ihre Beschreibung und typische Pflanzen, die dort gefunden werden können.

TYP	BESCHREIBUNG	TYPISCHE PFLANZEN
Torfmoos-Schlenken	0-10 cm tiefe, flächig ausgebildete Kleingewässer, die von Torfmoosen, Zwergsträuchern und weiteren Blütenpflanzen bewachsen sind	*Sphagnum angustifolium, S. flexuosum, S. fallax, S. cuspidatum, S. majus, Vaccinium oxycoccos, Drosera rotundifolia* (Sonnentau), *Eriophorum angustifolium* (schmalblättriges Wollgras), *Carex limosa* (Schlammsegge), *Carex rostrata* (Schnabelsegge)
Torfschlamm-Schlenken	0-20 cm tiefe, flächige Kleingewässer ohne oder mit geringem Torfmoosbestand und schütterem Bewuchs mit Blütenpflanzen	*Sphagnum tenellum, S. compactum, Rhynchospora alba* (weißes Schnabelried), *R. furca* (braunes Schnabelried), *Carex limosa* (Schlammsegge), *Drosera rotundifolia* (Sonnentau), *Trichophorum cespitosum* (Rasen-Haarsimse)
Periodische Kolke	vegetationsfreie oder schütter bewachsene, periodisch unter Wasser stehende Strukturelemente im Schwankungsbereich des Moorwasserspiegels	*Utricularia*-Arten (Wasserschlauch), *Drosera*-Arten (Sonnentau)
Kolke	dauernd wassergefüllte, bis mehrere Meter tiefe Moorseen mit flutenden Torfmoosen und vom Rande her einwachsenden Rhizompflanzen	*Sphagnum cuspidatum, Sphagnum majus, Menanthes trifoliata* (Fieberklee), *Potentilla palustris* (Sumpfblutauge) u.a.

4 Naturraum und die Vielfalt der Gewässer

Foto 4.46. „Das Auge Gottes" – die einheimischen Hirten hätten dem Kleinod am Rande des Schlatenkees (/Osttirol) keinen treffenderen Namen geben können (L. Füreder).

Abgegrenzte Kleingewässer

Kleinere Tümpel, Lacken

In dieser Kategorie seien temporäre oder periodische Gewässer mit sehr kurzer (nur etliche Tage) oder längerer Wasserführung (Wochen bis Monate), auch permanente Stillgewässer bis zu einem Durchmesser von mehreren Metern und einer geringen Tiefe angeführt. Das Sonnenlicht erreicht den Grund, was eine dichten Algenbewuchs oder sogar die Ansiedlung von Makrophyten über den gesamten Gewässergrund ermöglicht. In der Fachliteratur wird meist eine Unterscheidung in Schmelzwasser-, Regenwasser-, Grundwasser- und Überschwemmungstümpel vorgenommen. Je nach Tiefe und Beschattung ist auch hier eine starke Tageserwärmung und Sauerstoffübersättigung, aber auch Zehrungsprozesse bei Eutrophierung sind möglich. Im Winter sind diese Gewässer, wenn nicht ohnehin ausgetrocknet, durchgefroren bis zum Grund.

An Pflanzen findet man Grünalgen und autotrophe Flagellaten (stark abhängig von Beschattung), Makrophyten (bei permanenten Tümpeln) und am Ufer Scheuchzers Schmalblättriges Wollgras, Schnabelsegge, Kronlattich, Sumpf-/Teichschachtelhalm, Wasserstern u.a.

Alpenmolch, Grasfrosch (bis über 2500m), Gelbbauchunke und Erdkröte (in tieferen Lagen), Kleinkrebse, Wasserkäfer, Strudelwürmer, Wasserwanzen, Larven der Zuckmücken (Chironomidae) gehören zu den vorkommenden Tierarten. Die tierische Besiedlung ist jedoch stark von der Periodik der Wasserführung abhängig.

Abb. 4.47. Die Kleingewässer sind von vielfältiger Größe und Gestalt im Gebiet der Hohen Tauern. So fallen besondere Formationen auf, wie hier das „Pfauenauge" etwas oberhalb der Jagdhausalmen in Osttirol (NPHT Tirol, W. Mair).

Überrieselte Felsen

Mehr oder weniger steile Felswände werden oft von Wasser überrieselt, der Wasserfilm ist dabei nur wenige Millimeter dick. Trotz hoher Gefälle bleibt aufgrund von reibungsbedingtem Verzögern beim Abfließen des Wasserfilms die Strömungsgeschwindigkeit gering. Stoff- und Wärmeaustausch mit der Atmosphäre sind intensiv, Sauerstoffdefizite können kaum auftreten, Temperaturschwankungen sind hoch und können rasch erfolgen.

Ein ähnlicher Lebensraum ist auch seitlich an Wasserfällen und entlang sehr turbulenter Bäche zu finden (Spritzwasserbereich). Diese ständig besprühten Zonen kommen eigentlich überall an den Bächen mit starkem Gefälle und im unmittelbaren Nahbereich von Wasserfällen vor.

Die Vegetation ist häufig als üppiger Aufwuchs von Moosen ausgebildet, auch spezielle Flechten können sich in diesen Zonen oft gut entwickeln.

Die Tiergemeinschaft der überrieselten Felsen und der Spritzwasserbereiche wird als „Fauna hygropetrica" bezeichnet. Dazu zählen typische Vertreter aus den Mückenfamilien Dixidae, Psychodidae, Thaumaleidae und Stratiomyidae. Die Vertreter dieser Fauna zeichnen sich durch ein offenes Tracheensystem aus, das durch Stigmen am Körperhinterende nach außen mündet. Für die Luftatmung sind diese von einem unbenetzbaren Borstenschirm umgeben. Typisch für diese Spezialisten ist auch, dass sie oft lange Schlüpfzeiten haben, um der ungleichmäßigen Wasserführung dieses Lebensraums zu begegnen.

Wassergefüllte Felseintiefungen

Als Ergebnis langer glazialer oder fluviativer Erosion finden sich oft kleinere oder größere Eintiefungen in Felsgestein, die von Regenwasser gefüllt werden. Die Lebensbedingungen werden beeinflusst von der Dauer bis zur Verdunstung des angesammelten Wassers, vom Gehalt an eingetragenem organischem Material und von der Besonnung. Davon sind besonders die Wassertemperatur und das Algenwachstum beeinflusst.

In diesen kurzlebigen Gewässern finden sich selten höhere Pflanzen, höchstens Algen sind vorhanden. Gut angepasste Insektenlarven können vorkommen wie zum Beispiel Arten der Chironomidae (Zuckmücken).

Abb. 4.48. Überrieselter Kalkglimmerschiefer am Elisabethfelsen (NPHT Kärnten).

Oft ist eine echte Abgrenzung zwischen den einzelnen Kleingewässern schwierig, da es häufig Übergänge gibt, die teilweise relativ komplex sein können. Viele der Kleingewässer befinden sich im Nahbereich größerer Gewässer, werden dann zu diesen gezählt und als gewässertypische Lebensräume bezeichnet, wie z.B. Kleingewässer in Auen oder Verlandungsbereichen sowie Feuchtgebiete an Stillgewässern. Ob nun Verlandungsbereich, Feuchtgebiet oder Sickerquelle - allen gemein ist eine große Vielfalt an Struktur und Beschaffenheit, die als überaus wichtiger Beitrag für die Biodiversität alpiner Landschaften zu verstehen sind.

5 Das Gewässerökosystem

Das kleinräumige Mosaik im Gebirgsraum der Hohen Tauern, entstanden aus der räumlichen und zeitlichen Komplexität tektonischer, geologischer, glazialer, fluvialer und biologischer Prozesse, bedingt eine faszinierende Vielfalt an Gewässern, die mannigfaltige Lebensräume für eine große Zahl an hoch-spezialisierten Pflanzen- und Tierarten bieten.

Allein schon die vorhandene Vielfalt der Gewässer des Nationalparks Hohe Tauern lässt auch den Laien vermuten, dass eine große Zahl von Tier- und Pflanzenarten und – oft für das Betrachterauge verborgen - auch eine große Vielfalt an Mikroorganismen diese bewohnen. Die Gebirgsgewässer sind durch unterschiedlichste Umweltfaktoren gekennzeichnet, deren Ausprägung sogar extremen Charakter annehmen kann. In vielen Fällen sind die im Gewässer lebenden Organismen mit speziellen Ausstattungen und Fähigkeiten an ihren Lebensraum angepasst, seien es Einrichtungen und Mechanismen, die es den Lebewesen generell ermöglichen, im Wasser zu leben (z.B. Kiemen) oder besondere Anpassungsstrategien, die es ermöglichen, die gewässertypischen Umweltfaktoren (Strömung, Sauerstoffdefizit) zu ertragen, aber auch nützen zu können. Gleichermaßen sind in den aus ökologischer Sicht oft extremen Lebensräumen des Hochgebirges eine Reihe besonderer Anpassungen hinsichtlich Fortpflanzung und Entwicklungszyklen, Fortbewegung und Nahrungsaufnahme verwirklicht.

Die jeweiligen Milieufaktoren, das sind die physikalischen und chemischen Verhältnisse sowie die hydraulischen und morphologischen Gegebenheiten im Lebensraum, sind für die Etablierung, das Vorkommen und die räumliche und zeitliche Verteilung der Arten in den Gewässerlebensräumen und auch für die komplexen Beziehungen untereinander entscheidend.

Bei einer ökosystemaren Betrachtung der Gewässer kommt neben der äußerst interessanten Frage der Anpassung der Tiere und Pflanzen sowie der Wirkung der ökologischen Faktoren auch den Beziehungen der Organismen untereinander besondere Bedeutung zu. Für die Charakterisierung des Stoffhaushaltes wird normalerweise zwischen *autotrophen* und *heterotrophen Organismen* unterschieden. *Autotrophe Organismen* (z.B. verschiedene Bakterien, Algen, höhere Pflanzen) bauen meist mit Hilfe der Photosynthese unter Ausnutzung der Sonnenenergie Biomasse auf, die dann von heterotrophen Organismen (z.B. Bakterien, Pilze, wirbellose Tiere) genutzt und verwertet wird. Die Bildung körpereigener belebter Substanz aus anorganischen oder organischen Ausgangsmaterialien wird als *Produktion* bezeichnet. Je nach Position im Nahrungsnetz wird zwischen *Primär-, Sekundär-* und *Tertiärproduktion* (und so fort) unterschieden. Eine einfachere Einteilung in *Primärproduzenten* und *Konsumenten* ermöglicht ein besseres Verständnis der funktionellen Zusammenhänge und ist in der Ökosystemforschung durchaus üblich.

Der Primärproduktion kommt in Gewässern neben der allochthonen (von außen) Stoffzufuhr aus den angrenzenden Ökosystemen (z.B. Laubeintrag aus Umland, Aue) eine wichtige Rolle des Energieeintrages in die aquatischen Nahrungsnetze zu. Zur autotrophen Lebensweise sind nicht nur alle höheren Pflanzen und Algen befähigt, sondern auch Cyanobakterien (auch: Blaualgen) und andere Bakterien mit Photosynthesefarbstoffen.

Die in Gewässern vorkommenden oder an diese durch ihre Nahrungsaufnahme gebundenen Konsumenten können sich ebenfalls aus einem breiten Größenspektrum an niederen Organismen bis größeren Tieren aus zahlreichen Ordnungen des Tierreiches (von Einzellern, niederen Würmern, Kleinkrebsen, Spinnentieren, Insekten bis zu Wirbeltieren im und außerhalb des Wassers) zusammensetzen. Wie ihr Artenreichtum vermuten lässt, sind die Möglichkeiten der Nahrungsaufnahme und -verwertung, damit auch die der ökologischen Zusammenhänge vielfältig.

5.1 Primärproduzenten: Algen, Moose, Makrophyten

Pflanzliche Biomasse, ob in Form von Algen, Moosen oder auch höheren Gehölzpflanzen, stellt eine wichtige Energiebasis für die Gewässerökosysteme dar. Wie die Vielfalt der Gewässerlebensräume sind auch die niederen und höheren Pflanzen überaus vielfältig - wenn es um Wuchsform, Stoffwechsel, Anpassung und ökologische Bedeutung im System geht.

Obwohl sie generell einen beachtlichen Anteil am Pflanzenleben in Gewässern haben und meist auch die dominanten Primärproduzenten sind, haben Algen selten ein leichtes Existieren in Fließgewässern, besonders wenn man an die dynamischen, trübstofffreichen Gletscherbäche denkt. Besser ist es da schon in Stillgewässern, wo sich normalerweise, wenn genügend Licht und Nährstoffe verfügbar sind, ein dichter Algenaufwuchs entwickelt. In Fließgewässern resultieren die größten Erschwernisse aus dem ständigen und gerichteten Wasserfluss. Nicht nur ein gutes Beharrungsvermögen allein sichert ein erfolgreiches Vorkommen in den turbulenten Gebirgsgewässern, sondern eine Reihe von Leistungen und Anpassungen auf Zell- und Organismusniveau muss die lebensfeindlichen Gegebenheiten ausgleichen. Im dynamischen Abfluss- und Strömungsgeschehen eines Gebirgsbaches sind Substratumlagerung und Sedimenttransport kein seltenes Ereignis, was auch eine beträchtliche Erhöhung des Trübstoffgehaltes und folglich eine Verschlechterung des Lichtangebotes, aber auch eine größere mechanische Belastung darstellt und möglicherweise auch mit dem Einsanden des Algenbelages endet. Mit der Substratumlagerung sind ein oft ständiger Ortswechsel und damit eine Änderung der Umweltbedingungen verbunden, was nicht selten auch ein Trockenfallen des Lebensraumes mit sich bringen kann.

Selbst wenn die physikalischen Umweltbedingungen sich weniger extrem darstellen, hat häufig das Zusammenspiel von Aufkommen und Etablieren, Wachstum, mechanischer Beanspruchung und ausgewähltem Wegfressen durch weidende, algenverzehrende Tiere eine deutliche Wirkung auf Zusammensetzung, Bestandesdichte und zeitliche Veränderungen in der Algengemeinschaft. Weil diese Aufwuchsorganismen als Energiebasis den Konsumenten zur Verfügung stehen und eine Reihe von Stoffwechselprodukten herstellen, haben sie auch eine große Bedeutung für die funktionellen Zusammenhänge im Gewässerökosystem.

Wegen der kleinräumig heterogenen Ausstattung des Lebensraumes in Fließgewässern, kommt es zu einem reichen Angebot von Mikrohabitaten, das in der modernen Ökologie als Flächenmosaik bezeichnet wird, Flächen, die sich zeitlich und räumlich ändern können. Algen spielen dabei eine besondere Rolle, die bislang viel zu wenig beachtet wurde.

5.1.1 Algen in Gebirgsgewässern

Die strukturellen und funktionellen Gegebenheiten der Algengemeinschaft können besonders anschaulich durch das große Spektrum der Wuchs- und Lebensformen dargestellt werden. Es reicht von kleinsten, schwebenden Formen des Freiwassers über mikroskopisch kleine Matten, dünne Schichten, Zotten, Büscheln am Gewässergrund bis hin zu größeren Wuchsformen.

Foto 5.1. Grünalgen können in allen Gewässertypen vorkommen, wo Nährstoffe ausreichend vorhanden sind und Strömungs- und Abflussdynamik dies auch zulassen. Hier die leicht an den spiralig angeordneten Chloroplasten erkennbare Gattung Spirogyra, die zum Beispiel in Kleingewässern vorkommt (T. Posch)

Makroalgen

Die Größe von makrophytischen Algen oder auch Makroalgen ist oft mit der von Wassermoosen, Flechten und kleineren Blütenpflanzen zu vergleichen. Wenn sie an einem Standort einigermaßen dicht vorkommen, dann sind sie sehr auffällig. Normalerweise sind sie morphologisch komplex, oft entweder schlauchförmig (z.B. *Lemanea*), in variablen Büscheln *(Ulothrix)* oder vielverzweigt (z.B. *Chara*).

Grundsätzlich haften diese Makroalgen fest auf dem steinigen oder anderem festen Substrat, ihre Struktur ist aber sehr flexibel und ermöglicht ein gutes Durchströmen und Umströmen ihrer flutendenden Wuchsformen. Damit wird ein räumlich reich strukturiertes Milieu geschaffen, das auch größere Dimensionen einnehmen kann. Obwohl von den meisten Makroalgen limitierende Toleranzgrenzen besonders in Bezug auf Strömung und Turbulenz bekannt sind, gibt es auch eindrucksvolle Beispiele in unseren Fließgewässern.

Die Grünalge *Chladophora* kann oft meterlange Fortsätze bilden, auch die Zotten des „Stinkenden Wasserschwanzes" *(Hydrurus foetidus)*, einer in alpin und glazial geprägten Fließgewässern häufig anzutreffenden Goldalge, können großflächige Lager bilden.

Neuere wissenschaftliche Untersuchungen beschäftigen sich mit dem Mikromilieu derartiger Bestände als Lebensraum für andere Organismen, wie Bakterien, einzellige und fädige Algen, Einzeller, Kleinkrebse, Würmer und Insekten, die von den speziellen Gegebenheiten dieses Kleinstlebensraumes profitieren: Die Kleinverteilung von Struktur, Strömung und Nährstoffen, allerlei Stoffwechselprodukte und extrazelluläre Substanzen sorgen durch dieses vielfältige Angebot an Habitat und Nahrung für eine artenreiche Mikrolebensgemeinschaft.

Foto 5.2. Hydrurus foetidus, der „Stinkende Wasserschwanz", wie er auf Deutsch heißt, ist eine typische bestandsbildende Goldalge in einem Gletscherbach. Die großflächigen Zotten sind ein gar nicht so selten anzutreffendes Phänomen (L. Füreder).

Dieser Vorgang vollzieht sich alljährlich, kann über einen längeren Zeitraum für optimale Bedingungen in den sonst so unwirtlichen Gletscherbächen sorgen und ermöglicht für diesen Zeitraum einen äußerst produktiven Zustand.

Insektenlarven scharen sich alljährlich in diesen Lebensräumen, da mit der schützenden Lebensraumstruktur auch Nahrung in Form von extrazellulären Substanzen und darauf aufwachsenden Mikroben in hohen Konzentrationen und großer Dichte zur Verfügung stehen. Unter den Insekten sind vor allem Larven der Zuckmücken, Eintagsfliegen und Steinfliegen in großer Dichte zu finden. Sie stellen die größeren Exemplare einer sonst genauso artenreichen Gemeinschaft aus anderen Algen, Einzellern, niederen Würmern und manchmal sogar Kleinkrebsen dar.

Foto 5.3. Larven der Mückenfamilie Chironomidae (Zuckmücken) eines Gletscherbaches, die von der günstigen und fördernden Lebensraumausstattung des Hydrurus-Bestandes profitieren. Sie leben für einen bestimmten Zeitraum regelrecht in einer Suppe aus Nährstoffen – ein entscheidender Abschnitt der Larvalentwicklung (L. Füreder).

Foto 5.4. Wo Strömungs-, Licht- und Nährstoffverhältnisse den Anforderungen von Kieselalgen entsprechen, bilden sie gut sichtbare Überzüge auf dem Gestein. Diese Algen gelten dann als epilithische Algen, die Lebensgemeinschaft wird auch als „Aufwuchs" bezeichnet (L. Füreder).

Epilithische und endolithische Algen

Kleinen Wuchsformen im Verband, einzelligen und fädigen Algen ist es möglich, die strömungsberuhigte Grenzschicht auf der Stein- oder Substratoberfläche zu nutzen. Dort bilden sie Lager von Zehntelmillimeter bis Millimeter Dicke. Innerhalb dieser Mikrozone ist die Strömung nochmals herabgesetzt und wird sogar trotz starken Strömungsgeschwindigkeiten im Bachbett von bis zu $2\ m\ s^{-1}$ in dieser Grenzschicht laminar. Die Mikroalgen können sich gut behaupten, Voraussetzung ist jedoch ein festes Anheften durch Schleime und klebrige Substanzen (bei vielen Kieselalgen) oder mit speziellen Haftvorrichtungen.

In weicherem Gestein (z.B. Kalk) gelingt es einigen Mikroalgen teilweise oder zur Gänze einzudringen und dort eingebettet oder knapp unterhalb der Gesteinsoberfläche geschützt zu assimilieren.

Epiphytische, epipsammale und epipelale Algen

Analog wie sich Algen auf gröberem Steinsubstrat anheften und wachsen (epilithische Lebensweise), können sie sich auch auf anderen Pflanzen, wie etwa Makroalgen, Moosen, höheren Pflanzen (epiphytisch), auf Sand (epipsammal) oder sogar Schlamm (epipelal) ansiedeln. Diese speziellen räumlichen Gegebenheiten finden sich in jedem stehenden Gewässer, aber auch in jedem Fließgewässer. Dort ist aber innerhalb längerer oder kürzerer Zeiträume mit einer Umlagerung und Neugestaltung des Habitats zu rechnen.

Grundsätzlich ist die Algengemeinschaft sowohl in stehenden Gewässern als auch in Fließgewässern zoniert. Am Boden eines Sees ist generell eine typische Tiefenzonierung festzustellen, was vorwiegend durch den Lichtgradienten hervorgerufen wird. In Fließgewässern ist neben der Lichteinstrahlung die Strömungsverteilung für die räumliche Anordnung der Algengemeinschaft ausschlaggebend. Sogar kleinräumig sind bestimmte Muster ganz charakteristischer Aufwuchsalgen in Abhängigkeit der substratnahen Strömung festzustellen.

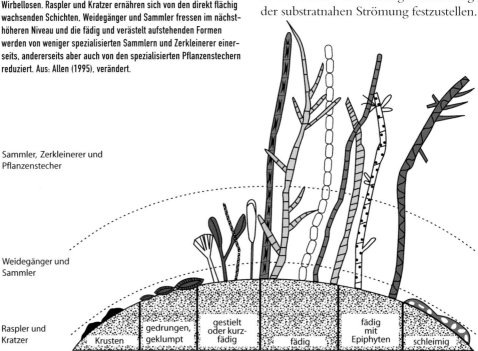

Abb. 5.1. Die verschiedenen Wuchsformen typischer Aufwuchsalgen und die wichtigsten Ernährungstypen unter den wasserlebenden Wirbellosen. Raspler und Kratzer ernähren sich von den direkt flächig wachsenden Schichten, Weidegänger und Sammler fressen im nächsthöheren Niveau und die fädig und verästelt aufstehenden Formen werden von weniger spezialisierten Sammlern und Zerkleinerer einerseits, andererseits aber auch von den spezialisierten Pflanzenstechern reduziert. Aus: Allen (1995), verändert.

5.1.2 Aquatische Moose

Besonders in der Sprühwasserzone, an Quellaustritten oder an anderen feuchten Standorten ist die Vegetation von Moosen dominiert. Sie wachsen vor allem auf größeren Steinen in alpinen Bächen. Ausschlaggebend für ihr Vorkommen in Gebirgsbächen ist die fehlende Sohlumlagerungsdynamik, sowie für viele Arten die Kohlendioxid-Übersättigung. Kommt es ein- oder mehrmals jährlich zu Hochwasser mit Sohlumlagerung, so können sich normalerweise keine Moose entwickeln. Sie wachsen nur auf Steinen, die nicht oder seit mehreren Jahren nicht bewegt wurden.

Neben der Rolle als Primärproduzenten kommt den Moosen vor allem die wichtige Funktion zur Erhöhung der Struktur- und Lebensraumvielfalt zu. Die meist polsterförmigen Wuchsformen bilden ein dreidimensionales, reich strukturiertes und vielfältiges Mikromilieu, das entsprechenden Schutz vor widrigen Umweltfaktoren (z.B. extreme Einstrahlung, Trockenheit, Strömung, Wind) und einen reich gegliederten Lebensraum für eine Vielzahl von Mikroorganismen und sogar größeren wirbellosen Tieren bietet.

Foto 5.5. Aquatische Moose finden sich besonders in Hochgebirgsbächen und in deren Spritzwasserbereich (auch häufig an Wasserfällen), wo stabilere Verhältnisse eine länger dauernde Besiedlung zulassen (B. Sonntag)

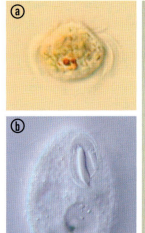

Foto 5.6. Die Mikrofauna im Hochgebirge ist eine artenreiche Lebensgemeinschaft aus Einzellern, Rädertieren, Kleinkrebsen, Würmern und Insektenlarven in speziell sich entwickelnden Mikrolebensräumen aus Aufwuchsalgen, Makroalgen und aquatischen Moosen. Das Ciliat *Askenasia chlorelligera* (a; 30 x 35μm) ist da eine Ausnahme, denn es kommt im Freiwasser von Hochgebirgsseen vor. *Glaucoma scintillans* (b; 55 μm) ist ein Kosmopolit und kommt in Aufwuchs und Detritus des Süßwassers vor. *Cyrtolophosis* sp. (c; 25 μm), hier mit typischen Zoochlorellen (das sind symbiontische Algen), lebt in Moosen und Detritus (abgestorbenes organisches Material) in Hochgebirgsgewässern. Rädertiere (d), die systematisch zu den Niederen Würmern gestellt werden, zählen auch zu den typischen Bewohnern aquatischer Moose (B. Sonntag).

5.1.3 Makrophyten

Makrophyten sind zwar in den typischen Hochgebirgsgewässern, wie Gletscherbächen, rasch strömenden Gebirgsflüssen und temporären Stillgewässern nicht oder kaum vorhanden, sie können aber in tiefer liegenden Gewässern und in kaum gestörten Kleingewässern und Moortümpeln gute Bestände ausbilden. Grundsätzlich unterscheidet man zwischen ständig untergetauchten (submersen), schwimmenden und aufragenden (emersen) Makrophyten.

Das Vorkommen von Blütenpflanzen in Fließgewässern ist begrenzt durch starke Strömung, grobe Sohlsubstrate und eine reduzierte Sonneneinstrahlung durch Ufergehölze oder andere Abschattungen. So sind wie bereits erwähnt auch die meisten Blütenpflanzen in Stillgewässern zu finden. Diese Arten tolerieren meist geringe Strömungen.

Neben der wichtigen Rolle als Primärproduzenten sind Makrophyten wegen der Erhöhung der strukturellen Ausstattung der Gewässerlebensräume von ökosystemarer Bedeutung.

Eine Reihe von Organismen (Pilze, Bakterien, Algen) entwickeln sich auf den Pflanzenteilen und bilden zusammen mit diesen einen reich strukturierten Lebensraum für Würmer, Kleinkrebse, Wassermilben und Insekten. Keine geringere Bedeutung haben sie auch für Lurche, Kaulquappen und Kleinfische.

Foto 5.7. Ständig wasserführende Kleingewässer sind meist reich an Makrophyten. Gut entwickelten Beständen sorgen für hohe Primärproduktion im und am Gewässer und auch für Strukturvielfalt im System (NPHT Tirol).

5.2 Konsumenten: Von winzigen Einzellern bis zu größeren Raubtieren

Die Artenvielfalt der tierischen Organismen ist auch in Gebirgsgewässern enorm. Obwohl schon mehr als ein Jahrhundert seit den ersten Aufsammlungen vergangen ist, kennt man noch lange nicht alle Arten, die in der Gewässerwelt der Hohen Tauern vorkommen. Eine generelle Beschreibung der Fauna und ihrer Funktion ist aber nicht weniger faszinierend.

Heterotrophe Organismen verwerten das durch Primärproduktion entstandene organische Material. Normalerweise baut darauf ein komplexes Netz aus vielen Organismen auf, die auf unterschiedlichen trophischen Ebenen ihrem Nahrungserwerb nachgehen. Sie werden generell als Konsumenten bezeichnet.

5.2.1 Mikro- und Mesofauna

Die besonders kleinen Tiere, hier zusammengefasst als **Mikro- und Mesofauna,** sind in kaum bekannter Vielfalt in den Mikrolebensräumen auch in den höheren Gebirgsgebieten zu finden. Normalerweise erfolgt die Einteilung in Mikro- oder Mesofauna nach der Größe. Diese Tiere sind mit dem bloßen Auge nicht sichtbar und leben vor allem im Aufwuchs, einem Biofilm aus Bakterien, Pilzen und Algen der Gewässersohle, im durchströmten Lückenraumsystem und in Moospolstern. Vielerlei Einzellern ist ein Leben in den Gebirgsgewässern möglich. Wegen ihrer Kleinheit können sie sich in den abiotischen (z.B. Kieslückenraum, Sand) und biotischen (z.B. Wassermoose, Makroalgen) Kleinstlebensräumen gut entwickeln. Auf kleinräumig optimalen Umweltbedingungen kann relativ rasch reagiert werden, Mikroströmungen sorgen dabei für Verbreitung und Optimierung des Nahrung und Nährstoffangebotes. Vor allem Wimperntierchen (Ciliaten) und Geißeltierchen (Zooflagellata) sind in Gewässern zu finden. So haben Wissenschafter der Universität Salzburg festgestellt, dass Ciliaten in ungeahntem Reichtum Hochgebirgsgewässer bevölkern können. Die hauptsächlich tümpelartigen Gewässer, die im Glocknergebiet untersucht wurden, liegen in einer Meereshöhe von 1.150 – 2.600 m. Auch andere Biotope, vor allem die Moosfauna von kleinen Bächen wurden berücksichtigt. So konnten insgesamt 194 Ciliaten-Arten aufgelistet werden, wobei sich herausgestellt hat, dass Kleingewässer mit vielfältigeren Lebensbedingungen eine höhere Artenzahl als einfach strukturierte Tümpel aufwiesen. Trotz des alpinen Charakters mit oft extremen Umweltbedingungen ist der Artenbestand des Glocknergebietes durchaus mit dem anderer Regionen vergleichbar. Sogar nur für gewisse Zeit wasserführende Tümpel des Glocknergebietes sind für Ciliaten offensichtlich keine allzu extreme Lebensstätte.

Foto 5.8. Die Trompetentierchen der Gattung *Stentor* sind typische Vertreter der aquatischen Mikrofauna, hier auf einem Detrituspartikel sitzend (T. Posch).

Zur **Mesofauna** werden winzige, mehrzellige Tiere gezählt, die im Lückenraumsystem in der Gewässersohle verbringen. Es handelt sich dabei um Rädertierchen (Rotatoria), Fadenwürmer (Nematoda), Wenigborster (Oligochaeta), Muschelkrebse (Ostracoda) und Ruderfußkrebse (Copepoda). Mit nur wenigen Ausnahmen sind diese Tiere mikroskopisch klein. Die Mesofauna ist taxonomisch schwer zu bearbeiten. Auch ist über ihre Ökologie wenig bekannt. Grundsätzlich gilt, dass besonders die Mikrolebewelt im Hochgebirge bis auf wenige wissenschaftliche Arbeiten kaum untersucht ist und ein großer wissenschaftlicher Bedarf besteht.

5.2.2 Tierische Lebensgemeinschaften der alpinen Gewässer

Die Wirbellosen und Wirbeltiere der Gewässer werden entsprechend ihres Lebensraumes zu folgenden Lebensgemeinschaften zusammengefasst:

- ▶ *Neuston, Pleuston:* Lebensgemeinschaft der Wasseroberfläche (z.B. Stechmückenlarven und ihre Puppen)

- ▶ *Plankton:* Lebensgemeinschaft des Freiwassers (z.B. Wasserflöhe, Ruderfußkrebse)

- ▶ *Benthos:* Lebensgemeinschaft des Gewässerbodens (der Großteil der wasserlebenden Wirbellosen)

- ▶ *Nekton:* Lebensgemeinschaft größerer Tiere (Fische, aber auch Wasserwanzen, Wasserkäfer) des Freiwassers

Neuston, Pleuston

Tiere und Pflanzen, die sich auf ein Leben auf der Wasseroberfläche spezialisiert haben, sind in der Regel relativ klein, das können Bakterien, Pilze und Algen (Neuston), aber auch etwas größere Pflanzen und Tiere (Pleuston) sein.

Plankton

Wesentlich vielfältiger sind da schon die Planktonorganismen, wo die Fachwelt je nach Organismengruppe zwischen Bakterioplankton (Bakterien), Phytoplankton (Pflanzen) und Zooplankton (Tiere) unterscheidet. Allen gemeinsam ist, dass diese Planktonorganismen über Schwimm- und Schweborgane verfügen, die es ihnen ermöglichen, den freien Wasserkörper zu besiedeln und in bestimmten oft bevorzugten Wassertiefen verweilen zu können. Als äußerst faszinierende Beispiele von Anti-Absink-Mechanismen sind Auftriebskörper wie Öltröpfchen und Gasblasen, ein sehr hoher Wassergehalt, oft bizarr wirkende, sperrige Körperanhänge oder auch Geißeln und Wimpernkränze, Räderorgane oder Ruderfüße ausgebildet.

Zu den typischen Vertretern des Zooplanktons alpiner Gewässer (Hochgebirgstümpel und Seen) sind - um nur die wichtigsten zu nennen - Wimperntiere (Ciliaten), Rädertiere (Rotatoria) sowie Kleinkrebse, nämlich Ruderfußkrebse (Copepoda) und Wasserflöhe (Cladocera) zu zählen.

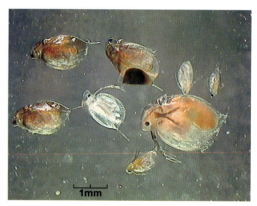

Foto 5.9. Mehrere Vertreter der Wasserflöhe, die besonders im Freiwasser aber auch am Boden von Stillgewässern vorkommen. Die meisten ernähren sich von Schwebalgen und den Mikroorganismen, die auf feinsten Detritusflocken aufgewachsen sind (L. Füreder).

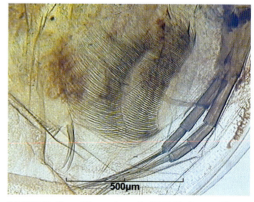

Foto 5.10. Die Wasserflöhe werden zu den Blattfußkrebsen gezählt, was hier ganz plausibel erscheint. Als typische Filtrierer sind Wasserflöhe mit effektiven Filtriereinrichtungen an den Beinen ausgerüstet. Die kräftigen Antennen dienen zum kräftigen Schwimmen im für sie sehr zähen Wasser (L. Füreder).

Benthos der alpinen Stillgewässer

Die benthischen Lebensgemeinschaften der Stillgewässer unterscheiden sich deutlich von den Bodenbewohnern der Fließgewässer. Das erscheint angesichts der bestehenden Unterschiede in den Strömungs-, Temperatur-, Sauerstoff- und Substratverhältnissen als ganz plausibel. Je nach Größe und Tiefe sind die Temperaturverhältnisse in Stillgewässern mehr oder weniger gleichförmig über die Tiefe und über das Jahr verteilt. Besonders in tiefen Seen herrscht eine konstante Wassertemperatur von 4 °C in der Tiefenschicht, nur der obere Wasserkörper ist normalerweise von den saisonalen Unterschieden betroffen. Der Sauerstoff kann in tiefen Seen zum limitierenden Faktor werden, besonders wenn sich die Dauer der Schneebedeckung über einen langen Zeitraum erstreckt.

Die Stillgewässer des Hochgebirges sind jedoch für eine länger anhaltende Schichtung im Sommer nicht tief genug, meist sind sie zudem durch eine relativ rasche Wassererneuerung gekennzeichnet. In der gut durchlichteten Litoralzone dominiert oft grober Gesteinsschutt, der mit der glazialen Bildung des Seebeckens zu tun hat. Mit zunehmender Tiefe kann das Steinsubstrat von feinem Schlamm überdeckt sein. In tieferen Gewässern ist dies der Regelfall.

Die Fauna des Litorals unterscheidet sich meist von den Tiefenbewohnern. Je tiefer das Stillgewässer ist umso deutlicher fallen auch die Unterschiede aus. Die typischen bodenbewohnenden Organismen alpiner Stillgewässer sind Vertreter der Kleinkrebse – hier wieder bodenbewohnende Wasserflöhe und Ruderfußkrebse sowie auch Muschelkrebse (Ostracoda) – aber auch eine Reihe von anderen wirbellosen Tieren, wie zum Beispiel Fadenwürmer (Nematoda), Wenigborster (Oligochaeta), Weichtiere (Schnecken und Kleinmuscheln) und allerlei Insekten. Neben den Kleinkrebsen und einigen Borstenwürmern hat sich die Familie der Zuckmücken (Chironomidae) als besonders erfolgreich erwiesen, die mit einer Reihe von Arten kleinere und größere Stillgewässer bis in die höchsten Lagen besiedeln.

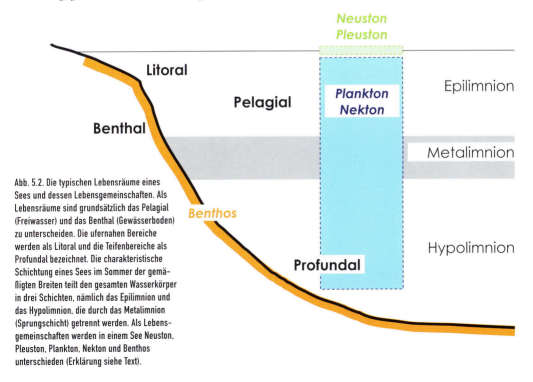

Abb. 5.2. Die typischen Lebensräume eines Sees und dessen Lebensgemeinschaften. Als Lebensräume sind grundsätzlich das Pelagial (Freiwasser) und das Benthal (Gewässerboden) zu unterscheiden. Die ufernahen Bereiche werden als Litoral und die Teifenbereiche als Profundal bezeichnet. Die charakteristische Schichtung eines Sees im Sommer der gemäßigten Breiten teilt den gesamten Wasserkörper in drei Schichten, nämlich das Epilimnion und das Hypolimnion, die durch das Metalimnion (Sprungschicht) getrennt werden. Als Lebensgemeinschaften werden in einem See Neuston, Pleuston, Plankton, Nekton und Benthos unterschieden (Erklärung siehe Text).

Benthos der alpinen Fließgewässer

Lange wurde bei Fließgewässern eine Unterteilung der Lebensräume meist in den freien Wasserkörper und in die Gewässersohle getroffen. Weiters erfolgte eine Längsgliederung in Oberlauf, Mittellauf, Unterlauf und Mündungsbereich. Heute betrachtet die Fließgewässerökologie die Flusssysteme als vierdimensionales Gebilde, deren drei räumliche Ebenen (vertikal, longitudinal und lateral) vom zeitlichen Geschehen überlagert werden. Als Lebensräume, die als wesentlich dynamischer als jene der Stillgewässer zu verstehen sind, kann man daher grundsätzlich den mehr oder weniger fließenden Wasserkörper, die Gewässersohle (Benthal) und das oft tief reichende Lückenraumsystem (hyporheisches Interstitial) abgrenzen. Dementsprechend könnte man die Lebensgemeinschaften der Gebirgsbäche in Nekton, Benthos und der Interstitialfauna einteilen. Ein echtes Plankton fehlt aber den Flüssen des Gebirges.

In der Fließgewässerökologie wurde eine Einteilung der Lebensgemeinschaften nach ihrer Lage im Flusssystem getroffen. Ausgehend von einer Gliederung der Fließgewässer nach den vorkommenden Leitfischarten werden heute die Lebensgemeinschaften (Zönosen) in Krenozönose (Zönose der Quellen, sind fischlos), Rhithralzönose (Zönose der Gebirgsbäche, Forellen- und Äschenregion) und Potamalzönose (Zönose der Tieflandflüsse, Barben und Flunderregion) unterteilt. In neueren Arbeiten werden auch Gletscherbäche und Seeausrinne als besondere Lebensräume mit den zugehörigen Lebensgemeinschaften ausgewiesen.

Eine ökologische Sonderstellung nehmen die Übergangsbereiche zwischen den aquatischen und terrestrischen Zonen ein, die durch den dynamischen Charakter der Fließgewässer wechselfeuchte Störungszonen sind.

Im Benthal alpiner Fließgewässer dominieren meist grobe Substratfraktionen, Gesteinsblöcke, große Steine und Grobschotter, gelegentlich kleinräumig vermengt mit Schotter, Kies und Sand. Die Substratzusammensetzung ist naturgemäß stark vom Gefälle und der jahreszeitlichen Dynamik der Strömungsverhältnisse abhängig. So überwiegt grobes Bodensubstrat in steileren und gestreckten Flussabschnitten, während sich in flacheren Bereichen gewundene und verzweigte Flussläufe mit entsprechend höherer Substratvariabilität entwickeln können. Hier können vor allem strömungsbevorzugende und –liebende Arten als die dominierenden Lebensformen angenommen werden. Nur in strömungsberuhigten Zonen, Kehrwasserbereichen und Kolken sind die erforderlichen Voraussetzungen für Stillwasserarten gegeben.

Diese Fließgewässerregionen lassen sich grundsätzlich durch die Breiten- und Gefällsverhältnisse, durch Temperaturamplituden und Fisch- und Benthoszönosen beschreiben. Die meisten Arten treten dabei gehäuft in gewissen Regionen auf, sind aber auch in den benachbarten Zonen vorhanden. Es gibt sogar echte Leitarten, die nur in ganz bestimmten Regionen vorkommen (z.B. *Diamesa steinboecki,* die Gletscherbachzuckmücke, die nur am Gletschertor vorkommt).

Tab. 5.1. Einteilung von Zönosen (Lebensgemeinschaften) in Abhängigkeit der längenzonalen Gliederung der Fließgewässer nach den biozönotischen Regionen (oder Fischregionen) (nach Jungwirth et al. 1996).

Lebensgemeinschaft	Gewässerregion
Eukrenalzönose	Quellbereich
Hypokrenalzönose	Quellbach
Eukryalzönose	Gletscher
Hypokryalzönose	Gletscherbach
Glazio-Rhithralzönose	Gletschergeprägter Fluss
Epirhithralzönose	Obere Forellenregion
Metarhithralzönose	Untere Forellenregion
Hyporhithralzönose	Äschenregion
Epipotamalzönose	Barbenregion
Metapotamalzönose	Brachsenregion
Hypopotamalzönose	Brackwasserregion

Tab. 5.2. Überblick über die Ordnungen der Arthropoden (Gliederfüßer), die im Süßwasser (zumindest mit einem Entwicklungsstadium) vorkommen. Kriterium „dkl. blaau" bedeutet, dass zahlreiche Arten oder ein beträchtlicher Anteil in der betreffenden Ordnung in Gewässern leben, und „hellblau" weist darauf hin, dass nur wenige Arten im Süßwasser vorkommen.

System der Arthropoda
CHELICERATA
  Arachnida Spinnentiere)
    Scorpiones (Skorpione)
    Araneae (Webspinnen)
    Pseudoscorpiones (Pseudoskorpione)
    Opiliones (Weberknechte)
    Acari (Milben)

MANDIBULATA
  Crustacea (Krebse)
    Branchipoda (Blattfußkrebse)
    Maxillopoda
    Malacostraca

  Antennata (=Tracheata)
    "Myriapoda"
      Chilopoda (Hundertfüßer)
      Symphyla
      Pauropoda
      Diplopoda (Doppelfüßer)

    Insecta (Insekten)
      "Apterygota"
      Diplura (Doppelschwänze)
      Collembola (Springschwänze)
      Protura (Beintastler)
      Archaeognatha (Felsenspringer)
      Zygentoma (Fischchen)

    Pterygota (Fluginsekten)
      Hemimetabola
        Ephemeroptera (Eintagsfliegen)
        Odonata (Libellen)
        Plecoptera (Steinfliegen)
        Dermaptera (Ohrwürmer)
        Mantodea (Fangheuschrecken)
        Blattaria (Schaben)
        Orthopteroidea (Heuschrecken)
        Psocoptera (Staläuse)
        Phthiraptera (Tierläuse)
        Thysanoptera (Fransenflügler)
        Homoptera (Zikaden, Pflanzenläuse)
        Heteroptera (Wanzen)

      Holometabola
        Megaloptera (Schlammfliegen)
        Neuroptera = Planipennia (Netzflügler)
        Rhaphidioptera (Kamelhalsfliegen)
        Coleoptera (Käfer)
        Strepsiptera (Fächerflügler)
        Hymenoptera (Hautflügler)
        Trichoptera (Köcherfliegen)
        Lepidoptera (Schmetterlinge)
        Mecoptera (Schnabelfliegen)
        Diptera (Zweiflügler)
        Siphonaptera (Flöhe)

5.2.3 Die wirbellosen Tiere der Gebirgsgewässer

Strudelwürmer (Turbellaria)

Strudelwürmer sind typische Bewohner alpiner Gewässer. Die charakteristische Körperform ist abgeflacht, sie bewegen sich kriechend und teils schwimmend vorwärts. Das Spektrum ihrer Wohngewässer reicht von sauberen kalten Quellen bis zu organisch angereicherten Stillgewässern. Sie ernähren sich räuberisch von anderen Wirbellosen des Süßwassers, manchmal wird auch Aas verzehrt. Die Charakterart sauberer und sauerstoffreicher Gebirgsbäche ist der Alpenstrudelwurm, *Crenobia alpina*. Dieser Strudelwurm kommt sogar in Gewässern über 2.000 m Meereshöhe vor und ist auch ein häufiger Bewohner der Gebirgsbäche der Hohen Tauern. Einigermaßen Berühmtheit in der Fachwelt erlangten die Strudelwürmer, als an ihrem Beispiel bereits vor etwa 115 Jahren die längenzonale Verteilung (Verbreitung im Längsverlauf der Fließgewässer) von Benthosorganismen beschrieben wurde. Es gibt auch eine Reihe von Mikroturbellaria, das sind mikroskopisch kleine Strudelwürmer, die wie die Wimperntierchen und Trompetentierchen zur Mikro- oder Mesofauna gezählt werden.

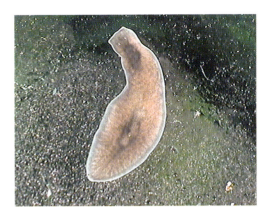

Foto 5.11. Der Alpenstrudelwurm *Crenobia alpina* ist ein strömungsliebender Bewohner von kalten und sauberen Gebirgsbächen. Er ernährt sich räuberisch und besitzt ein hervorragendes Regenerationsvermögen, das die Wissenschaft heute als erfolgreiche Strategie in den dynamischen Gebirgsbächen interpretiert (L. Füreder).

Saitenwürmer (Nematomorpha)

Namensgebend ist die gleichbleibend schlanke und drehrunde Gestalt dieser Niederen Würmer, die überhaupt zu den längsten Benthostieren gehören. Der bekannteste Vertreter, der auch im Hochgebirge vorkommt, ist das Wasserkalb, *Gordius aquaticus*. Die Larven leben parasitisch in Wasserinsekten (Wasserkäfer, Libellen), aber auch Landinsekten (Heuschrecken). Die Wirtstiere überleben meist den Befall durch den Saitenwurm nicht, da das Körperinnere vorerst bis auf die wichtigsten Organe leer gefressen wird, worauf dann das Wirtstier zugrunde geht. Die adulten Tiere sind freilebend und kommen meist in seichten Bereichen in Ufernähe vor, wo auch die Eiablage erfolgt.

Foto 5.12. Die Wenigborster-Familie der Tubificidae kommt auch in Gebirgsgewässern vor, wie z.B. *Spirosperma ferox*, ein Wenigborster, der durch lange Haarborsten und Detrituspartikel, mit denen er seine Körperoberfläche zur Tarnung bedeckt, erkennbar ist. Interessant ist auch bei einigen Familien der Oligochaeten, dass sie sich auch ungeschlechtlich vermehren können. Sie schnüren den Körper in mehrere Bruchstücke ab, die dann eingestände Tiere werden. So können die Tiere bei günstigen Bedingungen ihren Bestand rasch auf ein Vielfaches erhöhen und die energie- und zeitaufwendige Paarung und Produktion der Nachkommen umgehen (L. Füreder).

Fadenwürmer (Nematoda)

Innerhalb der großen Gruppe der Fadenwürmer kann man parasitische und freilebende Formen unterscheiden, die in allen möglichen Lebensräumen weit verbreitet sind. Für andere wasserlebende wirbellose Tiere sind besonders die Vertreter der Familie der Mermithidae von Bedeutung. Als Endoparasiten können diese in nahezu allen aquatischen und terrestrischen Gliedertieren leben, wo sie sich von den Körpersäften der Wirtstiere ernähren. Die aquatischen Vertreter leben sowohl in stehenden als auch fließenden Gewässern, die Anzahl der Arten ist für Österreich noch nicht bekannt. Ein positiver Zusammenhang zwischen der Gewässerverschmutzung und der Befallsdichte von Mermithiden wurde bereits mehrfach beobachtet. Es gibt auch eine Reihe von freilebenden (also nicht-parasitischen) Arten, die zur Mikro- und Mesofauna der Gewässerböden oder des Wasserpflanzenbestandes zählen.

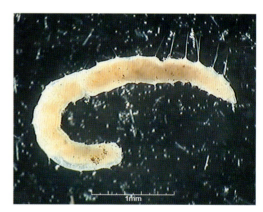

Foto 5.13. Die Wenigborster (Ordnung Oligochaeta) sind mit einigen Familien in Gebirgsgewässern der Alpen verbreitet. Sogar in extremen Lebensräumen wie Gletscherbächen kommen sie vor, wie hier ein Tubificidae, erkennbar an den dorsalen Haarborsten, die bereits im 2. Segment beginnen. Bei der meist schwer zu unterscheidenden Familie der Naididae beginnen die Haarborsten auf der Rückseite normalerweise im 4., 5. oder 6. Segment (L. Füreder).

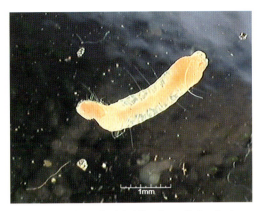

Foto 5.14. *Stylaria lacustris*, ein in Stillgewässern häufiger Borstenwurm, gehört zur Familie der Naididae. Sie ist ein guter Schwimmer und wird normalerweise in Pflanzenbeständen und am Boden angetroffen. Der lange Rüssel, der am Vorderende schnurartig anhängt, dient wahrscheinlich wie die langen Haarborsten als Tastsinnesorgan (L. Füreder).

Borstenwürmer (Oligochaeta)

Die Borstenwürmer sind die häufigsten Würmer des Gewässerbodens im Süßwasser. Sie gehören mit den Egeln zu den Gürtelwürmern (Clitellata), weil ihre Segmente im Bereich der Geschlechtsorgane verdickt sind. In Österreich sind etwa 110 im Süßwasser vorkommende Arten bekannt. In den Gebirgsgewässern reicht der Lebensraum vom Sand- und Kiesbereich der Gletscherbäche bis zu stark eutrophierten Tümpeln und Moorgewässern einschließlich der Faulschlammbereiche. Die wichtigsten Familien der Borstenwürmer in alpinen Gewässern sind Naididae, Tubificidae, Lumbriculidae und Enchytraeidae. Viele Arten sind hervorragende Indikatoren (Zeigerorganismen) für den ökologischen Zustand eines Gewässers, besonders was das Angebot an abbaubarer organischer Substanz angeht. In Feinsedimentbereichen (Tiefenzone stehender Gewässer, Stillwasserbereiche in Flüssen) können Würmer neben zahlreichen Arten der Zuckmücken die wichtigste Komponente der Bodenfauna darstellen und erlangen als Fischnahrung entsprechende Bedeutung.

Egel (Hirudinea)

Die Egel leben entweder räuberisch oder als Parasiten auf anderen Wasserbewohnern. Zu den bekanntesten Egeln zählen wohl der Blutegel und der Fischegel. Ganz charakteristisch sind die deutlich ausgebildeten Saugnäpfe am Vorder- und Hinterende des vielfach segmentierten Körpers. Häufige frei lebende, räuberische Formen zählen zur Familie der Hunds- oder Rollegel (Erpobdellidae).

Bärtierchen (Tardigrada)

Bärtierchen sind sehr kleine, kaum über 1 mm große Tiere, die aquatische oder zumindest feuchte Lebensräume besiedeln. In Gebirgsgewässern kommen sie besonders in Moospolstern und in der Spritzwasserzone des Uferbereiches, sonst auf Pflanzen und in Detritusansammlungen vor. Beachtlich ist die Fähigkeit, durch die Ausbildung eines Dauerstadiums (Tönnchen) ungünstige Umweltbedingungen zu überdauern. Es wird sogar ein Überlebensbereich von +96° bis −272 °C in der Literatur angegeben. Diese Hitze- und Kältetoleranz befähigt sie in sehr extremen Habitaten zu leben, letztere Eigenschaft zeichnet sie als ideale Bewohner alpiner und arktischer Lebensräume aus.

Wassermilben (Hydracarina)

Diese meist winzigen Spinnentiere besiedeln mit sehr vielen, schwer bestimmbaren Arten ein großes Spektrum an Gewässertypen. Sie sind auch stets in den Gewässern des Hochgebirges zu finden. Die Larven (Junglarven haben 6, spätere Stadien 8 Beine, was auch die typische Beinzahl der Spinnentiere ist) leben meist parasitisch, die adulten (=erwachsenen) Wassermilben ernähren sich räuberisch. Obwohl sie als hervorragende Indikatoren gelten, sind sie in den wissenschaftlichen Arbeiten vielfach unterrepräsentiert und gelten als taxonomisch schwierige Gruppe. Neben wenigen anderen Organismengruppen eignen sich die Wassermilben als ausgezeichnete Indikatoren bei Quelluntersuchungen, ein Umstand, der sie für Langzeituntersuchungen auch im Hochgebirge als besonders geeignet auszeichnet.

Wasserflöhe (Cladocera)

Diese besonders für das Freiwasser typischen Kleinkrebse kommen in allerlei Gewässertypen vor, vorausgesetzt die Strömung fehlt. Sie kommen häufig in Tümpeln und auch größeren Stillgewässern vor, wo sie neben dem Pelagial auch das Benthal bewohnen. Die Wasserflöhe besitzen Filterbeine, mit denen sie das Wasser herbeistrudeln und nach Nahrungspartikel durchkämmen. Mit ihrem kräftigen zweiten Antennenpaar bewegen sie sich schwimmend-schlagend fort. Mehrere Familien z.B. Daphniidae, Sididae, Moinidae, Macrothricidae und Chydoridae sind regelmäßig in Moorgewässern, Tümpeln und größeren Seen anzutreffen, wobei die letzte Familie zur typischen Bodenfauna gehört.

tungsgebiet dieser Kleinkrebse das Meer ist, haben sie auch im Süßwasser zahlreiche Arten entwickelt. Im Süßwasser kennt man grundsätzlich drei Unterordnungen, die sich meist in Bezug auf ihren Lebensraum unterscheiden und auch gut durch ihre charakteristischen Körperformen auftrennen lassen.

Die Harpacticoida sind typische Bewohner der Bodenzone von stehenden und langsam fließenden Gewässern sowie auch des Grundwassers. Der häufigste Vertreter, der besonders in geringen bis mäßigen Tiefen auch von Alpenseen vorkommt, ist *Canthocamptus staphylinus*.

Die Cyclopoida kommen sowohl im Freiwasser, dann meist in Bodennähe oder in Pflanzenbeständen, oder im Benthal von stehenden Gewässern vor. Ein typischer Bewohner der Hochgebirgsseen ist *Cyclops abyssorum tatricus*.

Foto 5.16. Auch bei den Copepoda (unten) gibt es auf spezielle Lebensräume beschränkte Arten. Sie kommen entweder im Freiwasser, in Bodennähe oder in Pflanzenbeständen vor. Die Wasserassel (*Assellus aquaticus*, oben) krabbelt ausschließlich auf unterschiedlichen Substraten (L. Füreder).

Foto 5.15. Mit dem kräftigen zweiten Antennenpaar können sich die im Freiwasser lebenden Vertreter der Wasserflöhe gut fortbewegen. Den im und am Boden lebenden Arten fehlen meist diese starken Extremitäten (L. Füreder).

Ruderfußkrebse (Copepoda)

Die Ruderfußkrebse oder auch Hüpferlinge genannt sind Bewohner der Stillgewässer und des Grundwassers. Obwohl das Hauptverbrei-

Die Calanoida sind planktisch lebende „Schweber", die mit ihrem überkörperlangen ersten Antennenpaar genügend Auftrieb haben und sich auch fortbewegen können. Die Weibchen tragen wie die Harpacticoida am Abdomen einen Eisack, während die Cyclopoida zwei Eipakete haben – eine gute Unterscheidungsmöglichkeit.

Die Ruderfußkrebse vermehren sich immer zweigeschlechtlich durch befruchtete

Eier, aus denen freibewegliche Nauplius-Larven schlüpfen. Die Eier können sich sofort nach der Befruchtung entwickeln oder aber auch als Dauereier eine Ruhepause einlegen. Oft sind es widrige Umweltbedingungen, wo eine Ruhepause Vorteil bringt.

Flohkrebse (Amphipoda) und Wasserasseln (Isopoda)

Wenngleich die Flohkrebse in Hochgebirgsgewässern nur gelegentlich vorkommen, so können sie in etwas tiefer gelegenen Fließgewässern eine entscheidende Rolle im trophischen Gefüge einnehmen. Ihre Nahrung besteht aus Pflanzen, Blättern, Detritus und manchmal Aas; auch räuberische Ernährungsweise ist von einigen Arten bekannt. Die vorwiegend marin vorkommenden Amphipoden sind im Süßwasser Österreichs nur mit wenigen Arten vertreten. Im Gebirgsraum der Alpen sind abgesehen von einigen höhlen- und grundwasserbewohnenden Formen nur der Gemeine Flohkrebs *(Gammarus pulex)* und der Bachflohkrebs *(Gammarus fossarum)* anzutreffen. Der Seeflohkrebs *(Gammarus lacustris)* kommt in einigen Bergseen vor und zählt durch seine Körpergröße (bis zu 2,5 cm) wie die Fische zum Nekton.

Foto 5.17. *Gammarus fossarum* ist ein gelegentlicher Vertreter von Quellgewässern und Gebirgsbächen der Alpen. Weil er der Ernährungsgruppe der Zerkleinerer angehört, ist das Vorhandensein zerkleinerbarer, organischer Substanz (z.B. Blätter) Voraussetzung für sein Vorkommen (L. Füreder).

Muschelkrebse (Ostracoda)

Der Name „Muschelkrebse" für die Ordnung der wasserlebenden Kleinkrebse kommt vom zweischaligen Kopfschild, das den Körper muschelschalenartig umschließt. Im Süßwasser sind sie typische Bewohner des Grundwasserlebensraumes. An Oberflächengewässern bevorzugen sie den strömungsberuhigten Bereich, sie gehören daher auch zur typischen Benthalfauna des Litorals und auch des Profundals der stehenden Gewässer. Die meisten Arten sind Detritusfresser, einige ernähren sich auch räuberisch. Normalerweise sind sie sehr klein (etwa 1 mm) und leben am Gewässerboden vorwiegend stehender Gewässer.

5.2.4 Wasserinsekten

Wasserinsekten besiedeln mit einer Fülle von Ordnungen, Familien, Gattungen und Arten sowohl stehende als auch fließende Gewässer. Im Lauf der Evolution haben sie eine Reihe von speziellen Anpassungen im Entwicklungszyklus, Körperbau und Verhalten entwickelt, die sie als überaus erfolgreiche Bewohner von auch extremen Gewässerlebensräumen ausweisen.

Eintagsfliegen (Ephemeroptera)

Die Eintagsfliegen sind eine Charaktergruppe unserer Gebirgsbäche, obwohl sie doch ein breites Spektrum von Gewässertypen besiedeln, darunter Quellen, kleine Gräben, Tümpel, Teiche und die Uferbereiche von größeren stehenden Gewässern.

In diesen unterschiedlichen Gewässertypen findet sich besonders bei den Ephemeropteren eine Reihe von Lebensformen, deren Entwicklung als optimale Anpassung an den Wasserlebensraum zu sehen ist. Da die meisten Eintagsfliegenlarven in Fließgewässern vorkommen, sind dort auch besonders zu erwähnende Anpassungen in der Körperform zu finden (siehe Kapitel Strömungsanpassung).

So sind in den vielfältigen Alpengewässern die gut strömungsangepasste, stromlinienförmige Larvenform in der Familie Baetidae und gute Schwimmer in der Familie Siphlonuridae, klammernde Formen bei der Familie Heptageniidae, der Kriechtyp in der Familie der Caenidae und der Klettertyp bei einigen Baetidae zu finden. Diese morphologisch-ökologischen Larventypen lassen gut auf die Eigenschaften des bewohnten Habitats schließen. In den turbulenten Gebirgsbächen sind die sehr flach geformten Larven der Familie Heptageniidae charakteristisch, wobei neben den Gattungen *Epeorus* und *Ecdyonurus* besonders die Gattung *Rhithrogena* mit zahlreichen Arten typisch ist. Der gute Schwimmer *Baetis alpinus* und einige *Rhithrogena*-Arten (*R. loyolaea, R. nivata*) sind ganz typische Eintagsfliegen der oberen Gletscherbachabschnitte (KRYAL).

Eintagsfliegenlarven sind als Weidegänger, Detritusfresser und Filtrierer bekannt, in den Gebirgsgewässern ernähren sie sich besonders von Algenaufwuchs, Detritus und Pflanzenteilen. Sie können zu bestimmten Jahreszeiten sehr zahlreich den Gewässerboden besiedeln, sodass sie als Fischnahrung wichtige Bedeutung erlangen.

Der Name Eintagsfliegen und auch Ephemeroptera (Griechisch: ephemeros = Dauer eines Tages) deutet auf die relativ kurze Lebensdauer der fliegenden Stadien. In der Regel ist dies jedoch länger als nur ein Tag, meist mehrere Tage. Weltweit kommen etwa 2.500 Arten vor, aus Mitteleuropa kennt man derzeit 140 Arten.

Foto 5.19. Abgeflachte Körperform der rheobionten Eintagsfliegenlarve *Rhithrogena*, die mit zahlreichen Arten in den alpinen Gebirgsbächen vorkommen können (L. Füreder).

Foto 5.18. Die Arten der *Rhrithrogena* Gr. *hybrida* sind typische Rheobionten, leben daher in rasch strömenden Gebirgsbächen. Eine extrem flache Körpergestalt zusammen mit der aus den lateralen Hinterleibskiemen geformten Haftscheibe verleiht diesen Heptageniidae-Larven (Ordnung Ephemeroptera) ein gutes Beharrungsvermögen auf den Steinen (L. Füreder).

Foto 5.20. Eintagsfliegen sind gut an ihrer Flügelstellung zu erkennen. In Ruhe stehen die Flügel senkrecht zum Körper (*Ecdyonurus zelleri*; P. Weichselbaumer).

Steinfliegen (Plecoptera)

Die Steinfliegen sind eine wichtige und ökologisch signifikante Insektenordnung in Gebirgsgewässern, ganz besonders in den verschiedenen Fließgewässern der Alpen. Der wissenschaftliche Name „Plecoptera" (vom griechischen plekein = falten und pteron = Flügel) deutet auf die Fähigkeit, die großen Hinterflügel in Ruhelage fächerförmig umzufalten.

Weltweit sind etwa 2000 Arten bekannt, aus Österreich kennt die Fachwelt etwas mehr als 120 Arten. Während die flugfähigen Stadien gut bestimmbar sind, können die Arten bei den Larvalstadien nur in wenigen Fällen eindeutig zugeordnet werden.

Als wichtige Faunenelemente der Steinfliegen in Gebirgsgewässern sind die Familien Leuctridae, Perlodidae, Capniidae, Nemouridae, Taeniopterygidae und Chloroperlidae zu nennen. Die meisten heimischen Arten sind klein und unscheinbar (wenige mm), es gibt aber auch Arten beachtlicher Größe (> 2 cm. z.B. *Dictyogenus alpinum*).

Große Larventypen (Familien Perlodidae und Perlidae) haben eine robuste Körperform und sind in den reiferen Stadien oft die Top-Prädatoren unserer Gewässer. Dies trifft besonders in den höhergelegenen Gewässern zu, wo Fische von Natur aus nicht vorkommen. Die Steinfliegenlarven sind während des Tages meist an der Steinunterseite anzutreffen und jagen dann bei Einbruch der Dunkelheit auf der Oberfläche der Bachsohle. Die in Gebirgsgewässern häufigen Arten der Familien Capniidae, Chloroperlidae, Nemouridae und Leuctridae sind durch ihre schlanke Körperform befähigt, in seichte oder tiefere Schichten des hyporheischen Insterstitials (Schotter-Lückenraumsystem in der Bachsohle). Dieser Lebensformtyp wird als „Kieslückenschlängler" bezeichnet. Die vertikale und laterale Ausbreitung im Schotterkörper kann teilweise beachtlich sein. So sind kilometerweite Wanderungen im unterirdischen Schotterkörper von Flusssystemen in Nordamerika bekannt.

Der bevorzugte Lebensraum der Steinfliegenlarven ist der Gewässergrund. Neben den bereits angesprochenen räuberischen Formen vertreten die in alpinen Gewässern vorkommenden Familien noch die Nahrungsgilden Zerkleinerer, Weidegänger und Detritusfresser.

Foto 5.21. Langgestreckt und drehrund ist die Körperform der Leuctridae-Larve, einer typischen Bewohnerin der Gebirgsbäche. Sie lebt als typischer Kieslückenschlängler im Lückenraum der Bachsohle und ernährt sich vor allem von toter organischer Substanz (L. Füreder).

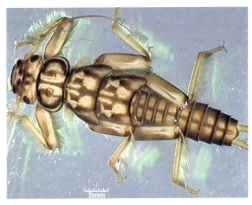

Foto 5.22. Robust und einige Zentimeter groß ist diese räuberische Plecopterenlarve der Familie Perlidae (L. Füreder).

Die geschlechtsreifen Steinfliegen sind eigentlich keine guten Flieger, sie halten sich daher meist auf Steinen und in der Ufervegetation unweit der Wohngewässer der Larven auf. Interessant erscheint, dass sich die Paare durch Klopfsignale beider Geschlechterpartner zusammenfinden. Jede Art äußert sich durch einen arteigenen Rhythmus. Zum

Foto 5.23. Ein regelmäßiger Bewohner der Gebirgsbäche ist *Dictyogenus fontium* aus der Familie Perlodidae, hier als Larve (L. Füreder).

Foto 5.24. *Dictyogenus* als flugfähiges, geschlechtsreifes Tier (P. Weichselbaumer).

Auffinden der Weibchen streifen die Männchen am Ufer herum und trommeln ihr charakteristisches Signal. Wenn ein Weibchen in der Nähe ist und die Laute mit seinen Fußgliedern wahrnehmen kann, dann antwortet es in artcharakteristischer Weise, allerdings in einer für Weibchen typischen Variante. Dieser Dialog zwischen den Partnern wird so lange fortgesetzt, bis sie sich ertasten können. Bei länger isolierten Populationen konnten sogar spezielle Dialekte unterschieden werden. Bei taxonomisch schwierigen Arten können diese „Gesänge" auch zur Bestimmung verwendet werden, was freilich nur den wahren Spezialisten gelingen kann.

Wasserwanzen (Heteroptera)

Wie auch die Plecopteren können die Wasserwanzen akustische Signale zur Verständigung erzeugen. Typisch für sie sind Stridulationsorgane zu Lauterzeugung, sie besitzen auch Giftdrüsen und Stinkdrüsen. Daneben besitzen die Wasserwanzen auch eine Reihe von Anpassungen an das Leben im Wasser, wie zum Beispiel die Schwimmbeine oder die in manchen Fällen höchst spezialisierte Sauerstoffversorgung, die mit der Nahrungsaufnahme und der Bewegungsweise einhergeht.

Während der Großteil der Wanzen terrestrisch lebt, sind doch einige Familien an Gewässerlebensräume gebunden. Diese lassen sich in zwei Gruppen unterteilen: die eher auf die Wasseroberfläche und den Uferbereich spezialisierten (semiaquatischen) Wasserläufer mit 5 Familien und die wasserlebenden Wasserwanzen mit 4 Familien.

Foto 5.25. Ein gutes Schwimmvermögen sichert einem Räuber, wie diesem Vertreter der Wasserwanzenfamilie Corixidae, auch reiche Beute (L. Füreder).

Typische Fließwasserwanzen sind zum Beispiel die Wasserläufer (Familie Gerridae) und die Bachläufer (Familie Corixidae), die selbst in kleinsten Bergbächen die Wasseroberfläche nach geeigneter Nahrung absuchen. Alle sind mit stechend-saugenden Mundwerkzeugen ausgestattet. Neben rein detritivoren oder auch Pflanzensaugern sind die meisten Wasserwanzen als Beutegreifer zu bezeichnen. Durch den Besitz von Giftdrüsen sind sie auch in der Lage, sich größere Beutetiere, wie Jungfische, zu schnappen.

Libellen (Odonata)

Wegen ihrer Farbenpracht und außergewöhnlichen Flugkünste zählen die adulten Libellen sicher zu den auffallendsten aquatischen Insekten. Die Lebensdauer der wasserlebenden Larven dauert bis zu 5 Jahre, das flugfähige Stadium dauert einige Wochen. Die aus Österreich bekannten fast 80 Arten werden in 2 Unterordnungen unterteilt: die Schlankjungfern oder Kleinlibellen (Zygoptera) und die Drachenfliegen oder Großlibellen (Anisoptera). Auch als Larven sind sie gut auseinander zu halten, da die Zygopteren drei schlanke, meist zugespitzte Blättchen am Hinterende tragen und die Anisopteren an deren Stelle fünf Dornen.

Allen gemeinsam ist ihr Hauptkennungsmerkmal, die zu einer je nach Familie unterschiedlich gestaltete Fangmaske. Dies lässt schon auf ihre Ernährungsweise schließen: sowohl Larven als auch die Imagines sind schnelle und effektive Räuber.

Als Lebensräume der Libellen dient ein großes Spektrum an Gewässern, das Hochgebirgstümpel, Quellen, Moorgewässer, Bach- und Flussränder bis zu Seeufer miteinschließt. Weil die meisten Larven sandig-schlammiges Substrat mit reicher Vegetation bevorzugen, ist in den niederen Lagen und Bachunterläufen mit wesentlich mehr Arten zu rechnen als in hochgelegenen Gewässern. Zu den bekanntesten Quellbewohnern zählen die Quelljungfern (Gattung *Cordulegaster*), die überwiegend auf sauberes Wasser und intakte Quellbäche angewiesen sind.

Foto 5.26. Eine soeben aus der Larvenhaut geschlüpfte Libelle macht sich daran, die Luft als neuen Lebensraum zu erobern. Einige Arten der Libellen (z.B. Blaugrüne Mosaikjungfer *Aeshna cyanea*) kommen in fast allen Gewässern vor, so auch in den Gebirgsgewässern der Hohen Tauern, sofern diese nicht zu stark strömen. Eine weitere Voraussetzung ist ein dichter Bestand an Wasserpflanzen. Die meisten Arten aber benötigen sehr spezielle Lebensräume und kommen dann nur dort vor, z.B. in Quelltümpeln, Moorschlenken, binsenbesetzten Teichen, Überschwemmungsflächen (NPHT Kärnten).

Schlammfliegen (Megaloptera)

Die mit dolchartigen Mandibeln ausgestatteten Larven leben räuberisch und haben zur Atmung segmental angeordnete Kiemenschläuche am Hinterleib ausgebildet. Wie der Name schon andeutet, leben die Larven vorzugsweise im Schlamm. Die aquatische Phase dauert 2 Jahre, die Verpuppung findet außerhalb des Wassers in Ufernähe statt. Auch die Schlammfliegenpartner finden sich durch akustische Signale mittels Vibration des Hinterleibs.

Netzflügler (Neuroptera)

Die mit den Florfliegen verwandten Netzflügler sind in ganz Österreich nur mit einem wasserlebenden Vertreter, nämlich *Osmylus fulvicephalus*, der Bachhaft, vertreten. Er ist eine Indikatorart für saubere und strukturreiche Kleingewässer und ist sogar zum Insekt des Jahres 2003 gewählt worden. Der Bachhaft ist ein Bewohner der Bachränder, und weil diese in den bevorzugten Bachabschnitten häufig denaturiert sind, ist er höchst gefährdet. Häufig kommt er nur in Talbächen mit gleichbleibender Wasserführung und geringem Geschiebevolumen vor. Er meidet Gewässer mit grobem Geschiebeanteil und Verlagerungsabschnitten, sodass viele Gewässer der Hohen Tauern für dieses Tier ungeeignet erscheinen.

Köcherfliegen (Trichoptera)

Die Insektenordnung der Köcherfliegen sind in fast allen Gewässertypen von den Hochgebirgsbächen und –tümpeln bis zu den großen Flüssen der Niederung, in Augewässern und auch in den ufernahen und nicht allzu tiefen Bereichen in stehenden Gewässern zu finden. Sie nehmen in ihrer Artenzahl neben den Fliegen und Mücken eine herausragende Stelle innerhalb der Süßwasserorganismen ein. Weltweit sind 7000 Arten bekannt, in Österreich kennt die Fachwelt 305 Arten.

Die Köcherfliegen sind den Schmetterlingen nahe verwandt, haben aber statt der geschuppten Flügel diese in den meisten Fällen mit Haaren versehen. Daher auch der wissenschaftliche Name „Trichoptera" (griechisch trix, trichos = Haar, pteron = Flügel). Der deutsche Name bezieht sich auf die Fähigkeit mancher Vertreter, mit Hilfe von fädigen Sekreten röhrenförmige Gehäuse (Köcher) herzustellen. In der Fachwelt wird die Fähigkeit, Seidenfäden zu bilden, als Schlüsselfaktor für die Besiedlung sehr unterschiedlicher

Foto 5.27 und 5.28. Viele Köcherfliegen konstruieren sich ihre Behausungen selbst – in der Regel sind es faszinierende Gehäuse aus den unterschiedlichsten Materialien. Ihre Fähigkeit, klebrige Fäden zu spinnen, bildet dafür die Voraussetzung. So können sie Glimmerblättchen, Sand- und Kieskörnchen, aber auch organisches Material zusammenkleben und im Laufe ihres Larvendaseins sogar ständig durch Erweiterungen im vorderen Bereich diesen Köcher vergrößern (L. Füreder).

Habitate und auch die hohe Diversität der Köcherfliegen gesehen. Die Köcher können unterschiedlichste Funktion erfüllen, wie zum Beispiel köcherinterne Wasserzirkulation für eine Erleichterung des Gasaustausches, Schutz und Tarnung vor Fressfeinden, Regulation des Auftriebs und Optimierung des Strömungswiderstandes.

Es gibt aber auch köcherlose Larven, die dann entweder freilebend und räuberisch leben oder auch Stellnetze bauen können. Der Spinnfaden wird also bei einigen Vertretern sehr effektiv zum Nahrungserwerb genutzt. Die Maschenweite der Reusen kann je nach Strömungsgeschwindigkeit und auch zu filtrierende Partikelgröße variiert werden. Damit können die einzelnen Arten oder Gattungen bzw. Familien entlang des Kontinuums oder im Gewässerquerschnitt unterschiedliche Nischen ausnützen.

Klebrige Stellnetze der Stillwasserarten sind mit Stolperfäden versehen, auf deren Berührung durch Beutetiere die räuberischen Larven wie Spinnen reagieren.

Die Larvenentwicklung umfasst meist 5 Stadien, wobei sich das letzte Stadium verpuppt. Zur Verpuppung wird bei den köchertragenden Arten der Köcher mit dem Spinnsekret derart verschlossen, dass ein ständiger Wasserstrom durch das Köcherinnere die Sauerstoffversorgung gewährleistet. Bei köcherlosen Arten wird für das Puppenstadium meist ein eigenes Gehäuse gebaut.

Die flugfähigen, geschlechtsreifen Tiere dienen wie bei den meisten aquatischen Insekten der Vermehrung und der Verbreitung. Die Geschlechter finden einander durch artspezifische Duftstoffe (Pheromone), aber auch akustische Signale und Schwarmbildungen wurden bei den einigen Arten beobachtet.

Die Bodenfauna von Gebirgsgewässern wird teilweise stark von Köcherfliegen geprägt. So kommen in Gebirgsbachabschnitten etwa 30 bis 40 Arten vor, im Hochgebirge kann besonders eine Art der in Eurasien dominierenden Familie der Limnephilidae in mehreren Gewässertypen sehr häufig sein: *Acrophylax zerberus*.

Foto 5.29. Die sklerotisierten Körperteile schauen normalerweise aus dem Köcher heraus, der häutige Hinterleib befindet sich im geschützten Bereich (L. Füreder).

Foto 5.30. Die Spinngriffel befinden sich im Mundbereich (L. Füreder).

Foto 5.31. Die geschlechtsreifen Köcherfliegen sind an der dachartigen Flügelstellung und an den langen Antennen zu erkennen (P. Weichselbaumer).

Wasserkäfer (Coleoptera)

Als größte Gruppe der Insekten sind die Käfer vor allem Landbewohner. Viele Käferfamilien oder auch einzelne Vertreter üblicherweise terrestrischer Gruppen sind aber in die Gewässerlebensräume vorgedrungen. Weit über 1000 Arten kennt man aus europäischen Gewässern, wobei vor allem die Stillgewässer bevorzugt werden. In stärker strömenden Bächen kommen Vertreter der Taumelkäfer (Gyrinidae), Hakenkäfer (Elmidae), Langtaster - Wasserkäfer (Hydraenidae), gewisse Schwimmkäfer (Dytiscidae) und Wassertreter (Haliplidae) vor. Diese sind als Larven und Adulttiere durch hakenförmige Fußenden und die Stromlinienform gut an die Strömung angepasst.

Die Lebensdauer einer Generation überstreicht mehrere Monate bis einige Jahre. Die Nahrung besteht aus Algen, Pflanzenstücken und Detritus; es gibt auch räuberische Formen unter den Wasserkäfern, die dann sowohl als Larve als auch als Adultus Beutetiere fangen.

Fliegen und Mücken (Diptera)

Bei den Zweiflüglern oder Dipteren ist nur das erste Hautflügelpaar entwickelt, die Hinterflügel sind zu Schwingkölbchen umgebildet, ein Umstand, der ihnen den Namen gegeben hat. Das Vorhandensein nur eines Flügelpaares ermöglicht den Fliegen einen ausdauernden und schnellen Flug. Innerhalb der Zweiflügler gibt es die schnellsten Flieger im gesamten Insektenreich.

Die Zweiflügler erreichen Größen von 1 mm bis wenige Zentimeter. Sie besitzen meist leckend-saugende Mundwerkzeuge, die praktisch nur von der Unterlippe gebildet werden. Bei den Gruppen, die Blut saugen, und bei einigen Raubformen ist der stechende Mundapparat erhalten geblieben, wobei die Kiefer in der Rüsselscheide verborgen sind. Die Fliegen haben sehr gut entwickelte Komplexaugen, die vor allem bei den Männchen den gesamten vorderen Teil des Kopfes einnehmen können (holoptische Augen) oder vorn durch die Stirn geteilt sind (dichoptische Augen).

Foto 5.32. Bei den Käfern gibt es mehrere Familien, die im Wasser leben. Die Larven der Gelbrandkäfer (Dytiscidae) ernähren sich räuberisch und kommen in stehenden Gewässern vor (L. Füreder).

Foto 5.33. Auch die Zweiflügler (Diptera) kommen mit zahlreichen Familien im Wasser vor. Diese haben in ihrer Entwicklung unterschiedlichste Anpassungen an das Leben in den Gebirgsgewässern realisiert. Obwohl meist sehr klein, unterscheiden sich die einzelnen Familien auch in ihrer Körperform. Hier sind Vertreter aus der Familie Psychodidae abgebildet (L. Füreder).

Die Larven der Zweiflügler sind vielgestaltig, besitzen aber weder echte gegliederte Beine noch Afterbeine (apode Larven). Es können jedoch stummel-, warzen- oder höckerförmige Ersatzorgane, Stummelbeine oder Kriechwülste ausgebildet sein. Bei einigen Mückenlarven kann eine komplette, vom Thorax mehr oder weniger abgesetzte, sklerotisierte Kopfkapsel entwickelt sein (cephale Larven), bei primitiven Fliegenlarven ist noch der Kopf vorhanden, der aber teilweise im Thorax zurückgezogen ist (hemicephale Larven). Bei den meisten Fliegenarten besteht jedoch nur ein einziehbarer Mundapparat (acephale Larven).

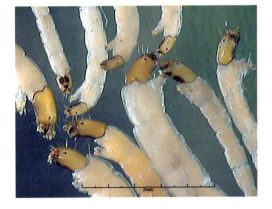

Foto 5.34 und Foto 5.35. Zuckmücken (Chironomidae) haben cephale Larven (oben) und als typische holometabole Insekten (haben vollständige Entwicklung) ein Puppenstadium (unten) (L. Füreder).

Bei den Mücken treten im Allgemeinen vier, bei den Fliegen fünf bis acht Larvenstadien auf. Eine große Anzahl von Arten durchläuft ihr Larven- und Puppenstadium im Wasser.

Die Atmung erfolgt im Larven- und Puppenstadium entweder durch Diffusion über die Haut oder mit Hilfe von Atemröhren bzw. -öffnungen am Hinterleibsende an der Wasseroberfläche. Es können aber auch Kiemen unterschiedlichster Form ausgebildet sein (wie z.B. verästelten Kiemen bei Kriebelmückenpuppen).

Nach der letzten Häutung verwandelt sich das Insekt zur Puppe, die aber - wie z.B. bei einigen Mückenfamilien - durchaus gut beweglich sein kann. Der Schlüpfvorgang zum fertigen Insekt vollzieht sich nach dem Aufsteigen der Puppe an der Wasseroberfläche. Die Entwicklungsdauer ist artspezifisch, kann zwar extrem kurz sein und unter günstigen Bedingungen weniger als eine Woche betragen, in Gebirgsgewässern normalerweise ein Jahr oder im Hochgebirge sogar mehrere Jahre.

Diese zahlreiche und vielgestaltige Insektengruppe bewohnt praktisch alle Biotoptypen. Eine ganze Reihe von Arten ahmt andere Insekten nach, zum Beispiel Bienen, Wespen, Hummeln und Ameisen. Die wasserbewohnenden Zweiflügler sind besonders artenreich. Allein für Europa sind über 5000 Arten anzunehmen.

Die Dipteren werden in zwei Gruppen eingeteilt: **Fliegen** (Unterordnung Brachycera) und **Mücken** (Unterordnung Nematocera).

Innerhalb der vielen Familien der Fliegen kommen zumindest fünf regelmäßig in verschiedenen Gebirgsgewässern vor: **Bremsen** (Tabanidae), **Waffenfliegen** (Stratiomyidae), **Schwebfliegen** (Syrphidae), **Schnepfen-** oder **Ibisfliegen** (Rhagionidae) und **Tanzfliegen** (Empididae) vor.

Wesentlich häufiger sind die Mücken in den Gebirgsgewässern anzutreffen. Einige Mückenfamilien können hinsichtlich der Artenzahl und Individuendichte die Bodenfauna spezieller Gewässer dominieren. Einige der Mückenfamilien sind als „Quälgeister" für Mensch und Tier bekannt: **Gnitzen** (Ceratopogonidae), **Stechmücken** (Culicidae) und **Kriebelmücken** (Simuliidae). Diesen gemeinsam sind die blutsaugenden Weibchen im flugfähigen Adultstadium. Während die Larven der Gnitzen hauptsächlich Landbewohner sind oder im Land-Wasser-Übergangsbereich leben, halten sich die Larven der Stechmücken unterhalb des Oberflächenhäutchens in stehenden Gewässern, auch Kleingewässern, auf. Von den blutsaugenden Mücken kommen nur die Kriebelmückenlarven bevorzugt in Fließgewässern vor, wo sie auch häufig Hochgebirgsgewässer besiedeln. Mit ihren speziell entwickelten Filtrierkämmen im Vorderkopfbereich sind sie meist auf strömende Verhältnisse angewiesen. Der Hakenkranz und die Haftscheibe am Hinterende des Körpers sowie auch der Einsatz eines Sekretfadens zum Anseilen ermöglichen auch den Aufenthalt in Bereichen starker Strömung. So werden sie in vielerlei Gebirgsflüssen, von Gletscherbächen bis Seeausrinnen, gefunden.

Die Kriebelmücken können manche Gewässerabschnitte oft massenhaft besiedeln. Bei besonderen Umweltbedingungen kann es zu einem synchronen Schlüpfen kommen, sodass dann die blutsaugenden Weibchen massiv den Weidetieren lästig werden können. Todesfälle bei Kühen durch anaphylaktischen Schock werden gelegentlich gemeldet.

Als nicht-stechende Mücken erlangen vor allem die Familien der **Zuckmücken** (Chironomidae), **Lidmücken** (Blephariceridae), **Tastermücken** (Dixidae) **Schnaken** (Tipulidae), **Stelzmücken** (Limoniidae) und **Schmetterlingsmücken** (Psychodidae) Bedeutung in Gewässerökosystemen.

Unter den zahlreichen Insektengruppen mit aquatischen Larvenstadien nehmen vor allem die Zuckmücken wegen ihrer Artenfülle eine herausragende Stellung ein. Mit etwa 1.500 Arten stellen die Chironomiden einen Anteil von 21 % der in Europa nachgewiesenen aquatischen Insektenarten. In Gebirgsgewässern kann ihr Anteil um ein Vielfaches höher sein, so zum Beispiel in den Oberläufen von Gletscherbächen, wo die Chironomiden mehr als 90 % der vorkommenden Arten und auch der vorzufindenden Individuendichte ausmachen können. Zuckmückenlarven können fast jedes aquatische Milieu erfolgreich besiedeln, so neben Gletscherbächen auch andere extreme Habitate, wie Thermen, Salzseen, Meeresküsten und wassergefüllte Blattachseln. Gewisse Arten leben auch hygropetrisch (auf überrieselten Steinen, im Spritzwasserbereich) oder terrestrisch.

Ökologisch relevant ist bei den Zuckmücken der Besitz von Speicheldrüsen, die einen rasch härtenden Sekretfaden produzieren. So bauen sie aus anorganischen und organischen Partikeln Wohnröhren oder in seltenen Fällen auch transportable Köcher.

Die Chironomidenlarven ernähren sich von Detritus, Pflanzenteilen, Algen, Aas, auch von Beutetieren, gelegentlich sind Pflanzenminierer, Zerkleinerer und Parasiten zu finden. Die adulten Mücken nehmen - wenn überhaupt - nur Pflanzensekrete auf.

5.2.5 Wirbeltiere im und am Wasser

Fische

In den Alpen gibt es etwa 70 Fischarten, die in den vielfältigen Gewässertypen vorkommen. Obwohl durch die Naturausstattung des Hochgebirges ein Großteil der Gewässer für Fische unbesiedelbar ist, hat der Mensch einiges dazu beigetragen, dass die tatsächlich von Fischen besiedelten Gewässer wesentlich häufiger sind als die potentiellen natürlichen Fischgewässer. Es ist zu vermuten und man weiß es auch von anderen Gebirgsgewässern, dass der bereits vor langer Zeit erfolgte Besatz mit Fischen große Auswirkungen auf die Lebewelt und das ökologische Wirkungsgefüge mit sich brachte.

Die Fische gehören jedoch europaweit zu den am stärksten gefährdeten Tiergruppen. Rund die Hälfte aller europäischen Arten ist bereits gefährdet, viele davon sind akut vom Aussterben bedroht oder vielerorts bereits ausgestorben. Eigentlich herrscht Übereinstimmung, wenn es um die Abklärung der Ursachen für den Rückgang und die Gefährdung der heimischen Fischfauna geht. Wasserverschmutzung und wasserbauliche Maßnahmen, Befischung und fischereiliche Bewirtschaftung trugen und tragen noch immer zur Veränderung der heimischen Fischbestände bei. In der Schutzregion des Nationalparks Hohe Tauern, wo Gewässerverschmutzung und Schutzbauten eigentlich eine untergeordnete

Foto 5.36. Die Bachforelle (*Salmo trutta*) ist die Leitfischart der Forellenregion und somit charakteristisch für unsere Gebirgsbäche. Wegen der bereits angesprochenen Besatzaktivitäten kann man sie auch in zahlreichen Bergseen finden. Die Bachforelle liebt kühles, sauberes und sauerstoffreiches Wasser und steigt gelegentlich bis über 2000 m auf (M. Kurzthaler).

Rolle spielen, existiert die erst spät erkannte und noch immer kaum beachtete Gefahr des Besatzes mit nichtheimischen Fischen. Aber seit einigen Jahren werden in einem Interreg-Projekt autochthone Bachforellen aufgesucht, die dann vermehrt und dann in den umliegenden Gewässern ausgesetzt werden.

Im Gebiet der Hohen Tauern sind heute Lachsartige (Salmonidae), Karpfenartige (Cyprinidae), Barsche (Percidae) und einige andere Knochenfisch-Familien verbreitet.

Zu den Salmoniden (Lachsartigen) zählen 3 Arten in Österreich als autochthon (= heimisch): Die Forellen (*Salmo trutta*), die bei uns in zwei Formen auftreten, nämlich die **Bachforelle** *(Salmo trutta forma fario)* und die **Seeforelle** *(Salmo trutta forma lacustris),* der **Huchen** *(Hucho hucho),* der in Berggewässern nicht vorkommt, und der **Seesaibling** *(Salvelinus alpinus).* Unverwechselbares Merkmal dieser Gruppe sowie der mit den Salmoniden verwandten Äschen ist die strahllose Fettflosse. In den Gewässern des Nationalparks kommen Bachforelle, Regenbogenforelle, Seeforelle, Seesaibling, Bachsaibling und Renke vor. Alle diese Fischarten ernähren sich von wirbellosen, wasserlebenden Tieren und von Fischen. Die meisten gelten somit als Raubfische.

Wegen ihrer Bedeutung als Nutzfische der Sportfischerei sind Bachforellen in ganz Österreich verbreitet und fast alle Fließgewässer damit künstlich besetzt worden, wobei die ursprünglichen, bodenständigen Bachforellenpopulationen oft von Nachkommen importierter Forelleneier verdrängt wurden. In mehreren Bächen des Nationalparks versucht man derzeit in einem Interreg-Projekt, die „Urforelle" wieder heranzuzüchten.

Der einzige heimische Vertreter der Gattung Salvelinus ist der **Seesaibling** *(Salvelinus alpinus),* der in äußerst unterschiedlichen Wuchsformen, die sich auch ökologisch differenzieren, auftritt. „Wildfangsaiblinge" werden mit 65 – 70 cm am größten und ernähren sich hauptsächlich von Fischen, „Normalsaiblinge" werden 25 – 40 cm groß und fressen Plankton und Bodentiere, „Tiefsee- und Hungersaibling oder Schwarzreuter" bleiben bei 15 – 20 cm und ernähren sich großteils von Anflugnahrung. Letztere kleinste Wuchsformen sind für Hochgebirgsseen charakteristisch.

Der Seesaibling stellt einen der zahlreichen Abkömmlinge der Stammform des Wandersaiblings dar, der in den Küstengewässern und Zuflüssen des nördlichen Eismeeres lebt. Er ist somit der am weitesten in den arktischen Norden vordringende Süßwasserfisch. Im Laufe der Eiszeit gelangte dieser Lachsartige auch in manche Alpenseen, wo er bis heute als Eiszeitrelikt überdauerte. Heute findet man diesen Lachsartigen in etlichen Bergseen der Hohen Tauern, wo er aber mit Sicherheit durch den Menschen, zum Teil schon im Mittelalter, eingebracht wurde. Die Schwarzreuter sind z.B. im Dösener See bei Mallnitz, in den Neualpseen und dem Alkuser See in der Osttiroler Schobergruppe über 2.400 m und in den Schwarzseen im Lungauer Murtal (2.221 und 2.339 m) zu finden.

Neben den heimischen Salmoniden wurden in Österreich auch vier fremde Arten eingeführt, was zur Folge hatte, dass heute die **Regenbogenforelle** (Oncorhynchus mykiss) und der **Bachsaibling** (Salvelinus fontinalis) in praktisch allen Fließgewässern der Forellenregion und damit in den Gebirgsbächen der Hohen Tauern verbreitet sind. Sie stammen ursprünglich aus Nordamerika und werden zur Ausübung der Sportfischerei auch in die Gewässer der Tauernregion eingebracht. Besonders beliebt ist der Bachsaibling aufgrund seiner Farbenpracht und seiner Toleranz gegenüber Sauerstoffzehrung und pH-Wert-Änderungen. Er kommt auch mit regulierten Bachabschnitten gut zurecht.

Um 1980 wurde eine weitere Saiblingsart nach Kärnten in mehrere Stauseen eingebracht, der **Amerikanische Saibling** (Salvelinus namaycush). Durch Besatzmaßnahmen wurde auch der **Coholachs** (Oncorhynchus kisutch) in den Möllstau Rottau eingesetzt und ist heute in mehreren Gewässern zu finden.

Die Familie der Äschen (Thymallidae) ist nur durch die namensgebende Fischart **Äsche** (Thymallus thymallus) in Österreich dokumentiert, die auch der Leitfisch einer Fließgewässerregion, nämlich der Äschenregion, ist. Sie ist nach wie vor in dieser Gewässerregion zu finden, wenngleich ihre Bestände vielerorts stark rückläufig sind.

Unter den Karpfenfischen (Cypriniden) sind nur die **Elritze** oder **Pfrille** (Phoxinus phoxinus) als bodenständige Arten für die Gewässer des Nationalparks zu nennen. Sie bewohnt Bäche, Flüsse und Kiesufer mancher Seen, auch Bergseen, und steigt sogar bis weit über 2.000 m auf. Als die höchsten Vorkommen im Nationalpark gelten mit etwas über 2.400 m die Neualpseen in der Schobergruppe (Osttirol). Die Elritze liebt kühles, klares und sauerstoffreiches Wasser und hält sich gerne in seichten Bereichen auf. Sie ernährt sich hauptsächlich von wasserlebenden Wirbellosen und auch vom Anflug.

Die häufigste Art der Familie der Schmerlen (Cobitidae) in Österreich, die **Bachschmerle** oder **Bartgrundel** (Noemacheilus barbatulus), ist vorwiegend in Gräben und tiefer liegenden, aber doch rasch fließenden Bächen mit Kiesgrund verbreitet. Tagsüber hält sie sich in Schlupfwinkeln am Gewässergrund verborgen, nachts wird sie aktiv und ernährt sich von verschiedensten Insekten und Kleinkrebsen. Im Gebiet des Nationalparks Hohe Tauern dürfte das Vorkommen der Bachschmerle auf die Gewässerabschnitte im Vorfeld des Nationalparks beschränkt sein, obwohl über ihr Vorkommen in der Region noch wenig bekannt ist.

Aus der Familie der Koppen (Cottidae) ist in den Gewässern der Hohen Tauern die **Koppe, Mühlkoppe** oder **Groppe** (Cottus gobio) verbreitet. Sie ist ein typischer Höhlenbrüter der Forellenregion.

Foto 5.37. Die Koppe (*Cottus gobio*) ist in Österreich weit verbreitet, kommt von der Barbenregion bis in die Forellenregion vor und steht nicht auf der Liste der bedrohten Arten. Dennoch ist sie in manchen Gewässern durch Verbauungsmaßnahmen und/oder monotone oder fehlende Strukturen stark gefährdet (L. Füreder).

Amphibien

Besonders die Kleingewässer spielen als Lebensraum für Amphibien eine bedeutende Rolle. **Bergmolch** *(Triturus alpestris)*, **Alpensalamander** *(Salamandra artra)* und **Grasfrosch** *(Rana temporaria)* sind in der Lage, höhere Lagen der Hohen Tauern zu besiedeln, **Erdkröte** *(Bufo bufo)*, **Feuersalamander** *(Salamandra salamandra)* und **Gelbbauchunke** *(Bombina variegata)* dringen auch weiter in die Täler ein und kommen in mittleren Höhen vor. In tieferen Lagen kommen **Laubfrosch** *(Hyla arborea)*, **Wasserfrosch** *(Rana esculenta)*, **Springfrosch** *(Rana dalmatina)* vor. Durch die aufgrund der Maßnahmen des Menschen erfolgte drastische Abnahme der Feuchtgebiete und Kleingewässer in der Kulturlandschaft sind die Amphibienbestände stark zurückgegangen. Besonders in den tiefer gelegenen Gebieten der Tauernregion und im Vorfeld des Nationalparks waren früher ausgedehnte Feuchtgebiete vorhanden, wo auch einst die Hauptverbreitungsgebiete der Amphibien zu finden waren. Feuchtgebiete liegen heute in Zahl und Ausdehnung nur mehr stark reduziert vor, wodurch neben der Schrumpfung der Lebensräume auch ihre Isolation zur Verschlechterung des Lebensraumangebotes beigetragen hat.

In der Nationalparkregion ist der Berg- oder Alpenmolch von den Tallagen bis in die hochalpine Grasheide verbreitet. Er lebt im Nahbereich seiner Laichgewässer, wo das Weibchen die Eier an Wasserpflanzen klebt. Nach zwei bis drei Wochen schlüpfen die Larven, die zur Atmung äußere Kiemen tragen. In höheren Lagen bei zu kurzen Sommern bleiben die Larven auch über den Winter in den Gewässern. Dabei kann auch vorkommen, dass sie sich nicht in das Adulttier umwandeln, sondern als Larve weiter fortpflanzen und erst weitere Generation sich bei entsprechend günstigen Bedingungen zum Molch entwickeln. Häufig ist in der Tierwelt zu beobachten, dass in kälteren Regionen die Entwicklungszeit verlängert wird. So pflanzen sich auch Bergmolche in höheren Lagen nur alle zwei Jahre fort.

Ein ebenso nicht minder auffallendes Tier, das ebenfalls in der Nähe von Gewässern lebt, ist der **Feuersalamander** *(Salamandra salamandra)*. Er bleibt aber etwas tiefer als der Bergmolch und wird in Laubwaldbereichen bis in eine Höhe von 1.200 m gefunden. Es gibt aber auch einige höher gelegene Nachweise, die mit 2.000 m ein Maximum erreichten. Im Unterschied zum Bergmolch entwickeln sich die Larven des Feuersalamanders bereits im Mutterleib, die Larven werden dann im Frühjahr in Fließgewässern oder Quelltümpeln abgesetzt. Die Entwicklung zum Adulttier vollzieht sich in zwei bis drei Monaten. Der Feuersalamander hat aufgrund seiner Schreckfarbe, die den potentiellen Fressfeinden seine Giftigkeit signalisiert, wenige Feinde.

Die **Gelbbauchunke** oder **Bergunke** *(Bombina variegatus)* konzentriert ihr Vorkommen ebenfalls in die Talbereiche der Nationalparkregion und kommt dort in Kleingewässern, Moortümpeln, Uferbereichen von Teichen und Entwässerungsgräben vor. Der höchste Nachweis stammt von der Grieseralm bei Prägraten aus 1.737 m Höhe. Der Name Gelbbauchunke stammt von der gelb bis orange gefleckten Unterseite des sonst dunkel gefärbten Tieres, die als Schreckfärbung zur Abschreckung von Feinden fungiert. Die Gelbbauchunke ist tagaktiv und relativ an-

Foto 5.38. Der Berg- oder Alpenmolch (*Triturus alpestris*) ist von den Tallagen bis in die hochalpine Grasheide verbreitet (Alpenzoo, Innsbruck).

Foto 5.39 und 5.40. Die Gelbbauchunke oder Bergunke besiedelt die Gewässer der tieferen Lagen in Nationalpark (M. Kurzthaler).

nach Wassertemperatur für mehrere Wochen bis Monate im Gewässer, durchleben großteils räuberisch ihre Wandlung zum fertigen Froschlurch und prägen für diese Zeit das Gewässerökosystem.

Der **Grasfrosch** *(Rana temporaria)* ist die häufigste Froschart in der Nationalparkregion. Er bewohnt feuchte Wiesen und Waldgebiete, sumpfige Bachufer, vielerlei Kleingewässer, Verlandungszonen von Stillgewässern und Quelltümpel. Er gilt als kältetolerant und wird folglich auch bis in höhere Lagen gefunden. Der höchste Nachweis stammt aus dem Obersulzbachtal in 2.850 m, im Süden aus dem Tauerntal in 2.400 m. Die Grasfrösche leben in terrestrischen Lebensräumen, erst im Herbst wandern sie zu ihren Laichgewässern, wo sie in unmittelbarer Nähe oder im Uferschlamm überwintern. Wenn die Gewässer eisfrei werden, oft noch unter der Winterdecke, erfolgt die Paarung und das Absetzen der großen Laichballen mit 2.000 bis 4.000 Eiern. Danach wandern die Frösche sofort wieder in die Sommerlebensräume zurück. Bei den Wanderungen sind noch viele Details unbekannt. Die Entwicklung der Froschlarven dauert zwei bis drei Monate. Am Ende des Sommers verlassen die Jungfrösche die Gewässer und verteilen sich in die umliegenden Lebensräume, wo sie für drei bis fünf Jahre bleiben, bevor sie wieder in ihre Geburtsgewässer zurückkehren.

spruchslos was den Gewässerzustand betrifft. Sie ist fast über die ganze warme Jahreszeit im Wasser zu finden.

In der Nähe von Kleingewässern und Tümpeln kommt in der Region der Hohen Tauern auch die einzige Krötenart vor, die **Erdkröte** *(Bufo bufo)*. Die Kröten leben zwar die meiste Zeit außerhalb der Gewässer, suchen diese aber zur Laichzeit für ein bis zwei Wochen auf. Von jedem Weibchen werden 2.000 bis 6.000 Eier in 3 bis 6 m langen Schnüren an Wasserpflanzen abgesetzt. Die schlüpfenden Kaulquappen bleiben dann je

Foto 5.41. Der Grasfrosch *(Rana temporaria)* ist die häufigste Froschart in der Nationalparkregion und bewohnt feuchte Wiesen und Waldgebiete, sumpfige Bachufer, vielerlei Kleingewässer, Verlandungszonen von Stillgewässern und Quelltümpel (NPHT Salzburg).

Reptilien (Reptilia)

Als Fressfeinde von Amphibien sind auch einige Reptilien an Gewässerlebensräume gebunden oder werden zumindest in Gewässernähe angetroffen. Die am deutlichsten mit Gewässern assoziierte Schlange ist die **Ringelnatter** *(Natrix natrix)*, die in der Nationalparkregion Feuchtwiesen mit Gräben und Tümpeln, Verlandungszonen, Seen, Bachauen und feuchte Waldbereiche bewohnt. Die Beutetiere sind in erster Linie Frösche, Molche, kleine Fische und Kröten. Die Hauptverbreitung der Ringelnatter liegt in den Tälern und im Vorland, obwohl auch einige relativ hoch gelegene Fundorte bekannt sind (bis 2.300 m).

Vögel (Aves)

Die Gewässer der Hohen Tauern sind als Lebensraum für wasserbewohnende Organismen, wie Fische und Fischnährtiere, von Bedeutung. Von diesen ernährt sich auch eine Reihe von Vögeln, die über diese Nahrungsbeziehung hinaus auch in örtlicher Hinsicht an die Gewässer gebunden sind. Oft sind es die Gewässer begleitenden natürlichen Strukturen oder die natürliche Ausstattung der Gewässer, die als Lebensraum oder Brutplatz von Bedeutung sind. Eingriffe in die natürlichen Gegebenheiten, besonders was die Strukturausstattung betrifft, wirken sich nicht nur auf die Gewässerzönose direkt aus, sondern haben auch meist negative Konsequenzen für die gewässergebundenen Vögel.

Im Gebirgsraum der Hohen Tauern kommen nur wenige Arten aus mehreren Familien in Frage, die an Gewässer gebunden sind.

Der **Bergpieper** *(Anthus spinoletta)* ist in Österreich ein weit verbreiteter Brutvogel des gesamten Alpenzuges. In der Alpinstufe (ab ca. 2200 m) ist er der häufigste Brutvogel. Die Verbreitungsgrenzen sind unten die Waldgrenze und oben die Schneegrenze. Als Kurzstreckenzieher, er überwintert in Süd- und Mitteleuropa, fliegt er besonders entlang der Flusstäler, wo bei geringer Wasserführung die Schotter im Bachbett und die Schotterbänke am Rand als Nahrungsflächen gelten. Ziehenden Vögeln werden durch Kanalisierung der Flüsse Rast- und Nahrungsstationen genommen, die sie vor allem bei späten Kälteeinbrüchen in den Bergen benötigen. Optimale Strukturen bieten natürliche Aufweitungen von Flüssen, die reich an Schotterinseln und Schotterbänken sind.

Foto 5.42. Die Gebirgsstelze *(Motacilla cinerea)* ist als Brutvogel auch in der Gebirgsregion der Hohen Tauern verbreitet und kommt an allen schnell fließenden Gebirgsbächen, auch an den größeren Flüssen, vor (NPHT Tirol).

Die **Gebirgsstelze** *(Motacilla cinerea)* ist als Brutvogel auch in der Gebirgsregion der Hohen Tauern verbreitet und kommt an allen schnell fließenden Gebirgsbächen, auch an den größeren Flüssen, vor. Sie bevorzugt Waldschatten mit Steil- und Geröllufern, wo sie ihr Nest in Felsspalten, Erdhöhlen, Nischen zwischen Steinen, im Wurzelwerk, aber auch in künstlichen Bauwerken wie Mühlen und Schleusen baut. Über der Waldgrenze kommt sie auch in offenen, wenig Wasser führenden Bächen vor. An stehenden Gewässern wird sie kaum brüten, kommt aber während der Zugzeit dort vor. Übertriebene Verbauung und Aufstauung von Bächen und Flüssen raubt der Gebirgsstelze die Nistplätze.

Auch die **Bachstelze** *(Motacilla alba)* fehlt als Kulturfolger in keinem Tal und keinem Dorf der Nationalparkregion. Obwohl ihr Lebensraum die offene Natur- und Kulturlandschaft ist, sammeln Bachstelzen zur Zugzeit auf Schotterbänken und Schotterinseln Insekten und andere wirbellose Tiere. Diese suchen sie sogar auf den Randvereisungen der Gewässer.

Die **Wasseramsel** (Cinclus cinclus) ist in Österreich ein weit verbreiteter Brutvogel, der stark ans Gewässer gebunden ist. In den Hohen Tauern erreicht er als Brutvogel eine Seehöhe von 2.200 m und lebt an wenig verschmutzten Fließgewässern mit ständiger Wasserführung.

Foto 5.43. In den Hohen Tauern nistet die Wasseramsel (*Cinclus cinclus*) bis in eine Seehöhe von 2.200 m und lebt an wenig verschmutzten Fließgewässern mit ständiger Wasserführung. Da die Gletschertrübe im Sommer die Sicht beim Nahrungserwerb beeinträchtigen kann, weicht sie in nahrungsreichere Mündungsbereiche von Nebengewässern aus (NPHT Tirol).

Der rasch fließende Bach ist das Jagdgebiet der Wasseramsel. Größere Steine und kleine Felsbrocken dienen ihr als Ansitzwarten. Auch das Bachbett muss mit Steinen und Schotter ausgestattet, das Wasser durch Stromschnellen gut durchlüftet sein.

Die Wasseramsel zieht zur Nahrungssuche entlang weiter Gewässerstrecken. Viele bleiben über die Wintermonate in den Alpen im Brutrevier, an eisfreien Bächen sogar bis 2.000 m Höhe. Gletschertrübe im Sommer oder Verunreinigungen können die Sicht beim Nahrungserwerb der Wasseramsel beeinträchtigen, so ist auch ein Ausweichen in nahrungsreichere Mündungsbereiche von Nebengewässern beobachtet worden. Durch starken Bachausbau (Begradigung, Kanalisierung) und auch durch die Auswirkungen des „Sauren Regens" werden sowohl die Wasseramsel selbst als auch das ganze Ökosystem gefährdet. Als weitere Gefährdungsursache gilt die Entfernung von Strukturen, die als Nistplätze von Bedeutung sind.

Gewässergebundene Säugetiere (Mammalia)

Meist im Nahbereich der Gewässer oder gelegentlich im Gewässer sind auch einige Säugetiere anzutreffen, die wegen der speziellen Nahrungsbeziehungen oder wegen ihrer Lebensraumansprüche an diese mehr oder weniger stark gebunden sind.

Wasser- und Sumpfspitzmaus

Die Spitzmäuse gehören nicht zu den Nagetieren, sondern zu den Insektenfressern. Dabei ist die **Wasserspitzmaus** (*Neomys fodiens*) unsere größte einheimische Spitzmaus. Ausgewachsene Exemplare erreichen ein Gewicht von fast 20 g und werden zwischen 6 und 10 cm lang. Die Unterseite des noch einmal 4,5-7,5 cm langen Schwanzes ist mit einem Borstenkiel versehen, der die Schwimmbewegungen des Schwanzes unterstützt. Während der nahe verwandten, etwas kleineren **Sumpfspitzmaus** (*Neomys anomalus*) dieser Borstensaum fehlt (Unterscheidungsmerkmal), besitzen beide Arten Schwimmborsten an den Hinterfüßen. Die Borsten haben die gleiche Funktion wie die Schwimmhäute bei größeren Tieren.

Die Wasserspitzmaus ist in der Nähe aller Gewässertypen zu finden. Sie lebt an den Ufern von kleinen Gräben genauso wie an großen Flüssen, reißenden Gebirgsbächen wie Stillgewässern.

Mit Vorliebe frisst die Wasserspitzmaus Insektenlarven, Flohkrebse und Gliederwürmer, doch verschont sie auch Fisch- und Froschlaich nicht.

Die Wasserspitzmaus kommt in den Alpen an gut strukturierten Ufern stehender und fließender Gewässer bis 2.500 m vor. Im

Nationalpark Hohe Tauern wurde die Wasserspitzmaus sporadisch angetroffen, z.B. an einem kleinen Bach in 1.800 m.

Bei der ebenfalls einheimischen Sumpfspitzmaus (Neomys anomalus) fehlt der Borstenkiel, der bei der Wasserspitzmaus erwähnt wurde. Sie ist auch etwas kleiner als die Wasserspitzmaus. Sie hat aber auch die Schwimmborsten an den Hinterfüßen. Sie ähnelt in ihrer Lebensweise sehr der Wasserspitzmaus.

Fischotter *(Lutra lutra)*

Der **Fischotter** (Lutra lutra) gehört innerhalb der Ordnung der Raubtiere (Carnivora) zur Familie der Marder (Mustelidae). Erwachsene Tiere weisen im Durchschnitt eine Kopfrumpflänge von 80 Zentimetern, eine Schwanzlänge von 40 Zentimetern und ein Gewicht von 6 bis 10 Kilogramm auf. Wie die «echten» Marder (Unterfamilie Mustelinae) hat der Fischotter einen schlanken, langgestreckten Körper und verhältnismäßig kurze Beine. Er unterscheidet sich von ihnen aber durch vielfältige Anpassungen an das Leben und die Jagd im Wasser. Infolge seiner Bindung ans Wasser wurde er früher auch «Wassermarder» genannt.

Der Fischotter ist ein erfolgreicher Jäger der Binnengewässer und ist über ganz Europa und weite Teile Asiens verbreitet.

Der bevorzugte Lebensraum des Fischotters innerhalb dieses riesigen Verbreitungsgebiets sind die Fließ- und Stillgewässer der Niederungen, deren Ufer mit dichtem Pflanzenwuchs gesäumt sind. Hier findet er ein reiches Nahrungsangebot und vielfältige Deckungsmöglichkeiten. Die Nähe menschlicher Siedlungen scheut der Fischotter wenig. Er ist sehr anpassungs- und lernfähig und weiß Begegnungen mit dem Menschen weitgehend zu vermeiden. Weniger günstige Lebensräume, in denen der Fischotter aber ebenfalls anzutreffen ist, sind Bäche und Seen im Hügel- und Bergland.

Der Fischotter ist ein außerordentlich gewandter, schneller und ausdauernder Schwimmer und Taucher. Dank seiner enormen Be-

Foto 5.44. Der Fischotter *(Lutra lutra)* kam einst in mehreren Gewässern der Tauerntäler vor. Danach bedeuteten die rigorosen Bachverbauungen eine drastische Lebensraumzerstörung für diesen flinken Gewässerbewohner (M. Kurzthaler).

weglichkeit und Geschwindigkeit vermag er Fische aller Art leicht einzuholen und zu packen. Tatsächlich besteht der Hauptteil seiner Nahrung aus Fischen. Der Wassermarder wurde deshalb von alters her als schlimmer «Schädling» eingestuft und vielerorts unnachgiebig verfolgt. Neben Fischen erbeutet der Fischotter vor allem noch Kleinsäuger, Vögel und Lurche. Aber auch Flusskrebse und andere Wirbellose stehen auf seinem Speiseplan.

5.3 Anpassungen an den Lebensraum der Gebirgsgewässer

Das Leben in Gebirgsgewässern erfordert eine Reihe von Anpassungen und Strategien, die den Tieren ermöglichen, die oft extremen Gegebenheiten erfolgreich zu überleben. Je höher die Gewässer liegen, desto extremer und unberechenbarer werden die Umweltbedingungen. Schlüsselfaktoren können die Toleranzgrenze vieler Organismen unter- oder überschreiten. Hinsichtlich des Schlüsselfaktors Strömung ist eine Reihe von Anpassungen in morphologischer und physiologischer Weise, aber auch im Verhalten festzustellen. Für die Osmoregulation und Atmung im Wasser sind ebenfalls eine Reihe genereller Strategien, die in den Ordnungen sehr unterschiedlich sein können, entwickelt worden.

Foto 5.45. Ein schlanker langgestreckter Körper ist typisch für die Lebensform der Kieslückenschlängler (L. Füreder).

Foto 5.46. Robuste und kräftige Krallen an den Nachschiebern ermöglichen dieser räuberischen Trichopterenlarve (Familie Rhyacophilidae) sich gut in der Strömung zu behaupten und auch effektiv Beute zu jagen (L. Füreder).

Strömung

In Fließgewässern ist wohl die Strömung der maßgebliche Umweltparameter, die im Gebirge wegen der großen Höhenunterschiede, die über relativ kurzer Distanz überwunden werden, oft maximale Ausmaße erreicht. Die Strömung wird für viele Organismen zum lebensbedrohenden Stressfaktor. Auf der anderen Seite bedeutet rasch strömendes, turbulentes Wasser eine hohe Sauerstoffsättigung (oft über 100 %) und damit eine gute Sauerstoffversorgung für die Organismen.

Die Lebewesen der Gebirgsbäche haben eine Reihe von Anpassungen entwickelt, die in den einzelnen Organismengruppen unterschiedlich verwirklicht ist, aber doch einer einzigen Strategie folgt, nämlich der Strömung zu widerstehen. Neben den vielfältigen morphologischen Anpassungen finden sich noch generell zwei Strategien, die entweder ein Ausweichen oder ein Widerstehen bedeuten.

Der Strömung kann gut ausgewichen werden, wenn die Körpergröße möglichst gering bleibt, die Körperform lang gestreckt und schlank ist oder der Körper abgeflacht ist. Diese Strategien ermöglichen den Organismen sich in den Lückenräumen und strömungsberuhigten Zonen zurückzuziehen oder sich ständig in der ruhigen Grenzschicht aufhalten zu können. Bei etwas größeren Tieren reicht allein die extreme Abflachung nicht mehr, sondern die Stellung bestimmter Körperteile und die zusätzliche Ausstattung mit Haftvorrichtungen ermöglichen den Widerstand gegen die relativ hohen Scherkräfte.

Häufig sind die Gebirgsbachorganismen robust und mit starker Muskulatur ausgestattet. Dies scheint aber allein nicht auszureichen, den starken Strömungen zu widerstehen. Wiederum sind es Klauen, Haken und Haftvorrichtungen an den Beinen oder am Hinterleib, die es den Organismen ermöglichen, sich in den turbulenten Gewässern ständig aufzuhalten. So haben etwa die Hakenkäfer (Elmidae) ihren Namen vom Besitz derartiger Haken. Zumindest eine dieser Ausstattungen, nämlich Klauen an den äußeren Beingliedern (Tarsen) oder an den Stummelbeinen bzw. Hakenkränze an den Beinen oder am Hinterende, ist bei vielen strömungsbewohnenden Arten vorhanden.

Zu Haftscheiben angeordnete Kiemen (bei den Eintagsfliegen der Gattungen *Rhithrogena* und *Epeorus* realisiert) oder echte Saugnäpfe (bei den Lidmücken oder Blephariceridae) stellen besonders effektive Strukturen dar.

Zusätzlich zu den Haftvorrichtungen können bei manchen Wasserinsekten noch Klebesekrete gebildet werden, die eine weitere Befestigung ermöglichen. Die Larven der Kriebelmücken

Foto 5.47. Die Saugnäpfe der Lidmückenlarven (Diptera, Familie Blephariceridae) sind sehr erfolgreiche Vorrichtungen, auf stark überströmten Steinen zu leben und dort ohne abzudriften, die Algen abweiden zu können. Der typische Lebensraum dieser Larven sind turbulente Gebirgsbäche bis über 2.000 m (L. Füreder).

nen die Benthosorganismen bezüglich ihrer Strömungspräferenz in bestimmte Strömungstypen eingeteilt werden. Diese Kategorisierung kann gut für angewandte Fragestellungen benützt werden. Die Analyse der Strömungspräferenzen zum Beispiel dient gut der Beurteilung von Restwasserstrecken, wo normalerweise die Strömungsverteilung gegenüber der natürlichen Situation stark verändert ist.

Foto 5.48. Als schöne Kunstwerke können diese Gehäuse der Köcherfliege *Drusus discolor* bezeichnet werden. Sie sind auch hervorragende Bauwerke für ein gutes Strömungsverhalten. Bereits vor etwa 50 Jahren wurden von der Zoologischen Arbeitsgruppe vom Haus der Natur in Salzburg genaue Freilandbeobachtungen über diese Tiere durchgeführt. Josef Schmall schrieb damals: „Die Gehäuse dieser Art bilden konische, etwas gebogene Röhrchen von 10–13 mm Länge, bestehen aus einem dickwandigen Gespinstrohr, die außen mit kleinen Sandkörnern dicht bedeckt sind. Eigentümlich an diesen Gehäusen sind mehrere längere Pflanzenfasern, die quer zur Längsachse der Röhre angefügt sind und als Bremsvorrichtung dienen. Damit ermöglicht es diesen Larven den reißenden Gewässern standzuhalten, ohne von der Strömung fortgerissen zu werden. Die Larven dieser Art, …, hielten sich auf den zum Teil mit Moos bewachsenen, vom Wasser überspülten Steinen auf" (L. Füreder).

(Simuliidae) haben die Strategien für den Strömungswiderstand optimiert. Abgesehen von einer Haftscheibe am Hinterende, die mit einem Kranz von Haken umrundet ist, benützen sie auch einen Fangfaden, um sich in starker Strömung sicher aufhalten zu können.

Die Bildung eines Spinnfadens findet sich neben den Kriebelmücken noch bei Köcherfliegen und Zuckmücken. Besonders Köcherfliegen, aber auch einige Zuckmücken befestigen sich oder ihre Gehäuse mit Spinnfäden oder Gespinsten an der Unterlage. Auch zum Herstellen des Puppengehäuses wird dieses Klebesekret verwendet.

Viele Organismen nutzen die Strömung zum Nahrungserwerb. Neben der kunstvollen Konstruktion von Fangnetzen oder Fangfäden können auch andere Strukturen ausgebildet sein, die ihnen ein passives oder aktives Filtrieren von Nahrungspartikeln oder Beutestücken ermöglicht. Netzbauende Köcherfliegenlarven, gespinstbauende Zuckmückenlarven oder Kriebelmückenlarven, die mit Hilfe speziell gebildeter Filterreusen im Mundbereich die fließende Welle nach Beutestücken absuchen, sind eindrucksvolle Beispiele von filtrierenden Organismen.

Wegen der vielfältigen Anpassungen und Strategien, um in den speziellen Strömungen leben zu können oder ihr auszuweichen, kön-

Foto 5.49. Mit Klebesekreten zusammengeklebte Detritus- und Mineralpartikel, die den dünnhäutigen *Micropsectra*-Larven (Zuckmücken) als Gehäuse dienen.

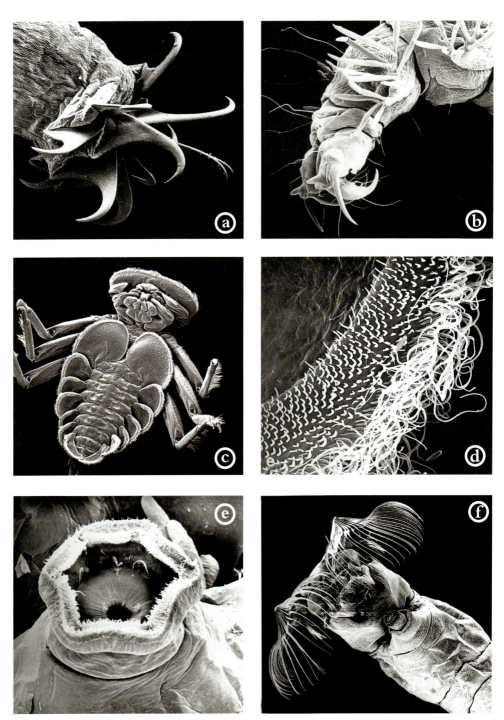

Abb. 5.3. Rasterelektronische Aufnahmen von speziellen Einrichtungen, die als optimale Anpassungen an das Leben in starker Strömung gelten: a) Kräftige Haken an den Nachschiebern einer Gletscherbachzuckmücke, b) Säbelklauen der freilebenden (d.h. ohne Köcher), räuberischen Köcherfliegenlarve *Rhyacophila* sp., c) Hinterleibskiemen der Eintagsfliege *Epeorus* sp., die als Art „Haftscheibe" gruppiert sind, d) starke Vergrößerung der filzigen Randbehaarung dieser Kiemen zur optimalen Abdichtung mit der Auflagefläche, e) der wohl effektivste Saugnapf, realisiert bei den Larven der Lidmücken, und f) Filterreusen einer Kriebelmückenlarve. Aus Wichard et al. (1995).

Tab. 5.3. Kategorien der Strömungspräferenz von Makroinvertebraten

Strömungskategorie	Charakterisierung
Limnobiont	an Stillwasser gebunden, nur im stehenden Wasser
Limnophil	strömungsmeidend, nur selten in träge fließendem Gewässer; typische Stillwasserart
Limno-rheophil	Stillwasserart, die häufig auch in träge bis langsam fließenden Gewässern vorkommt
Rheo-limnophil	vorwiegend in Fließgewässern; Präferenz für langsam bis träge fließende Gewässer bzw. ruhige Zonen in Fließgewässern; daneben auch in Stillgewässern
Rheophil	strömungsliebend, bevorzugt in schnell fließenden Gewässern; Fließgewässerart
Rheobiont	für Lebensweise und Vermehrung an strömendes Wasser gebunden; Schwerpunkt in reißenden und schnell fließenden Gewässern; Fließgewässerart
Indifferent	bezüglich Strömung keine Präferenz für fließendes oder stehendes Wasser

Atmung und Osmoregulation

Das Leben im Süßwasser bedarf einer Reihe von physiologischen und morphologischen Anpassungen, aber auch Besonderheiten im Verhalten, die den Gasaustausch unter den vielfältigen Verhältnissen (rasch strömend bis stagnierend, Sauerstoffübersättigung in turbulenten Gebirgsbächen oder Sauerstoffdefizit in der Tiefenzone eutropher Stillgewässer) möglich machen.

Der Sauerstoffbedarf unter Wasser kann durch unterschiedliche Weise gedeckt werden, wobei generell Wasser oder Luft als Medium dient.

Bei einer Reihe von Wasserinsekten wird der Gasaustausch durch Hautatmung, Kiemen oder Lungen bewerkstelligt. Die Zielorgane werden dann in einem offenen oder geschlossenen Tracheensystem mit Sauerstoff versorgt.

Während es beim offenen Tracheensystem eine Verbindung zur atmosphärischen Luft gibt (über Röhrenöffnungen oder luftgefüllte Kammern), verfügen Tiere mit geschlossenem Tracheensystem über blattförmige, fadenförmige oder büschelige Kiemen. Die Kiemen

Foto 5.50. Neben dem Gasaustausch dienen die Kiemen als Haftvorrichtungen. Die lateralen Kiemenblättchen sind etwas ventral gerückt. Besonders das erste und das letzte Paar berühren sich in der Mitte, sodass eine geschlossene Haftscheibe gebildet werden kann. Die Kiemen sind bei den wasserlebenden Insekten äußerst vielgestaltig. Bei den Heptageniidae (hier die Gattung *Epeorus*) ist neben einer blattförmigen Kieme noch ein verästeltes Kiemenbüschel vorhanden. Somit ist für eine große Oberfläche gesorgt, die einen effektiven Gasaustausch gewährleistet.

Die Osmoregulation ist meist eine unvermeidliche Begleiterscheinung der Respiration aquatischer Insekten. Durch den Gasaustausch kommt es an der Oberfläche, aber auch im Körperinneren zum Kontakt der unterschiedlichen Osmolaritäten des Gewebes und des Wassers, wobei die des Gewebes um ein Vielfaches höher ist. Um einen Verlust an Osmolyten oder einen unkontrollierten Wassereinstrom zu verhindern, haben diese Organismen zahlreiche Mechanismen und Strukturen entwickelt (z.B. impermeable Kutikula und Ionenpumpen).

Foto 5.51. Vielgestaltige Kiemen (z.B. blattförmig und stark geästelt) dienen der Sauerstoffversorgung in oft stark strömendem Wasser dieses Gebirgsbachbewohners der Gattung *Rhithrogena* (ist eine strömungsliebende Eintagsfliege und kommt häufig mit zahlreichen Arten in den Hohen Tauern vor). Die Formenvielfalt innerhalb der aquatischen Wirbellosen ist ein Ergebnis der Anforderung und Notwendigkeit, sich den besonderen Umweltfaktoren des gewählten Lebensraumes optimal anzupassen. In dynamischen und häufig gestörten Systemen ist die optimale Anpassung in Verhalten, Morphologie und Physiologie entscheidend für das Überleben der Tiere als Art (L. Füreder).

Foto 5.53. Ein dichter Haarsaum umgibt hier die Analloben, damit diese zur Atmung (in diesem Fall Aufnahme atmosphärischer Luft) an der Wasseroberfläche haften bleiben können. Hinterende mit Stigmen und umgebenden Loben einer Psychodidae-Larve (Familie der Zweiflügler; L. Füreder).

Foto 5.52. Bei den sehr kleinen langgestreckten Larven der Chironomiden (Zuckmücken) erfolgt der Gasaustausch über die Haut. Abgebildet ist ein typischer Quellbachbewohner, die Zuckmückenlarve *Krenosmittia* sp., der eine besonders kleine Art ist. Auffallend sind die verlängerten Analborsten, die länger als das halbe Tier sind (L. Füreder).

Foto 5.54. Köcherfliegen haben meist am Abdomen Kiemen, die ebenfalls unterschiedliche Form haben können. So findet man einfache, schlauchförmige, fingerförmig geteilte, büschelige oder stark verästelte Abdominalkiemen. Die Larve positioniert sich entweder so in die Strömung oder die Larve führt Eigenbewegungen durch, dass auch im Gehäuse die Sauerstoffversorgung gewährleistet ist (L. Füreder).

können sich an den unterschiedlichsten Körperabschnitten von Hals, über Brust bis zum Hinterleib befinden und in vielfältiger Form ausgebildet sein. Schlauchförmige, büschelige Formen bis zu fragilen dünnen Blättchen bereichern das Spektrum. Oft kann man die Notwendigkeit erkennen, die Form entsprechend dem Lebensraum anzupassen.

5.4 Struktur und Funktion der tierischen Lebensgemeinschaften in Gebirgsgewässern

Besonders die wasserlebenden wirbellosen Tiere haben in der Erforschung der Fließgewässerökologie eine begünstigte Stellung eingenommen. Dies liegt unter anderem in folgenden Eigenschaften begründet: Sie stehen als Verbindungsglied zwischen den Algen und Mikroorganismen, von denen sie sich großteils ernähren, und den Fischen oder wirbellosen Räubern, für die sie eine wertvolle und auch mengenmäßig bedeutende Beute sind. Die Dauer ihrer Entwicklungszyklen liegt zwischen den Generationszeiten der Algen oder Mikroorganismen und der Fische und ist daher mit geringer Frequenz von Untersuchungen gut zu charakterisieren. Die größeren Stadien sind mit dem freien Auge erkennbar und können auch leicht aufgesammelt werden. Seit Jahrzehnten dienen die Makroinvertebraten, das sind jene wasserlebenden wirbellosen Tiere, die zumindest in einem Lebensstadium größer als 0,5 mm sind, als Indikatororganismen für den ökologischen Zustand unserer Gewässer. Daher hat sich auch eine große Anzahl von ökologischen Daten angesammelt, die wertvolle Grundlagen für das Verstehen von Struktur und Funktion von Gewässerlebensgemeinschaften liefern. Während besonders in früheren Studien Verbreitungsmuster und Besiedlungsdichten samt den kausalen Umweltvariablen erforscht wurden, versuchte man seit Mitte der Siebziger Jahre des letzten Jahrhunderts die Prozesse und Funktionen in den Gewässerökosystemen zu verstehen.

Angesichts des wachsenden Interesses an den Auswirkungen von Klimawandel oder anthropogenen globalen Veränderungen auf Ökosystemen kommt der Erforschung der Lebensraumausstattung sowie der strukturellen Zusammensetzung und funktionellen Prozesse alpiner Lebensgemeinschaften besondere Bedeutung zu. Da eine Reihe dieser globalen und regionalen Veränderungen die Gebirgsgewässer betrifft, gilt es die ökologischen Wechselwirkungen genauer zu betrachten. Der vieldiskutierte Gletscherschwund zum Beispiel bewirkt nicht nur das Freiwerden von kargen und unwirtlichen Schuttböden, sondern bewirkt die Entstehung völlig neuer Lebensräume, die von Pflanzen und Tieren besiedelt werden. Auch neue Gewässer entstehen, die zuerst wegen den harschen Umweltbedingungen des Hochgebirges relativ einfach mit Leben ausgestattet werden. Aber mit zunehmendem Alter kann sich eine typische Gebirgsgewässergemeinschaft des Hochgebirges entwickeln.

Bei der Beschreibung funktioneller Zusammenhänge wurde eine Reihe ökologischer Aspekte berücksichtigt, die besonders die Rolle der wasserlebenden Tiere in ihrem Lebensraum und innerhalb der Lebensgemeinschaft charakterisiert. Da gibt es besonders in Gebirgsgewässern spannende Zusammenhänge. Aktuelle Fragen in der Limnologie und Fließgewässerökologie betreffen die Artenzusammensetzung und deren Strategien in extremen Lebensräumen. Auch wird die typische Lebensgemeinschaft in bestimmten Gewässern oder Flussraumsektoren entlang charakteristischer Gradienten erforscht.

5.4.1 Kleinstlebensräume

Mit der Lebensgemeinschaft der Kleinstlebensräume (Choriotope) lässt sich gut operieren, weil zahlreiche Fließgewässerarten eine äußerst enge Habitatbindung zeigen. So gibt es etwa typische Megalithalbewohner, die bevorzugt auf groben Gesteinsblöcken leben und auch meist typische morphologische Anpassungen an das Leben in der starken Strömung entwickelt haben (z.B. Blephariceriden, Kriebelmückenlarven, Heptageniiden). Makrolithalbewohner sind meist Insektenlarven, die als typische Steinfauna Grobschotter der Gebirgsbäche besiedeln. Sie müssen optimale Anpassungen an die oft extremen Strömungsbedingungen haben. Als Charakterarten sind daher rheobionte oder rheophile Tiere zu erwarten.

5.4.2 Längszonierung, biozönotische Region

Die enge Bindung an das Habitat mit den optimalen Anpassungen an die Lebensraumfaktoren wie Strömung, Temperatur und Nahrungsangebot ist in der Wissenschaft schon seit einigen Jahrzehnten bekannt. Angelehnt an die Einteilung der Fließgewässerregionen nach den natürlich vorkommenden Fischarten (z.B. Forellenregion, Äschenregion) wurden bestimmte Abschnitte definiert, die auch von einer typischen Makrozoobenthosgemeinschaft besiedelt sind.

So kommen in den besagten Fließgewässerabschnitten bestimmte Eintagsfliegen, Steinfliegen, Köcherfliegen und Zweiflügler als Charakterarten vor. Mit diesen Lebensgemeinschaften kann man sehr gut beeinträchtigte Situationen von natürlichen Gegebenheiten unterscheiden. So bewirken Stauhaltung, Wasserentnahme, Längsverbauung oder Nährstoffeintrag eine andere Zusammensetzung der Artengemeinschaft oder zumindest eine Verschiebung der Dominanzverhältnisse von Charakterarten.

Die Längszonierung ist besonders stark in den Fließgewässern des Hochgebirges ausgebildet, da hier die maßgeblichen Umweltfaktoren deutliche Gradienten beschreiben. Diese sind sowohl räumlich als auch zeitlich gegeben. Die Erforschung der kausalen Zusammenhänge auf allen ökologischen Niveaus bringt gerade angesichts der Diskussion der Auswirkungen globaler Veränderungen wichtige Ergebnisse in alpinen Flusslandschaften.

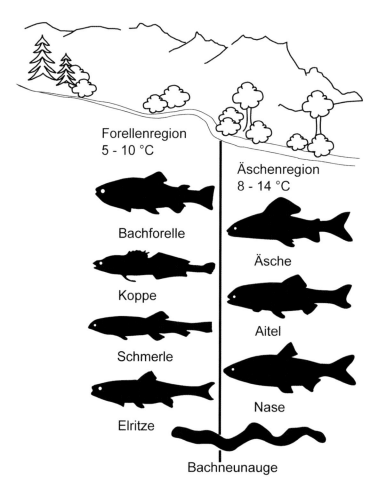

Abb. 5.4. Die klassische Längseinteilung der Fließgewässer in verschiedene Regionen aufgrund des Vorkommens von bestimmten Fischarten gilt als Grundlage für die Ausweisung der biozönotischen Regionen. Weil sich die wesentlichen Umweltfaktoren entlang der Gewässer ändern, wechseln auch im Längsverlauf die Artengemeinschaften. In Gebirgsgewässern können wegen des großen Gefälles die Änderungen oft sehr rasch erfolgen. Die Fließgewässer der Hohen Tauern lassen sich nur oberhalb der Äschenregion zuordnen.

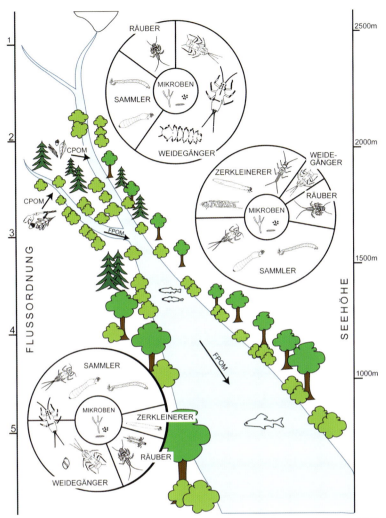

Abb. 5.5. Im Längsverlauf der Fließgewässer ändern sich nicht nur die abiotischen Faktoren wie Temperatur, Strömung und Sohlsubstratzusammensetzung. Es variieren auch die wesentlichen Gegebenheiten im Einzugsgebiet, im Gewässerumland und auch im Uferbereich mit der Meereshöhe. Das Fließgewässerkontinuumskonzept (im Englischen RCC, River Continuum Concept) geht von der Annahme aus, dass sich in einem natürlichen Fließgewässer die Umweltbedingungen von seinem Ursprung bis zur Mündung kontinuierlich ändern. Mit dieser Änderung ist auch eine gewisse Abfolge von Stoffwechselparametern und Lebensgemeinschaften gegeben. Hier ist dieses Konzept auf die Gebirgsregion erweitert und stellt die Lebensgemeinschaften in der Verteilung der verschiedenen Ernährungstypen dar. Exemplarisch sind drei Bereiche herausgenommen. Im typischen Gebirgsbachoberlauf (Ordnungszahl 1 - 2, manchmal 3) kommt kaum organisches Material von außen ins Gewässer, sondern es wird im System selbst produziert und abgebaut. Daher überwiegen die Weidegänger, auch der Anteil der Sammler, die tote organische Substanz aufnehmen, ist nicht unbedeutend. Etwas flussabwärts, das sind dann Fließgewässer der Ordnungszahl 3 in der subalpinen bis montanen Region, sind die Ufer und auch das Umland natürlicherweise dicht mit Gehölzvegetation bewachsen. Dadurch bedingt, gelangt wesentlich mehr organische Substanz von außen (z.B. Falllaub) in das Gewässer, als es selbst produzieren kann. Bei kleineren Gewässern ist zudem ein Kronenschluss gegeben, sodass die Abschattung die Entwicklung von Aufwuchsalgen einschränken kann. Als wichtige Ernährungstypen finden sich hier Zerkleinerer, die grobes organisches Material (CPOM, im Englischen „Coarse Particulate Organic Matter") zerkleinern, das dann als feines organisches Material (FPOM, „Fine Particulate Organic Matter") den Sammlern zur Verfügung steht, die hier die wichtigste Komponente darstellen. In tiefer liegenden Abschnitten liegen bei größeren Gewässern (ab Ordnungszahl 4 und 5) die Verhältnisse wieder etwas anders. Jetzt ist das Gerinne breit genug, dass die Ufervegetation in ihrer Schattenwirkung zurückgeht. Der Eintrag von außen ist zwar immer noch beträchtlich, durch die bessere Sonneneinstrahlung ist nun auch die Möglichkeit der Primärproduktion im Gewässer gegeben. Diese erfährt durch die weniger kalten Temperaturen noch eine weiter Optimierung. Daher ist der relative Anteil der Weidegänger wieder gestiegen, auch die Sammler, die Verwerter des FPOMs finden ebenfalls genügend Material. Da auch noch grobes Material anfällt, sind auch Zerkleinerer zu finden. Der relative Anteil der Räuber ist von diesen Szenarien wenig abhängig und daher überall etwa gleich. Darstellung des RCC nach Vanonote et al. (1980), modifiziert für alpine Fließgewässer.

5.4.3 Funktionelle Ernährungstypen

Die Methode der funktionellen Ernährungstypen basiert auf der Verbindung zwischen einer limitierten Anzahl von Ernährungsanpassungen in den wasserlebenden Tieren und ihrer typischen Nahrung. Das relativ einfache Nahrungsspektrum wasserlebender Tiere besteht aus folgenden Kategorien: Abgestorbene organische Substanz (Detritus), Aufwuchsalgen, lebende Mikroorganismen und Beutetiere (z.B. andere Insekten). Anpassungen in der Morphologie (z.B. Mundwerkzeuge, Filtriereinrichtungen) und im Verhalten ermöglichen den Makroinvertebraten, diese Nahrungskategorien effektiv zu nützen. Unter Berücksichtigung der speziellen Anpassungen und genutzter Nahrungskategorien wurden folgende funktionelle Ernährungstypen definiert – eine Einteilung, die international üblich ist:

▶ *Zerkleinerer* - ernähren sich von grober partikulärer Substanz (CPOM = engl. coarse particulate organic matter; vorwiegend Blattmaterial, das von der Ufervegetation ins Gewässer gelangt, oder von lebenden Wasserpflanzen).

▶ *Sammler* – fressen feinpartikuläres Material (FPOM = engl. fine particulate organic matter), das entweder filtrierend oder im sowie auf dem Substrat wühlend aufgesammelt wird.

▶ *Weidegänger* – weiden Aufwuchsalgen (z.B. Kieselalgen) ab.

▶ *Zellstecher* – ernähren sich von Makroalgen, indem sie einzelne Zellen anstechen.

▶ *Räuber* – fressen (meist) wirbellose Beutetiere.

Durch intensive Beschäftigung und weitere Erforschung der Nahrung-Konsumenten-Beziehungen konnten die Ernährungstypen noch besser abgegrenzt werden: Weidegänger, Zerkleinerer, Detritusfresser, Filtrierer (aktive und passive), Räuber, Zellstecher, Holzfresser, Parasiten usw.. Diese Kategorien werden auch in Österreich schon seit geraumer Zeit unterschieden und routinemäßig für die ökologische Bewertung von Fließgewässern verwendet. Auch mit Hilfe dieser funktionellen Ernährungstypen gelingt es sehr gut, die Auswirkung anthropogener Beeinträchtigungen auf die Ökosysteme abzuschätzen.

Tabelle 5.4. Funktionelle Ernährungstypen der Wasserorganismen

Funktioneller Ernährungstyp	Nahrung
Weidegänger	Aufwuchsalgen, Biofilm, teilweise Detritus
- Raspler und Kratzer	Endo-/epilithische Algen, lebendes Pflanzengewebe
Blattminierer	Wasserpflanzenblätter
- Zellstecher	Algen- und Wasserpflanzenzellen
Holzfresser	Totholz
Zerkleinerer	Falllaub, Pflanzengewebe, CPOM
Detritusfresser	Sedimentiertes FPOM
aktive Filtrierer	schwebende FPOM, CPOM und Beute; aktive Erzeugung eines Wasserstromes
passive Filtrierer	schwebende FPOM, CPOM und Beute; strömendes Wasser wird filtriert
Räuber	Beute
Parasiten	Wirt
Allesfresser	keine Nahrungspräferenz
sonstiger	nicht in dieses Schema einstufbar

Foto 5.55: Passive Filtrierer sind ganz charakteristische funktionelle Ernährungstypen von Fließgewässern, da sie die fließende Welle nützen, um zu entsprechender Nahrung zu gelangen. Besonders häufig in den Gewässern der Hohen Tauern sind die Kriebelmücken (Simuliidae) in Seeausrinnen, aber auch in kleineren Rinnsalen mit viel suspendiertem organischem Material (L. Füreder).

5.5 Das Überleben der Wasserinsekten im Hochgebirge

Das Leben in Hochgebirgsgewässern bedarf einer Reihe von morphologischen, physiologischen Anpassungen und Strategien im Verhalten und Entwicklungszyklen, die für eine Reihe von Arten aus verschiedenen Ordnungen wirbelloser Tiere eine effektive Antwort auf die oft extreme Ausprägung der Umweltbedingungen darstellen.

Mit zunehmender Höhe ändert sich eine Reihe von Schlüsselfaktoren des terrestrischen und aquatischen Lebens, bis sie in der alpinen und nivalen Höhenstufe die Toleranzgrenze vieler Lebewesen erreicht oder schon unter- oder überschritten hat. Zahlreiche Gemeinsamkeiten wurden diesbezüglich für alpine und arktische Regionen aufgezeigt – die Tiere leben regelrecht an der Grenze des Lebens. Physikalische, klimatische Bedingungen und Witterung (Wind, Regen, Temperatur, Luftdruck, Strahlungsintensität usw.), die Dauer der Vegetationsperiode und Schneebedeckung, sind nur einige Faktoren, die mit zunehmender Meereshöhe oder abnehmender geographischen Breite immer deutlicher eine Begrenzung des Lebens darstellen. So sind auch die Gewässerlebensräume von dieser „Klimaverschlechterung" betroffen, wenngleich nicht alle begrenzenden Faktoren für die Landlebewelt gleichwertig auf die Gewässerzönosen übertragen werden können.

Die ausgeprägte Längszonierung, wie sie als gemeinsames Phänomen in arktischen und alpinen Fließgewässern schon länger bekannt ist, reflektiert eigentlich die enormen Anpassungskapazitäten des aquatischen Tierlebens. Wenn man einem längeren Fließgewässer, wie die Krimmler Ache, Habach oder Viltragenbach in die höheren Lagen folgt, so zeigt sich ein Wechsel der Arten und eine Abnahme der Anzahl der Arten. Das bedeutet, dass viele Fließgewässerarten es im Laufe der Evolution nicht geschafft haben, sich den Extremfaktoren für längere Zeit auszusetzen. Für die anderen jedoch konnte man entsprechende Anpassungen in den aquatischen und terrestrischen Lebensstadien feststellen. So ist die Zonierung zumindest zu einem gewissen Teil ein direkter Ausdruck des Vermögens, sich den Temperaturgradienten anzupassen oder sie zumindest zu tolerieren. Die Temperatur gilt als der Schlüsselfaktor für die Längszonierung von aquatischen Insekten, weil sie Wachstum, Stoffwechsel, Fortpflanzung und den Schlupferfolg entscheidend beeinflusst.

5.5.1 Anpassungen, den Entwicklungszyklus betreffend

Im Laufe ihres Lebens müssen die meisten wasserlebenden Insekten des Hochgebirges die Gegebenheiten sowohl im Gewässer als auch an Land überleben. Während der Phase auf dem Land (und das betrifft meist die sehr fragilen und leicht verletzbaren Fluginsekten) sind sie den nicht ungefährlichen Situationen des hochalpinen Lebensraumes, wie Perioden mit starkem Wind oder äußerst geringen und rasch wechselnden Temperaturen, ausgesetzt. Die Zeitspanne mit einigermaßen gemäßigten Temperaturen ist auf 2 bis 3 Monate pro Jahr limitiert. Und auch da können häufige Schlechtwettereinbrüche für eine Verschlechterung der Situation sorgen.

Für Gewässerlebensräume hingegen gilt generell, dass sich der Schlüsselfaktor Temperatur weniger extrem gestaltet. So sind die aquatischen Larven wesentlich seltener Temperaturen unter Null ausgesetzt als ihre terrestrischen Stadien oder überhaupt die landlebenden Insekten. Sie kommen aber auch kaum in die Lage, wärmere Temperaturen als 10 °C für eine längere Zeitspanne zu erfahren. Wenn man bedenkt, dass besonders Wachstum und Entwicklung von der Temperatur beeinflusst sind, muss man sich schon fragen, welche Strategien es den in kalten Lebensräumen existierenden Tieren ermöglichen, ihren Entwicklungszyklus erfolgreich zu beenden.

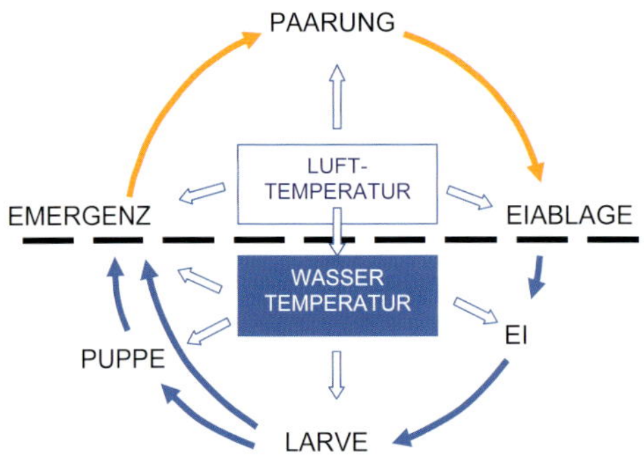

Abb. 5.6. Die mögliche Wirkung der Wassertemperatur und der Lufttemperatur auf die verschiedenen Entwicklungsstadien von holometabolen (mit Puppenstadium) und hemimetabolen (ohne Puppe) Wasserinsekten. In der aquatischen Phase sind Eientwicklung, Schlüpfen der Larven, Larvalentwicklung, Puppendauer und die Emergenz (Schlüpfen) maßgeblich von der Temperatur abhängig. am Land sind Aktivitätsmuster (Flugvermögen), Paarung und Eiablage ebenso von der Lufttemperatur mitgesteuert. Aus Füreder (1999).

Wachstum und Entwicklung. Insekten in Hochgebirgsgewässern müssen bei wesentlich geringeren Temperaturen wachsen und sich zu fortpflanzungsfähigen Geschlechtern entwickeln als die meisten Wasserinsekten der gemäßigten Zone je ausgesetzt sind (diese liegt meist zwischen 4 und 8 °C). Erstaunlicherweise haben es einige Arten geschafft, bei Temperaturen, die das ganze Jahr zwischen 0 und 5 °C liegen, ihre Entwicklung erfolgreich mit Paarung und Eiablage abzuschließen. Die Gletscherbachzuckmücke *Diamesa steinboecki* schafft als einzige Art dauerhaft einen Temperaturbereich von 0 bis 2 °C zu bewohnen. Sie ist auch die einzige Art, die mit dauerhaften Populationen am Gletschertor lebt.

Eine mögliche Strategie für diese Insekten ist die Verlängerung ihrer Entwicklungszyklen, die in der gemäßigten Klimazone normalerweise ein Jahr dauern, auf 2 oder 4 Jahre. Der Grund dafür liegt in der direkten, aber auch in der indirekten Wirkung der Temperatur, weil ja auch die Verfügbarkeit der Nahrung bei tiefen Temperaturen reduziert ist. Die Strategie der Verlängerung der Entwicklungszeiten sieht man nicht nur im Hochgebirge, sondern auch wenn man sich in Richtung Pole bewegt. Diesbezüglicher Rekord mit einer Entwicklungszeit bis zu 7 Jahren wurde für Zuckmücken von einem arktischen Tümpel gemeldet.

Weitere Strategien liegen entweder in der Reduktion der Körpergröße, das heißt, das geschlechtsreife Tier bleibt kleiner als sein Artgenosse in wärmeren Bachabschnitten, oder in einem intensiveren Wachstum in der Zeit günstiger Temperaturen.

Ausweichen vor tiefen Temperaturen. Dass Insektenlarven bei ungünstigen Temperaturen aus den Kaltzonen abwandern und in einem Bereich überdauern, der im Winter nicht zufriert, wurde in arktischen Bächen als ein häufiges Verhalten beobachtet. Sogar ein aktives Abwandern von Insekten im Vorfeld der vordringenden Eisfront konnte in Experimenten nachgewiesen werden. Dementsprechend zeigen normalerweise Gewässerstrecken, die im Winter wegen aufquellendem Grundwasser nicht zufrieren, wesentlich höhere Besiedlungsdichten als vergleichbare schneebedeckte, zugefrorene Bachabschnitte. So ist anzunehmen, dass in extremen Lebensräumen Dichte und Zusammensetzung einer Artengemeinschaft auch von der Verfügbarkeit von eisfreien Habitaten abhängt. Diese Vermutung wird durch die Beobachtung von jahreszeitlichen Wanderungen in Gewässerbereiche mit geringer Wahrscheinlichkeit des Gefrierens sowohl in einem See als auch in Bächen gestützt. Das hyporheische Interstitial (Schotter-Lückenraum), das als Zufluchtsort vor zu hohen Temperaturen im Sommer oder vor Hochwässern bekannt ist, bietet auch als ein vorübergehendes Refugium Schutz vor der sich nähernden Gefrierwelle.

Strategien der adulten Tiere. Erfolgreiche Mechanismen in den terrestrischen Stadien der Wasserinsekten im extremen Lebensraum des Hochgebirges betreffen eine erhöhte Melanisierung für die Wärmeregulation, eine verkürzte Lebensdauer als adultes Tier und eine Reduktion des Schwarmflugs und anderer Flugaktivitäten. Eine deutlichere und erhöhte Pigmentierung wurde schon vor längerer Zeit bei terrestrischen Insekten festgestellt. Auch bei Chironomiden und bei anderen

Diptera konnte eine erhöhte Pigmentierung in höheren Gebirgslagen beobachtet werden. Neben der Verbesserung der Strahlungsabsorbtion (Wärmevorteil) wird die Pigmentierung auch als Schutz vor der intensiven und schädlichen UV Strahlung gesehen.

Die Reduktion des Schwärmens, des Hochzeitflugs und auch anderer Paarungsintensitäten sind weitere Überlebensstrategien als Folge der unwirtlichen Bedingungen. Extrem gebiert sich da eine Kriebelmücke in der alpinen Region Norwegens, die nicht einmal mehr einen Adultus entwickelt, sondern als Puppe geschlechtsreif wird. Die Eier verbreiten sich dann mit Aufbrechen der Puppenhülle im Gewässer. Andere Arten brauchen kein Männchen, sondern können identische Nachkommen ohne die energiekostende und bei Wind und Wetter nicht ungefährliche Paarung produzieren. Man nennt dieses Phänomen „Jungfernzeugung" oder „Parthenogenese", die häufig bei Tieren in Extrembiotopen auftreten kann.

Als Alternative zum energetisch teuren Schwarmverhalten versammeln sich die Geschlechtspartner zur Paarung am Boden. Die sonst gut entwickelten Augen der Männchen sind reduziert, dafür haben sie vergrößerte Kopulationsorgane, wahrscheinlich um einen festen Kontakt sicherzustellen.

Ähnliche Befunde konnten bei den Chironomiden des Hochgebirges nachgewiesen werden. Häufig finden sich Körperanhänge, wie Antennensegmente oder die Fiederung der Antennen bei Männchen reduziert, dafür sind aber die Kopulationsorgane und die Beine deutlich vergrößert. In einigen Arten tritt auch eine Verkürzung oder totale Reduktion der Flügel auf.

Beide Antworten auf die unwirtlichen Umstände machen für das Überleben im Hochgebirge Sinn: Der Verzicht auf den Schwarm- oder Hochzeitsflug verringert die Gefahr einer unbeabsichtigten Windverfrachtung, die Reduktion der Flügel bringt jedoch einen energetischen Gewinn, der in Wachstum und in die Nachkommen investiert werden kann.

Diese Beispiele sind eigentlich nur ein kleiner Ausschnitt aus dem vermutlich großen Spektrum der Anpassungsstrategien. Es ist anzunehmen, dass jede der doch zahlreich vorkommenden Arten im Hochgebirge individuelle Strategien entwickelt hat, die es ihr auf bestimmte Weise ermöglicht, die Extremsituation erfolgreich zu überleben. Vieles wird wegen der – zumindest für bestimmte Zeiträume – beschränkten Zugänglichkeit und der teilweise versteckten Lebensweise bestimmter Arten vielleicht dem Forscher verborgen bleiben.

5.6 Lebensgemeinschaften der Hochgebirgsbäche

Schon lange ist bekannt, dass Fließgewässer keine einheitlichen Lebensräume von ihrer Quelle bis zur Mündung darstellen, sondern dass die maßgeblichen Umweltfaktoren und die Zusammensetzung der vorkommenden Lebensgemeinschaften sich im Längsverlauf ändern. Klima (sowohl regionales Klima als auch lokale Witterungsverhältnisse), Häufigkeit, Menge und Saisonalität des Niederschlags, Geologie und Pflanzendecke des Einzugsgebiets und die Ufervegetation beeinflussen Hydrologie, Temperaturverhältnisse, Substratzusammensetzung, Bachmorphologie und Wasserchemie als die lokalen Eigenschaften von Fließgewässern.

Die Gegebenheiten und damit auch die Schlüsselfaktoren in Fließgewässern alpiner Gebiete werden entscheidend vom Ursprung des Gewässers und der größeren Zuflüsse bestimmt. Entsprechend der Herkunft des Wassers (Grundwasser, Regen, Schnee, Gletscher) und des Gletschereinflusses im Einzugsgebiet können grundsätzlich folgende Typen alpiner Fließgewässer unterschieden werden: Gletscherbäche, Quellbäche, vorwiegend von Regen bzw. Schneeschmelze geprägte Bäche. Dem typischen Gebirgsfluss ohne Vergletscherung im Einzugsgebiet steht jener Flussabschnitt gegenüber, wo der

Gletschereinfluss noch entscheidend die Lebensbedingungen prägt.

Deutliche Unterschiede in den Gebirgsbachzönosen (Artenzahl, Individuendichten, vorherrschende oder überhaupt auftretende Zeigerarten) der untersuchten Bäche unterstreichen die speziellen gewässertypspezifischen Gegebenheiten. Die Dipterenfamilie Chironomidae, die durch ihr Anpassungspotential an eine Reihe extremer Lebensräume, darunter jene mit extremen Temperaturen bis sogar unter den Gefrierpunkt ausgezeichnet ist, dominiert die alpine Gebirgsbachfauna. Dies wird besonders durch die hohen Individuendichten und Artenzahlen der Chironomidae - Unterfamilien Orthocladiinae (dominieren in Quellbächen) und Diamesinae (dominieren in Gletscherbächen) ausgedrückt.

Mit zunehmenden Abstand vom Gletscher werden die saisonalen und täglichen Schwankungen durch den steigenden Einfluss von Zubringern je nach Typ des zufließenden Gewässers entweder verstärkt (bei einmündenden Gletscherbächen) oder geglättet (bei vermehrtem Grundwasser- oder Quellbachzufluss).

Die Schlüsselfaktoren für das Vorkommen bestimmter Arten und die Entwicklungsmöglichkeit charakteristischer Gewässerbiozönosen an einer bestimmten Stelle im Längsverlauf eines Gletscherbaches lassen sich durch gut abschätzbare Gegebenheiten gut darstellen. Der Zeitraum seit der letzten Vergletscherung, die Wassertemperatur, die Stabilität und die Nährstoffverfügbarkeit sind für die Ausbildung der lokalen Faktoren entscheidend. In einem europäischen Vergleich verschiedener Gletscherbachsysteme konnten diese Zusammenhänge auch sehr gut untermauert werden.

Anhand dieser biozönotischen Einteilung der Fließgewässerabschnitte, die sich wie bereits dargestellt in ihren Systemeigenschaften und Schlüsselfaktoren deutlich unterscheiden, lassen sich auch gewässertypische Lebensgemeinschaften beschreiben.

5.6.1 Die Fauna der Gletscherbäche

Die äußerst dynamische und über den Großteil des Jahres extreme Ausprägung dieser Gletscherbäche spiegelt sich im ökologischen Gefüge wider. In diesen Lebensräumen können nur best angepasste Organismen leben. Gletscherbäche zeigen in ihrem Längsverlauf eine deutliche Zonierung der Lebensgemeinschaften, die normalerweise mit zunehmendem Abstand zum Gletscher arten- und individuenreicher zusammengesetzt sind. Aber bereits der Gletscher selbst wird von kleinsten Lebewesen besiedelt.

Der Gletscher als Lebensraum

Das „Eukryal" gilt in der Gewässerökologie als Lebensraum der Gletscher, und zwar als temporärer aquatischer Lebensraum, der sich entweder auf oder im Gletscher befindet. Je nach Jahreszeit, Schmelz- oder Regenwassereinfluss ist dieser Lebensraum zeitlich und räumlich variabel. Die aquatische Phase liegt vor allem im Sommer vor, wenn die auftreffende Strahlung und die sommerliche Erhöhung der Temperatur Schmelzwasser und wasserdurchsetzte Schneeschichten entstehen lassen und die Schneedecke nach und nach schmilzt. Dann kann sich ein Süßwasserlebensraum entwickeln, der vor allem von Mikroorganismen, Algen, und einigen wirbellosen Tieren besiedelt wird. Die Temperaturen sind für die ganze Zeit kalt, mit nur geringen Tages- und Jahresschwankungen. Nährstoffe und Nahrungsgrundlagen entwickeln sich entweder im Lebensraum selbst oder werden über Staub und Luftverfrachtung eingebracht. Pilze, Bakterien und Algen entwickeln sich in dem strahlungsintensiven Milieu. Die Konsumenten dieser Kleinstlebewesen können Protozoen, Rädertiere, Bärtierchen und Springschwänze sein. Zur Berühmtheit hat es der so genannte „Gletscherfloh" gebracht, der zoologisch gesehen zu den Springschwänzen gehört und dessen Lebensraum das Gletschereis ist. Trotz der ständig tiefen Temperaturen konnten sogar eine sehr eingeschränkte Insektenfauna festgestellt werden. Von Gletschern der Tiroler Alpen, im Himalaya und in Patagonien ist das gelegentliche Vorkommen von verschieden Zuckmückenarten (alle der Gattung Diamesa), und sogar Steinfliegen bekannt.

Die Zuckmücke am Gletschertor

Weltweit, sei es in den Hohen Tauern, den Pyrenäen, im Kaukasus, in Skandinavien, in Alaska, im Himalaya und sogar in tropischen Gebirgen, wurde eine charakteristische Abfolge von Insektenlarven in Gletscherbächen beobachtet. Unmittelbar am Gletschertor kommt fast ausschließlich die Zuckmückengattung Diamesa vor. Je nach Grundwasser- bzw. Quelleinfluss gesellen sich dann andere Arten dazu. Mit zunehmender Entfernung wird die Fauna arten- und auch individuenreicher.

Um den extremen Bedingungen standzuhalten, haben sich die Tiere ihrer Umgebung angepasst. Die hochspezialisierten Larven der Gletscherbach-Zuckmücken haben „überflüssige" Körperanhänge reduziert; große Stummelbeine mit starken Krallen gewährleisten selbst bei extremen Strömungsverhältnissen ein gutes Festhalten auf den Steinen.

Larven der Eintagsfliegengattung Rhithrogena wiederum haben ihre seitlichen Körperkiemen zu einer ventralen Haftplatte angeordnet. Zudem ermöglicht ihr abgeflachter Körperbau ein relativ gutes Beharrungsvermögen in der Strömungsgrenzschicht auf den Steinen.

Arten, die im Gletscherbach vorkommen, haben auch ihren Lebenszyklus den hydrologischen Verhältnissen angepasst. Besonders häufig treten die Gletscherbacharten in der winterlichen Niederwasserperiode auf, das Minimum ist zur Zeit der hochsommerlichen Schmelzwasserabflüsse festzustellen.

Mit fortschreitender Entfernung vom Gletschertor kommen Larven anderer Insektenordnungen dazu, z.B. Eintagsfliegen, Steinfliegen, Köcherfliegen und weitere Vertreter der Zuckmücken. Je nach Jahreszeit sind die Besiedlungsdichten auch in Gletscherbächen relativ hoch.

So können sich tausende bis mehrere zehntausend Tiere pro m² in diesen Extrembiotopen tummeln.

Foto 5.56. Der Gletscherfloh *Isotoma saltans* verbringt sein Leben auf den Gletscher- und Firnfeldern. Er gehört zu den Springschwänzen (Colembola), die zu den Urinsekten gezählt werden. Zusätzlich zu den 3 Beinpaaren haben diese Tiere eine Sprunggabel, die ihnen die namensgebende Sprungbewegung ermöglicht (E. Meyer).

Foto 5.57. Zur Gruppe der Gletscher- oder Schneeflöhe gehören mehrere Arten, die bei Massenauftreten die Gletscher- oder Firnoberfläche deutlich gefärbt erscheinen lassen (B. Thaler-Knoflach, K. Thaler).

Foto 5.58: Die Gattung *Diamesa* stellt mehrere Arten als ganz charakteristische Insektenlarven der Gletscherbäche. Sie sind im Vergleich mit anderen Chironomidenarten nicht klein, erreichen aber nur wenige cm an Körperlänge (L. Füreder).

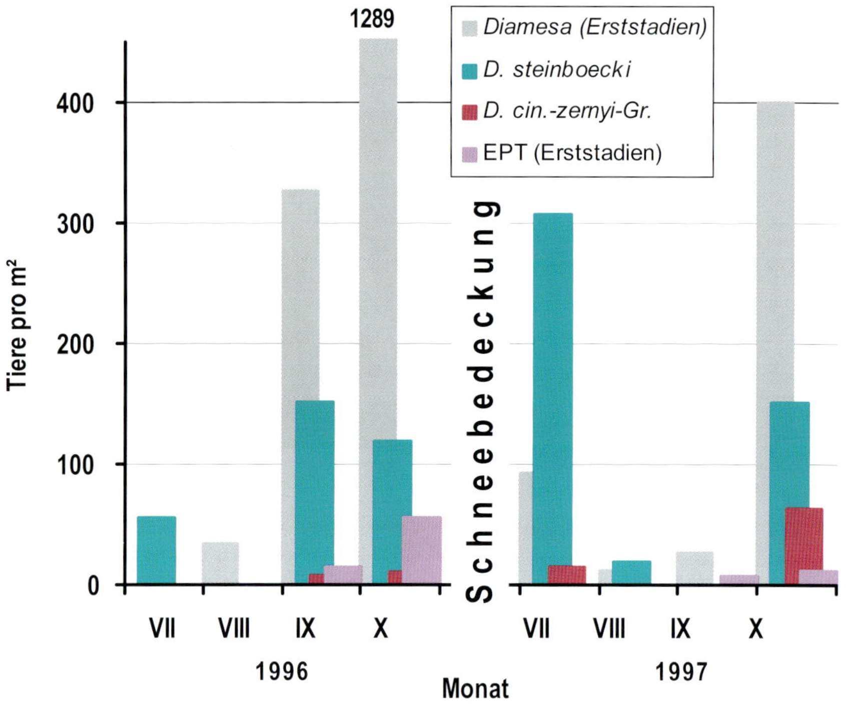

Abb. 5.7. Die „Artengemeinschaft" am Gletschertor, hier über zwei aufeinander folgende Sommer im Tiroler Ötztal aufgezeichnet. Die Gletscherbachzuckmücke Diamesa steinboecki kommt nur im oberen Abschnitt des Gletscherbaches vor. Die blauen Säulen zeigen die Abfolge der Besiedlungsdichten dieser Art. Nach der Winterbedeckung, nach Freiwerden des Bachabschnittes im Juli sind etwa 50 Tiere pro m² (im nächsten Jahr sogar 300) festzustellen. Im August oder September nimmt dann die Individuendichte ab (= Zeit der größten Gletscherspende), um dann aber im September und/oder Oktober wieder auf etwa das Doppelte anzuwachsen. Die dunkelrote Säulenreihe stellt eine verwandte Art innerhalb der Zuckmückengattung Diamasa dar. Da diese aufgrund der Larvenmerkmale nicht näher bestimmbar ist, wird sie als Gruppe ähnlicher Arten, nämlich Diamesa cinerella-zernyi-Gr. gelistet. In der hinteren (grauen) Säulenreihe sind die jüngsten Larvenstadien der Gattung Diamesa dargestellt. Auffallend dabei ist, dass diese zumindest am Ende der schneefreien Zeit, d.h. nach den sommerlichen Abflussspitzen, ihre größten Individuendichten aufweisen. Wieviel Zeit verstreicht, bis diese Junglarven dann als reife Larven oder Puppen vor dem Adultstadium vorliegen, ist nicht bekannt. Wahrscheinlich dauert das mehrere Jahre. Die vorderste (graue) Säulenreihe zeigt noch weitere frühe Larvenstadien aus den Ordnungen Ephemeroptera (E), Plecoptera (P) und Trichoptera (T). Da alle Funde bis auf Diamesa steinboecki nur jüngere Larven betrafen, kann man annehmen, dass diese Tiere nur zufällig nach einer erfolgten Eiablage dort kurze Zeit (im Sommer) überleben konnten. Für einen längeren Zeitraum können sie sich nicht in diesem Extremhabitat aufhalten.

5.6.2 Die Gebirgsbachfauna

Wie in struktureller und morphologischer Hinsicht äußerst heterogene Gegebenheiten in Gebirgsgewässern vorzufinden sind, so artenreich und unterschiedlich kann sich die tierische Lebensgemeinschaft in den Bachabschnitten präsentieren.

Die wichtigsten wirbellosen Fließwassertiere sind Turbellaria (Strudelwürmer), Amphipoda (Flohkrebse) mit der Gattung Gammarus (Bachflohkrebse), die sehr artenreichen Wassermilben (Hydrachnellae, Hydracarina) und ganz besonders Larven der Insektenordnungen Ephemeroptera (Eintagsfliegen), Plecoptera (Steinfliegen) und Trichoptera (Köcherfliegen). Aus mehreren Familien der Käfer (Coleoptera) haben einige bis zahlreiche Arten die Gewässerlebensräume besiedelt.

Eine besonders artenreiche Ordnung der wasserlebenden Insekten sind die Diptera (Zweiflügler), zu denen die Fliegen (Brachycera) und Mücken (Nematocera) gehören. Beispiele ausschließlich in Gewässern, an überrieselten Felsen oder manchmal in staunassen Böden vorkommender Vertreter stellen die oft sehr spezialisierten Arten der Zweiflügler-Familien Blephariceridae (Lidmücken), Simuliidae (Kriebelmücken) und Chironomidae (Zuckmücken) dar. Besonders letztere sind mit vielen Arten sowohl in stehenden als auch in fließenden Gewässern der Gebirge bis vor die nivale Zone zu finden.

Für die Lebewesen der Gebirgsgewässer ist von entscheidender Bedeutung, um welche Art des Gewässers es sich handelt. So zeigen sich deutliche Unterschiede in der wirbellosen Tiergemeinschaft, wenn man Gletscherbäche, Gebirgsbäche ohne Gletschereinfluss oder Seeausrinne vergleicht. Als Beispiel seien hier Ergebnisse aus einer Untersuchung angeführt, die im Jahre 2002 von der Arbeitsgruppe Fließgewässerökologie der Universität Innsbruck durchgeführt wurde.

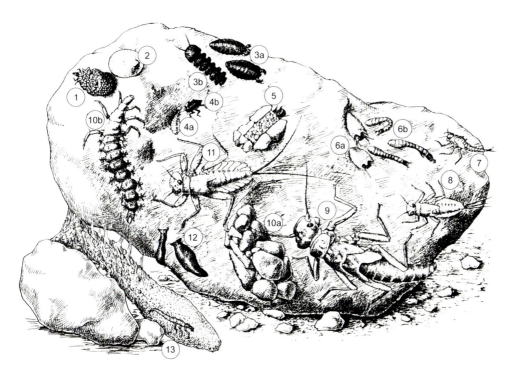

Abb. 5.8. Die typische Gebirgsbachfauna: typische Arten und Lebensformen, wie sie in den Gebirgsbächen der Hohen Tauern auch anzutreffen sind. (1) Glossosomatidae, Köcherfliegenlarve; (2) Ancylus, Schnecke; (3a) Puppe und (3b) Larve einer Blephariceridae, Lidmücke; (4a) Larve und (4b) Imago von Elmis, Wasserkäfer; (5) Köcherfliegenlarve; (6a) Puppe und (6b) Larve der Kriebelmücken; (7) Baetis und (8) Rhithrogena, Eintagsfliegenlarven; (9) Perlodidae, Steinfliegenlarve; (10a) Gehäuse einer (10b) Rhyacophilidae, räuberische Köcherfliegenlarve; (11) Epeorus, Eintagsfliegenlarve; (12) Turbellaria, Strudelwurm; (13) Philopotamidae, netzbauende Köcherfliegenlarve (aus Ruttner 1962).

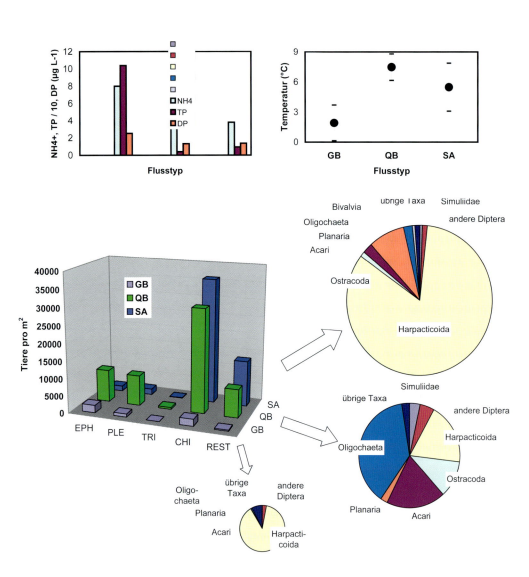

Abb. 5.9. Die typische Gebirgsbachfauna verschiedener Fließgewässer im Nationalpark Hohe Tauern: Gletscherbäche (GB: Obersulzbach, Ödbach, Viltragenbach, Schlatenbach, Gradenbach), Quellbäche (QB: Wangenitzbach, Wangenitzmoor, Schlaten-Quellbach, Hintermoos, Vordermoos) und Seeausrinne (SA: Wangenitzsee, Kratzenbergsee, Gradensee, Mittersee, Vordersee). Chemische Parameter, hier nur Ammonium (NH4+), Gesamtphosphor (TP) und gelöster Phosphor (DP) dargestellt, sowie Temperatur unterscheiden sich deutlich zwischen den Bächen. Besiedlungsdichten und Zusammensetzung der Gebirgsbachfauna sind ebenfalls verschieden. Die für Gebirgsbäche typischen Großgruppen Eintagsfliegen (Ephemeroptera, EPH), Steinfliegen (Plecoptera, PLE), Köcherfliegen (Trichoptera, TRI) und Zuckmücken (Chironomidae, CHI) kommen in allen drei Fließgewässertypen vor, wenngleich auch mit unterschiedlichen Besiedlungsdichten. Auch die als REST zusammengefassten Gruppen (Tortendiagramme) zeigen einen deutlichen Unterschied in Zusammensetzung und Dichte. Diese Darstellung lässt die Wirkung gewässertypischer Umweltfaktoren erkennen: Geringe Temperaturen, hohe Abflussdynamik, instabiles Substrat und hohe Trübstoffkonzentration in den Gletscherbächen ermöglichen es nur wenigen Arten dort zu existieren. Ausgeglichene Bedingungen in den Quellbächen und Seeausrinnen fördern die Entwicklung zahlreicher Arten. Interessant ist auch der deutliche Unterschied der Zusammensetzung der Fauna: Während in den Quellbächen vor allem die bachtypischen Gruppen (Eintagsfliegen, Steinfliegen, Köcherfliegen, Strudelwürmer u.a.) vorkommen, sind in den Seeausrinnen auch Gruppen zu finden, die zur Fauna des Grundwassers oder der Seen gehören.

5.7 Die Fauna der Stillgewässer

Die Lebewelt der stehenden Gebirgsgewässer ist so vielfältig wie ihre Lebensräume. Von temporären Kleingewässern über Hochgebirgstümpel bis zu großen, tiefen Seen reichen die Möglichkeiten des besiedelbaren Lebensraums. Dennoch gibt es Gemeinsamkeiten in der Artenzusammensetzung und auch im ökologischen Gefüge.

Für die Lebensgemeinschaften der Stillgewässer werden vor allem Licht, Wärme und Nährstoffverfügbarkeit als wichtige Umweltfaktoren angesehen. Dies gilt in besonderem Maße für hochalpine Lebensräume, die unmittelbar nach Abschmelzen der lang andauernden, mächtigen Winterdecke sofort einem bereits hochsommerlichen Strahlungsklima ausgesetzt sind. Folglich werden die Lebensbedingungen und auch die Lebewelt besonders durch die Höhenlage, Gegebenheiten im Einzugsgebiet und auch von gewässerinternen Faktoren bestimmt. Durch diese werden die Schlüsselfaktoren Temperatur, Sauerstoff und Nährstoffe entscheidend beeinflusst.

Das Zooplankton der Stillgewäser wird dominiert von Protozoen, Rotatorien und Crustaceen, die in ihrer Vergesellschaftung eine einfache Struktur zeigen. Die benthischen Vertreter derselben Tiergruppen erreichen normalerweise eine weitaus höhere Diversität, wobei sich der überwiegende Anteil aus Ubiquisten (kommen unter verschiedenen Bedingungen vor) sowie resistenten Kosmopoliten (kommen weltweit meist in vergleichbaren Systemen vor) zusammensetzt. Kaltstenotherme oder rein boreo-alpin verbreitete Faunenelemente finden sich häufiger im Pelagial (im freien Wasserkörper) unserer alpinen Gewässer, die lange Zeit als letzte Refugien für so genannte „Glazialrelikte" (Überreste der stenotherm-glazialen Fauna, die während der letzten Eiszeit das mitteleuropäische Flachland bewohnt hat) gegolten hatten. Um ein solches Eiszeitrelikt dürfte es sich bei dem extrem kaltstenothermen Strudelwurm *Crenobia alpina* handeln, der sich mit wärmer werdendem Klima in den kalten Quellbereich und den Bachoberlauf der Gebirgsbäche zurückzog und von hier auch in die Alpenseen eingewandert ist. Sehr charakteristische kälteliebende Planktonrädertiere der Gebirgsseen sind *Keratella hiemalis, Notholca squamula, Polyarthra dolichoptera* und *Synchaeta lakowitziana*. Diese Arten finden jedoch auch im Winterplankton sowie im kalten Hypolimnion der Seen tieferer Lagen geeignete Lebensbedingungen.

Die *Crustaceen Acanthodiaptomus denticornis, Arctodiaptomus alpinus, Cyclops abyssorum tatricus, Daphnia rosea* und *Daphnia middendorffiana* bleiben hingegen im mitteleuropäischen Raum fast ausschließlich auf die Gewässer höherer Lagen beschränkt, in denen sie meist den dominierenden Anteil planktischer Sekundärproduzenten stellen. Sehr selten können bis zu vier dieser Charakterarten neben weiteren ansonst euryöken Arten wie *Chydorus sphaericus* oder *Acanthocyclops vernalis*, sympatrisch auftreten. Die vor allem bei den calanoiden Gebirgscopepoden *A. denticornis, A. alpinus* und *Mixodiaptomus tatricus* intensive Färbung durch Carotinoide, was auch als „alpine Rotfärbung" bezeichnet wird, ist als Adaptation mit den in diesen Lebensräumen herrschenden Umweltfaktoren bekannt.

Die Bodenfauna alpiner Seen setzt sich meist aus Würmern (Fadenwürmer und Wenigborster), Crustaceen (Cladocera, Copepoda, Ostracoda) und Insekten (vor allem Chironomidenlarven) zusammen. Im Litoralbereich können noch andere Insekten dazukommen, wobei Coleoptera, Ephemeroptera und Trichoptera zu den stetigen Bewohnern von Hochgebirgsseen gehören. Als häufige Bewohner der Gebirgsseen gilt auch hier die Mückenfamilie Chironomidae, normalerweise dominiert von der Gattung *Corynoneura*. Als typische Makroinvertebraten kommen verschiedene Wurmtaxa, wie Turbellaria, Hirudinea und Oligochaeta mit mehreren Familien vor (z. B. Enchytraeidae, Haplotaxidae, Lumbriculidae, Naididae und Tubificidae). Auch zahlreiche Arten von Wassermilben gehören zu den ständigen Bewohnern des litoralen Zoobenthos. Schnecken und Muscheln treten auch auf, jedoch mit wenigen

Arten. Wenigstens eine oder zwei der drei Insektenordnungen Ephemeroptera, Plecoptera and Trichoptera kommen ebenfalls regelmäßig in Hochgebirgsseen vor. Die Eintagsfliege *Siphlonurus lacustris* ist dabei eine seltene Art, auch aus den anderen Ordnungen kommen meist nur wenige Taxa, wenn überhaupt, vor.

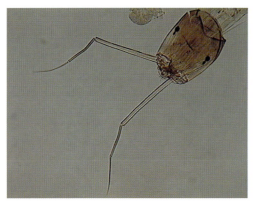

Abb. 5.59. Die nur wenige Millimeter große Zuckmückenlarve Corynoneura arctica dominiert die litorale Bodenfauna der Hochgebirgsseen. In einer vergleichenden Untersuchung von 55 Hochgebirgsseen des Alpenhauptkamms wurde diese boreo-alpine Art oder andere Arten aus der gleichen Gattung regelmäßig gefunden. Generell zählen die Chironomiden, so wie in alpinen Fließgewässern, auch in hochgelegenen Seen zu den häufigsten wirbellosen Tieren des Makrozoobenthos (L. Füreder).

Als wichtigste Gruppe, was Artenzahl und auch Individuendichte angeht, gelten auch bei höher gelegenen Gebirgsseen die Chironomiden. *Paratanytarsus austriacus, Heterotrissocladius marcidus* und *Corynoneura arctica* sind bei weitem die wichtigsten in Hochgebirgsseen. Andere regelmäßig vorkommende Taxa der Zuckmücken sind weitere Arten der Gattungen *Corynoneura, Micropsectra, Macropelopia, Limnophyes, Cricotopus, Prodiamesa* und *Procladius*. Neben den Chironomiden ist noch eine andere Familie der Diptera regelmäßig vorzufinden, nämlich die Familie Limoniidae mit der Gattung *Dicranota*.

Larven und adulte Tiere der Wasserkäfer sind ebenfalls in Gebirgsseen anzutreffen. Arten der Familie Dytiscidae, meist aus der Gattung *Agabus*, und Vertreter der Unterfamilie Hydroporinae werden im Litoral gefunden.

Normalerweise mit nur einer Art, in Ausnahmefällen wenigen Arten, treten auch die Insektenordnungen Heteroptera, Megaloptera und Odonata auf.

In einer Untersuchung der Arbeitsgruppe Fließgewässerökologie und Süßwasserfauna der Universität Innsbruck, wo die bodenbewohnenden, wirbellosen Tiere aus 55 Hochgebirgsseen verglichen wurden, war vor allem die Meereshöhe ausschlaggebend für Diversität und Individuendichte. Durch multivariable Statistik konnte die Vegetation im Einzugsgebiet als eine wichtige Größe ermittelt werden, die deutlich die Zusammensetzung der Artengemeinschaft beeinflusste.

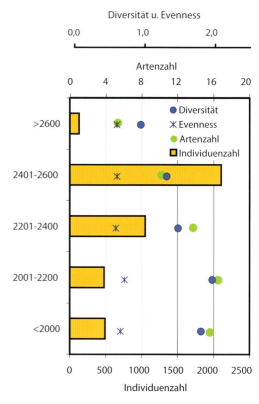

Abb. 5.10. Eine Studie über die Lebensgemeinschaften des Gewässerbodens aus 55 Gebirgsseen, die über die Alpen verteilt sind, ergab, dass vor allem die Meereshöhe als wichtiger Schlüsselfaktor für Diversität, Artenzahl und auch Individuendichte gilt. Mit multivariablen statistischen Analysen konnte ein Zusammenhang zwischen der Vegetation des Einzugsgebiet und der Artenzusammensetzung gezeigt werden (aus Füreder et al. 2006).

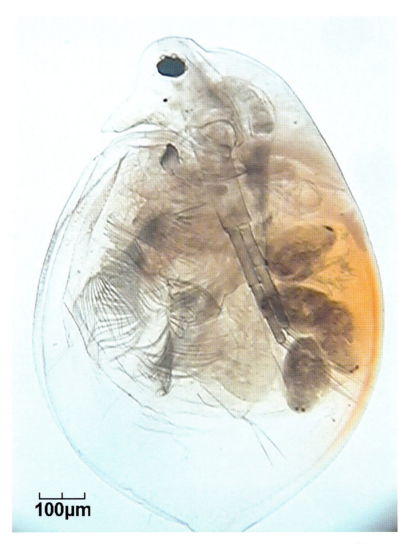

Abb. 5.60. Blattfußkrebse, wie hier eine Daphnia, sind hauptsächlich Bewohner des Freiwassers von Stillgewässern. Sie können sich sowohl geschlechtlich als auch ungeschlechtlich vermehren, was ein Vorteil besonders in extremen Lebensräumen sein kann (L. Füreder).

6 Gebirgsgewässer im Wandel

Gebirgsregionen gelten gerade in der Zeit zunehmender und immer rascher erfolgender Veränderungen als letzte Ressource für die Gesundung oder sogar für das Überleben vieler Menschen. Dies gilt im Besonderen auch für die Gewässer. In entlegenen, schon immer schwer zugänglichen und heute geschützten Regionen, wie es das Gebiet des Nationalparks ist, sind größere Eingriffe ausgeblieben. Dennoch sind vielfältige Veränderungen festzustellen, die einerseits den natürlichen Wandel betreffen, aber auch auf die direkten und indirekten Auswirkungen menschlicher Aktivitäten zurückzuführen sind.

Im Gebiet der Hohen Tauern verdeutlichen besonders die Beobachtungen über Gletscher- und Klimageschichte die ständige Veränderung von Gebirgsregionen, die generell über den ganzen Alpenbogen, aber auch in anderen Regionen der Erde festzustellen sind: Seit 1000 Jahren war es nicht mehr so warm, mehr Wasser ist unterwegs, weniger Schnee und mehr Regen, ein bewegter, instabiler Boden, eine Zunahme von Erdrutschen, häufigere und intensivere Niederschläge – all das sind oft erwähnte Fakten und Erscheinungen einer sich wandelnden Umwelt. Allesamt sind sie aber Ereignisse, die sich besonders auf den Zustand und die Beschaffenheit von Gewässern auswirken. Daneben gibt es aber die zahlreichen Einflussnahmen und Beeinträchtigungen, die als direkte Folgen der Erschließung, Siedlungstätigkeit und Nutzung durch den Menschen an den Gewässern abzulesen sind. Im heutigen Schutzgebiet des Nationalparks - vielleicht nicht so deutlich wie in anderen, auch benachbarten Gebieten - sind Erschließung und Nutzung der Gebirgsregion nicht ohne Auswirkungen auf den Zustand der Gewässer geblieben.

Unsere Lebensräume sind infolge menschlicher Einwirkungen fast durchwegs nicht mehr in natürlichen, sondern nur noch in naturähnlichen Gleichgewichtszuständen vorzufinden, sofern nicht ohnehin eine erhebliche Änderung der Bedingungen durch menschliche Eingriffe erfolgt ist. Denn besonders in und oberhalb von Siedlungsgebieten sind unsere Gewässer auf vielfältige Weise beeinträchtigt, wodurch Abflussverhalten, Gewässermorphologie, gewässerspezifische Ausprägung und ökologisches Gefüge nicht mehr den natürlichen Verhältnissen entsprechen. Neben der vielfältigen Nutzung der Gewässer (Wasserentnahme und Überleitungen für Kraftwerke, Beschneiungsanlagen und Bewässerung sowie Zu- und Einleitung von Brauchwasser usw.) wirken sich oft auch Veränderungen der Bachmorphologie besonders gravierend auf Struktur und Funktion der Gewässerökosysteme aus.

Foto 6.1. Die Nutzung der Gewässer ist ein wesentliches Element unserer Kultur: Sie bringt Veränderungen und bewirkt entweder lokale, kleinräumige Folgen, kann aber auch großräumige Auswirkung haben. Schon seit Jahrhunderten gibt es eine Nutzung des Wassers zur Energiegewinnung: Beispiel Islitzer Mühle (NPHT Tirol).

6 Gebirgsgewässer im Wandel

Foto 6.2. und 6.3. Die Almwirtschaft hat eine lange Tradition im Gebiet des Nationalparks. Im Bild oben sind die Mähder der Jagdhausalmen auf 2.009 m Seehöhe, die bereits 1212 erstmals urkundlich erwähnt wurden. Darunter die Mitteldorferalm am Frossnitzbach in Osttirol. Gut erkennbar sind die Auswirkungen der Beweidung auf die Ufer- und Umlandvegetation (NPHT Tirol, oben: M. Kurzthaler, unten: P. Gruber).

Die Gewässer im Gebiet des Nationalparks sind von größeren Eingriffen verschont geblieben, trotzdem ist eine Reihe von Veränderungen erkennbar, die als Folgen menschlicher Aktivitäten gelten. Zeugnisse aus der Kultur und Siedlungsgeschichte belegen eine Reihe von direkten Einwirkungen. Einige bis heute erhaltene Mühlen und Sägen, die wichtige Zeugen der spannenden Kulturgeschichte der Hohen Tauern sind, belegen eine lange, wenn auch meist nur kleinräumige Nutzung der Gewässer. Die Messung von Schadstoffen, die zwar selten in höheren Regionen durchgeführt wird, gibt aber auch Hinweise, dass die Verfrachtung nicht vor entlegenen und ansonsten natürlichen Ökosystemen Halt macht.

6.1 Mensch, Kultur und Gewässer

In dem großteils unerschlossenen alpinen Urland dominieren mächtige Gebirge, überragt von Großglockner und Großvenediger, steile Felswände, ewiges Eis und dynamische Gletscherbäche und wasserreiche Wasserfälle. Die weniger schroffen, etwas tiefer liegenden und leichter zugänglichen Gebiete wurden vom Menschen mitgestaltet. Almen, Bergmähder und Schutzwälder führen vor Augen, was der Mensch meist in Harmonie mit der Natur über Jahrhunderte geschaffen hat. Das Wasser oder zumindest seine Nähe spielte dabei immer eine große Rolle.

Großteils unerschlossene Landschaften, reine Luft und reines Wasser garantieren besonders in Berggebieten noch einen gesunden Lebensraum. In tieferen Lagen haben bereits Siedlungstätigkeit, Industrie, Landwirtschaft und Verkehr Natur und Landschaft weitflächig und grundlegend verändert. Jedoch auch der Massentourismus dringt heute immer weiter in die alpinen Regionen vor, sogar vor der über Jahrtausende vom Menschen gemiedenen Gletscherregion macht er nicht Halt. Es ist zu befürchten, dass sich jene nachteiligen Veränderungen, die dort großflächig zu erwarten sind, auch in absehbarer Zukunft auf weite Gebiete der tieferen Lagen auswirken. Zuerst werden sich diese Veränderungen in Menge und Güte der letzten Reinwasserreserven bemerkbar machen. Letztlich ist anzunehmen, dass jenes Wasser, das immer mehr in die großen Stauseen der Kraftwerke der Alpenregion fließt, bald über die Turbinen oder um diese herum zur Versorgung weiter Teile Europas dienen könnte.

Auf der Suche nach Lebensraum besiedelten Menschen bereits vor Jahrtausenden die Täler der Hohen Tauern. Den Bauern, Hirten und Jägern fehlten aber damals die technischen Hilfsmittel, die Natur großflächig und nachhaltig zu schädigen. Meist orientierte sich ihre Lebensweise an den Gesetzen der Natur. Es ist wahrscheinlich, dass lokale und kleinräumige Eingriffe an Gewässern zur Ufersicherung und zum Schutz vor Überschwemmungen der Almgebiete oder Bauernhäuser getätigt wurden.

Das Gebiet der Hohen Tauern war nie ein Sperrriegel zwischen Nord und Süd, sondern es herrschte immer ein mehr oder weniger intensiver Verkehr über die Passhöhen des Tauernmassivs. Bereits für die Jungsteinzeit wird angenommen, dass von den damals spärlich besiedelten Gebieten am Rand der Alpen die Menschen allmählich der Flusslinie folgend der Salzach entlang flussaufwärts zu Jagd- und Erkundungszwecken in Richtung Gebirge zogen. Beim Übergang zur Bronzezeit (1900 Jahre v. Chr.) begannen die Menschen sich Dauersiedlungen im Gebiet des Nationalparks einzurichten.

Die Entdeckung des Kupfererzes - und in der Folge anderer verwertbarer Erze - bewirkte eine intensive Siedlungstätigkeit in der Tauernregion, die aber immer wieder von langen Zeiträumen geringerer Bedeutung unterbrochen wurden. Obwohl sich keinerlei Angaben in den geschichtlichen Aufzeichnungen finden, dürften die Abbauaktivitäten einen bedeutenden Einfluss auf die Gewässer der Region gehabt haben müssen - Gewässerschutz war damals noch kein Thema. Trübstoffe, Verunreinigungen und sogar giftige Substanzen sind damals sicherlich in die Gewässer gelangt, wenn man etwa die Berichte über Kupfer- und Arsenikhütten sowie über

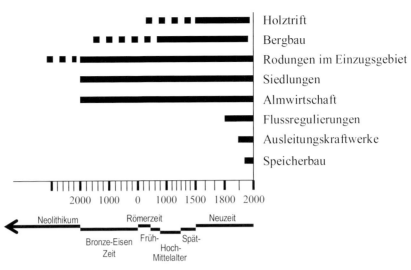

Abb. 6.1. Eine Reihe von frühen Eingriffen in den Hohen Tauern hat auch vor dem Gebiet des Nationalparks nicht Halt gemacht. Aus frühester Zeit sind zwar wenige Angaben von direkten Beeinträchtigungen auf die Gewässer vorhanden, aber die überlieferten Zeugnisse über Bergbau, Siedlungstätigkeit und Handel über die Tauern lassen auf diese Auswirkungen schließen. Die Maßnahmen im Einzugsgebiet, wie Erzabbau, Landnutzung (großflächige Entwaldung und Beweidung), Besiedlung und Bebauung von Flächen, zählen zu den frühesten Eingriffen an den Gewässern überhaupt. Jagd und Fischerei haben, was nachweislich seit dem Ausgang des Mittelalters erfolgt ist, durch Einbringen von Fischen das ökologische Gefüge der Hochgebirgsgewässer verändert. Erst in jüngster Zeit gab es dann erhebliche Eingriffe, die ganze Tallandschaften und die darunter liegenden Flusslandschaften verändert haben. Die größten, diesbezüglichen ökologischen Katastrophen sind für das Gebiet der Hohen Tauern zumindest abgelehnt worden, um das Gebiet jedoch sind zahlreiche Bauwerke zu bewundern.

den Schwefelabbau liest. Zusätzliche Beeinträchtigung kam vom Abholzen des Waldes für die Verarbeitung der Erze.

Im hinteren Talbereich des Großarltales zum Beispiel wurde seit dem Hochmittelalter Kupfer und Schwefel abgebaut. Ab 1500 erlebte der Erzbergbau in Hüttschlag eine Hochblüte, wo sich zeitweise 500 Bergknappen aufhielten. Die Ortschaften Wolfau und Karteis gehen auf Knappendörfer zurück. Bereits im 17. Jahrhundert war wegen der intensiven Befeuerung der Schmelzhütte die gesamte Umgebung abgeholzt – ein Eingriff in den Naturraum, der ebenfalls nicht ohne Auswirkung auf die Gewässer blieb.

Diese Hochblüte des Bergbaus im 16. und 17. Jahrhundert war in allen Regionen der Hohen Tauern zu verspüren. Gold, Kupfer, Zinn, Silber und vor allem Eisen – die Hohen Tauern waren für die damalige Zeit reich an Erzen. In großen Höhen – manchmal über 2.800 Meter – wurden die Erze zutage gefördert. Zur Gewinnung wurde viel Holz benötigt. Vielerorts im Nationalparkgebiet wurde damals die Waldgrenze um 100 – 300 Meter gesenkt. Das ökologische Gleichgewicht kam ins Wanken. Mit der Verschiffung von Erzen aus Übersee nach Europa kam der Bergbau zum Erliegen.

Die alpinen Fließgewässer wurden meist erst mit den systematischen Regulierungen des 19. Jahrhunderts grundlegend verändert. Davor gab es aber auch schon vielfache Eingriffe. In alten Ansichten sind lokale Ufersicherungen vor allem im Bereich von Siedlungen erkennbar. Weiters sind auch Sicherungen von landwirtschaftlichen Flächen seit Jahrhunderten bekannt. Wegen der Kleinräumigkeit erwiesen sich die ökologischen Auswirkungen dieser Eingriffe als weniger gravierend.

Abgesehen von den lokalen Regulierungen wurden Fließgewässer zumindest seit dem Mittelalter für Holztransport (Trift), Beseitigung von Abwässern, Energiegewinnung oder Fischerei genutzt. Die Maßnahmen im Einzugsgebiet, wie Erzabbau, Landnutzung (großflächige Entwaldung und Beweidung), Besiedlung und Bebauung von Flächen, zählen ebenfalls zu den frühesten Eingriffen an Gewässern überhaupt und haben auch vor dem Gebiet des Nationalparks nicht Halt gemacht.

Der Siedlungs- und Nutzungsdruck auf die Vorzugslagen der Alpen war seit jeher enorm.

Heute zeigen vor allem die Gebiete am Alpenrand, die Haupttäler und die Hochburgen des Tourismus, die deutlichsten Zeichen der Veränderung. Andererseits ist auch eine Entvölkerung entlegener Dörfer und Täler festzustellen. Dadurch wird zwar neuer Raum für die Wildnis frei, gleichzeitig geht aber einiges an Landschaft und Kultur verloren.

Diese Entwicklungstrends sind seit langer Zeit bekannt. Man versucht auch gegenzusteuern – dennoch: Der Transitverkehr wächst unvermindert, die Zersiedelung der Landschaft und die ruinöse Aufrüstung im Wintertourismus setzen sich fort, auch verschwinden weiterhin wilde und kultivierte Tier- und Pflanzenarten, und weiterhin geht die Berglandwirtschaft zurück. Das großräumige Schutzgebiet des Nationalparks Hohe Tauern leistet einen besonderen Beitrag, wenn es darum geht, mit Strategien zur Erhaltung von Natur und der gewachsenen Kulturlandschaft entgegenzusteuern.

Folgen der lange Tradition der Almwirtschaft

Obwohl sich nur ein kleiner Teil des Alpenraums für eine intensive Nutzung durch den Menschen eignet, wurden im Lauf ihrer nacheiszeitlichen Entwicklung alle Regionen einschließlich der Hochlagen vom Menschen besiedelt. So gibt es auch viele, oft sogar jahrtausendealte Zeugnisse einer menschlichen Nutzung.

Die Almwirtschaft, die sich bis zu den Anfängen der Besiedlung im Alpenraum zurückverfolgen lässt, wurde vermutlich in allen inneralpinen Tälern und Hochtälern betrieben, vorausgesetzt das Gebiet war einigermaßen zugänglich. Die „Blütezeit" der Almwirtschaft liegt eigentlich weit zurück, da seit der Wärmeperiode im ausklingenden Mittelalter die Almwirtschaft als rückläufig gilt. Besonders die Nutzung vieler Hochlagen fand mit der „Kleinen Eiszeit" um 1850 ein jähes Ende.

Dieser Trend wurde durch die wirtschaftliche Entwicklung im 20. Jahrhundert fortgesetzt, wodurch die aufwändige Nutzung der Hochlagen weitgehend zusammenbrach. Dem entgegen wirkten die Förderungen, die besonders die Bergbauern betrafen, die aber kaum eine Wende brachten. Heute befinden sich noch etwa 350 Almen im Gebiet des Nationalparks, wo die insgesamt 12.000 Rinder, 500 Pferde und 12.000 Schafe Platz finden.

Die Auswirkungen auf die Gewässer können vielfältig sein, und erfolgen meist lokal, nehmen aber grundsätzlich mit zunehmender Größe der Gewässer ab. Dort, wo sich Weidetiere an Gewässern häufen, kann es zu deutlicher Eutrophierung kommen. Durch Anreicherung von Nährstoffen wird die Produktion im Gewässer erhöht, wodurch unter anderem vermehrtes Algenwachstum auftritt – ein auffälliges Anzeichen der Eutrophierung.

Foto 6.4. und 6.5. Eutrophierungserscheinungen können vielerorts auftreten, sie können natürliche, aber auch künstliche Ursachen haben. Temperaturerwärmung und gleichzeitige Verfügbarkeit von Nährstoffen können zu einem Massenwachstum von Algen führen. Die gleichen Auswirkungen sind bei Gewässern in Weidegebieten zu beobachten, wo eine große Menge an „natürlicher Düngung" im Nahbereich der Tümpel und kleineren Wasseransammlungen erfolgt. Oben: Unterseebachalm im Defereggen (NPHT Tirol), unten: Massenentwicklung von Fadenalgen (Grünalgen) im Astner Moos (NPHT Kärnten).

Gewässer- und Flusslandschaften, die sich in Weidegebieten befinden, sind in ihrem Uferbereich und unmittelbaren Umland durch das meist völlige Fehlen von Gehölzvegetation gekennzeichnet, da meist intensiver Verbiss von aufkommenden Jungpflanzen stattfindet. Steilere Ufer werden meist vom Weidevieh gemieden, sodass sich dort im günstigsten Fall Bäume und Sträucher etablieren können.

Die erst kürzlich erhobenen sichtbaren Beeinträchtigungen an Fließgewässern sind in der nachfolgenden Darstellung des gewässermorphologischen Zustands aufgezeigt. Sie lassen den Schluss zu, dass sich der Großteil der Maßnahmen auf lokale oder kleinräumige Aktivitäten zur Stabilisierung von Uferbereichen und zum Schutz der angrenzenden Weidegebiete oder Fahrwege beschränkt.

notwendig, der erst mit der Erfindung von wasserbetriebenen Sägen reduziert werden konnte. Die Errichtung von Sägen erfolgte damals durch Bauern an Flüssen, die eine einigermaßen geringe Dynamik und einen konstanten Abfluss über das Jahr gewährleisteten. Es ist anzunehmen, dass an den Bächen meist eine mehr oder weniger kleinräumige bauliche Modifikation erfolgte, die aus einem Längsbauwerk und einer Staueinrichtung bestand. Das zum Mühlrad abgeleitete Wasser musste ja einigermaßen konstant fließen.

Im Mittelalter breiteten sich die bäuerlichen Sägemühlen in den Alpenländern rasch aus, da Holz zu einem wichtigen und vielseitigen Rohstoff wurde. In der Folge kam es zu Nutzungskonflikten und auch Kahlschlägen. Die Sägestandorte wurden nach Bedarf festgelegt, ausschlaggebend waren geeignete Gewässer und ertragreiche Wälder, aber auch der Nahbereich von Siedlungen und Almdörfern.

Foto 6.6. Für die Erschließung und Erreichbarkeit der Tauerntäler und auch der Hochalmen wurden Wege errichtet, die sich den oft engen Raum der Talsohle mit den Gewässern teilen mussten. Im letzten Jahrhundert wurde in manchen Regionen über längere Abschnitte gesichert, die natürliche Entwicklungsmöglichkeit der Fließgewässer und auch ihre laterale Vernetzung sind dadurch stark eingeschränkt. Wenn diese Eingriffe nicht über lange Strecken erfolgten, blieben die Auswirkungen auf einem geringen Niveau (M. Kurzthaler).

Mühlen und Sägen

Auch in den Alpen gibt es Hinweise einer langen Nutzung der Wälder. Schon seit der Steinzeit werden mächtige Baumstämme mit Steinäxten zu Brettern verarbeitet. Eine wesentliche Erleichterung brachte erst viel später der Gebrauch von einfachen Handsägen. Noch immer war großer körperlicher Kraftaufwand

Foto 6.7. Die Venezianersäge beim Matreier Tauernhaus, Osttirol – renoviert und wieder voll funktionstüchtig (NPHT Tirol).

Mühlen und Sägen – die alte Tradition der Energiegewinnung

In den Lebensräumen um und an den Gewässern spielte sich die Entwicklung des Menschen in den Alpen ab. Einerseits war es ein harter Lebenskampf gegen die Naturgewalten, andererseits ergaben sich fördernde Entwicklungen. So ist aus alten Aufzeichnungen bekannt, dass es bereits genaue Kenntnisse über die Wasserkraft als Energieform gab. Als erste ortsfeste Anlage zur Energiegewinnung war das Wasserrad ja schon seit etwa 3000 Jahren bekannt. Es diente frühen Bewässerungskulturen zum Wasserschöpfen, aber auch zum Getreide mahlen. Seitdem das Getreide die wichtigste Lebensgrundlage für den Menschen ist, entwickelt er zahlreiche effektive Arbeitshilfen, die Getreidemühlen waren eine davon.

In den Alpen gab es zweierlei Mühlen, die sich durch ihre Bauweise unterschieden:

Stockmühlen: Die Stockmühlen funktionieren mit dem ältesten und einfachsten mechanischen Antrieb, nämlich ohne Getriebe. Der namensgebende „Stock" – ein sich achsial drehender Holzstock mit „Flottern" als Wasserrad – ist direkt mit dem oberen, rotierenden Mahlstein (Läuferstein) verbunden. Dieser „Urtyp" der Mühlen ist nur noch im Kalsertal, im oberen Mölltal bei Apriach sowie in einigen Regionen Südtirols und der Schweiz vertreten.

Radmühlen: In den anderen Tälern wurden die technisch aufwändigeren Radmühlen gebaut.

Wie viele Mühlen einst in der gesamten Tauernregion standen, lässt sich heute nicht mehr nachvollziehen. Um 1925 gab es noch über 40 Mühlen in St. Jakob im Defereggen und an die 50 Mühlen in Kals. Während im Defereggental meist bis zu vier Bauern gemeinsam eine Mühle errichteten und bewirtschafteten, hatte in Kals fast jeder Bauer seine eigene Mühle. Im Herbst, nach getaner Feldarbeit, begann der Mahlbetrieb in den Mühlen. Der Bach musste noch genug Wasser führen, bevor der „Radstock" vereiste. Damit die Ausleitung einigermaßen konstant war, wurde der Bach meist aufgestaut.

Bedingt durch die Umstellung von Ackerbau auf Grünlandwirtschaft am Beginn der 50er Jahre verloren die Mühlen nach und nach an Bedeutung. Dadurch entrückte eine lang anhaltende bäuerliche Lebensform mit vielen Erscheinungen in der Kulturlandschaft der Berggebiete. Mit viel Engagement konnten einige Mühlen in der Nationalparkregion gerettet werden.

Mühlen in der Nationalparkregion Hohe Tauern (mit Besichtigungsmöglichkeit, Mahlvorführung nur im Sommer): Böcknmühle (Hopfgarten i. Defereggen); Holzermühle (St. Veit i. Defereggen, Weiler Bruggen); Trojermühle (St. Jakob i. Defereggen, Eingang Trojeralmtal); Islitzermühle (Prägraten, Hinterbichl); Samermühle (Virgen, Mitteldorf); Lagnermühle (Matrei i. Osttirol, Weiler Bichl); Ganzermühle (Matrei i. Osttrirol, Weiler Ganz), Stockmühlen (Kals a. Großglockner, Großdorf).

Im Mittelalter breiteten sich die bäuerlichen Sägemühlen rasch in den Alpentälern aus – Holz wurde nun zum wichtigsten und vielseitigsten Rohstoff. Nicht nur die Bauern, auch die Landsherren benötigten für den Bergbau Holz in Massen, was zu enormen Nutzungskonflikten und massiven Kahlschlägen führte. Die Sägestandorte wurden nach dem Bedarf festgelegt. Meist war die Präsenz geeigneter Gewässer, als Energiequelle und für ertragreiche Wälder, aber auch Siedlungen oder Almdörfer (z.B. Matreier Tauernhaus) dafür ausschlaggebend.

Um 1935 gab es noch 3488 Sägemühlen in Österreich. Die meisten fielen dem technischen Fortschritt und der Gewässerregulierung zum Opfer. Mit der Revitalisierung des Venetianer Gatters im Matreier Tauernhaus wurde eine der letzten Sägen dieser Art in Osttirol erhalten.

Die lange, erfolgreiche Geschichte des „Venetianer Gatters" beginnt mit der Nutzung des Holzes. Während die Menschen seit der Steinzeit mühsam die mächtigen Bäume mit Steinäxten fällten und zu Brettern behauten, bediente man sich erst viel später einer einfachen Handsäge mit Bockgerüst. Der hohe körperliche Kraftaufwand beim Sägen konnte aber erst durch die Erfindung einer wasserbetriebenen Säge ersetzt werden. Eine erste bildliche Darstellung der Sägemühle ist uns erst aus dem Mittelalter überliefert, obwohl schon in der Antike neben Holz sogar Marmor wasserbetrieben geschnitten wurde.

Die Errichtung der Sägen erfolgte durch die Mühlbauern, die ihr enormes technisches Wissen von Generation zu Generation weitergaben. Im Gegensatz zu den Getreidemühlen standen die meisten Sägen im Eigentum von Privatpersonen, die alle Arbeit auf Lohnbasis selbst erledigten. Um ein Brett herunterzuschneiden, bedurfte es einer speziellen Bedienung, und nur die „Sagmeister" beherrschten dieses Handwerk im gefühlvollen Zusammenspiel mit dem Wasser. Auf einer Art „Wagen auf Rollen" bewegte sich der eingespannte Baumstamm einem Sägeblatt zu, das wiederum auf einem „Gatter" fixiert war. Damals schon wurden technische Hilfselemente wie Schrauben, Kurbeln und Nocken verwendet.

Wie man wahrscheinlich gleich einmal vermutet, hat der Name „Venetianer Gatter" tatsächlich etwas mit Venedig zu tun. Die im 15. Jh. größte Handelsstadt Mitteleuropas benötigte zum Aufbau ihrer mächtigen Flotte und der Pfahlbauten Unmengen von Schnittholz. In den großen Waldungen der Venezianischen Alpen begann die Entwicklung einer effektiven wasserbetriebenen Säge, deren Technik dann wahrscheinlich von italienischen Wanderarbeitern oder sogar von den Tauernsäumern in die Tauerntäler gebracht wurde.

Tauernhaussäge (Matrei in Osttirol, Matreier Tauernhaus): Das etwa 200 Jahre alte „Venetianer Gatter" beim Matreier Tauernhaus war bis 1970 in Betrieb. Mit Unerstützung des Nationalparks konnte der Verfall gestoppt werden, sodass dieses wertvolle Kulturgut als Zeuge vergangener Zeit bestehen bleibt. Ein Dokument, das uns als Freilichtmuseum viele technische, historische, energie- und forstwirtschaftliche Antworten gibt.

(Quelle: Nationalpark Hohe Tauern Tirol).

Fische und Fischerei

Obwohl die Veränderungen an den Gewässern durch den Menschen in der Schutzregion des Nationalparks nicht das Ausmaß manch anderer Regionen der Alpen erreicht hat, sind doch in zahlreichen Gewässern die Auswirkungen menschlichen Handelns erkennbar. So hat sich auch die Zusammensetzung der Lebensgemeinschaften in den Gewässern deutlich verändert. Dies betrifft vor allem die auch wirtschaftlich interessante Tiergruppe der Fische.

Bis heute hat die Fischerei in den alpinen Gewässern große Bedeutung. Schon zu Zeiten Maximilians I. um 1500 n. Chr. wurden Fische in Hochgebirgsseen ausgesetzt, Aktivitäten, die bis heute – mit veränderten Rahmenbedingungen – fortgesetzt werden. Vielmehr sind die weniger hoch gelegenen Seen und Fließgewässer betroffen.

Wissenschafter der Universität Salzburg haben in einem Vergleich der Entwicklung der Fischereiwirtschaft in der Nationalparkregion zwischen 1966 und 1994 festgestellt, dass sich der Bestand an „fremden Fischen" in den letzten 30 Jahren deutlich erhöht hat. Das stimmt nicht allzu sehr verwunderlich, da an allen für Fischer interessanten Fließgewässern im Nationalpark Hohe Tauern ein regelmäßiger Fischbesatz stattfindet.

Obwohl nicht eindeutig geklärt ist, woher letztendlich die Fische im Nationalpark Hohe Tauern gekommen sind, könnten beispielsweise Forellen aus mehreren Regionen Europas in die Gewässer gelangt sein. Ursprünglich lebten in den Bächen und Seen der Hohen Tauern nur Bachforellen, Koppen, Elritzen und in tieferen Lagen Äschen und vereinzelt Schmerlen, was auch die natürliche Artenzusammensetzung der Fischregionen in dieser Meereshöhe widerspiegelt.

Für Fließgewässer, die durch größere Steilstufen wie die Krimmler Wasserfälle, unterbrochen werden, kann angenommen werden, dass diese vor langer Zeit einmal fischfrei waren. Doch man weiß auch aus alten Aufzeichnungen, dass beispielsweise schon zur Zeit Kaiser Maximilians I. (bis 1519) Seesaiblinge und Forellen in damals fischlose Hochgebirgsseen eingesetzt wurden. Heute müssen sogar nach den österreichischen Landesfischereigesetzen die Gewässer der Fischereireviere künstlich mit Jungfischen besetzt werden. Interessanterweise wurde bis vor wenigen Jahren den Fischereipächtern vorgeschrieben, dass sie auch eingebürgerte, fremde – das heißt hier amerikanische – Arten besetzen sollen. Es ist zu hoffen, dass dieser Unsinn heute keine Anwendung mehr findet.

Lebensgemeinschaft Bergsee

Abb. 6.2. Bei Fischbesatz in einen von Natur aus fischlosen Bergsee kommt es zur drastischen Reduktion von Arten und Lebensformen. Sowohl im Plankton als auch am Gewässerboden und im Uferbereich verschwinden zahlreiche Tiergruppen, wie Schwanz- und Froschlurche, größere Arten das Zooplanktons und sogar Insekten (Quelle: NPHT Tirol - Haus der Natur, Salzburg).

So kommt es, dass bis heute die ursprünglich nordamerikanischen Regenbogenforellen und Bachsaiblinge in Nationalparkbächen vorkommen. Beide Arten wurden erst am Ende des 19. Jahrhunderts nach Europa gebracht, dann aber durch den regen Handel rasch verbreitet. Das Einbringen von fremden Fischen in die Nationalparkgewässer zieht eine Reihe von Problemen nach sich, die Konsequenzen für die natürlichen Ökosysteme, aber auch für die Fischerei haben können. Einerseits ist die Möglichkeit der Einschleppung von exotischen, oft gefährlichen Krankheiten in unsere Gewässer sehr groß, andererseits bilden die fremden eine Konkurrenz für die heimischen Arten. So hat zum Beispiel der kältetolerante und räuberische Bachsaibling unsere heimischen Bachforellen vor allem in den Gebirgsbächen verdrängt bzw. stark dezimiert. Die Regenbogenforelle nimmt in den tiefer gelegenen Bächen der Forellen und Äschenregion mittlerweile dominierend die Lebensräume ein. Koppen, Kleinfischarten und Jungfische, ohnehin schon durch Lebensraumdefizite gefährdet, sind zusätzlich durch diese wachsende Konkurrenz in ihrer Bestandsentwicklung gestört.

Heimische und fremde Fische in den Hohen Tauern

Die Forellenbäche: Der Leitfisch der oberen Forellenregion, der die von Fischen besiedelbaren Gewässer der Hohen Tauern angehören, ist die Bachforelle (auch Berg- oder Steinforelle genannt). Sie war ursprünglich der einzige Vertreter der Lachsfische in dieser Region in Mitteleuropa, bis aus Nordamerika Bachsaibling und Regenbogenforelle in der mitteleuropäischen Forellenregion eingeführt wurden. Ein Begleitfisch und zum Teil wichtiges Nährtier der Forellen in Gebirgsbächen ist die kleine Koppe oder Groppe (Cottus gobio), die nachtaktiv und tagsüber unter Steinen versteckt ist. Neben der Koppe können in der Forellenregion noch zwei weitere Kleinfische vorkommen: die Elritze (oder Pfrille, *Phoxinus phoxinus*) und, zumindest in tieferen Lagen, die Schmerle (oder Bartgrundel, *Noemacheilus barbatulus*). Sie dürften jedoch reißende Wildbäche eher meiden und benötigen etwas ruhigere Fließstrecken. Besonders über die Verbreitung der Kleinfische in der Tauernregion ist noch relativ wenig bekannt. All diese Fische brauchen kühles, reines und sauerstoffreiches Wasser.

Die „fischlosen" Hochgebirgsseen: In zahlreichen hochgelegenen Seen kommen die heimische Bachforelle (Salmo trutta), der heimische Seesaibling (Salvelinus alpinus salvelinus) sowie der amerikanische Bachsaibling (Salvelinus fontinalis) vor. Aufgrund der geomorphologischen Bedingungen und der dadurch bedingten natürlichen Wanderhindernisse (Schluchten, Wasserfälle, usw.) sind diese Fischbestände in hochalpinen Lagen großteils auf künstliche Besatzmaßnahmen zurückzuführen, die vor allem in Tirol seit dem Mittelalter durchgeführt wurden. Durch diesen Fischbesatz bot sich für damalige Jagdgesellschaften an, den Speisezettel mit frischer Nahrung aufzubessern. Im Lauf der letzten Jahrhunderte wurde dieser Besatz gelegentlich weiter betrieben, bis dann in den letzten Jahrzehnten die Seen oberhalb der Waldgrenze wieder verstärkt fischereilich genutzt wurden. Interessanterweise neigen die Fische der Hochgebirgsseen dazu, zahlenmäßig starke, aber kleinwüchsige Populationen zu entwickeln. Typisch sind da die Kümmerformen mit großem Kopf, aber schmalem, schlankem Körper. Trotz der ungünstigen Bedingungen, wie etwa niedrige Temperaturen, lange Eisbedeckung, Nahrungsmangel, können aber auch beachtliche Größen und Gewichte erreicht werden.

Durch mehrfache Untersuchungen an den Universitäten Salzburg und Innsbruck konnte nachgewiesen werden, dass eine Koexistenz großer planktischer Hochgebirgskrebse mit eingesetzten Fischen in den meisten Fällen nicht möglich ist. Da in den früher fischfreien Gewässern keine gemeinsame Evolution stattfinden konnte, sind die Planktonorganismen nicht an den Fraßdruck der Fische angepasst. In allen tieferen, fischfreien Seen des Nationalparks Hohe Tauern fanden sich Populationen von *Daphnia rosea* (Cladocera, Wasserflöhe) oder *Arctodiaptomus alpinus* (Copepoda, Hüpferlinge), die in den Fischgewässern fehlten. Ein Fischbesatz führt normalerweise neben der massiven Veränderung der Zooplanktongemeinschaften auch in Kürze zur Ausrottung vorhandener Amphibienbestände. Solche können sowohl vom Bergmolch (Triturus alpestris) als auch vom Grasfrosch (Rana temporaria) gebildet werden, da diese in der Lage sind, die hochalpinen Gewässer zu besiedeln. Weil ihre Eier und Larven bevorzugt von Fischen gefressen werden, brechen die Populationen in deren Präsenz in kurzer Zeit zusammen. Diese Veränderung des Artenspektrums geschieht somit unabhängig von der eingebrachten Fischart - auch heimische Seesaiblinge oder Bachforellen (die ja bereits in vielen Gebirgsseen vorkommen) haben im Hochgebirge aus ökologischen und biogeografischen Gründen keine Existenzberechtigung.

Vor allem in Hochgebirgsseen verschwinden die natürlichen Artengemeinschaften nach einem Besatz mit fremden Fischen sehr rasch. In mehreren Untersuchungen konnte nachgewiesen werden, dass die für Höhenlagen über 1500 m typischen Planktonkrebse wenige Jahre nach dem Fischbesatz nicht mehr zu finden waren.

Tatsächlich ist derzeit fast die Hälfte der größeren Seen im Nationalpark Hohe Tauern künstlich mit Fischen besetzt. Dies stellt aus gewässerökologischer Sicht zusammen mit einer falschen Bewirtschaftung und zunehmenden Umwelteinflüssen die stärkste Beeinträchtigung in diese sensiblen Ökosysteme dar. Einer weiteren Verschlechterung der Situation kann nur durch konkrete, aber wohlüberlegte Maßnahmen entgegengewirkt werden.

So wurde nach einer Untersuchung der Universität Salzburg an 72 Hochgebirgsseen vorgeschlagen, dass der Fischbesatz im Nationalpark möglichst ganz eingestellt oder zumindest stark beschränkt werden sollte. Die Fischerei müsste bis auf die Kernzonen nicht verboten werden, doch sollten besonders ökologisch interessierte Fischer dafür gewonnen werden, sich im Nationalpark für die Pflege und den Fang heimischer Fischarten zu begeistern. In den Gewässern eines Nationalparks müsste eigentlich die Verwirklichung von Maßnahmen, wie längere und streng eingehaltene Schonzeiten, eine Senkung der Fangzahlen und vor allem ein Verbot des Einsetzens von Fischen in von Natur aus fischlosen Hochgebirgsgewässern selbstverständlich sein.

Nach aktuellem Wissensstand, könne man dem Status als Schutzgebiet am besten durch die Einrichtung einer regelmäßigen Beobachtung der Fischbestände gerecht werden. Durch ein derartiges Monitoring wird die Entwicklung der Populationen dokumentiert. Bei beobachteten Defiziten kann rasch gegengesteuert werden. Nicht nur Fischbesatz und falsche Bewirtschaftung setzen den heimischen Beständen zu, sondern auch natürliche Ereignisse (z.B. Hochwasserereignisse mit extremer Geschiebeführung) können sich negativ auf ihre Entwicklung auswirken. Angesichts der nur mehr als Reliktpopulationen vorkommenden heimischen Bachforellenlinien („Rassen"), sind Bestandseinbußen existenzbedrohend.

Foto 6.8. Fischereibewirtschafter, Fischereiberechtigte, Wissenschafter und Nationalparkbetreuer arbeiten zusammen, um die autochthonen Bachforellenbestände aufzuspüren oder auch in ausgewählten natürlichen Gewässern des Nationalparks auszuwildern. Damit wird den gefährdeten heimischen Forellen die Möglichkeit geboten, zahlreiche gesunde Populationen auszubilden. Nach einer langen, unüberschaubaren Vermischung von Arten und Typen in alpinen Fischgewässern sind dies besonders notwendige Aktivitäten (NPHT Tirol, M. Kurzthaler).

Die „Urforelle" in den Gewässern des Nationalparks

In ganz Europa führten nachhaltige Eingriffe des Menschen zu massiven Einschränkungen auf den Lebensraum und das Wanderverhalten der Fischfauna. Zudem wurde besonders im letzten Jahrhundert durch künstliche Verbreitung der Fische, starke Befischung und falsche Bewirtschaftung die natürliche Artenausstattung dramatisch verändert. Vielerorts dominieren amerikanische Arten die Fischfauna, heimische Arten sind entweder unterrepräsentiert oder fehlen völlig.

Obwohl die Bachforelle *(Salmo trutta)* als Art in Europa nicht auf der Roten Liste aufscheint und auch weit verbreitet ist, sind ihre lokalen und regionalen Formen (Typen, Linien) stark gefährdet und zum Teil vom Aussterben bedroht.

Die meist kleinwüchsige Bachforelle ist standorttreu und bevorzugt sommerkühle, sauerstoffreiche Bäche und Flüsse. Sie charakterisiert als Leitfisch die Forellenregion. Generell bevorzugt sie reich strukturierte Fließgewässerabschnitte mit vielen Unterstands- und Versteckmöglichkeiten sowie Schottersubstrat, während monotone Bachstrecken und Stillwasser mit Schlammgrund gemieden werden.

Mit dem Rückgang der letzten Eiszeit vor ca. 10.000 Jahren entwickelten sich in den großen Flusssystemen Europas genetisch eigenständige Bachforellenrassen, die im Norden und Westen Europas dem Atlantiktypus, im Donausystem dem Donautypus und im Süden dem Mediterran- und Adriatypus zugeordnet werden. In ihrer Erscheinung und Zeichnung ist die Bachforelle so vielfältig, dass eine Unterscheidung zwischen den Typen auf Grund äußerlicher Merkmale nicht möglich ist.

Besonders im 20. Jahrhundert führten nachhaltige Eingriffe des Menschen in die Gewässer, wie Hochwasserschutzbauten, Wildbachverbauungen, Begradigungen von Fließstrecken und Kraftwerksbauten, zu massiven Einschränkungen des Lebensraums der Bachforelle. Vor allem die Abkoppelungen der Neben- vom Hauptgewässer führten zum Verlust von Laich-, Ruhe- und Rückzugsgebieten und bewirkten in vielen heimischen Gewässern eine drastische Reduktion der Bachforellenbestände. Starke Befischung und falsche Bewirtschaftung haben zusätzlich zum Rückgang beigetragen, sodass vielerorts die natürliche Vermehrung zur Sicherung der Bestände nicht mehr ausreichte und nur durch ständigen Besatz die Bachforelle vor ihrem Verschwinden bewahrt werden konnte. Mit dieser Besatztätigkeit wurden unwissentlich standortfremde Forellen des Atlantiktypus in die Gewässer des Donausystems eingebracht. Atlantische Besatzfische wurden und werden über Fischzuchtbetriebe verbreitet und überschwemmen mittlerweile ganz Europa. Diese Besatztätigkeit führte im Laufe der Jahrzehnte zu einem Verschwinden der heimischen Forelle bzw. zu einer Vermischung der Rassen. Reine Bachforellen des Donautypus kommen heute nur noch in entlegenen Gebieten vor, wo einerseits nicht besetzt und andererseits durch natürliche oder künstliche Barrieren eine Einwanderung fremder Bachforellen aus bewirtschafteten Gewässern verhindert wurde.

Die Aktualität des Themas der Rettung autochthoner Fischpopulationen in Österreich spiegelt sich in der Zahl der Arbeitsgruppen an den Universitäten in Innsbruck, Graz, Wien und Salzburg und am Institut für Gewässerökologie, Fischereibiologie und Seenkunde in Scharfling (OÖ) wider, die zusammen mit dem Nationalpark Hohe Tauern und dem Alpenzoo Innsbruck intensiv an den Strategien zur Rettung der heimischen Bachforellen forschen. In Südtirol arbeitet das Land- und Forstwirtschaftliche Versuchszentrum Laimburg an diesem Thema.

Im grenzüberschreitenden Interreg-III-Projekt „Trout ExamInvest", finaziert mit finanziellen Mitteln der EU, der Länder und privater Sponsoren (Stiegl Brauerei, Salzburg), wird eine Regeneration der ursprünglich heimischen Forellen-Populationen angestrebt mit einem Schwerpunkt der Stärkung und Ausweitung der Bestände. Das Aufspüren alter heimischer Bachforellenstämme, die eindeutige genetische Zuordnung, die Optimierung von Maßnahmen zur Reproduktion und zu ihrer Wiedereinbürgerung sind die wesentlichen Tätigkeiten in diesem innovativen Artenschutzprojekt.

Auf dem Gebiet des Nationalparks Hohe Tauern wurden mittlerweile 16 Bäche und drei Seen im Rahmen dieses Projektes befischt. Obwohl man der Meinung war, dass durch die zum Teil rege Besatztätigkeit reine donaustämmige Linien nicht mehr vorhanden seien, konnten diese in bislang vier Bächen nachgewiesen werden. Durch weitere molekularbiologische Analysen sollen Reinheitsgrad der Populationen und mögliche Inzuchteffekte für eine eventuelle Reproduktion abgeklärt werden.

Eine erfolgreiche Stützung der Bachforelle erfordert zahlreiche Einzelmaßnahmen, die aufeinander abgestimmt werden müssen. Sie lassen in folgende Schwerpunkte zusamenfassen: Auswahl geeigneter Gewässer, Abfischen bzw. Umsiedelung des vorhandenen Bestandes, Nachzucht von regionalen, autochthonen Linien, Besatz und anschließendes Monitoring.

Die einzelnen Bachforellenlinien werden aber auch auf ihre physiologische und ökologische Tauglichkeit für die alpinen Gewässer im Labor und Freiland untersucht. Besondere Bedeutung kommt dabei die Erfassung der Standorttreue des autochthonen Besatzes sowie ihre Resistenz gegenüber Hochwässern in Gebirgs- und Niederungsbächen zu. So wurden in einem Freilandversuch Bachforellen aus dem Anraser See (2538 m) in einen extremen Gebirgsbach und einen Niederungsbach eingesetzt. Es zeigte sich, dass sie im extremen Gebirgsbach mehrere Hochwasserereignisse überstanden und sogar ein gutes Wachstum aufwiesen. Im Niederungsbach verdünnte sich der Bestand stärker und die Forellen wuchsen schlechter. Dieses Ergebnis lässt einerseits den Schluss zu, dass sie eine hohe Anpassung an die extremen Umweltbedingungen unserer Gebirgsgewässer besitzen, andererseits aber scheinen sie konkurrenzschwach gegenüber die allerorts vorkommenden Regenbogenforellen, Bachsaiblinge und Bachforellen des Atlantiktypus zu sein. Die Anpassung an die standorttypischen Lebensraumeigenschaften dürfte für den Erfolg der Schutzmaßnahmen eine wesentliche Rolle spielen.

Die vorrangigen Ziele des Erhaltens ursprünglicher Forellenstämme und ihres Schutzes in ausgewählten Gewässern des Nationalparks sollen in Zukunft auf eine Stützung und Verbreitung lokaler, autochthoner Linien für die Fischerei ausgedehnt werden. Längerfristig könnten für den Alpenraum die lokalen Linien durch Besatz und Selbstvermehrung wieder dominieren.

6.2 Vielfältige Folgen des Klimawandels

Klimaveränderungen, vor allem die Erwärmung der Erdatmosphäre, werden voraussichtlich alle Ökosysteme betreffen. Ökosysteme im Hochgebirge jedoch reagieren durch ihr sorgfältig ausbalanciertes ökologisches Gleichgewicht besonders sensibel auf Veränderungen.

Wegen der deutlichen und zum Teil großflächigen Vergletscherung und der charakteristischen Höhenlage großer Flächen der Hohen Tauern sind angesichts der prognostizierten Szenarien des globalen Klimawandels für diese Gebiete vielfältige Folgen zu erwarten. Die Gewässer, die in der Gebirgsregion des Nationalparks eine außerordentliche Vielfalt einnehmen, werden in unterschiedlicher Weise von diesen Ereignissen direkt oder indirekt betroffen sein.

Durch die Natur der Gewässer, die als Abflusssysteme dem Höhengradienten in dynamischer oft auch katastrophaler Weise folgen, sind auch die tiefer liegenden Regionen vom Klima und Wettergeschehen in der Hochgebirgsregion in beträchtlichem Ausmaß betroffen. Nicht nur die großen europäischen Flüsse wie Rhein, Rhone und Po entspringen in den

Gletscherregionen der Alpen, sondern alle größeren Gewässersysteme sind durch ihre Zubringer und durch ihre Oberläufe von den Vorgängen in den hochgelegenen Gebieten geprägt. Nicht nur dass heute bereits in diesen Flüssen ein starker Anstieg des Abflusses festgestellt wird, es werden auch häufigere und stärkere Hochwässer beobachtet.

Ursächlich hängen diese Änderungen mit der Temperaturerwärmung zusammen, die seit etwas mehr als 150 Jahren beobachtet wird. Dass sich das Klima der Erde seit dem Ende der „Kleinen Eiszeit" um 1850 markant verändert hat, lässt sich am spektakulären, weltweiten Rückgang der Gebirgsgletscher nachvollziehen.

Die Folgen für die Hochgebirgsregion und die Gebirgsgewässer sind vielfältig und bestehen in einem Anstieg des Gefahrenpotentials. Das raschere Abschmelzen der Gletscher bedingt neben der Ertüchtigung und Intensivierung des Abflusses auch die Freilegung großer Schuttareale, das sind Seiten-, Grund- und Stirnmoränen und oft großflächige Gletschervorfelder. Da bei höheren Temperaturen Niederschläge bis in die Gletscherregion als Regen fallen, kann das Lockergestein einerseits bei Starkregen destabilisiert werden und als Murgang oder Erdrutsch Täler und Siedlungen gefährden, andererseits können neue und schnell ansteigende Gletscherseen ein zunehmendes Gefahrenpotential darstellen.

Das ewige Eis im Hochgebirge besteht nicht nur aus den Gletschern, die oberflächlich an den Hängen, auf Bergschultern oder im obersten Talschluss liegen, sondern auch aus einer gefrorenen Schicht unter der Erdoberfläche, dem sogenannten Permafrost. Oberhalb einer bestimmten Meereshöhe kann eine bis zu 100 m dicke unterirdische Schicht aus Eis und Bodenmaterial das ganze Jahr über gefroren bleiben. In einem europäischen Permafrost-Mess-Programm wurde beobachtet, dass die Temperaturen der Permafrostböden im Gebirge mit ähnlicher Geschwindigkeit wie die Lufttemperaturen ansteigen. In den letzten 100 Jahren ist bereits ein Höhersteigen der Permafrostgrenze um 150 bis 200 m zu verzeichnen. Und hier sehen die Klimaforscher das nächste Gefahrenpotential: Durch das Auftauen des Bodeneises kommen die Berghänge in Bewegung. Es kann zu plötzlichen Hangrutschungen und Felsstürzen, zu Geröll- und Schlammlawinen kommen. Größere Bergstürze in den letzten Jahren werden mit dem Auftauen des Permafrostbodens in Zusammenhang gebracht.

Die Häufigkeit und Stärke extremer Wetterereignisse, die in verschiedenen Teilen Europas in den vergangenen Jahren mit katastrophalen Folgen festzustellen waren, macht auch in der Hochgebirgsregion nicht Halt. Hochwasser, Überschwemmungen und Muren im Jahr 2002 und die große Hitzewelle und Trockenheit im Jahr 2003 haben deutlich gemacht, dass die Extreme und deren rascher Wechsel zunehmen. Auch in den Wintermonaten kann der schnelle Wechsel zwischen Warm und Kalt und ungewöhnlich starke Schneefälle das Auslösen von Riesenlawinen bewirken. Es ist anzunehmen, dass diese Klimaextreme sich weiter verstärken werden, was wiederum den Gletscherschwund beschleunigen wird. Die Auswirkungen auf die Gewässer sind bereits vorprogrammiert.

Eine indirekte Auswirkung der Klimaerwärmung auf die Gewässer liegt im Höhersteigen der Grenze der Schneesicherheit. Diese liegt heute noch bei 1.200 m, sie wird nach Expertenmeinung in absehbarer Zeit auf mindestens 1.500 m Höhe steigen. Die Betreiber der Skigebiete reagieren äußerst fragwürdig und betriebsblind: Im Ausbau von Liften und einer technischen Aufrüstung von Beschneiungsanlagen denkt man der aussichtslosen Lage Herr zu werden. Dabei muss man jetzt schon einsehen, dass zur Erzeugung von Kunstschnee die Temperaturen in diesen Lagen zu hoch sind. Auch wird in manchen Gebieten durch den hohen Wasserverbrauch der Anlagen das Trinkwasser im Winter knapp.

Um die Schneesicherheit auch in höher gelegenen Skigebieten über die Wintersaison zu sichern, wird auch dort beschneit. Sogar vor Gletscherregionen macht der Wunsch nach Effizienzsteigerung und „Rund-um-die-Uhr-Auslastung" nicht Halt. Aus diesem Grund müssen auch Gletscher künstlich beschneit werden. Heute werden sogar höchst fragwürdige Projekte durchgeführt, in denen versucht wird, Gletscher durch Abdecken vor dem Wegschmelzen zu schützen.

Neben den ökologischen Folgen von Bauarbeiten und Planierungen für Beschneiung und Pisten in höher gelegenen Gebieten sind vor allem die Auswirkungen auf die Gewässersysteme und den Wasserkreislauf nicht unwesentlich.

Durch die vorübergehende Speicherung von Oberflächenwasser in den Speichern zur späteren Kunstschneeerzeugung wird den abfließenden Gewässern für eine bestimmte Zeit Wasser entzogen. In sensiblen Zeiten oder bei kleineren Bächen kann der Abfluss unter ein Minimum zur Aufrechterhaltung des Gewässercharakters reduziert werden. Oft werden mehrere Bäche zur Gänze in einen Speicher eingezogen.

Durch die Erzeugung und das Ausbringen von Kunstschnee wird normalerweise abfließendes Wasser für mehrere Monate in der zu beschneienden Höhe als Schnee zurückgehalten. So gelangen viele Tausende Kubikmeter Wasser erst zur Schneeschmelze in der betroffenen Höhenlage in die Vorfluter. In der Zwischenzeit fehlt aber den Bächen das Wasser, die ohnehin im Winter ihr natürliches Niedrigwasser führen.

Eine starke Abflussreduktion wirkt sich problematisch auf die ökologischen Bedingungen in den Oberflächengewässern, aber auch im Grundwasser aus. Die wasserlebenden Insekten befinden sich im Spätwinter meist im letzten, schlüpfreifen Larvenstadium und stehen kurz vor der Entwicklung zum fliegenden Insekt. Die Auswirkungen einer Abflussverminderung oder teilweisen Austrocknung sind gerade zu dieser Zeit fatal.

In den alpinen Hochgebirgsregionen wandert nicht nur der Skizirkus nach oben, sondern Gletscher werden auch nicht von anderen Auswüchsen der Tourismusindustrie verschont. Selbst der bestehende Gletscherschutz wird durch neue Gletscher-Eingriffe mit „Zusatz"-Erschließungen, Liftüberbauungen und notwendigen Sicherheitsmaßnahmen aufgeweicht oder überhaupt außer Kraft gesetzt. Massenzulauf auf bestimmten Routen hinterlassen auch in den Gewässern ihre Spuren.

Die direkten und indirekten Auswirkungen und auch die Folgewirkungen des Klimawandels auf die Gewässer des Hochgebirges sind komplex und vielfältig, im Detail jedoch wenig untersucht.

6.3 Katastrophen, Muren und Hochwasserschutz

Durch das Relief, aber auch durch die klimatischen und wetterbedingten Gegebenheiten des Hochgebirges erweisen sich die Gebirgslandschaften als instabil. So kann es leicht zu Bergstürzen, Hangrutschungen und Murenabgängen kommen. Die Folge von derartigen Ereignissen sind kleinräumige, aber auch größere Katastrophen. Verklausungen und Hochwasserereignisse können die Folge sein.

Zahlreiche Maßnahmen des Menschen haben schon immer auf die Vermeidung von derartigen Katastrophen gezielt. Leider sind solche Ereignisse nur selten, wenn überhaupt, vorhersagbar und so kam es auch zu mehreren Katastrophen im Gebiet des Nationalparks. In besonders gefährdeten Lagen wurden daher Maßnahmen gesetzt, die Gefahr zu reduzieren.

Murenabgänge, aber im Besonderen Hochwässer, gehören im Gebirgsraum zu den oft auftretenden Ereignissen. Zu den regelmäßigen Naturereignissen zählen die sommerlichen Hochwässer, die – wenn besonders häufige und heftige Wetter zusätzlich auftreten – größere Dimensionen annehmen können. Stark geschiebeführende Gletscherflüsse fördern aber auch sonst ständig Material, das dann in flachem Gelände abgelagert wird, und der Talboden auflandet. In diesen Bereichen kommt es zu ganz typischen Furkations- oder Umlagerungsstrecken, wo sich das Gewässer auf dem abgelagerten Geschiebe seinen oft mehrmals verzweigten Lauf sucht. Das Ergebnis: eine dynamische Gewässerstrecke, wie sie heute im größeren Ausmaß selten zu finden ist.

Wenn Weide, Haus und Hof in einem gefährdeten Gebiet errichtet wurden, so zeigte sich bald, dass es nur zwei Möglichkeiten gab: abwandern oder durch entsprechende Bauwerke (Flussregulierung, Geschiebeauffangbecken) die Gefahr eindämmen.

Foto 6.9. Die Erhaltung eines Lebensraumes kann die Zerstörung eines anderen bedeuten: Zum Schutz von wertvollem Weideland wurde eine der wahrscheinlich gravierendsten Maßnahmen auf dem heutigen Gebiet des Nationalparks Hohen Tauern durchgeführt – die Flussregulierung im Innergschlöß. Dem Gschlößbach wurde seine Geschiebetransportkapazität genommen. Durch die Errichtung einen Längsdammes und die Einleitung in das Geschiebeauffangbecken wurde dann auch gleich der Schlatenbach „beruhigt". Flussabwärts musste der Gschlößbach in ein enges Korsett. Selbst den einmündenden, kleineren Bächen verblieb zum Abarbeiten der über die steilen Hänge angereicherten Energie nur der Randbereich des Tales. Heutzutage würde man wohl die Bedeutung derartiger natürlicher großräumigen Umlagerungsstrecken gut erkennen und eine vielleicht notwendige Gestaltung der Landschaft mit ganz anderen Maßnahmen umsetzen (L. Füreder).

Die Hochwasserkatastrophe am Gradenbach

Am Gradenbach ereigneten sich sowohl 1965 als auch 1966 Hochwasserkatastrophen. Betroffen war vor allem Putschall, ein Ort am Ausgang des Gradentales, der auf einem Schwemmkegel nahe des Mündungsbereiches des Gradenbaches in die Möll liegt. Starke Regenfälle über drei Tage und drei Nächte im Spätsommer 1965 führten zu einem starken Wasserdruck in den Klüften. Das hatte zur Folge, dass der „Wandernde Berg", (= die Eggerwiesen, eine Talflanke oberhalb Egg und Putschall, die sich, hervorgerufen durch den raschen Rückgang der Eismassen, ständig nach unten bewegt), besonders instabil wurde und auch der Gradenbach und seine Zuflüsse viel Wasser und Geröll führte. Im Bereich des Mittel- und vor allem im Unterlauf des Gradenbaches kam es zu Rutschungen, worauf am 2. September Putschall durch eine Mure aus Schlamm und Geschiebe bedroht wurde. Da die Gefahr bereits vorhersehbar war, konnten sich die Bewohner des Ortes rechtzeitig in Sicherheit bringen. Dennoch vielen vier oder fünf Häuser der Überschwemmung komplett zum Opfer, die Schäden an den restlichen Höfen konnten behoben werden. Da sogar die Großglockner Bundesstraße im oberen Mölltal unpassierbar war, mussten die Aufräumarbeiten aus der Luft erfolgen.
Bereits ein Jahr später kam es nach ähnlichen Niederschlagsereignissen am 17. August 1966 zu einer erneuten Überschüttung. Dies veranlasste schließlich mehrere Putschaller Einwohner zur Aufgabe ihrer Höfe und zum Umzug in vom Bundesheer zu diesem Zweck errichteten Siedlungen. Im Überschüttungsbereich wuchs nach der zweiten Katastrophe rasch ein Grauerlenwald nach, der den Mündungsbereich des Gradenbaches heute charakterisiert. Um weitere drohende Ausbrüche des Baches zu verhindern, begann die Wildbach- und Lawinenverbauung mit Verbauungsmaßnahmen. Durch Abstaffelung im unteren Talbereich konnten größere künstlich zurückgehalten werden. Von Zeit zu Zeit müssen die durch den Druck entstehenden Schäden an den Betonstufen beseitigt werden. Es folgten dann weitere Verbauungsprojekte, wie die Errichtung einer Sortiersperre im Mittellauf des Gradenbaches unmittelbar vor der Nationalparkgrenze.

Die Katastrophe im Umbaltal 1985:

Gewaltiges Brausen weckte am späten Abend des 17. Mai 1985 die Bewohner von Hinterbichl und Prägraten. In einer mächtigen Flutwelle rauschte die Isel durch das Tal. Was war geschehen? Am Tag zuvor hatte eine gewaltige Nassschneelawine von der Nordflanke des Großschobers die Isel im inneren Umbaltal aufgestaut. Diese fraß sich nicht wie in all den Jahren zuvor allmählich unter dem Lawinenschnee hindurch, sondern brach plötzlich aus, nachdem sich ein etwa 300 Meter langer und 120 Meter breiter See gebildet hatte. Die Flutwelle, ein „Jahrtausendereignis", spülte die felsigen Ufer von Bewuchs, Erde und Geröll frei, riss auf der Pebellalm eine Jausenstation und einen Stall weg und trug eine holzgebaute Almhütte nahezu unbeschädigt viele Meter talauswärts. Die Talböden der Blinig- und Pebellalm sowie auf Ströden wurden zum Teil überschüttet und einige Stege und Brücken mitgenommen. Menschen kamen glücklicherweise nicht zu Schaden, dennoch mussten monatelang die Aufräumarbeiten im Tal durchgeführt werden. Auch der Wasserschaupfad wurde stark beschädigt und erst im Jahre 1986 in etwas anderer Form wieder errichtet. Auch haben die Stufenfälle der Isel seither eine etwas andere Gestalt.

Schutzwasserwirtschaft und Verbauung der Wildbäche

Für den Zugewinn an wertvollen Nutzflächen aber besonders aus Gründen des Hochwasserschutzes und des Geschieberückhaltes wurden schon zu Beginn des 19. Jahrhunderts Regulierungsmaßnahmen an den größeren Flüssen der Hohen Tauern durchgeführt. Einige Beispiele an den Salzburger Tauernachen belegen diese frühen Einflussnahme, die auch Folgen für die gewässerspezifischen Lebensräume hatten.

Zwischen 1810 und 1850 wurde die Gasteiner Ache auf einer Strecke von 17 km zwischen Dorfgastein und Bad Bruck mit 12 Durchstichen reguliert, wobei eine Fläche von 1000 ha entwässert wurde. Von 1830 bis

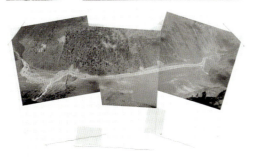

Foto 6.10. – 6.14. In den späten 50iger und 60iger Jahren des vorigen Jahrhunderts wurde die ehemalige alpine Schwemmlandschaft im Innergschlöß in eine vor Geschiebeschüben und Hochwasser sichere Weidelandschaft verwandelt. Die Abbildungen zeigen die natürliche Situation einer großen Umlagerungsfläche, die aus heutiger Sicht eine Flusslandschaft mit höchstem Schutzcharakter darstellt. Innerhalb weniger Jahre wurde die in dieser Dimension und Höhenlage einzigartige Flusslandschaft in ein monotones Gerinne verwandelt. Werden da nicht Renaturierungsgedanken wach? (Baubezirksamt Lienz, Osttirol).

1840 wurde die Fuscher Ache erstmals reguliert, darauf sogar auf einer 3 km langen Strecke tiefergelegt. 1890 wurde die Rauriser Ache im Bereich von Rauris reguliert.

Der Grund dafür lag in den häufigen Überschwemmungen und Vermurungen, die zu Verwüstungen führten. In der Mitte des 16. Jahrhunderts kam es im Hollersbachtal zu mehreren Hochwasserkatastrophen, die durch die Kahlschläge - das Holz wurde vor allem für die Schmelzöfen des Rauriser - und Gasteiner Bergbaues verwendet - noch verstärkt wurden.

Die ersten Versuche, die Wildbäche zu verbauen, gingen von einzelnen Bauern aus, wie z.B. im Stubachtal. Später schlossen sich mehrere Bauern zusammen und begannen an den Talausgängen Querbauten, die sogenannten „Muren", zu errichten. Ihrem Zweck, das Geschiebe dort zurückzuhalten, wurde sie aber nicht lange gerecht. So wurde 1882 ein erster Wildbachverbauungsdienst eingeführt. Wegen der zahlreichen Hochwasserkatastrophen zwischen 1897 und 1903 hatte dieser die Hände voll zu tun und die Wildbachverbauung nahm stark zu. Während der Weltkriege gab es andere Probleme und die Verbauung der Wildbäche wurde stark vernachlässigt. Erst die Überschwemmungskatastrophen der Mur im Jahr 1947 führten zur Wiederaufnahme der Tätigkeiten. Heutzutage sind eine Reihe von Maßnahmen, nämlich technische, biologische und wildbachbauliche, zum Schutz vor Hochwässern realisiert. Zu den technischen Maßnahmen gehören unter anderem die Errichtung von Schutzdämmen und Geschiebesperren, die Pflasterung der Sohle und der Böschungen und die Abtreppung der Sohle zur Verminderung des Gefälles. Biologische Hilfsmittel sind die Begrünung und Aufforstung, da der Wald einen Teil des Niederschlags auffängt und den Boden befestigt. Als sehr wirksame Vorbeugung hat der defensive Wildbach- und Lawinenschutz besondere Bedeutung. Dieser ist bestrebt, jegliche unkontrollierte Bautätigkeit im Gefahrenbereich zu verhindern und auch alle schädlichen Eingriffe in den Einzugsgebieten möglichst zu vermeiden.

Geschichte der Energiegewinnung im Bereich der Hohen Tauern

Die Mühlen und Sägen im Nationalpark sind Zeugnisse dafür, dass das Wasser als Energiequelle schon sehr früh genutzt wurde. Die erste ortsfeste Anlage zur Energiegewinnung war das Wasserrad, wie es bereits vor 3000 Jahren den frühen Bewässerungskulturen zum Wasserschöpfen im Feldbau und auch zum Getreidemahlen Verwendung fand. Auch im Bereich der Hohen Tauern wurde das Wasser der Bäche mit Hilfe von Wasserrädern für den Betrieb von Mühlen, Hammerwerken, Pochwerken und Aufzügen für den Bergbau genützt.

Einen entscheidenden Fortschritt brachte die Einführung der Wasserturbine, die dann zu Beginn des 20. Jahrhunderts mit der Errichtung von Elektrizitätswerken ihren Erfolgskurs antrat. In dieser Zeit entstanden zahlreiche kleine Elektrizitätswerke, so an der Gasteiner Ache um 1898 oder um 1920, wo der Ausbau weiterer Tauernachen mit dem Bau des Murfallwerks, des Bärenwerks und des Kraftwerks Plankenau begann. Zur selben Zeit wurde auch mit dem Ausbau der Wasserkraft im Stubachtal (Kraftwerk Enzingerboden) begonnen, das zweite Werk (Schneiderau) zwanzig Jahre später, das dritte (Uttendorf) dann 1952 errichtet. Dazwischen gab es einige Projekte, z.B. 1938 ein Projekt, das den Ausbau der Wasserkraft in den Hohen Tauern durch fünf Kraftwerksgruppen vorsah. 1947 wurde das Kraftwerk Kaprun vollendet, dem 1949 das Hollersbachwerk folgte. Die Bautätigkeit zur Energieversorgung riss nicht ab und so nahmen 1954 das Kraftwerk Kitzlochalm im Rauristal und ein Jahr später das Kraftwerk Oberstufe im Kaprunertal ihre Produktion auf.

Seither wurden die Kraftwerke laufend ausgebaut, die Speicher vergrößert, Überleitungen geschaffen und die Errichtung neuer Kraftwerke geplant. So lag bereits 1949 ein Projekt für die Nutzung der Krimmler Wasserfälle vor, bei dem rund 180 Mill. m³ Wasser in einem langgestreckten Hochtalsee hätten gespeichert werden können. Zur Füllung des Sees waren Beileitungen aus dem Habachtal, dem Unter- und Obersulzenbachtal, dem obersten Birgental auf der Alpensüdseite und eventuell auch aus dem Zillertal und Wildgerlostal geplant. Es gab auch eine andere Variante, die vorsah, die Krimmler Ache in einem Stollen in die Wilde Gerlos überzuleiten. Auch die Pläne, den Kratenzbergsee, den größten natürlichen Hochgebirgssee der Hohen Tauern, zu opfern und den Hollersbach aufzustauen und in den Felberbach überzuleiten, wurden aufgegeben.

Die Erhaltung zahlreicher benachbarter Flusslandschaften verdanken wir heute dem auch damals vorhandenen Naturbewusstsein: Das Krimmler-Achen-Projekt wurde abgelehnt, weil es die Zerstörung der Krimmler Wasserfälle bedeutet hätte. Jahre später wurde das mit einem Europa-Diplom gewürdigt. Aber auch die Realisierung der anderen Varianten hätte den Verlust großartiger und heute viel bewunderter Gewässerlandschaften bewirkt.

Aber: Immer noch bekunden große Kraftwerksgesellschaften Interesse am Wasserkraftpotential im und um das Gebiet des Nationalparks Hohe Tauern. Wie im Gletscherbachinventar des Österreichischen Alpenvereins deutlich dargestellt wurde, sind bereits zahlreiche Gewässer in unmittelbarer Nähe des Nationalparks seit längerer Zeit zur Stromgewinnung genutzt. Einige Bäche des Nationalparks sind in diversen Planungen enthalten. Von 32 Gletscherbächen in der Gebirgsgruppe Hohe Tauern werden bereits mehr als ein Drittel intensiv genutzt. Bei Berücksichtigung der geplanten Projekte steigt der Anteil auf über die Hälfte. Einige Beispiele im Grenzbereich zum Nationalpark Hohe Tauern sind: Groß- und Kleinelendbach (Kärnten) zum Kölnbreinspeicher; Gerlosbach (Tirol) in den Speicher Durlaßboden; die Hüttwinklache (Salzburg) wird von der Kraftwerksgruppe Böckstein 1 Naßfeld zur Energiegewinnung in 1600 m Meereshöhe gefasst; der Hochalmbach (Kärnten) wird in 1704 m Meereshöhe zur Kraftwerksgruppe Malta abgeleitet.

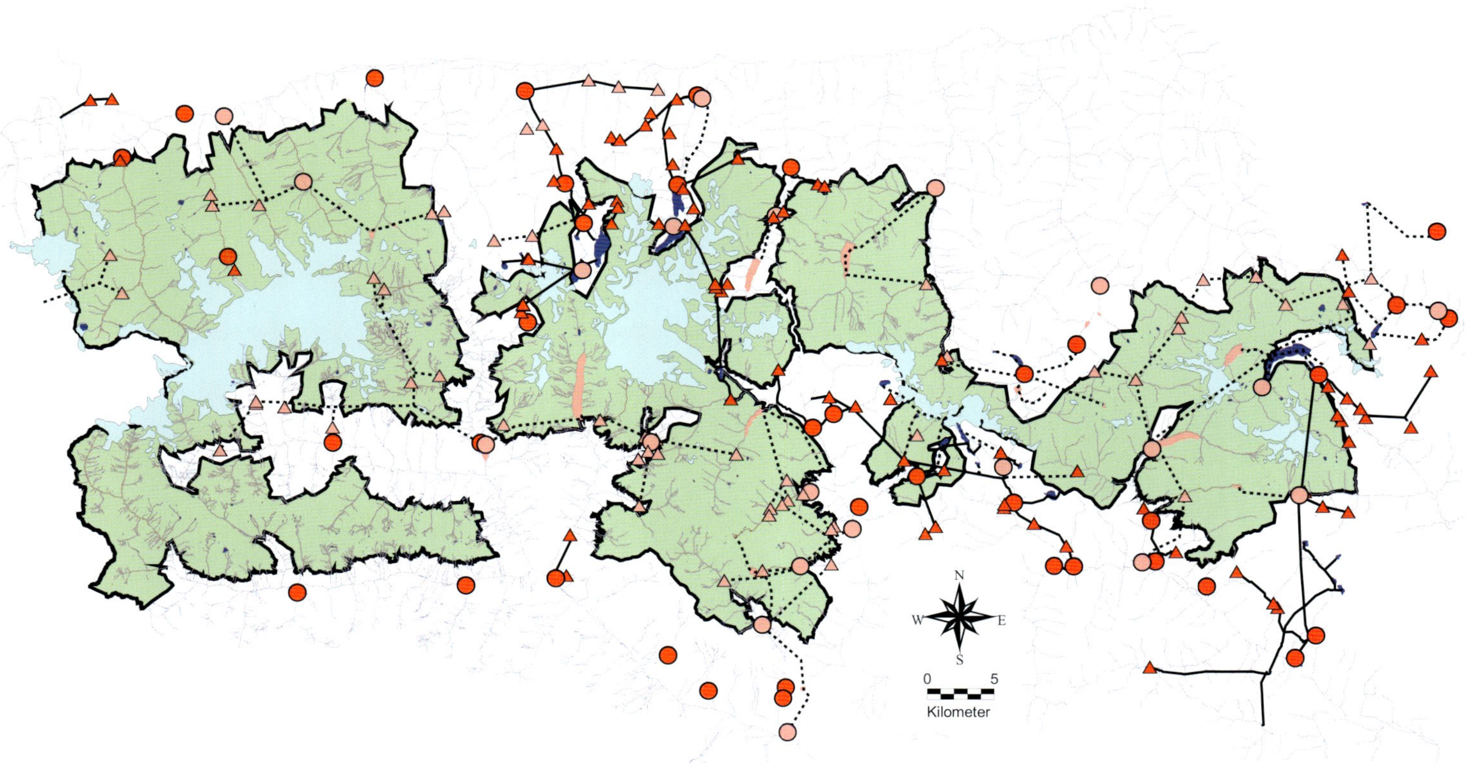

6 Gebirgsgewässer im Wandel

Abb. 6.3. Die geplante und realisierte Nutzung der Gewässer zur Stromerzeugung im Gebiet der Hohen Tauern. „Rote Kreise" zeigen Anlagen, die in Betrieb sind, „rosa Kreise" bezeichnen jene, die projektiert waren, aber bis heute nicht realisiert sind. „Rote Dreiecke" zeigen existierende Wasserfassungen und „durchgezogene Linien" Überleitungen. „Rosa Dreiecke" und „unterbrochene Linien" kennzeichnen die geplanten, aber bis heute nicht errichteten Bauwerke. Diese Abbildung verdeutlicht, wie begehrt das Wasser der Hohen Tauern für die wirtschaftliche Nutzung ist, und welche Bedeutung die Errichtung des Schutzgebietes für die Gewässer hat (Kartenquelle: SAGIS, BEV (u.a. ZL. 70 367/98, ZL. 70 160/99), TAGIS – Salzburger Nationalparkfonds; Karte erstellt von G. Seitlinger).

6.4 Der ökomorphologische Zustand der Fließgewässer

Die Lage in einer Schutzzone sichert den Gewässern des Nationalparks Hohe Tauern eine fast ungestörte Entwicklung, sodass sie in großer Zahl und Vielfalt ursprüngliche Gewässerlandschaften darstellen. Neben diesem eigenständigen Wert eignen sie sich wegen ihrer ökologischen Intaktheit besonders gut zur Erforschung der natürlichen Ausstattung der Gewässer. Andererseits lassen sich an ihnen aber auch die im Laufe der Zeit erfolgten kleineren und größeren anthropogenen Veränderungen feststellen. So können wir der Frage nachgehen: Welche Veränderungen hat die Entwicklung im alpinen Raum an diesen Gewässern bewirkt, und wie intakt sind sie wirklich, die Gewässer eines großen Schutzgebietes?

Durch Siedlungsdruck, Industrialisierung und intensive Landwirtschaft sind die Gebiete Mitteleuropas über die letzten Jahrhunderte erheblich verändert worden, wodurch auch die Fließgewässer einer vielfältigen Beeinträchtigung unterworfen wurden. Auch in Gebirgsregionen wurden die Fließgewässer für verschiedene wirtschaftliche Nutzungen, aber auch zum Schutz von bewirtschafteten oder besiedelten Landschaftsteilen in ihrer gewässertypspezifischen Ausprägung und ihrem ökologischen Zustand verändert. So fällt es oft schwer, unbeeinträchtigte, natürliche oder naturnahe Gewässer zu finden, die als Referenzgewässer für wasserwirtschaftliche Entscheidungsprozesse ausgewiesen werden können. Durch ihre Lage in einer Schutzzone bieten die Fließgewässer und Seen des Nationalparks Hohe Tauern aber eine große Zahl und Vielfalt an noch naturbelassenen und naturnahen Systemen. Wie viele es sind und welche Beeinträchtigungen im Schutzgebiet vorliegen – Antworten auf diese Fragen wurde in einer Untersuchung der Universität Innsbruck nachgegangen.

Dazu wurde an ausgewählten, für die Gewässer des Nationalparks repräsentativen Beispielen die naturnahen, wenig beeinflussten und anthropogen veränderten Abschnitte erfasst, bewertet und anteilsmäßig ausgewertet. Um einen Überblick über den Zustand der Gewässer des Nationalparks zu erhalten, galt es neben der Erfassung von strukturökologischen und flussmorphologischen Parametern, die wasserbaulichen und andere Eingriffe zu erheben.

Gewässermorphologie und Strukturgüte

Insgesamt wurden in einer Studie der Universität Innsbruck eine repräsentative Auswahl an Gewässerläufen im Nationalpark Hohe Tauern mit einer Gesamtlänge von rund 114 km untersucht. Mit etwa zwei Drittel befindet sich der überwiegende Teil der Fließgewässer in einem sehr guten ökomorphologischen Zustand und zeichnet sich durch ein Fehlen jeglicher baulicher Veränderungen aus. Arventalbach, Untersulzbach und Wangenitzbach sind in dieser Auswahl besonders hervorzuheben, da ihre Bachläufe durchgehend mit natürlich/naturnah bewertet wurden.

21,6 % der untersuchten Gewässerabschnitte wurden mit der Kategorie gering anthropogen beeinträchtigt beurteilt. Die Ufer sind in diesen Abschnitten zwar teilweise gesichert, der Eindruck eines annähernd naturnahen Gewässerlaufes sowie eine im Großen und Ganzen dem ursprünglichen Gewässerlauf folgenden Linienführung bleiben jedoch bestehen. Häufig befinden sich diese Streckenabschnitte in almwirtschaftlich genutzten Bereichen bzw. in Nähe einer Fahrstraße oder Siedlung. So sind z.B. im Krimmler Achental, das durch starke Beweidung im Hochtal geprägt ist, 65 % gering anthropogen beeinträchtigte Streckenabschnitte gegeben.

Weitere 10,9 % der untersuchten Gewässer wurden der Klasse wesentlich anthropogen beeinträchtigt zugeordnet. Infolge häufiger bzw. durchgehender Verbauung der Uferböschungen weisen solche Strecken eine bereits wesentliche Abweichung vom Naturzustand auf. Eine veränderte Linienführung, monotone Böschungs- und Sohlstrukturen sowie verminderte Breiten- und Tiefenverhältnisse kennzeichnen diese Streckenabschnitte. Betroffen sind vor allem Abschnitte in Almgebieten, deren Ufer zum Schutz der Weideflächen befestigt wurden. Zu erwähnen sind hier der Obersulzbach, der Habach, die Krimmler Ache sowie der Gschlößbach, welche mit knapp 20 % und mehr einen immerhin beträchtlichen Anteil an wesentlich anthropogen beeinträchtigten Strecken aufweisen.

Mit 1,6 % musste ein sehr geringer Prozentsatz mit naturfern/naturfremd bewertet. Davon betroffen waren Abschnitte am Gschlößbach und an der Mündung des Rainbaches in die Krimmler Ache. Beide Teilstrecken weisen aufgrund massiver baulicher Eingriffe keine Strukturen des ursprünglichen Gewässertyps auf. In beiden Fällen führen diese Bachläufe durch Almgebiete bzw. teilweise durch Siedlungsgebiet. Im Fall des Rainbaches kommt zusätzlich eine verminderte Wasserführung infolge einer Wasserentnahme für ein Kleinkraftwerk hinzu.

6 Gebirgsgewässer im Wandel

Auf mehr als der Hälfte der kartierten Fließgewässerstrecken (rund 57 %) waren keinerlei Uferverbauungen vorhanden, was den guten ökomorphologischen Zustand der Gewässer unterstreicht. Vereinzelte Uferverbauungen kommen bei rund 15 % der Streckenabschnitte vor. Lokale Uferbefestigung im Bereich von Brücken bzw. vereinzelt auftretende Prallhangsicherungen fallen in diese Kategorie. In den meisten Fällen wurden solche Strecken mit natürlich/naturnah bewertet, sofern die Linienführung nicht oder – über die Gesamtlänge des Abschnittes gesehen – nur in einem sehr geringen Ausmaß verändert war. Auf 13 % der kartierten Abschnitte wurden teilweise gesicherte Uferbereiche festgestellt. Häufig verbaute Uferböschungen befanden sich bei 11,4 %. Je nachdem, ob der Gewässercharakter durch die Stabilisierungsmaßnahmen nur geringfügig oder beträchtlich verändert wurde, wurden solche Strecken mit gering bzw. wesentlich anthropogen beeinträchtigt ausgewiesen. Mit 3,8 % weist nur ein geringer Prozentsatz eine durchgehende Ufersicherung auf. Mit über 20 % durchgehender, 18 % häufiger und 17 % teilweiser Uferbefestigung weist der Gschlößbach den mit Abstand höchsten Uferverbauungsgrad auf. Als einziges Fließgewässer vorliegender Untersuchung, weist der Wangenitzbach in seiner gesamten Länge keine einzige Uferverbauung auf.

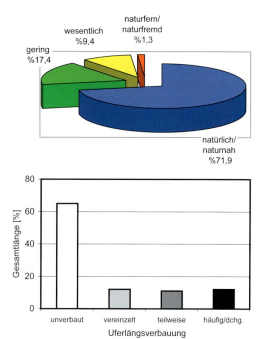

Abb. 6.4. Die Bewertung der Gewässermorphologie (a) und das Vorhandensein von baulichen Beeinträchtigungen (b) an einer repräsentativen Auswahl von Fließgewässern des Nationalparks Hohe Tauern (aus Bühler 2001 und Füreder et al. 2001).

Bedeutung der hohen Strukturgüte

Wenn man andere Arbeiten an anderen Fließgewässern des Nationalparks mit vergleichbarer Fragestellung in der Auswertung berücksichtigt, so ergibt sich für das Schutzgebiet ein großartiges Ergebnis. Demnach entfallen fast 80 % der ausgewiesenen Fließstrecke auf die Zustandsklasse „natürlich/naturnah", weniger als 20 % sind „gering anthropogen beeinträchtigt", weniger als 10 % sind „wesentlich anthropogen beeinträchtigt" und etwas über 1 % sind mit „naturfern/naturfremd" bewertet. Ein ähnliches Bild zeigt die Auswertung des Uferverbauungsgrades, wobei 65 % unverbaut, 12 % vereinzelt verbaut, 11 % teilweise verbaut und 12 % häufig bzw. durchgehend verbaute Uferlinien haben.

Die untersuchten Bäche des Nationalparks Hohe Tauern weisen einen vergleichsweise hohen Natürlichkeitsgrad auf. Dies ist einerseits darauf zurückzuführen, dass naturgemäß die klimatischen und geländemorphologischen Gegebenheiten eine dauerhafte Siedlungstätigkeit bzw. Nutzung von landwirtschaftlichen Flächen, im Gegensatz zu Tallagen, nicht zulassen. Andererseits trägt auch die wachsende Bereitschaft von Verantwortlichen und Betroffenen zum Schutz und Erhaltung naturnaher Gewässer als wesentlicher Bestandteil einer intakten Landschaft bei. Mit der Unterschutzstellung einer rund 1800 km² großen Fläche im Gebiet der Hohen Tauern wurde in Österreich diesem Ziel bereits im Jahre 1992 Rechnung getragen. Allerdings sind auch die Bäche des Nationalparks nicht gänzlich von menschlichen Eingriffen verschont geblieben. So stellen Uferverbauungen, welche vorwiegend zum Schutz von Weideflächen, Forststraßen sowie Kleinsiedlungen (Almen) vor Hochwasser errichtet wurden, einzelne Ausleitungen zur Energiegewinnung, Geschieberückhalte sowie lokale Sohlstabilisierungsmaßnahmen mehr oder weniger große Eingriffe in die Gewässerstrukturen dar. Infolge der speziellen Schutzmaßnahmen für das Nationalparkgebiet ist jedoch gewährleistet, dass auch zukünftig keine weitere Verschlechterung der Gewässerausstattung eintreten wird.

Daraus wird deutlich, welchen hohen Stellenwert die Gewässer einer Nationalparkregion wie die der Hohen Tauern einnehmen. Der dauerhafte Schutz der noch zu etwa zwei Dritteln in natürlichem bzw. naturnahem Zustand befindlichen Gewässerstrecken sollte somit ein zentrales Anliegen der Verantwortlichen sein. Weiters sollte dort, wo anthropogen bedingte Defizite bestehen, eine Verbesserung des Zustandes durch Revitalisierungs- und Rückbaumaßnahmen in Betracht gezogen werden. An einzelnen Gewässern wäre es notwendig und auch möglich, die massiven Regulierungsmaßnahmen bereichsweise zu entfernen, was nicht nur die Strukturvielfalt des Gewässers und damit die Vielfalt und Zusammensetzung der Arten erhöhen würde. Aufgrund der größeren Entwicklungsmöglichkeit des Baches und Ausbildung heterogener gewässerspezifischer Strukturen würde dies deutlich zu einer Verschönerung des Landschaftsbildes beitragen könnte.

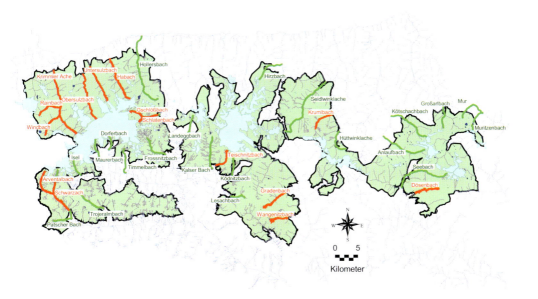

Abb. 6.5. Die Lage der Fließgewässer, an denen die Bewertung des ökomorphologischen Zustandes vorgenommen wurde. „Rote" Gewässer wurden im Zuge des Gewässerinventars von Mitarbeitern der Universität Innsbruck kartiert, von „grünen" Gewässern gab es frühere Aufnahmen, die wegen der guten Vergleichbarkeit der Methoden für die Auswertung verwendet werden konnten. Datenquelle: Bühler (2001), Füreder et al. 2001). (Kartenquelle: SAGIS, BEV (u.a. Zl. 70 367/98, Zl. 70 160/99), TAGIS – Salzburger Nationalparkfonds; Karte erstellt von G. Seitlinger und C.M. Hansen).

Tab. 6.1. Beispiele an Beeinträchtigungen und Nutzungen an den Gewässern des Nationalparks Hohe Tauern; Ein- oder Überleitung in Speicherseen liegen im unmittelbaren Randbereich, aber außerhalb des Nationalparks

Beeinträchtigungen	Fließgewässer	Maßnahmen
Vereinzelte lokale Uferbefestigungen zur Sicherung von Weideland, Fahrstraßen, Brücken usw.	Dösenbach, Gradenbach; Debantbach, Isel, Lesachbach, Maurerbach, Patscherbach, Schlatenbach, Schwarzach, Teischnitzbach, Timmelbach, Trojeralmbach; Anlaufbach, Felberbach, Habach, Kötschachbach, Krumlbach, Mur, Obersulzbach, Rainbach, Untersulzbach, Windbach	Die Maßnahmenpalette reicht dabei von partiellen Blockwürfen zur Sicherung eines Prallufers, wie man sie bei einem Großteil der Hochgebirgsbäche finden kann, bis hin zu verfugten Steinschlichtungen.
Häufige, zum Teil durchgehende Uferbefestigungen zur Sicherung von Weideland, Fahrstraßen, Wildbachverbauung usw.	Gschlößbach, Kalser Bach, Ködnitzbach; Höhkarbach, Krimmler Ache, Obersulzbach	Da im Hochgebirge einigermaßen flache Wiesenflächen, wie sie bachbegleitend vorkommen, naturgemäß knapp bemessen sind, hat man schon früh begonnen, die Bäche in ihrem Verlauf zu regulieren. Dadurch wurden wertvolle Weideflächen besonders im Bereich von Almen gewonnen. Besonders deutlich ersichtlich ist dies z.B. im Krimmler Achental, wo anzunehmen ist, dass der Bach früher weite Schleifen gezogen hat und seine Umlagerungsstrecken oder sogar Mäander große Teile des Talbodens ausgefüllt haben. Heute findet man zwar eine bogig verlaufende Krimmler Ache, die aber durch Längsverbauung in ihrer Laufentwicklung gehemmt ist. Viele der Täler im Nationalpark sind durch Fahrwege erschlossen. Da diese oft parallel mit dem Bach geführt werden und somit seiner erodierenden Kraft besonders ausgesetzt sind, wurden bauliche Maßnahmen gesetzt, die zwar den Weg sichern, den Bachlauf aber oft erheblich einengen.
Geschiebeauffangbecken, Geschiebesperren	Gradenbach; Debantbach, Gschlößbach, Ködnitzbach; Felberbach, Kötschachbach, Seidlwinklache	Zum Schutz von flussab liegenden Siedlungen oder Weideflächen wurden einige Geschiebeauffangbecken errichtet. Darunter befinden sich auch massive Geschiebesperren (z.B. im Gradental, die sich zwar außerhalb befindet, aber als Durchgangshindernis und als Geschiebefalle in das Schutzgebiet hineinwirkt).
Nutzung durch Kleinkraftwerke für die Versorgung von Alpenvereinshütten, Almhütten usw.	Dösenbach; Kalser Bach, Ködnitzbach, Maurerbach, Patscherbach, Timmelbach, Trojeralmbach; Anlaufbach, Hollersbach, Krimmler Ache, Mur, Rainbach, Seidlwinklache, Untersulzbach	Die Energieversorgung der zahlreichen Hütten im Nationalpark wird häufig mit Kleinkraftwerken gesichert. Ein Teil des Bachwassers wird dabei ausgeleitet und nach der Abarbeitung wieder dem Bach zugeführt. Aber auch große Kraftwerksgesellschaften bekundeten Interesse am Wasserkraftpotential im Gebiet des Nationalparks Hohe Tauern. Zahlreiche Gewässer in unmittelbarer Nähe des Nationalparks werden bereits seit längerer Zeit zur Stromgewinnung genutzt, einige Bäche des Nationalparks sind in diversen Planungen bereits enthalten. Die Energieversorgung der zahlreichen Hütten im Nationalpark wird häufig mit Kleinkraftwerken gesichert. Ein Teil des Bachwassers wird dabei ausgeleitet und nach der Abarbeitung wieder dem Bach zugeführt.
Nutzung durch Großkraftwerke bzw. Kraftwerksgruppen Ein- oder Überleitung in Speicherseen	Findelkarbach, Gößbach, Großelendbach, Hochalmbach, Kleinelendbach, Langkarbach, Leiterbach, Schönangerbach; Kalser Bach, Landeggbach; Gerlosbach, Hirzbach, Moritzenbach, Scheidbach, Tauernmoosbach, Wurfbach	Diese liegen alle zwar im Randbereich, aber außerhalb des Nationalparks.

7 Gewässer und Indikatoren – Gewässer als Indikatoren

Weltweit werden Gletscher in Gebirgslandschaften, wie den Alpen, und auch in polnahen Gebieten, als geeignete Zeugen für die Beobachtung und Interpretation von Klimaveränderungen herangezogen (man spricht auch vom „Fieberthermometer" der Erde). Aber auch Gewässer sind bestens geeignet, Zustand, Prozesse und Veränderungen bestimmter Regionen, samt der Auslenkungen von einem „Normal"-Zustand und damit globalen und regionalen Wandel anzuzeigen. Die Gewässerökosysteme und auch die Bewohner einzelner Teillebensräume können daher gut als Indikatoren zur Darstellung und Bewertung von Veränderungen herangezogen werden.

Neben der einzigartigen Rolle, die ein großflächiges, von Menschen wenig beeinflusstes Gebiet für den Naturschutz innehat, nämlich als eine Region funktionierender Ökosysteme das Überleben vieler bedrohter Tier- und Pflanzenarten zu sichern und ursprüngliche, bodenständige und durch Jahrtausende geprägte Arten zu erhalten, sind Schutzgebiete auch zur Erforschung von natürlichen Funktionsabläufen in Ökosystemen geeignet. Deren genaue Kenntnis ist auch zur Vermeidung von Fehlern bei Eingriffen in Ökosysteme in anderen Gebieten, bei der Renaturierung veränderter oder zerstörter Lebensräume und der Schaffung von Lebensräumen aus zweiter Hand bedeutsam. Man spricht dann von Referenzsystemen und die für diese Systeme typischen Organismen werden als Referenzbiozönose oder Leitartengemeinschaft bezeichnet. Wenn Teile dieser Systeme für das Anzeigen von spezifischen Umweltsituation oder deren Veränderungen verwendet werden, kann man von Indikatorsystemen sprechen. Gletscher, zum Beispiel, finden derzeit als sehr auffällige Indikatoren für den Klimawandel Verwendung. In zahlreichen Beobachtungsprogrammen dienen auch Hochgebirgsseen als Zeigesysteme mit einer Reihe von Indikatoren. Genauso wird das Abflussgeschehen von Gebirgsflüssen seit Jahrzehnten genauestens beobachtet, um etwaige Zusammenhänge zwischen Klimaveränderungen, Gletscherständen und der Abflussdynamik ableiten zu können.

Organismen, die den Zustand eines Ökosystems oder Teillebensraumes, eine Abweichung von einem Referenzzustand oder eine Veränderung des Milieus anzeigen können, werden ebenfalls als Indikatoren bezeichnet. Die landesweite Beobachtung von Gewässerverunreinigung und -belastung basiert in vielen mitteleuropäischen Ländern und auch in Österreich neben der periodischen Messung von chemischen Parametern auf der regelmäßigen Aufnahme und Auswertung biologischer Daten. Dabei wird meist die Lebensgemeinschaft der bodenbewohnenden, wirbellosen Wassertiere als Indikatorgemeinschaft genauer untersucht. Die Bestimmung der Gewässergüte hat in Österreich und in einigen europäischen Ländern eine lange Tradition und erlangt durch die derzeitige Umsetzung der europäischen Wasserrahmenrichtlinie (ein Instrument der EU zur einheitlichen Beschreibung und Beurteilung der Gewässer sowie einer einheitlichen Gewässerpolitik) aktuelle Beachtung.

Durch die Lage im Hochgebirge treffen mehrere Umstände und Faktoren zusammen, die derartige Systeme und Organismen besonders für die Funktion als Referenz und Indikatoren geeignet erscheinen lassen:

▶ Gebirgsregionen beschreiben normalerweise einen steilen Gradienten von Umweltbedingungen auf relativ kleinem

▶ Raum. Auswirkungen und Änderungen kann man daher in überschaubaren räumlichen und zeitlichen Dimensionen gut verfolgen.

▶ Durch den extremen Charakter der Umweltbedingungen sind die Ökosysteme meist einfach strukturiert und mit einer geringen Anzahl von gut und optimal angepassten Arten ausgestattet. Struktur und Funktionsabläufe sind daher leichter zu verstehen als in anderen, komplexeren Systemen.

▶ Im Hochgebirge befinden sich eine Reihe von Ökosystemen an der Grenze ihrer Funktionsfähigkeit oder die optimal angepassten Arten an der Grenze ihrer Existenz. Sobald Änderungen eintreten, sind die Auswirkungen meist rasch zu erkennen. Eine wichtige Eigenschaft, wenn es etwa gilt, die Auswirkungen der Temperaturerhöhung oder den Rückgang der Gletscher mit der Auswirkung auf die Lebensgemeinschaften zu verfolgen.

▶ Hochgebirgsregionen sind normalerweise arm an Nährstoffen. Auch die Stoffumsätze sind normalerweise verlangsamt. Schon geringe Änderungen bedeuten entweder einen deutlichen Zuwachs oder eine Abnahme von Schlüsselfaktoren oder Konzentrationen. Deren Wirkung oder Änderung sind daher meist gut nachweisbar.

▶ Ein weiterer Umstand, der diese Regionen hervorragend zur Demonstration überregionaler Veränderung und großräumiger Verfrachtungen von Schadstoffen geeignet erscheinen lässt, ist ihre Lage fern von Ballungszentren und größeren Siedlungsgebieten und direkten Einwirkungen.

Hochgebirge und deren aquatische und terrestrische Ökosysteme können also sehr sensibel auf natürliche und anthropogene Änderungen reagieren. Globale Signale, wie die Temperaturänderung und deren Auswirkungen können besonders gut beobachtet werden. So können die Ökosysteme, Lebensräume und Lebensgemeinschaften der Hochgebirge als Frühwarnsysteme fungieren.

Hochgebirgsgewässer, ob Fließgewässer oder Seen, erfüllen dies in besonderer Weise. Gerade wenn es um das Aufzeigen von Veränderungen geht, die mit der globalen Klimaänderung zusammenhängen, können diese an den Gewässern (mit Indikatoren in den Gewässern) und mit Hilfe der Gewässer (Gewässer als Indikatoren) einigermaßen gut veranschaulicht und nachgewiesen werden. Gewässer und ihre Lebewelt reagieren normalerweise deutlich auf Umwelteinflüsse: Veränderungen der Abflussdynamik, der Menge und Verteilung von Sedimentfrachten in Fließgewässern sowie der mineralogischen und chemischen Eigenschaften von Seen sind nur einige Beispiele.

Foto 7.1. Die Schleifwirkung der Gletscher, die einerseits an den glatten Felsflächen zu sehen ist, hat andererseits auch Auswirkungen auf die ökologischen Zusammenhänge in angrenzenden Gewässern. Der Gletscherschliff ist im abfließenden Bach über weite Strecken zu sehen (L. Füreder).

7.1 Seen als Archive rezenter und historischer Veränderungen

Am Boden von Stillgewässern, das können auch bereits großteils verlandete Seen (Feuchtgebiete und Moore) sein, finden sich Notizen über die früheren Lebensgemeinschaften. Algen, Pflanzenreste, Pollen und Tiere sind im Weichsediment des Seebodens eingeschlossen. Sie sanken in der Zeit ihres Vorkommens auf den Grund des Gewässers und wurden in den Sedimenten abgelagert. Heute verraten sie Details über Temperatur und Klima ihrer Zeit.

Aus der Schichtung und der Zusammensetzung der Sedimente, die als ungestörte Bohrkerne einem See entnommen werden können, sowie aus den darin enthaltenen Schalen von Kieselalgen (Diatomeen), Goldalgen (Chrysophyceen) und Chitinresten von Tieren (wie etwa Schalen von Kleinkrebsen, Kopfkapseln von Zuckmücken, Deckflügel von Käfern) ist das Alter des Gewässers sowie sein biologischer und trophischer Charakter – sofern Reste aus mehreren Epochen vorhanden sind – während einer jahrtausendelangen Geschichte zu erkennen. Farbinhaltsstoffe von Phytoplankton und photoautotrophen Bakterien können in Jahrtausende alten Seesedimenten über die damaligen ökologischen Zustände Auskunft geben (Paläoökologie). In den Sedimenten sind auch Pollen, Sporen, Früchte sowie Blatt- und Holzteile terrestrischer Herkunft gelagert, die als wichtige Indikatoren für das Klima und die Vegetation des Gebietes dienen. Aus der Altersbestimmung der Sedimentschichten und der Analyse der gefundenen Pflanzenteile können natürliche Vegetationsschwankungen oder auch anthropogene Veränderungen, zum Beispiel Waldrodungen, landwirtschaftliche Nutzungen im Einzugsgebiet oder industrielle Abfallprodukte und deren Wirkungen, wie Eutrophierung oder Gewässerversauerung an den Sedimenten abgelesen werden. Diese Arbeitsrichtung wird Paläolimnologie genannt.

Foto 7.2. Die Entlegenheit und der daraus resultierende, vom Menschen „unberührte" Zustand sind Kriterien, die Hochgebirgsseen zur Beobachtung von Klimaveränderungen besonders geeignet erscheinen lassen. Die Lage im kristallinen Gebirge bewirkt einen weiteren Vorteil gegenüber Seen in einem anderen geologischen Umfeld. Sie haben eine geringe Pufferkapazität, wodurch sie die Änderung ihres pH-Wertes rasch anzeigen. Die Versauerung, ein Phänomen unseres Industriezeitalters, kann daher rasch dargestellt werden (Langtalsee, NPHT Kärnten).

Gerade in hohen Lagen bedingt die lange Schnee- und Eisbedeckung der Seen und auch des Einzugsgebietes, dass biologische und chemische Vorgänge nur langsam ablaufen können und auch der Eintrag aus dem Einzugsgebiet reduziert ist. Die chemische Zusammensetzung des Seewassers wird ja hauptsächlich durch den Ioneneintrag aus den Niederschlägen geprägt, aber auch durch die Hydrologie der Seen, die Geologie und die biogeochemischen Kreisläufe in den Einzugsgebieten sowie durch seeinterne Mechanismen. Wenn die beiden letzten Prozesse langsamer ablaufen, dann sollte sich der Einfluss der Niederschläge in der Wasserchemie, d.h. der „Saure Regen" auf den pH-Wert des Seewassers, besonders gut zeigen.

Gerade wegen ihrer Empfindlichkeit gegenüber atmosphärischen Einträgen und wegen ihrer Entfernung von direkten menschlichen Beeinträchtigungen sind Hochgebirgsseen gute Indikatoren für Änderungen der atmosphärischen Niederschläge und auch für Klimaänderungen. Saure Depositionen (vom Ferntransport etwa aus der Industrie und dem Verkehr) zusammen mit der Erwärmung des Klimas bedingen wesentliche Veränderungen der physikalischen, chemischen und biologischen Charakteristik von Seen. Viele dieser Veränderungen gehen von den Auswirkungen der Erwärmung der Einzugsgebiete und Zuflüsse der Seen aus. Diese vielfältigen Ursachen lassen aber auch komplexe Auswirkungen in den Seen erwarten, die zudem durch interne Prozesse abgeschwächt oder verstärkt werden können.

In einer Untersuchung der Universität Innsbruck wurden im Jahr 1995 67 Hochgebirgsseen in Tirol und Kärnten, darunter waren auch einige Seen des Nationalparks Hohe Tauern, beprobt, um ihren Versauerungsstatus zu charakterisieren und somit die Auswirkungen dieses Phänomens auf entlegene Ökosysteme aufzuzeigen. Dabei wurden Wasserchemie, Bakterioplankton, Phytoplankton und Zooplankton untersucht. Besonders die chemischen Parameter wurden mit früheren Untersuchungen verglichen. Wegen ihrer Lage in der kristallinen Zone haben Hochgebirgsseen eine geringe Pufferkapazität, was sie besonders anfällig für die Versauerung der Gewässer macht. So war in früheren Beobachtungen festgestellt worden, dass einen Änderung des pH deutlicher erfolgte als in den Seen anderer Regionen. Aber: In etwa 80 % der Seen konnte ein Anstieg der pH-Werte und damit eine Verbesserung in ihrem Versauerungsstatus gegenüber den früheren Werten festgestellt werden. Interessanterweise konnten auch niedrigere Nitratkonzentration und höhere Sulfatkonzentrationen (besonders in den Seen mit einem vergletscherten Einzugsgebiet) sowie ein Anstieg von basischen Kationen (Kalzium und Magnesium) im Vergleich zu den Verhältnissen davor festgestellt werden.

Foto 7.3. Winzige Wasserflöhe als typische Bewohner von Gebirgsseen finden als Indikatoren Verwendung. Lange Zeit nachdem sie gestorben und am Seeboden abgelagert wurden, bleiben ihre Schalenreste noch in den Sedimenten erhalten. Bei Analyse des Alters der Sedimentschichten, wo die Schalenreste gefunden wurden, kann durch Bestimmung der Wasserfloharten auf die damaligen Verhältnisse geschlossen werden. Damit sind sie – wie eine Reihe anderer tierischer und pflanzlicher Organismen – hervorragende Zeiger für rezente und historische Umweltbedingungen (Foto: L. Füreder).

Als Interpretation der Ergebnisse wird angeführt, dass der Anstieg der Sulfatkonzentrationen und der basischen Kationen mit intensiverer Verwitterung der Gesteine durch die in den letzten Jahren angestiegene Lufttemperatur zusammenhängt. Zudem führten die höheren Lufttemperaturen und folglich die längeren eisfreien Perioden zu höheren Produktions- und Zersetzungsraten organischen Materials in den Seen. Die Ergebnisse in den Hochgebirgsseen hatten die Komplexität der Wechselwirkungen gezeigt: So konnte nachgewiesen werden, dass die Klimaerwärmung den Effekt der sauren Niederschläge sowohl verstärken als auch abschwächen oder auch maskieren kann, indem mehrere Prozesse zusammenwirkten.

Nicht nur der rezente Vergleich der Seen, sondern auch die Untersuchung an 300 und 500 Jahre alten Sedimenten bestätigen, dass Klimaschwankungen den Säure-

Basenhaushalt in Hochgebirgsseen beeinflussen können.

Der biologische und chemische Zustand eines Sees sowie auch die stattgefundenen Veränderungen sind in den Sedimenten des Seebodens aufgezeichnet. Wenn man diese Sedimente auf organische und mineralogische Komponenten untersucht und auch Reste von Organismen näher bestimmt, können historische Klimaverhältnisse rekonstruiert werden. Da die Sedimente, sofern keine Störungen erfolgt sind, klar zeitlich geschichtet sind, kann über die Position der vorgefundenen Organismenreste auf die spezifischen Gegebenheiten im betreffenden Zeitraum, dem diese Schicht entspricht, geschlossen werden. Die Kombination von biologischen, physikalischen und chemischen Informationen, die in diesen Sedimentschichten konserviert sind, kann dafür genutzt werden, Umweltbedingungen aus anderen vergleichbaren aquatischen Systemen abzuleiten und Veränderungen aufzuzeigen.

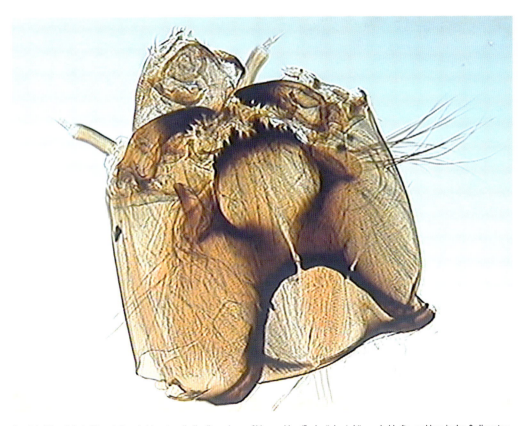

Foto 7.4. Sklerotisierte Körperteile, wie hier etwa die Kopfkapseln von Chironomiden (Zuckmücken), können bei Luftausschluss in den Sedimenten über Jahrtausende erhalten bleiben, sodass bei Vorliegen und Auffinden vieler ein Abbild der historischen Artengemeinschaft erhalten bleibt. Mit den Resten anderer Organismen und Spuren können sie vom Ende der Eiszeit, der nacheiszeitlichen Ausbreitung neuer Pflanzen und Tiere sowie Veränderungen durch die menschliche Zivilisation berichten (L. Füreder).

Weil Sedimentschichten sehr gut zeitlich eingereiht werden können, sind der Beginn von anthropogenem Stress und auch seine Ursachen einigermaßen gut bestimmbar. Besondere Beachtung findet die Analyse von ungestörten Seesedimenten bei der Interpretation der Klimageschichte. Diese Sedimente fungieren dabei als wertvolle Archive vergangener Epochen.

Die Sedimente des Stappitzer Sees: Ein besonderes Klimaarchiv

Berühmtestes Beispiel für das Gebiet des Nationalparks Hohe Tauern ist wohl der Stappitzer See am Ausgang des Seebachtales im Kärntner Anteil. Seine Sedimentablagerungen stellen eine wertvolle Quelle für die Interpretation historischer biologischer Bedingungen der Umgebung. Für die Realisierung eines geplanten Kraftwerkes wurden in den 1980er Jahren Probebohrungen in den Sedimenten des Seebodens durchgeführt. Da das Kraftwerk wegen des Widerstands einer Bürgerinitiative nicht realisiert werden konnte, wurden die Bohrkerne für erdwissenschaftliche und pollenanalytische Untersuchungen zur Verfügung gestellt. Ein außerordentlicher Glücksfall für die Wissenschaft und auch für eine spektakuläre Aufklärung des Klimageschehens in den südlichen Hohen Tauern.

Foto 7.5. Die Bohrkerne im Bereich des Stappitzer Sees im Kärntner Seebachtal ergaben äußerst interessante Details über die Klimageschichte seit der letzten großen Vereisung. Mit der Auswertung der zahlreichen subfossilen Reste konnte ein Abriss der Vegetationsentwicklung in Abhängigkeit der Klimaschwankungen für die letzten 17.000 Jahre gegeben werden (NPHT Kärnten).

Bei der Bohrung bis 160 m Tiefe wurde die Grundmoräne des Talgletschers der Würm-Eiszeit erreicht. Die darauf folgende Analyse erbrachte einen bislang einmaligen Exkurs in die jüngste erdgeschichtliche Vergangenheit: Mit den Paläosedimenten liegt ein lückenloser Rückblick in die Vegetations- und Klimaabfolge seit der ausgehenden Eiszeit in den südlichen Hohen Tauern vor, der zudem auch überregional für die Aufklärung der Vegetations- und Klimageschichte der Alpen bedeutsam ist.

Im Laufe der Jahrtausende sammelten sich 160 m mächtige Ablagerungen am Seeboden, die sich weitgehend ungestört erhalten konnten. In diesen Sedimenten hatte sich die Klima- und Vegetationsgeschichte des Gebietes erhalten, vor allem in Form von Sand, Schluff, Kies und Steinen, aber auch Holzstücken, Blütenstaub sowie winzigen fossilen Resten von Pflanzen und Tieren, wie Spinnen, Käfern und Fransenflüglern.

Mit diesen Befunden, aber vor allem mit der wissenschaftlichen Analyse der in den Sedimenten eingelagerten Pollen (Pollenstratigraphie) konnte das Profil in neun Abschnitte unterteilt werden. Mit diesen Abschnitten kommt Licht in das äußerst wechselhafte Klima- und Vegetationsgeschehen für die südlichen Hohen Tauern.

Die älteste Schicht ist mit 17.000 Jahren vor heute datiert und ist bereits geprägt von Pollen von 60 Pflanzenarten. Das bedeutet, dass zu dieser Zeit der mächtige Draugletscher schon soweit zurück geschmolzen war, dass die ersten Blütenpflanzen in das Gebiet eindringen konnten. In den darauf folgenden 2000 Jahren erfolgte zuerst eine Einwanderung von Bäumen, durch einen relativ steilen Anstieg der Gehölzpollen (Grünerle, Fichte und Lärche) mit rasch darauf folgendem Rückgang dokumentiert, dann wieder ein neuerlicher Kälterückschlag mit einem Vorrücken der Gletscher und einer Ausbreitung von Kräutern der Kältesteppe. Eine neuerliche Warmphase bewirkte, dass zum zweiten Mal Fichte und Lärche ins Seebachtal zurückkehrten.

Im Zeitraum 15.000 bis 12.000 vor heute sind kaum Gehölzpollen zu finden, im Gegenzug dominieren Gräser- und Kräuterpollen. Etwa um 12.000 vor heute war im Seebachtal und damit in den südlichen Hohen Tauern die rund dreitausend Jahre dauernde extreme Kälteperiode der Späteiszeit, die in ganz Europa als ziemlich kalte Periode gilt, endgültig zu Ende.

In der nächsten eintausend Jahre dauernden Warmphase (12.000 bis 11.000 vor heute) gingen wieder die Gräser- und Kräuterpollen zurück, Birke, Latsche und Grünerle breiteten sich aus. Die Präsenz von Lärchen- und Zirbenpollen deuteten auf eine Rückkehr des Waldes in das Seebachtal.

Der Zeitraum 11.000 bis 10.100 vor heute ist erneut als Klimarückfall erkennbar. Obwohl der Wald blieb, ist diese Phase durch ein Absinken der Waldgrenze um etwa 400 m geprägt.

Dann war die Eiszeit endgültig zu Ende. Im ersten relativ kurzen Zeitraum der langdauernden Klimaberuhigung, der zwischen 10.100 bis 9.800 Jahren vor heute lag, ist eine tief greifende Umstellung des Klimas erkennbar. Wärmeliebende Pflanzen begannen sich auszubreiten.

Dann, 9.800 bis heute, wurden die größten Gehölzpollenmengen festgestellt. Fichte, Ulme, Hasel und Grauerle wanderten in das Seebachtal ein. Der Großteil der Gehölzpollen stammte jedoch von den dichten Grauerlenbeständen, die wie in anderen Tauerntälern entlang von Bächen und an sickernassen Böden wuchsen. Diese Postglazialzeit ist auch durch ein ständiges Steigen und Sinken der Waldgrenze gekennzeichnet. Interessant erscheint auch, dass im Höhepunkt der nacheiszeitlichen Wärmephase, deren Dauer zwischen 6.700 und 5.000 bzw. 4.500 vor heute angegeben wird und deren Jahresmitteltemperaturen um 1-2 °C, die Sommertemperaturen sogar um 2-3 °C wärmer als heute waren, besonders viele Pollen von Fichte, Hasel und Eichenmischwaldvertretern gefunden wurden.

Diese überaus spannenden Ergebnisse aus der Analyse der Sedimente des Stappitzer Sees unterstreichen die Bedeutung paläoökologischer Forschung. Zum einen konnten durch die Pollenstratigraphie die natürlichen Klimaabläufe für die letzten 17.000 Jahre lückenlos interpretiert werden, was besonders im Blickpunkt der aktuellen Diskussion der Klimafolgen des durch menschliche Einflüsse bewirkten Treibhauseffektes auf großes Interesse stößt. In Hochgebirgsseen ist nicht zu erwarten, dass derart alte Sedimente vorhanden sind. Dort können die mineralogisch-chemischen Gegebenheiten für einige Hundert bis vielleicht Tausend Jahre anhand von Schalenresten rekonstruiert und die ermittelten pH-Werte mit der Vergletscherungsdynamik verglichen werden.

Foto 7.6. Pollen, andere Pflanzenreste und nicht verrottende Teile von tierischen Organismen werden in den Seesedimenten und auch in den Feuchtgebieten abgelagert. Bei Verlandung und anschließender Überdeckung mit glaziofluvialen Ablagerungen können diese dann in großer Tiefe erhalten bleiben. Hier am Stappitzer See in Kärntner Seebachtal konnten aus 160 m Tiefe noch Pollen analysiert werden (NPHT Kärnten).

7.2 Indikatororganismen

Der Fachbereich Limnologie oder Gewässerökologie untersucht Struktur und Funktion von Binnengewässern als Ökosystem, das sich durch das Zusammenwirken von Biotop (Lebensraum) und Biozönose (Lebensgemeinschaft) definiert. Der Zustand des Lebensraumes und die Zusammensetzung der Lebensgemeinschaft sind eng miteinander verknüpft. So zeigen die Organismenarten durch ihr Vorkommen und ihre relative Häufigkeit bestimmte Eigenschaften ihrer spezifischen Umwelt an. Die Biozönosen indizieren das zugehörigen Biotop, sie sind gewässertypspezifische Organismengemeinschaften. Aus diesem Zusammenhang lassen sich eine Reihe von Aussagen und Anwendungen ableiten.

Das Vorkommen von bestimmten Organismen, die – wie bereits mehrfach dargestellt – durch eine optimale Anpassung an die teils extremen abiotischen Bedingungen charakterisiert sind, gibt Hinweis auf die Bedingungen des betrachteten Lebensraumes. Diese Organismen fungieren als Zeigerarten oder Indikatoren. Anhand des Vorkommens dieser Arten, auch anhand ihrer Individuendichte und relativen Häufigkeit kann der ökologische Zustand eines Gewässers gut abgeleitet werden.

Prinzipiell eignen sich sämtliche im Wasser lebende Organismen als Indikatoren für den Referenzzustand oder den realisierten ökologischen Zustand des Gewässers. Die Zusammensetzung der tierischen und pflanzlichen Organismengemeinschaft der Gewässer wird aufgrund ihrer unterschiedlichen Größen in Einzeller (z.B. Geißeltiere, Wimpertiere, Aufwuchsalgen) und mehrzellige Algen, Makroalgen und Makrophyten sowie Meio- und Makrozoobenthos unterschieden. Rein pragmatisch erfolgt meist eine Einteilung in Mikro- und Makrozoen sowie Mikro- und Makrophyten.

Für die Bestimmung des ökologischen Zustands werden sowohl die abiotische Systemkomponente (Einzugsgebiet, Morphologie des Gewässers, physikalische und chemische Umweltfaktoren) und die biotische Systemkomponente berücksichtigt. Letztere kann über zwei Wege durchgeführt werden:

1. Beurteilung nach Mikro- und Makroformen, wobei im günstigsten Fall Abwasserbakterien, tierische Einzeller, pflanzliche Einzeller (Algen) und benthische Wirbellose (Makrozoobenthos) als Indikatoren herangezogen werden.

2. Beurteilung der Gesamtbiozönose nach den Aspekten der trophischen Beziehungen (funktionelle Ernährungstypen), der längenzonalen Verteilungsmuster und der Saprobie (Gesamtheit der abbaubaren Stoffe).

> **Makrozoobenthos-Organismen sind hervorragende Indikatoren**
>
> In gewässerökologischen Fragestellungen stellen die tierischen Organismen des Gewässerbodens, das Makrozoobenthos (MZB), die am häufigsten verwendete Indikatorgruppe dar, weil sie eine Reihe von Besonderheiten zeigen:
> Die makrobenthische Lebensformen sind ubiquitär, d.h. wegen ihrem stetigen Auftreten können sie als Umweltanzeiger vieler unterschiedlicher Gewässertypen bzw. aquatischer Teillebensräume fungieren.
> Das MZB ist zwar zur Eigenbewegung befähigt und hat damit auch die Möglichkeit einer raschen Wiederbesiedlung ehemals beeinträchtigter Gewässerabschnitte, ist aber im Regelfall zu ortsgebunden, um widrigen Einflüssen und Umständen ausweichen zu können.
> Die Vertreter des MZB treten meist in sehr hohen Artenzahlen auf und überstreichen eine große Vielfalt an systematischen Gruppen mit jeweils sehr unterschiedlichen Ansprüchen an ihre Umwelt. Auf diese Weise ist ein breites Spektrum an Reaktionen auf Umweltstress gegeben.
> Das MZB integriert die Reaktion der Mikroorganismen auf Umweltbelastungen, da Bakterien, Pilze und Algen für das MZB wichtige Umweltkomponenten darstellen.
> Die relativ langen Entwicklungszyklen befähigen generell das MZB zur Bioindikation zeitlich schwankender Umweltsituationen. Im Speziellen kann die artspezifische Entwicklungsdauer, die von wenigen Tagen bis zu vielen Jahren reicht, für die Analyse länger zurückliegender Einflüsse herangezogen werden.
> Die qualitative Beprobung ist einfach und mit kostengünstiger Ausrüstung zu bewerkstelligen, die Sammelgeräte und Entnahmestrategien sind gut entwickelt und die Auswertungsmethoden sind ebenfalls etabliert.

Höhere Wasserpflanzen und Fische sind auch gute Indikatoren für einen bestimmten Gewässertyp, der Trophie (Nährstoffsituation) und der allgemeinen ökologischen Situation eines Gewässers. In Hochgebirgsflüssen jedoch fehlen diese Lebewesen natürlicherweise.

Obwohl grundsätzlich alle Organismengruppen (von Algen bis zu Fischen) für die ökologische Beurteilung eines Gewässers notwendig sind, kommt gerade dem Makrozoobenthos herausragende Bedeutung als Indikatorgruppe zu.

Wegen dieser herausragenden Eigenschaften findet das Makrozoobenthos schon seit langer Zeit in einer Reihe von ökologischen Fragestellungen Verwendung. Es gibt aber auch einige Nachteile. So sind sie etwa nicht geeignet alle Umwelteinflüsse anzuzeigen. Die meist geklumpte Verteilung des MZB am Gewässerboden erfordert für eine quantitative Aussage eine hohe Zahl an Beprobungen, was sich dann auch negativ zur ohnehin schon arbeitsintensiven und zeitaufwendigen Auswertung schlägt.

Auch Fische sind aufgrund ihrer obligaten Bindung an das Medium, ihrer teilweise sehr spezifischen Sensibilität gegenüber einzelner Umweltfaktoren sowie ihrer vergleichsweise langen Lebensdauer grundsätzlich gut geeignet, durch ihre Anwesenheit integrierend die Lebensraumqualität anzuzeigen und diese einer Bewertung zuzuführen. Aus diesem Grund stellen die Fischarten und ihre Gemeinschaften bei der Einschätzung und Bewertung des ökologischen Zustandes von Gewässern einen wesentlichen Aspekt dar.

Hinsichtlich der Natur von Gebirgslandschaften sind in diesen besonders deutliche ökologische Gradienten ausgebildet, sodass auch eine Veränderung von Umweltfaktoren relativ rasch in den Systemen nachgewiesen werden kann. Da – wie in vorhergegangenen Kapiteln dargestellt – die Gewässerzönosen reich an Spezialisten sind, die einen relativ engen Toleranzbereich gegenüber bestimmter Umweltfaktoren besitzen, wird deren Zusammensetzung relativ schnell auf Veränderungen reagieren.

Gletscherbachfauna, eine Indikatorzönose für Veränderungen

Die Fauna der Gletscherbäche zeigt durch die ausgeprägte Längszonierung eine deutliche Reaktion auf die extremen Umweltfaktoren. Die besonders in den letzten 10 Jahren festzustellenden Auswirkungen des Klimawandels mit einem starken Rückgang der Gletscher werden sich auch in den ökologischen Faktoren der Gletscherbäche äußern. Mit der Abnahme oder dem völligen Rückgang der Vergletscherung in den Einzugsgebieten nimmt auch der extreme Charakter der Lebensräume ab und die Lebensbedingungen in alpinen Fließgewässern werden sich ähnlicher. Die durch wenige, aber hochspezialisierte Arten gekennzeichnete Gletscherbachzönose wird durch eine abgelöst, die durch mehrere (viele) Arten charakterisiert ist, die hinsichtlich Temperatur und Nahrungsanspruch weniger oder kaum spezialisiert sind. Spezielle Indikatorarten oder glaziale Arten werden sukzessive verschwinden.

Abgesehen von den Veränderungen auf ökosystemaren Niveau gibt es möglicherweise noch eine Vielzahl von weiteren Auswirkungen des Klimawandels auf Fließgewässersysteme. Im Gegensatz zum Verlust der Gletscherbacharten, die an die extremen Umweltfaktoren optimal angepasst sind und von anderen Besiedlern verdrängt werden, ist ein verändertes Abflussgeschehen mit häufigen Hochwasserereignissen zuerst ein viel auffälligeres Zeugnis von Klimaveränderungen. Zusammen mit veränderter Niederschlagsaktivität destabilisieren sie möglicherweise alpine Vegetation und Waldgesellschaften. Allesamt Faktoren, die Fließgewässer innerhalb, aber auch außerhalb der Alpen in mannigfacher Weise direkt oder indirekt beeinträchtigen werden.

Neben dieser „natürlichen" Veränderung durch Gletscherschwund sind die Gletscherbäche aber auch einer weiteren Gefahr ausgesetzt. Eine große Zahl von Gletscherbächen wird genutzt. Unzählige Beispiele belegen die Veränderungen von Flora und Fauna, die eine Nutzung von Gletscherbächen bewirkt:

1) **Veränderung des Bachcharakters:** Die schmelzwasserbeeinflusste Fließstrecke oberhalb einer Wasserfassung wird durch diese vom Unterlauf isoliert, sodass die Durchgängigkeit des Fließgewässers unterbrochen wird. Natürliche Verhaltensmuster der Wasserinsekten wie Drift und Aufwärtswanderungen (es handelt sich dabei um willkürliche und unwillkürliche Ortsveränderungen) sind dadurch erheblich gestört. Bereiche unterhalb der Wasserfassung werden durch den nun größeren Anteil von Hang-, Quell- und/oder Grundwasser in ein Fließgewässer anderen Charakters umgewandelt. Die limitierenden abiotischen Umweltfaktoren werden entschärft, das Gewässer wird wärmer, klarer und besitzt eine stabilere Sohle; kurz, der Quellbachcharakter überwiegt.

2) **Verschwinden von gletscherbachtypischen Spezialisten:** Da durch die veränderten hydrologischen und abiotischen Faktoren der Gletscherbachcharakter weitgehend verloren geht, verschwinden die gletscherbachtypischen Spezialisten. Die hochspezialisierten und seltenen Gletscherbachzuckmücken Diamesa steinböcki und andere Arten der Diamesinae sowie die nur in Gletscherbächen vorkommende Rhithrogena nivalis verschwinden und werden durch euryöke Arten (ertragen breites Spektrum an abiotischen Bedingungen) abgelöst oder verdrängt.

3) **Fauna:** Generell gesehen entwickelt sich die Fauna unterhalb einer Wasserfassung zu der eines Quellbaches, was dem Fließgewässertyp des Gletscherbaches nicht mehr entspricht. In mehreren Arbeiten wurde gezeigt, dass den von Schneeschmelze und Regenereignissen geprägten Fließgewässern selbst in großen Höhenlagen ein breites Artenspektrum an aquatischen Insekten eigen ist. Durch die Dämpfung der Extremfaktoren steigt die Höhenverbreitung vieler Arten aus tiefer gelegenen Regionen deutlich an. Spezialisten, wie sie in Gletscherbächen vorkommen, sind kaum mehr vertreten. Durch die Verminderung der Strömungsgeschwindigkeit ist auch die Substratzusammensetzung eine andere. Teilweise überwiegen feinkörnige bis sandige Strukturen, sodass auch dies eine Verschiebung der Großgruppen und Artendominanz bedingt. Typische Feinsedimentbewohner treten dann auf, obgleich sie für tiefer liegende Fließgewässerabschnitte charakteristisch sind. Strömungsliebende, an turbulente Verhältnisse angepasste Gebirgsbacharten sind in der Minderzahl. Die reichhaltigen Zoobenthosgemeinschaften in Entnahmestrecken, insbesondere in Gletscherbächen, entsprechen nicht den natürlichen Verhältnissen. Man könnte in diesem Zusammenhang von einem „Zoo" an Bodentieren mit vielen Arten und Individuen sprechen.

Foto 7.7. Die Leitarten von Gletscherbächen sind vor allem Arten der Zuckmückengattung *Diamesa*, die durch eine Reihe von Anpassungen für die extreme Ausprägung dieses Lebensraumes gerüstet ist. Wenige Arten können sehr individuenreiche Gemeinschaften bilden. Bei Abklingen dieser extremen Verhältnisse (natürlich: Gletscherschwund, künstlich: Wasserausleitung für Speicher) dann werden diese Arten von anderen anspruchsloseren Insektenarten ersetzt (L. Füreder).

8 Beeindruckende Gewässer im Nationalpark

In den dichter besiedelten Regionen der Alpen sind natürliche Gewässer selten geworden, vor allem jene Fließgewässer, die sich noch ihre eigenen Wege suchen dürfen. In einer „roten Liste" gefährdeter Landschaftselemente würden wohl alle Flusslandschaften an erster Stelle liegen – anders im Nationalpark!

Wer beeindruckende Gewässerlandschaften in den Hohen Tauern aufsuchen will, der hat im Nationalpark Hohe Tauern viele Ziele und viel zu tun: Gletschertore, Gletscherseen und Gletscherbäche, von Gletschern weniger bis gar nicht geprägte Gewässer, Wasserfälle, Quellmoore und –fluren, Niedermoore, Seen und Tümpel, oft eingebettet in hochgradige Vernetzung von Land- und Wasserhabitaten. Innerhalb kurzer Zeit kann man sich in die Welt der Geologen, Glaziologen, Ökologen und Biologen versetzen und anhand der vielen beeindruckenden Beispiele an Gewässern im Nationalpark ein Stück des großen Ereignisses „Leben als faszinierendes Ergebnis von Veränderungen" miterleben. Das Wissen ist auch vielerorts durch Lehrpfade, Broschüren und Ausstellungen pädagogisch hervorragend aufbereitet.

Die Vielzahl der Fließgewässer des Nationalparks Hohe Tauern ist auch schon sein Markenzeichen. Die Vielgestaltigkeit des Reliefs und die komplexen Einflussfaktoren für ihre Systemeigenschaften tragen noch einiges bei. Die Palette an Gewässererlebniswelten ist groß, das Erlebnis faszinierend.

Die drei Länderanteile des Nationalparks Hohe Tauern bieten eine Reihe von Kostbarkeiten für Naturbegeisterte und Naturinteressierte, die von mittleren Tallagen bis ins Hochgebirge, von den nördlichen Ausläufern der Hohen Tauern bis in die südlichen Sonnenhänge, von den westlichen Hochgebirgstäler bis in die östlichen Grasberge verteilt sind. Bei nur wenigen Bereisungen kann ein repräsentativer Überblick kaum gelingen. Dennoch gibt es einige besonders reizvolle Gewässerlandschaften – von den „Pflichtzielen" bis zu weniger besuchten und daher ruhigeren Fluss- und Seelandschaften, die einen guten Einblick in die Gewässerökologie gestatten.

Foto 8.1. Mit seinen 1.836 km² bildet der Nationalpark Hohe Tauern einen großen, noch weitgehend naturbelassenen Gebirgsraum. Eine Reihe bedeutender Seen, große Wasserfälle, besonders eindrucksvolle Klammen, großflächige Moorgebiete, Täler mit Felsensteppen, zahlreiche stattliche Gletscher und 17 Berggipfel über 3.300 m bilden viel beachtete und beeindruckende Naturschauspiele im Labyrinth von Tälern und Bergketten (NPHT Tirol).

8 Beeindruckende Gewässer

Die Flüsse der Nordabdachung - vom Krimmler Achental bis zur Mur

Die relativ langgestreckten Täler der zur Salzach entwässernden Tauernachen bieten ein großes Spektrum an unterschiedlichen Flusslandschaften und daher eine große Vielfalt an Gewässerlebensräumen. Natürlich werden diese Täler durch die Achen als typische Gletscherflüsse dominiert. Sie weisen wegen der vergletscherten Einzugsgebiete starke jahres- und tageszeitliche Wasserspiegelschwankungen. Im Sommer kann der Abfluss enorme Dimensionen einnehmen, auch werden große Mengen an suspendiertem Gesteinsschluff, der so genannten „Gletschermilch", aber auch Geröll transportiert. Diese charakteristischen „Gezeiten" der Gletscherflüsse hinterlassen auch in den Tauerntälern ihre Spuren, die als eindrucksvolle Landschaftselemente zu erkunden sind.

Krimmler Achental

Mit 20 km Länge ist das Süd-Nord-gerichtete Krimmler Achental das längste Tal der Venedigergruppe (17,6 km befinden sich im Gebiet des Nationalparks). Die ca. 500 m hohe Mündungsstufe ist durch drei eindrucksvolle Wasserfälle **(Unterer, Mittlerer und Oberer Achenfall)** gekennzeichnet. Oberhalb der Steilstufe beginnt ein leicht ansteigendes, breites Trogtal, in dem deutliche Veränderungen durch die Almbewirtschaftung zutage treten. Im Einzugsgebiet der **Krimmler Ache** befinden sich zahlreiche Gletscher, welche der Krimmler Ache den Charakter eines typischen Gletscherbaches verleihen (Vergletscherung des Einzugsgebietes ca. 5,8 %). Augrund des sehr flachen, langen Trogtals ist das durchschnittliche Gefälle der Krimmler Ache mit 5,3 % eher gering.

Tab. 8.1. Allgemeine Charakteristik Krimmler Ache, Rainbach und Windbach

	Krimmler Ache	*Rainbach*	*Windbach*
Hauptflussgebiet	Salzach	Salzach	Salzach
Vegetationsstufe	montan, subalpin	subalpin, alpin	subalpin, alpin
Höhenerstreckung	1.060 – 2.000 m ü.M.	1.615 – 2.310 m ü.M.	1.665 – 2.275 m ü.M.
Fläche des Einzugsgebietes	129,6 km²	16,6 km²	17,5 km²
Vergletscherung	7,463 km² / 5,76 %	1,905 km² / 11,48 %	0,863 km² / 4,9 %
Geologie des Einzugsgebietes:	Zentralgneis; Altes Dach: Untere Schieferhülle unge-gliedert; Paläozoische Schiefer-serien: Habachserie; Bündner Schiefer, Obere- u. Untere Schieferhülle	Zentralgneis: Augen-, Flaser-, Granitgneis, Migmatit, Anatexit	Zentralgneis: Augen-, Flaser-, Granitgneis, Tonalitgneis, Migmatit, Anatexit; Altes Dach: Untere Schieferhülle ungegliedert - „Altkristallin"
Flussordnungszahl	5	4	4
Flusslänge	20,19 km	6,23 km	5,99 km
Biozönotische Gliederung	Kryal, Glazio-Rhithral	Kryal, Glazio-Rhithral	Krenal, (Glazio-) Rhithral

Die Krimmler Ache zeigt vielleicht am deutlichsten die lange Nutzung der Täler durch die Almwirtschaft. Der Talboden besteht großteils aus Viehweiden und Mähwiesen, dazwischen sind auch noch viele Feuchtwiesen enthalten. Im Gebiet der Talmündung bestehen zum Teil naturnahe Mischwälder. Am Talausgang befinden sich die Krimmler Wasserfälle, das einzige Naturdenkmal Österreichs mit Europadiplom.

Obwohl fast ein Fünftel der Gesamtlänge der Krimmler Ache deutliche Spuren menschlicher Tätigkeiten zeigt, weist das Tal eine Fülle naturkundlicher Kostbarkeiten, von ausgedehnten Feuchtgebieten bis hin zum atemberaubenden Hanggletscher des Krimmler Keeses, auf. Aufgrund der Jahrhunderte langen Almbewirtschaftung wurden zum Schutz der Weideflächen die Uferböschungen vielerorts befestigt.

Als landschaftliche Besonderheit gelten die Nebenbäche der Krimmler Ache. Der Rainbach mündet als linker Zubringer beim Krimmler Tauernhaus und weist ein durchschnittliches Gefälle von 11,3 % auf. Über eine ca. 150 m hohe Mündungsstufe, wo der Rainbachwasserfall hinabstürzt, gelangt man in ein gleichmäßig ansteigendes Hochtal (glazial geformtes Trogtal). Unterhalb der Richter-Hütte befindet sich eine weitere felsige Steilstufe, die Trogschlussstufe, welche durch wasserfallartige Abstürze geprägt ist. Im Talschluss kommt nur sehr spärlich Pioniervegetation auf, Geröllhalden reichen bis an die Uferbereiche. Nach unten hin, nehmen Zwergsträucher und alpine Rasen kontinuierlich zu, bis diese in der Mündungsstufe in alpinen Nadelwald übergehen. Als Abfluss des Rainbachkeeses ist der Rainbach ein charakteristischer Gletscherbach. Die Vergletscherung des Einzugsgebietes beträgt 11,5 %.

Da kein Fahrweg in das Tal führt, ist der **Rainbach** von menschlichen Eingriffen weitgehend verschont geblieben. Einzig im Bereich der Rainbachalm sind vereinzelt Blockwurfsicherungen zu erkennen, welche jedoch kaum Auswirkungen auf die Natürlichkeit des Gewässers haben.

Parallel zum Rainbach mündet der **Windbach** als erster orographisch linker Zubringer in die Krimmler Ache. Die Vergletscherung seines Einzugsgebietes beträgt zwar 4,9 %, es handelt sich dabei aber nur um einen Restgletscher im Bereich des Eissees, der im Einzugsgebiet liegt. Aufgrund des Eissees, der als Sediment- und Gletscherschlufffalle fungiert, lassen sich auch im Windbach selbst kaum Merkmale einer Gletscherprägung erkennen. Vor der Einmündung in die Krimmler Ache überwindet der Windbach eine ca. 150 m hohe Geländestufe, die von subalpinem Nadelwald geprägt ist. Oberhalb der Steilstufe ist das Tal durch einen Bergsturz verengt. Anschließend erstreckt sich ein breites Trogtal, welches almwirtschaftlich genutzt wird. Sein durchschnittliches Gefälle beträgt 10,7 %.

Das Windbachtal ist ein kaum genutztes Seitental der Krimmler Ache. Daher ist der Windbach ein großteils intakter, unbeeinträchtigter Hochgebirgsbach, der auf seiner gesamten Länge – lediglich mit der Ausnahme von Blockwurfsicherungen im Bereich der Windbachalm – keine Abweichung von einer natürlichen Strukturausstattung aufweist.

Foto 8.2. Der Windbach entwässert eines der naturbelassenen Nebentäler des Krimmler Achentales (NPHT Tirol).

Die Sulzbachtäler

Obersulzbach und **Untersulzbach** entwässern eine großteils naturnahe Gebirgsflusslandschaft mit deutlicher Vergletscherung im obersten Bereich. Im vorderen Talbereich wird der Obersulzbach von einem dichten, von Grauerlen dominierten Laubwaldstreifen gesäumt. Den Untersulzbach begleiten vor allem im äußersten Talabschnitt Schlucht- und Auwälder mit Grauerlen, Eschen und Bergahorn. Im Bereich des 50 m hohen Untersulzbachfalls ist ein Schluchtwald mit reichem Farn- und Moosbestand ausgebildet.

Der Süd-Nord-verlaufende Obersulzbach mündet bei Neukirchen am Großvenediger in die Salzach. Bis zur Mündung erreicht der Obersulzbach eine Länge von ca. 14,8 km, 11,7 km befinden sich im Gebiet des Nationalparks. Die Vergletscherung des Einzugsgebietes ist mit etwa 19 % sehr hoch (Obersulzbachkees, Sonntagskees), was den Obersulzbach als typischen Gletscherbach charakterisiert. Das Obersulzbachtal, ein glazial geformtes Trogtal, ist durch drei Steilstufen in unterschiedliche Streckenabschnitte gegliedert. Neben einer ca. 300 m hohen Mündungsstufe befindet sich weiter taleinwärts (unterhalb der Berndlalm) eine weitere Steilstufe, über welche der Gamseckfall hinabstürzt. Nach einer ca. 5 km langen, almwirtschaftlich genutzten Flachstrecke gelangt man zur letzten, ca. 200 m hohen Stufe, welche den Trogtalschluss bildet. Das Gefälle beträgt durchschnittlich ca. 10 %.

Der Richtung Norden abfließende Untersulzbach ist ein rechter Zubringer der Salzach und wird größtenteils vom Schmelzwasser des Untersulzbach Kees gespeist (vergletscherter Einzugsbereich 19,20 %). Auch das Untersulzbachtal ist gekennzeichnet durch einen stufigen Aufbau sowie einen relativ engen Talboden. Das innere Untersulzbachtal ist mit 27 km² das größte Sonderschutzgebiet des Nationalparks und genießt somit strengsten Schutzstatus.

Tab. 8.2. Allgemeine Charakteristik Obersulzbach

	Obersulzbach	*Untersulzbach*	*Habach*
Hauptflussgebiet	Salzach	Salzach	Salzach
Vegetationsstufe	montan, subalpin	montan, subalpin	montan, subalpin, alpin
Höhenerstreckung	1.075 – 2.227 m ü.M.	1.080 – 2.145 m ü.M.	1.005 – 2.480 m ü.M.
Fläche des Einzugsgebietes	82,5 km²	41,0 km²	46,4 km²
Vergletscherung	15,775 km² / 19,12 %	7,871 km² / 19,20 %	3,602 km² / 7,76 %
Geologie des Einzugsgebietes:	Zentralgneis: Augen-, Flaser-, Granit-, Tonalitgneis, Migmatit, Anatexit; Paläozoische Schie-ferserien (Habachserie)	Zentralgneis: Augen-, Flaser-, Granit-, Tonalitgneis, Migmatit, Anatexit; Paläozoische Schie-ferserien (Habachserie) Karbo-nat. Trias (wenig)	Paläozoische Schieferserien: Habachserie; Altes Dach: Untere Schieferhülle ungeglie-dert; Zentralgneis: Augen-, Flaser-, Granitgneise, Migmatit, Anatexit
Flussordnungszahl	4	3	4
Flusslänge	14,77 km	11,22 km	13,04 km
Biozönotische Gliederung	Kryal, Glazio-Rhithral	Kryal, Glazio-Rhithral	Kryal, Glazio-Rhithral

8 Beeindruckende Gewässer

Foto 8.3. und Foto 8.4. Obersulzbach- und Untersulzbachtal (NPHT Salzburg).

Ähnlich wie die Sulzbachtäler präsentieren sich **Habach-** und **Hollersbachtal** als langgestreckte Gebirgstäler mit großer landschaftlicher Vielfalt. Das Habachtal ist in den tieferen Lagen über weite Teile dicht bewaldet und sehr naturnah. Nur der Mündungsbereich des Habachs ist durch hohe, fast senkrechte Mauern verbaut und fällt in den Wintermonaten völlig trocken. Folgt man jedoch dem Weg ins Tal, wird dieses Missverhältnis rasch durch ein äußerst ursprüngliches Gebirgstal entschärft.

Im Mündungsbereich ist auch der Hollersbach hart verbaut und durch mehrere hohe Absturzbauwerke unterbrochen. Meist finden sich dicht bewaldete Ufer mit größeren durchgehenden Grauerlenbeständen und hochstaudenreichen Hängen. In vielen Bereichen weist der Talboden Schluchtwaldcharakter auf. Im Hollersbachtal findet sich eine vergleichsweise hohe Dichte fließender und stehender Gewässer, Moore und Feuchtgebiete, was eine hohe Dichte an Amphibien, insbesondere Grasfröschen zur Folge hat.

Murursprung

Die **Mur** als der bedeutendste steirische Fluss entwässert etwa 57% der Fläche der Steiermark. Vom gesamten Einzugsgebiet (13.248 km²) liegen rund 1.000 km² im Land Salzburg, wo die ca. 455 km lange Mur als gut schüttende Quelle entspringt (Murursprung, Salzburger Anteil des Nationalparks). Die oberste Mur im Hafnergebiet (Ursprung 1.926 m) hat den Charakter eines Gebirgsbaches im Zentralgneis und in der Schieferhülle mit Talstufen und Klammen (Murfall um 1.200 m). Erst unterhalb der Ortschaft Muhr setzt das eigentliche Murtal an, dessen Gefälle bis zum Pegel Tamsweg bereits auf 2 ‰ verflacht.

Foto 8.5. Murursprung, der Beginn einer 455 km langen Reise (L. Füreder).

Die Flüsse der Südabdachung – vom Arvental bis zum Dösenbach

Hinteres Defereggen

Das hintere Defereggen wird hauptsächlich von der Schwarzach entwässert. Sie entspringt in der westlichen Venediger Gruppe aus dem größten zusammenhängende Gletschergebiet der Ostalpen, fließt in süd-östliche Richtung und mündet schließlich bei Huben als rechter Zubringer in die Isel. Mit 9 km befindet sich nur ein geringer Teil der **Schwarzach** im Gebiet des Nationalparks. 6,7 % des 65,3 km² großen Einzugsgebietes sind vergletschert. Das durchschnittliche Gefälle ist mit 3,9 % sehr gering. Steilstufen treten keine auf, der Talboden steigt kontinuierlich mit relativ geringem Gefälle an. Während der untere Bereich bis zur Einmündung des Arventalbaches durch einen relativ flachen Talboden mit intensiver Almbewirtschaftung gekennzeichnet ist, treten auf dem Hochtalboden (nach der schluchtartigen Klammstrecke oberhalb der Arventalbacheinmündung) nur mehr stellenweise Weideflächen in Erscheinung. Der Höhenlage entsprechend ist im Talschluss nur mehr eine sehr spärliche Vegetation anzutreffen.

Der **Arventalbach**, ein orographisch rechter Zubringer der Schwarzach, ist ein typischer Hochgebirgsbach (seine Ursprungsbäche reichen bis über 2.500 m) und heute kaum mehr gletscherbeeinflusst. Das NS-geneigte Arvental ist ein glazial überformtes Trogtal und weist ein durchschnittliches Gefälle von 8,6 % auf. Auf flachere Bereiche, wo sich kurze Verzweigungsstrecken ausgebildet haben, folgen steile, schluchtartige Engstellen mit Kaskaden und Abstürzen, welche dem Gewässer eine turbulente und dynamische Ausprägung verleihen. Entsprechend der Höhenlage wird die alpine Vegetation gegen den Talschluss zunehmend von Stein und Fels abgelöst. Nach unten hin nimmt die Vegetation von spärlich ausgebildeten alpinen Rasengesellschaften bis extensiv genutzte Wiesen und Weiden im Almbereich kontinuierlich zu.

Der Arventalbach entspricht in Linienführung und Gewässermorphologie über die gesamte Länge weitgehend dem ursprünglichen Zustand. Lediglich oberhalb der Jagdhausalm sind die Ufer zum Schutz des nahen Forstweges lokal durch Blockwurf befestigt, was sich jedoch weder auf die Linienführung auswirkt, noch eine Verminderung der heterogenen Breiten- und Tiefenvariabilität zur Folge hat.

Tab. 8.3. Allgemeine Charakteristik Schwarzach und Arventalbach

	Schwarzach	Arventalbach
Hauptflussgebiet	Drau	Drau
Vegetationsstufe	subalpin, alpin	subalpin, alpin
Höhenerstreckung	1.760 – 2.115 m ü.M.	1.938 – 2.565 m ü.M.
Fläche des Einzugsgebietes	65,31 km² (bis Patscherbach)	18,52 km²
Vergletscherung	4,369 km² / 6,69 %	0,270 km² / 1,46 %
Geologie des Einzugsgebietes: Flaser-, Granitgneis, Migmatit	Bündner Schiefer, O. u. U. Schieferhülle; Grünschiefer; Altkristallin: Glimmerschiefer, Paragneis; Zentralgneis:Augen-, Bündner Schiefer, Obere- u. Untere Schieferhülle; Grünschiefer; Marmoreinlagen (wenig)	
Flussordnungszahl	4 (bis Patscherbach)	3
Flusslänge	13,75 km	7,3 km
Biozönotische Gliederung	Kryal, Glazio-Rhithral	Rhithral, (Kryal, Glazio-Rhithral)

8 Beeindruckende Gewässer

Foto 8.6. Im Hochgebirge gibt es eine traditionelle Landnutzung schon seit Hunderten von Jahren: Jagdhausalm im Defereggen ist die älteste Alm in Österreich (NPHT Tirol).

Foto 8.7. Im Innergschlöß lassen sich in den oberen Talbereichen faszinierende Landschaften erkunden. Viltragenkees und Schlatenkees sind die „Quelle" von zwei abflussstarken Gletscherbächen. Es gibt aber auch ruhige Bereiche mit faszinierenden Ausblicken, wie hier außerhalb der Seitenmoräne des Schlatenkeeses (NPHT Tirol).

Das Innergschlöß

Der in West-Ost-Richtung verlaufende Gschlößbach entsteht aus dem Zusammenfluss von **Viltragen-** und **Schlatenbach,** entwässert somit die östliche Venedigergruppe und mündet in den Tauernbach. Mit einem vergletscherten Einzugsgebiet von ca. 34 % (Viltragen- und Schlatenkees) ist der Gschlößbach ein typischer Gletscherbach, welcher von stark schwankender Wasserführung geprägt ist.

Auf 2.245 m tritt der Viltragenbach aus dem mächtigen Viltragen Kees heraus. Über eine stark geschiebeführende Steilstufe (von Megalithal dominierte Umlagerungsstrecke) gelangt man in einen flacheren Talkessel, wo in einem kurzen Abschnitt Verzweigungen sowie charakteristische Gletscherbachalluvione ausgebildet sind. Im Mündungsbereich des Schlatenbaches ist der Gschlößbach durch künstliche Bauwerke (wie Geschiebewall und Rampe) in seiner Durchgängigkeit unterbrochen. Einen erheblichen Teil seines Abflusses verdankt der Gschlößbach dem überaus abflussstarken Schlatenbach. Die weitere Fließstrecke von der Einmündung des Schlatenbaches bis zur Nationalparkgrenze ist durch ein geringes Gefälle und durch großflächiges Weideland im Gewässerumland charakterisiert. Zum Schutz der Weiden und der längs des Gewässers verlaufenden Forststraße ist in diesem Bereich der Gschlößbach reguliert. Das durchschnittliche Gefälle des Gschlößbaches beträgt 7,9 %.

Die natürliche Abfluss- und Geschiebedynamik der wasserreichen Gletscherflüsse wurde durch eine extreme und optisch hässliche Flussverbauung vermindert, wodurch dem Gschlößbach jede Entwicklungsmöglichkeit genommen wird. Zwar dienten diese Baumaßnahmen dem Schutz der wertvollen Almflächen, aus der Sicht der Gewässerökologie und des Naturschutzes gehört derartiges in die Epoche des Zubetonierens.

Die Gewässerstrecke zwischen dem Gletschertor des Viltragenkeeses und oberhalb der Einmündung des Schlatenbaches ist nicht durch Maßnahmen des Menschen beeinträchtigt und präsentiert sich als faszinierende und ungestörte Flusslandschaft des Hochgebirges. Belohnt wird man zudem im Talschluss, wo nach einem großflächigen Alluvion das Gletschertor alle Aufmerksamkeit auf sich zieht.

Auch am Schlatenbach folgt nach dem eindrucksvollen Gletschertor eine von Geröllhalden umgebene, mittelsteile Umlagerungsstrecke, die in einen ca. 300 m hohen Wasserfall übergeht.

Tab. 8.4. Allgemeine Charakteristik Gschlößbach und Schlatenbach

	Gschlößbach	*Schlatenbach*
Hauptflussgebiet	*Drau*	*Drau*
Vegetationsstufe	*subalpin, (alpin)*	*subalpin, alpin*
Höhenerstreckung	*1.670 – 2.245 m ü.M.*	*1.730 – 2.160 m ü.M.*
Fläche des Einzugsgebietes	*45,55 km²*	*16,07 km²*
Vergletscherung	*15,374 km² / 33,75 %*	*9 km² (56 %)*
Geologie des Einzugsgebietes:	*Zentralgneis: Tonalitgneis; Altes Dach: Untere Schieferhülle ungegliedert - „Altkristallin"; Paläozoische Schieferserien: Habachserie*	*Altes Dach: Untere Schieferhülle unge-gliedert - „Altkristallin"; Zentralgneis: Tonalitgneis*
Flussordnungszahl	*4*	*3*
Flusslänge	*8,16 km*	*1,7 km*
Biozönotische Gliederung	*Kryal, Glazio-Rhithral*	*Kryal, Glazio-Rhithral*

Teischnitzbach

Das Teischnitztal ist ein süd-östlich gerichtetes Nebental des Kalsertales mit einem durchschnittlichen Gefälle von 17,5 %. Nach einer ca. 500 m hohen Steilstufe gelangt man in ein Hochtal, welches sich bis zum Teischnitzkees zieht. Während die Steilstufe durch Schluchtwaldvegetation gekennzeichnet ist, sind im Hochtal Weideflächen bzw. im Talschluss Geröllhalden bestimmend. Infolge der hohen Vergletscherung des Einzugsgebietes (15,39 %) handelt es sich beim Teischnitzbach um einen typischen Gletscherbach mit glazialem Abflussregime.

Nicht ganz zwei Drittel des mehr als 5 km langen Teischnitzbaches beschreibt eine unveränderte Gewässermorphologie, die nicht durch bauliche Veränderungen oder andere Einwirkungen des Menschen beeinträchtigt ist. Abgesehen von einigen geringen aber unschönen Beeinträchtigungen, die vor allem der Sicherung des Fahrweges dienen, ist der Teischnitzbach der ganz typische Gletscherbach mit großen Abflussschwankungen im Sommer, einer großen Dynamik in den steileren Abschnitten und Schluchtstrecken sowie längeren Umlagerungsstrecken in flacheren Bereichen.

Tab. 8.5. Allgemeine Charakteristik Teischnitzbach

Hauptflussgebiet	Drau
Vegetationsstufe	montan, subalpin, (alpin)
Höhenerstreckung	1.640 – 2.560 m ü.M.
Fläche des Einzugsgebietes	14,01 km²
Vergletscherung	2,156 km² / 15,39 %
Geologie des Einzugsgebietes:	Grünschiefer: Prasinit, Ophiolith; Bündner Schiefer, Obere- u. Untere Schieferhülle
Flussordnungszahl	3
Flusslänge	5,95 km
Biozönotische Gliederung	Kryal, Glazio-Rhithral

Foto 8.8. Der Teischnitzbach ist ein typischer Hochgebirgsbach mit Gletschereinfluss. Dort, wo es die Geländeform zulässt, breitet er sich aus (M. Kurzthaler).

Wangenitzbach

Das West-Ost-geneigte Wangenitztal ist – wie das Gradental – ein Seitental des Mölltales und befindet sich in der südlichen Schobergruppe. Das durch eiszeitliche Gletscher geformte Trogtal weist heute nur noch eine sehr geringe Vergletscherung auf. Das durchschnittliche Gefälle ist mit ca. 23 % bedeutend, wird aber durch mehrere Steilstufen im hinteren Talbereich hervorgerufen. Hinter der Nationalparkgrenze ist der von einer gut entwickelten Hochgebirgsau umgebene Bachlauf geprägt durch einen gleichmäßig ansteigenden Talboden. Nach einer ersten Steilstufe befindet sich eine flache, aufgeweitete Mäanderstrecke mit typischer Moorvegetation. Über eine weitere Felsstufe gelangt man in den Talschluß mit den zwei Karseen, dem Wangenitzsee und dem Kreuzsee.

Der Wangenitzbach erfuhr keinerlei anthropogene Beeinträchtigungen, daher zeigt er auf seiner gesamten Strecke einen natürlichen Verlauf. Besonders landschafts- und gewässertypisch sind die Uferbereiche, wobei der ausgeprägte Auwaldgürtel im unteren Bereich hervorzuheben ist. Da charakteristische Gebirgsauen in unseren Breiten immer seltener anzutreffen sind, ist dieser Bereich als besonders schützenswert hervorzuheben.

Foto 8.9. Der Wangenitzbach entspringt im Wangenitzsee, der auf 2.465 m Höhe liegt und einer der tiefsten und größten Seen des Nationalparks ist (NPHT Kärnten).

Gößnitzbach

Das Gößnitztal ist eines der schönsten Hochtäler der Hohen Tauern. Es wird vom Gößnitzbach, einem typischen Gletscherbach, entwässert. Gößnitzfall (Naturdenkmal) und Gößnitzschlucht bieten jeweils ein eindrucksvolles Naturschauspiel, das sich in der höher gelegenen Almlandschaft im Antlitz zahlreicher Dreitausender der Schobergruppe fortsetzt. In seinem gesamten Verlauf ist der Gößnitzbach naturbelassen. Besonders im Sommer ist der Gößnitzfall wegen der durch den Gletscherbachcharakter bedingten starken Wasserführung ein lohnendes Wanderziel. Gößnitz kommt ja auch vom slawischen „Göß", was so viel bedeutet wie „rauschendes Wasser".

Das Gößnitztal ist ein Seitental des Mölltals und bildet oberhalb des Wasserfalls und der Schluchtstrecke mit 9 km das längste Hochtal der Schobergruppe. Der Gletscherbach ist insgesamt 11,2 km lang, die Vergletscherung des Einzugsgebietes beträgt 5,4 %. Obwohl das Gößnitztal ein intensiv genutztes Almgebiet im Kärntner Nationalparkanteil ist, blieb der Gößnitzbach bislang völlig unverbaut. In Bachnähe befinden sich auch einige interessante Flach- und Hangmoore.

Die Steilstufe im Bereich des Gößnitzfalles trägt einen subalpinen Fichtenwald mit einigen Laubwaldelementen, die dann in einen lockeren Lärchenbestand übergehen. In der Steilstufe zur Hinterm Holz-Alm (Ochsnerhütte) durchquert man Blockstandorte und prachtvolle Zirbenbestände, die stellenweise von Grünerlengebüschen, Feuchtwiesen und Quellfluren unterbrochen werden. Im trockenen Bachbettschotter des Talbodens gedeihen Pionierpflanzen und verschiedene Kratzdisteln.

Der Weg über die Langtalseen (Vorderer, Mittlerer und Hinterer Langtalsee) sei den Liebhabern stiller Bergseen besonders empfohlen. Vor allem der Hintere Langtalsee zeichnet sich durch mit Wollgras bestandene Flachmoore aus.

Foto 8.10. Abgesehen vom eindrucksvollen Naturschauspiel des Gößnitzfalls bietet der Gößnitzbach in seinem gesamten natürlichen Bachverlauf großartige Aussichten (NPHT Kärnten).

Dösenbach

Das Dösental, ein Seitental des Mallnitztales, ist ein charakteristisches, glazial geformtes Trogtal mit breiter Talsohle und steil ansteigenden Seitenflanken. Ein Gletschereinfluss ist heute kaum mehr gegeben. Das OW-ausgerichtete Tal ist ca. 7,7 km lang, 5,6 km davon liegen im Gebiet des Nationalparks. Das Gefälle beträgt durchschnittlich 14,5 %. Das Dösener Tal ist durch mehrere Steilstufen in landschaftlich unterschiedliche Bereiche gegliedert. Zwischen dem Dösener See und der Konradlacke wechseln sehr steile, durch Wasserfälle charakterisierte Strecken auf felsigem Untergrund mit flacheren Aufweitungsstrecken einander ab. Die Strecke zwischen der Konradlacke und der Nationalparkgrenze weist ein relativ gleichmäßiges Gefälle auf und ist durch auwaldartige Vegetation im Uferbereich geprägt. Im Bereich der Almen (Dösener Alm, Dösener Hütte, Konrad Hütte) wird das Umland landwirtschaftlich genutzt.

Etwa zwei Drittel der Gesamtlänge des Dösenbaches entsprechen natürlichen und naturnahen Gewässerstrecken. In einer kurzen Teilstrecke nach dem Ausrinn aus der Konradlacke wurde die Linienführung und Laufentwicklung des Baches durch beidseitige Geschiebedämme zum Schutz des Forstweges stark eingeschränkt. Ein Drittel des Dösener Baches zeigt einige Spuren menschlicher Einflussnahmen, dennoch ist in diesen Bereichen mit lokalen Verbauungen ein annähernd naturnaher Charakter des Gewässers erhalten geblieben. Solche Teilstrecken befinden sich bei der Venezianersäge (teilweise Uferverbauung durch Blockwurf, künstlicher Absturz mit Staubereich), bei der Dösener Alm (Weidewirtschaft bis an die Böschungskanten), oberhalb der Konradlacke (teilweise Uferbefestigung aufgrund der sehr starken Geschiebeführung) sowie bei der Steilstufe unterhalb des Dösener Sees (Wasserausleitung für Kleinkraftwerk).

Tab. 8.6. Allgemeine Charakteristik Wangenitzbach, Gößnitzbach und Dösenbach

	Wangenitzbach	*Gößnitzbach*	*Dösenbach*
Hauptflussgebiet	*Drau*	*Drau*	*Drau*
Vegetationsstufe	*montan, subalpin, alpin*	*montan, subalpin, alpin*	*montan, subalpin*
Höhenerstreckung	*1.560 – 2.465 m ü.M.*	*1.280 – 2.580 m ü.M.*	*1.450 – 2.270 m ü.M.*
Fläche des Einzugsgebietes	*22,96 km²*	*39,47 km²*	*20,68 km²*
Vergletscherung	*geringer Gletschereinfluß*	*2,12 km² / 5,38 %*	*geringer Gletschereinfluss*
Geologie des Einzugsgebietes	*Altkristallin: Glimmerschiefer, Amphibolit, Amphibolitgneis, Eklogit, Peridotit*	*Altkristallin: Glimmerschiefer; Bündner Schiefer, Obere- u. Untere Schieferhülle; Serpentin, Gabbro, Eklogit; Matreier Zone*	*Penninikum (Tauernfenster): Mesozoische Schieferhülle, Paläozoische Schieferhülle, Zentralgneis*
Flussordnungszahl	*3*	*3*	*3*
Flusslänge	*8,19 km*	*11,19 km*	*7,7 km*
Biozönotische Gliederung	*Krenal, Rhithral*	*Kryal, Glazio-Rhithral*	*Krenal, Rhithral*

Geräuschvoll, schießend, stürzend – die Wasserfälle

In allen Gebirgstälern des Nationalparks wird man auf Wasserfälle stoßen, manchmal sind sie beeindruckend, ein anderes Mal äußerst spektakulär. Sie sind durch ihr großes Gefälle, turbulenten, schießenden bzw. stürzenden Abfluss und durch anstehenden Fels in der Sohle gekennzeichnet. Sie zeigen bezüglich Fließgeschwindigkeiten und Strömungsverhältnisse die extremsten Ausprägungen und sind besonders eindrucksstark, wenn ein Gletscherbach über einen Wasserfall stürzt.

Im Nationalpark Hohe Tauern bieten zahlreiche, mächtige Wasserfälle ein besonderes Naturschauspiel, wobei die unterschiedlichsten Wasserfall-Typen bestaunt werden können: Rinnen-, Strahl-, Kaskaden- oder Schleierwasserfälle. Die bedeutendsten und mächtigsten Beispiele im Nationalpark sind die Krimmler Wasserfälle, die Umbalfälle, der Schlatenfall und der Jungfernsprung.

Foto 8.11. Die Krimmler Wasserfälle gehören zu den höchsten Wasserfällen der Welt und sind mit dem Europa-Diplom als Naturdenkmal ausgezeichnet (NPHT Salzburg, F. Rieder).

8 Beeindruckende Gewässer

Foto 8.12. Geräuschvoll und tosend stürzt der Gößnitzbach an sommerlichen Spätnachmittagen zu Tale (Gößnitzfall in Kärnten; NPHT Kärnten).

Foto 8.13. Das Teischnitzkees: Vom Eisfall zum Wasserfall (M. Kurzthaler).

An der Grenze oder am Beginn des Gewässerlebens - Gletscherwanderungen

Als besondere Erlebnisse des Nationalparks Hohe Tauern gelten die Gletscherwege, die an den Beginn oder die obere Grenze des Gebirgsbachlebens führen. Die vier besonders faszinierenden verteilen sich auf die drei Länderanteile. Bei allen Gletscherwegen erreicht man nach besonderen Haltestellen in den Vorfeldern, wo besondere Gesteinsformationen oder andere Zeugnisse von der ehemaligen Tätigkeit der Gletscher berichten, das Gletschertor. Die Form des Gletschertores bleibt nicht gleich, sondern wechselt alle paar Jahre wegen unterschiedlicher Bewegungen des Gletscherrandes. Im anschließenden Gletscherbach kann nach der Gletscherbachzuckmücke gesucht werden. Im Nahbereich der Gletscher gibt es aber noch zahlreiche andere Gewässer, die durch die ehemalige Schürfwirkung der Gletscher entstanden sind, und jetzt über längere oder kürzere Zeit mit Wasser gefüllt sind. Auch dort kann es reichlich Leben geben.

Der Österreichische Alpenverein hat zusammen mit dem Nationalpark Hohe Tauern mehrere Gletscherschaupfade eingerichtet und naturkundliche Führer dazu herausgegeben:

▶ Obersulzbach Kees

▶ Gletscherweg Pasterze

▶ Gletscherweg Innergschlöß

Foto 8.14. Zahlreiche Flüsse der Hohen Tauern haben ihren Ursprung am Gletscher. Gletscherwanderungen bieten die Möglichkeit, etwas über Entstehen und Vergehen der Gletscher zu erfahren (NPHT Kärnten).

Geheimnisse im Sumpf: Feuchtgebiete

Im Nationalpark Hohe Tauern befinden sich hochwertigste Biotope mit zahlreichen seltenen Arten. Oft ist es die Vernetzung der Lebensräume Wasser und Land, die einerseits komplexe Lebensräume entstehen lässt, die andererseits durch eine kleinklimatisch begünstigte und stabile Umweltsituation in einer rauen Gebirgswelt hohe Diversität an seltenen Arten bedingt. In diesen Lebensräume finden sich eine Reihe von Pflanzen- und Tierarten mit besonderem Schutzstatus (Rote Liste Arten, Arten der Fauna-Flora-Habitat Richtlinie der EU).

Kachlmoor

Das Kachlmoor im Gemeindegebiet von Heiligenblut entstand durch die fortschreitende Verlandung einer wassergefüllten Senke am Fuß eines nacheiszeitlichen Bergsturzes. Die holzreichen Torfschichten des Moores sind stellenweise über 2 Meter mächtig. Daraus errechnet sich ein Alter von rund 7000 Jahren. Heute prägen Sumpfschachtelhalm und Schnabelsegge das Erscheinungsbild des Moores.

Das Kachlmoor ist aber vor allem als überregional bedeutsamer Amphibienlaichplatz bekannt. Ein außergewöhnliches Naturschauspiel bietet dieses Feuchtgebiet alljährlich im Frühjahr wenn sich gezählte 2500 Grasfrösche an den seichten Wasserstellen des Moores treffen, um zu laichen. Der Bergmolch ist mit rund 1.500 Exemplaren die zweithäufigste Amphibienart am Kachlmoor. Das Männchen des Bergmolches präsentiert sich während der Laichzeit besonders farbenprächtig. Der außergewöhnliche Amphibienbestand des Kachlmoores ist durch die Austrocknung des Moores gefährdet. Die Nationalparkverwaltung hat daher im Jahr 1997 ein Rettungsprojekt gestartet. Beobachtungen während der heurigen Laichperiode haben gezeigt, dass die getroffenen Maßnahmen sich positiv auf den Fortpflanzungserfolg der Amphibien ausgewirkt haben.

Wiegenwald

Der Wiegenwald stockt auf einer plateauartigen, muldigen Hochfläche im hinteren Stubachtal am Nordostabhang der Teufelsmühle zwischen Rauchwiegen und Wiegenköpfen in 1700-1800 m Seehöhe. An Gesteinen dominieren Glimmerschiefer und Phyllite der Unteren Schieferhülle. Die plateauartige Hochfläche bedecken Moorlacken und Hochmoore mit Sphagnum magellanicum, S. capillifolium, Vaccinium myrtillus, V. vitiidaea, Calluna vulgaris und Eriophorum vaginatum, sowie Moorrandwälder mit Latschen und Zirben (76 Gstöttner, E. & Peer, T. 1994; S.17).

Gut versteckt im Dunkel eines urtümlichen Fichten-Lärchen-Zirbenwaldes im Hinteren Stubachtal, liegen eingebettet in ein stark muldiges Hochplateau sieben kleine Moore. Einst von den eiszeitlichen Gletschern ausgeschürft, finden sich heute in den teilweise recht tiefen Wannen auf rund 1.700 m mehr oder weniger ringförmig aufgebaute Moorkomplexe: Das Zentrum bildet meist eine offene Wasserfläche, die in Schwingrasen aus Schlammsegge, Schnabelsegge und Scheidigem Wollgras übergeht. Als botanische Besonderheiten kommen hier stellenweise auch der Rundblättrige Sonnentau, die seltene Blumenbinse und der augenfällig Fieberklee vor. Außen herum weisen verschiedene Tormoosarten, Zwergsträucher wie die Heidel-, Preisel- und Rauschbeere sowie die Latsche an einigen Stellen auf eine langsame Entwicklung in Richtung eines Hochmoores hin.

Alle sieben Moore sind sogenannte Kesselmoore, die durch allmähliches Zuwachsen kleiner Tümpel entstanden sind und sich noch weiterentwickeln. Ein Besuch dieses empfindlichen Lebensraumes ist nur im Rahmen einer Nationalparkführung möglich.

Das Auge Gottes

Im Bereich des Gletscherweges Innergschlöss befindet sich ein kleiner Tümpel. Er wird wegen seiner dreieckigen Form und der einem Augapfel gleichenden Wollgrasinsel in der Mitte „Auge Gottes" genannt. Hier hat sich ein kleines Moor erhalten, das zu einer vielbeachteten Stelle bei der Beurteilung nacheiszeitlicher Klimaschwankungen geworden ist. Etwas 8000 v. Chr. lag das Moor in einem Waldgebiet. Die im Moorhorizont enthaltenen Holzreste sind Zeichen eines einsetzenden Waldrückganges, der bis ca. 6000 v. Chr. andauerte.

Im Rauriser Urwald

Eingeschlossen von atemberaubenden Dreitausendern liegt dieses Naturjuwel gut versteckt im Talschluss Kolm-Saigurn: der Rauriser Urwald. Im Talschluss Kolm-Saigurn des Rauriser Tales steigt man in die mysteriöse Welt der jahrhundertealten Flora und Fauna ein. Mehr als 80 kleine Tümpel und Seen, über 600 Jahre alte Pflanzen sowie einzigartige Tierarten „wohnen" hier im naturbelassensten Blockwald der ehemaligen Goldbergbauregion. Im Talschluss ist dieser Urwald mit Dreitausendern von denen mehr als 15 Wasserfälle zu Tale tosen.

Foto 8.15. Der Sonnentau (*Drosera rotundifolia*), eine „fleischfressende" Pflanze an unseren heimischen Nassstandorten (I. u. H. Schatz).

9 Bildungsthema „Wasser" im Nationalpark

Zahlreiche Aktivitäten des Nationalparks Hohe Tauern beschäftigen sich mit dem Thema „Wasser". Pro Jahr können mehrere Tausend Kinder durch die „Wasserschule" viel über die Lebensgrundlage Wasser lernen, aber auch im „Haus des Wassers" wird mikroskopiert und analysiert – und das alles mit Spiel und Spaß. „Bildung für alle Altersklassen" ist neben der Wissenschaft ein weiteres Ziel im Nationalparkmanagement.

Im Nationalpark Hohe Tauern ist „Wasser" eines der Hauptthemen. Der Schutz der Gewässer war einer der wichtigsten Gründungsargumente für das Schutzgebiet. So ist es auch legitim, sich dem Lebenselixier in besonderer Weise anzunehmen.

Es gibt unzählige Aktivitäten, die sich direkt mit dem Wasser beschäftigen. Die Wasserschule, zum Beispiel, ist mobil, geht nach draußen und vermittelt mit großem Engagement und ganz praktisch Wissenswertes rund um das Thema Wasser. Hier wird das „flüssige Gold" als die Grundlage allen Lebens vermittelt, das es gilt in Zeiten der fortschreitenden Verschandelung und Verschmutzung der Umwelt besonders zu berücksichtigen. Denn: Wer viel über die Lebensgrundlage Wasser weiß, der geht damit auch sorgsam um. Die Kinder dienen dabei als Multiplikatoren und geben ihr Wasser-Wissen an die Eltern und Freunde weiter. Abwechslungsreich wie das Wasser selbst – einmal als stiller Bergsee, ein anderes Mal als tosender Bach oder rauschender Wasserfall – ist das Pro-

Foto 9.1. Die Gewässerlebensräume des Nationalparks sind auch Erlebnisräume für Kinder jeden Alters. Zahlreiche Aktivitäten, die einen besonderen Erlebnis- und Bildungswert haben, werden sowohl für Schulen als auch für private Gruppen angeboten (NPHT Tirol).

gramm der Wasserschule. Mit Spiel und Spaß wird geplanscht, gemessen, experimentiert und erfunden: eine Klangmaschine, ein wassergekühlter Hut oder eine Blumengießanlage.

9.1 Ein erfolgreiches Projekt – die Wasserschule

Die mobile Wasserschule im Nationalpark Hohe Tauern

Die Wasserschule Nationalpark Hohe Tauern ist eine mobile Schule. Nationalparkbetreuer besuchen als „Wasserschul-Lehrer" Schulklassen und bringen alle für das mehrtägige Kursprogramm notwendigen Hilfsmittel mit. Dazu zählen verschiedene, von der Wasserschule entwickelte Unterrichtsmaterialien, die dem Alter der Schüler/innen angepasst sind.

Die Kurse der Wasserschule Nationalpark Hohe Tauern haben den Charakter von Projektwochen. Dabei stehen Methodenvielfalt und fächerübergreifender Unterricht im Mittelpunkt. Selbstständiges Arbeiten, Kreativität und Forschergeist der Schüler werden gefördert.

D. Swarovski & Co unterstützt die Wasserschule finanziell und möchte jedem Schüler der Nationalparkregion im Alter von 8 bis 13 Jahren die Teilnahme an Kursen der Wasserschule Nationalpark Hohe Tauern ermöglichen.

Dabei erhalten die Schüler/innen ein umfassendes und ganzheitliches Bild von der Ressource Wasser auf regionaler, nationaler und globaler Ebene.

Seminarangebote für Pädagogen

Die ungleiche Verteilung der lebensnotwendigen Ressource Wasser und die sich dramatisch entwickelnde Weltwassersituation erfordert zunehmend eine Bewusstseinsbildung für die Bedrohung, Erhaltung und nachhaltige Nutzung des Wassers. Das Thema Wasser wird in Zukunft verstärkt den Unterrichtsalltag bestimmen. Es kommt eine neue umweltpädagogische Aufgabe auf die Schulen zu. Um für diese Herausforderung gerüstet zu sein, besuchen jährlich über 150 Pädagogen die Seminare der Wasserschule Nationalpark Hohe Tauern.

Aqua-Didaktik

Die Aqua-Didaktik steht für die Bewusstseinsbildung zur Erhaltung und nachhaltigen Nutzung der Ressource Wasser. Sie wurde von der Wasserschule Nationalpark Hohe Tauern ins Leben gerufen und mit Inhalten gefüllt. Dabei wurden Methoden und Materialien zur Vermittlung des „Wasser-Themas" entwickelt, die auf großes Interesse stoßen. Um der Nachfrage gerecht zu werden, hat die Wasserschule Nationalpark Hohe Tauern die gleichnamige CD-ROM herausgegeben.

Foto 9.2. Die Wasserschule weckt das Interesse für das Milieu und für die Lebewesen, die davon leben. Man begreift schnell – ohne Wasser kein Leben. Aber besonders faszinierend ist das Leben im Wasser selbst (Wasserschule).

Von der Wasserschule zur Nationalparkschule

Das erfolgreiche Konzept der Wasserschule ist ab 2006 Basis für das neue Bildungskonzept „Nationalparkschule". Dabei werden neben dem „Wasser" die Themen „Alpines Klima, Kermazeugen und Klimawandel" behandelt. Wiederum werden Nationalparkranger als Botschafter für Natur- und Umweltschutz die Schulen der Region besuchen. Das Thema „Wasser" hat im Haus des Wassers im Defereggental eine fixe Heimat gefunden.

9 Bildungsthema „Wasser"

Foto 9.3. Das Leben im Wassertropfen – Zahlreiche Aktivitäten haben ein gemeinsames Ziel: Die Geheimnisse der Wasserlebewesen zu erkunden – im Feld und auch im Labor. Im Mikroskop können dann die kleinsten pflanzlichen und tierischen Lebewesen untersucht werden (Haus des Wassers).

Foto 9.4. Zum Thema „Wasser" gibt es zahlreiche Aktivitäten im Nationalpark Hohe Tauern. Einerseits versucht man diese mit den zwei großen Schwerpunkten „Wasserschule" und „Haus des Wassers" im Nationalparkmanagement zu integrieren, andererseits gibt es aber ein reichhaltiges Angebot in den einzelnen Nationalparkregionen (NPHT Tirol).

9.2 Haus des Wassers – Treffpunkt der forschenden Jugend Europas

Im Haus des Wassers, fernab vom herkömmlichen Unterricht, wird das Element Wasser mit allen Sinnen erforscht. Diese Bildungseinrichtung des Nationalparks Hohe Tauern ist ein fixer Standort der von D. Swarovski & Co ins Leben gerufenen mobilen Wasserschule. Die Programme im „Haus des Wassers" wecken und schärfen das Bewusstsein für das Wasser als lebensnotwendige Ressource, dessen Werte, Bedrohung, Erhaltung und Nutzung auf regionaler und internationaler Ebene.

Das Haus des Wassers liegt am Ende des Defereggentals in einer Umgebung, in der Wasser im wahrsten Sinne im Überfluss da ist. Schüler/innen tauchen während einer drei- bis fünftägigen Projektwoche in die Welt des Wassers ein. Die Wasserprojektwoche wird von erfahrenen Nationalparkbetreuern in Kleingruppen durchgeführt. Das Haus mit moderner Einrichtung dient den jungen Forschern als Treffpunkt und Ausgangspunkt für viele Exkursionen.

Bei einer drei- bis fünftägigen Projektwoche werden die vielen Facetten des Wassers betrachtet. Unter anderem werden Themen wie „Trinkwasser als Segen der Alpen", „Wasserkreislauf – Wetter und Klima", „Wasser – Leben und Lebensraum" und „Überleben im Winter" für viele Altersstufen aufbereitet.

Einen Schwerpunkt dabei bildet die Untersuchung von Fließgewässern, wobei Jugendliche, ihrem Alter entsprechend, morphologische und physikalische Parameter des Baches untersuchen. Wirbellose Tiere werden in allen möglichen Lebensräumen eines Flusses gesammelt und mit einfachen Bestimmungsschlüsseln benannt, wodurch ökologische Auswertungen und praktische Einblicke in die Bestimmung der Gewässergüte des Gebirgsbaches gewonnen werden.

Im modern eingerichteten Gebäude, nämlich dem „Haus des Wassers", wird mikroskopiert und Wasser untersucht, werden Daten interpretiert und Internetrecherchen zu internationalen Themen durchgeführt. Aber auch kreatives Arbeiten wie Schafwolle filzen, Papier schöpfen oder Landart steht auf dem Programm. Spiel und Spaß kommen bei den verschiedenen Aktivitäten nicht zu kurz. Für PädagogInnen und interessierte Erwachsene werden spezielle Programme und Seminare angeboten.

Foto 9.5. Das „Haus des Wassers" am Ende des Defereggentales ist internationaler Treffpunkt der forschenden Jugend und Ort der Wissensvermittlung (Haus des Wassers).

Weitere Infos:

Nationalpark Hohe Tauern
Haus des Wassers
Oberrotte 110
9963 St. Jakob i. Defereggen / Osttirol
Tel: ++43/ 4873/ 20090 Fax: DW – 20

E-Mail:
hausdeswassers.tirol@hohetauern.at
Homepage:
www.hausdeswassers.at

10 Verwendete und weiterführende Literatur

ALLEN J.D. (1995): Stream Ecology. Chapman & Hall, London: 1-388.

AMPROSI K. (2001): Gewässerinventar im Nationalpark Hohe Tauern. – Diplomarbeit, Institut f. Zoologie und Limnologie, Universität Innsbruck: 1-119 (+CD).

BENISTON M. (2000): Environmental change in mountains and uplands. – Arnold, London.

BRITTAIN J.E., MILNER A.E. (2001): Glacier-fed rivers – unique lotic ecosystems. Special Issue, Freshwater Biology 46.

BÜHLER, S. (2001): Ökomorphologische Zustandskartierung ausgewählter Fließgewässer im Nationalpark Hohe Tauern. – Diplomarbeit, Institut f. Zoologie und Limnologie, Universität Innsbruck: 1-125.

CHRISTELBAUER, M. (1996): Charakterisierung ausgewählter Fließgewässer im Einzugsgebiet der Isel (Virgental, Kalsertal) – Diplomarbeit an der Universität für Bodenkultur am Institut für Wasservorsorge, Gewässerökologie und Abfallwirtschaft, Abteilung für Hydrobiologie, Fischereiwirtschaft und Aquakultur: 1-135

FINK M.H., ET AL. (2000): Fließgewässer-Naturräume Österreichs. – Umweltbundesamt. Monographien Band 128, Berger-Druck, Horn: 1-128.

FRANZ, H. (1979): Ökologie der Hochgebirge. Verlag Eugen Ulmer, Stuttgart: 1-495.

FRITZ A. & F.H. UCIK (2001): Klimageschichte der Hohen Tauern. Spätwürmzeitliche und postglaziale Klima- und Vegetationsentwicklung in den südlichen Hohen Tauern (Ostalpen, Kärnten). Ergebnis der Bohrungen am Stappitzer See bei Mallnitz. – Wissenschaftliche Mitteilungen aus dem Nationalpark Hohe Tauern, Sonderband 3: 3-90.

FÜREDER L. (1999): High Alpine Streams: Cold Habitat for Insect Larvae. – In Margesin R. & F. Schinner (Hrsg.): Cold Adapted Organisms. Ecology, Physiology, Enzymology and Molecular Biology. Springer Verlag, Berlin: 181-196.

FÜREDER L. (2002): Natural alpine rivers: Ecology, reference conditions, status and threats. – Habilitationsschrift, Universität Innsbruck: 1-184.

FÜREDER L. (2003): Alpine Fließgewässer – Auswirkungen des Klimawandels auf natürliche Ökosysteme. – In: The Nature of the Alps, Proceedings of ForumAlpinum 2002: 50-55.

FÜREDER L. (2005): Gletscherbäche – faszinierendes Leben in extremen Lebensräumen. – Fachbeiträge des österreichischen Alpenvereins, Serie: Alpine Raumordnung Nr. 27: 60-66.

FÜREDER L. & K. AMPROSI (2001): Gewässerinventar für den Nationalpark Hohe Tauern (Kärnten, Salzburg, Tirol, Österreich). - Wiss.Mitt. Nationalpark Hohe Tauern 6: 213-240.

FÜREDER L. & C. VACHA (2001): Typisierung alpiner Fliessgewässer am Beispiel Nationalpark Hohe Tauern. - Wiss.Mitt. Nationalpark Hohe Tauern 6: 191-209.

FÜREDER L., AMPROSI K., BÜHLER S., VACHA C. & C.M.E. HANSEN (2000): Konzept für ein länderübergreifendes Gewässermonitoring im Nationalpark Hohe Tauern: Literatur, Gewässerinventar, Ökomorphologie und Typisierung. – Studie im Auftrag des Nationalparkrates, Nationalpark Hohe Tauern (4 Teilberichte + Abschnittbeurteilung + CD).

FÜREDER L., BÜHLER S., AMPROSI K. & C.M.E. HANSEN (2001): Ökomorphologische Zustandskartierung ausgewählter Fliessgewässer im Nationalpark Hohe Tauern. − Wiss.Mitt. Nationalpark Hohe Tauern 6: 169-190.

FÜREDER L., SCHÜTZ C., WALLINGER M. & R. BURGER (2001): Physico-chemistry and aquatic insects of a glacier-fed and a spring-fed alpine stream. − Freshwater Biology 46: 1573-1690.

FÜREDER L., VACHA C., AMPROSI K., BÜHLER S., HANSEN C.M.E. & C. MORITZ (2002): Reference conditions of alpine streams: Physical habitat and ecology. − Water, Air & Soil Pollution, Focus 2: 275-294.

FÜREDER L., ETTINGER R., BOGGERO A., THALER B. & H. THIES (2006): Macroinvertebrate diversity in Alpine lakes: effects of altitude and chatchment properties. − Hydrobiologia 562: 123-144.

HANSELY, H. (1978): Energiegewinnung in den Hohen Tauern. − Nationalpark Hohe Tauern. Berichte. Informationen 4/78: 24-25 (+Karte).

HARTL H. & PEER T. (2005): Pflanzenwelt. − Wissenschaftliche Schriften, Tyrolia-Verlag: 1-188.

HASSLACHER, P. & C. LANEGGER (1988): Österreichisches Gletscherbachinventar. − Fachbeiträge des Österr. Alpenvereins, Serie: Alpine Raumordnung Nr. 1: 33 Seiten + Karten + Datenblätter.

HÖLLER, B. (1985): Hydrogeographie des Salzburger Anteils am Nationalpark Hohe Tauern. − Universität Salzburg, , Hausarbeit am Institut für Geographie: 1-77.

HÖLLER, B. (1985): Hydrogeographie des Salzburger Anteils am Nationalpark Hohe Tauern. − Universität Salzburg, , Hausarbeit am Institut für Geographie: 1-77.

HONSIG-ERLENBURG W. & R. PSENNER (1986): Zur Frage der Versauerung von Hochgebirgsseen in Kärnten.- Carinthia II 76/96: 443-461.

HÜTTE, M. (2000): Ökologie und Wasserbau. − Parey, Berlin: 1-280.

JERSABEK C. & R. SCHABETSBERGER (1992): Taxonomisch-ökologische Erhebung der Rotatorien- und Crustaceenfauna stehender Gewässer der Hohen Tauern. - Forschungsinstitut Gastein-Tauernregion, unveröffentlichter Endbericht: 1-165.

JUNGWIRTH, M., HAIDVOGL, G., MOOG, O., MUHAR, S. & S. SCHMUTZ (2003): Angewandte Fischökologie an Fließgewässern. − Facultas, UTB, Wien: 1-547.

KAHLKE, H.D. (1994): Die Eiszeit. − Urania-Verlag, Leipzig: 1-192.

KÖRNER C. (1995): Alpine plant diversity: A global survey and functional interpretation. In: Chapin F.S. & C. Körner (Hsg.): Arctic and Alpine Biodiversity: Pattern, Causes and Ecosystem Consequences. Springer-Verlag, Berlin, Heidelberg: 45-62.

KRAINER K. (2005): Geologie. - Wissenschaftliche Schriften, Nationalpark Hohe Tauern, Universitätsverlag Carinthia, Klagenfurt: 1-199.

KRAINER, K. (1994): Die Geologie der Hohen Tauern. − Wissenschaftliche Schriften, Nationalpark Hohe Tauern, Universitätsverlag Carinthia, Klagenfurt: 1-160.

KRISAI, R. (1987): Moore im Nationalpark Hohe Tauern und seinem Umland. - Natur und Land, Heft 1/1987: 6-11.

LICHTENECKER, A. (1996): Charakterisierung ausgewählter Fließgewässer im Einzugsgebiet der Isel − (Tauern- und Defereggental) − Diplomarbeit an der Universität für Bodenkultur am Institut für Wasservorsorge, Gewässerökologie und Abfallwirtschaft, Abteilung für Hydrobiologie, Fischereiwirtschaft und Aquakultur: 1-146

MADER H., STEIDL T. & R. WIMMER (1996): Abflussregime österreichischer Fließgewässer. Umweltbundesamt, Wien. Monographien Bd. 82: 1-192.

MADER, H., T. STEIDL, R. WIMMER (1996): Abflußregime österreichischer Fließgewässer. - Monographien Bd. 82: 1-192.

MCGREGOR G., PETTS G.E., GURNELL A.M. & A.M. MILNER (1995): Sensitivity of alpine stream ecosystems to climate change and human impacts. - Aquatic Conservation: Marine and Freshwater Ecosystems, 5, 233-247.

MERANER A., BARIC S., RIEDL A., MEDGYESY N., LACKNER R., PELSTER B. & J. DALLA VIA (2005): The use of molecular markers for the characterisation and rehabilitation of indigenous trout populations in the Central Alpine region. - Nationalpark Hohe Tauern Conference Volume: 3rd Symposion of the Hohe Tauern National Park for Research in Protected Areas 15.-16.-17. September 2005, Castle of Kaprun: 149-151.

MILNER A.M. & G.E. PETTS (1994): Glacial rivers: physical habitat and ecology. – Freshwater Biology 32: 295-307.

MOOG, O. & R. WIMMER (1990): Grundlagen zur typologischen Charakteristik österreichischer Fließgewässer.- Wasser und Abwasser 34: 55-211.

NIKOLAUS MEDGYESY N., LACKNER R. PELSTER B., MERANER A., RIEDL A., BARIC S. & J. DALLA VIA (2005): Trout ExamInvest: The resettlement of the Danubian clade of brown trout in the region of the National Park Hohe Tauern. - Nationalpark Hohe Tauern Conference Volume: 3rd Symposion of the Hohe Tauern National Park for Research in Protected Areas 15.-17. September 2005, Castle of Kaprun: 145-147.

ÖNORM M 6232 (1995): Richtlinien für die ökologische Untersuchung und Bewertung von Fließgewässern. – FNA Wassergüte und –aufbereitung: 1-72

PATZELT, G. (2000): Natürliche und anthropogene Umweltveränderungen im Holozän der Alpen. – Rundgespräche der Kommission für Ökologie 18 (Pfeil-Verlag, München): 119-125.

PESTA O. (1924): Hydrobiologische Studien über Ostalpenseen. - Archiv für Hydrobiologie, Supplement 3: 385-595.

RETTER, W. (1981): Nationalpark und Kraftwerk in Osttirol: Kompromiss vom Kompromiss des Kompromisses?; Mitteilungen 1981 Heft 5 – September – Oktober Jahrgang 36 (106): 171-173.

SCHABETSBERGER R., C. JERSABEK, H. GASSNER (1994): Die Fischfauna in den Seen des Nationalparks Hohe Tauern. - Studie im Auftrag des Bundesministeriums für Umwelt, Jugend und Familie.

SCHABETSBERGER R., C. JERSABEK, R. WEISS, B. MOOSLECHNER (1996): Konzept für eine naturnahe Gewässerbewirtschaftung im Nationalpark Hohe Tauern.- Salzburg. - Studie im Auftrag des Bundesministeriums für Umwelt, 1-42 (+ Anhang).

SCHABETSBERGER R., JERSABEK C. & B. MOOLECHNER (1997): Die Fischereiwirtschaft in der Nationalparkregion zwischen 1966 und 1994. – In: Wissenschaftliche Mitteilungen aus dem Nationalpark Hohe Tauern, Bd. 3: 165-181.

SCHÄLCHLI, U. (1991): Morphologie und Strömungsverhältnisse in Gebirgsbächen: ein Verfahren zur Festlegung von Restwasserabflüssen. – Versuchsanstalt für Wasserbau, Hydrologie und Glaziologie der Eidgenössischen Technischen Hochschule Zürich, Mitteilungen 113: 1-112.

SLUPETZKY H. (1994): Die Hohen Tauern in der Eiszeit und Nacheiszeit. Seiten 15-27 in: SEEMANN R. (Hrsg.): Mineral & Erz in den Hohen Tauern. Begleitpublikation zur Wanderausstellung. Naturhistorisches Museum Wien.

SLUPETZKY H. (1971): Der Verlauf der Ausaperung am Stubacher Sonnblickkees (Hohe Tauern). Ergebnisse der Kartierung der temporären Schneegrenze. - Mitteilungen der Österreichischen Geografischen Gesellschaft; Band 113, Heft I/II: 1-24.

SLUPETZKY H. (1997): Der „Keesee" beim Stubacher Sonnblickkees in der Granatspitzgruppe (Hohe Tauern); Salzburger Geographische Arbeiten, Band 31: 165-183.

SLUPETZKY, H. (1998): Gletscher vergehen - Gletscherseen entstehen. - Mitteilungen des Österreichischen Alpenvereins, Jahrgang 53, 2/98: 14-16.

SLUPETZKY H. (2005): Bedrohte Alpengletscher. – Fachbeiträge des Österreichischen Alpenvereins, Alpine Raumordnung Nr. 27: 1-73.

SLUPETZKY H. & J. WIESENEGGER (1993): Von Schnee, Eis, Schmelzwasser und Regen zum Gletscherbach - Hydrologie der „Krimmler Ache". - Fachbeiträge des Österreichischen Alpenvereins: Alpine Raumordung Nr. 7 (Krimmler Wasserfälle): 33-36.

SOMMARUGA-WÖGRATH, S., KOINIG, K., BIDNER, T., FRIED, J., PFISTER, P., SCHAFFERER, E., SATTLER, B., SOMMARUGA, R., TARTAROTTI, B. & R. PSENNER (1998): Versauerung von Hochgebirgsseen. Vergleich 1985 und 1995. - Wasserwirtschaftskataster, Bundesministerium für Land- und Forstwirtschaft, Wien: 1-134.

STEINER, V. (1987): Die Hochgebirgsseen Tirols aus fischereirechtlicher Sicht – Teil I: Bestandsaufnahme 1980 – 1985. - Reinhaltung der Tiroler Gewässer: 1-213.

STÜBER, E. & N. WINDING (2007): Tierwelt – Wirbeltiere. – Tyrolia-Verlag, Wisschenschaftliche Schriften: 1-183.

STÜBER, E. & N. WINDING (1999): Erlebnis Nationalpark Hohe Tauern. – Tyrolia-Verlag, Band Salzburg, 1-308.

STÜBER, E. & N. WINDING (2003): Erlebnis Nationalpark Hohe Tauern. – Tyrolia-Verlag, Band Tirol: 1-336.

STÜBER, E. & N. WINDING (2005): Erlebnis Nationalpark Hohe Tauern. – Tyrolia-Verlag, Band Kärnten: 1-309.

VAN HUSEN, D. (1987): Die Ostalpen in den Eiszeiten. – Populärwissenschaftliche Veröffentlichungen der Geologischen Bundesanstalt, Geologische Bundesanstalt, Wien: 1-24 (+Karte).

VANNOTE R.L., MINSHALL G.W., CUMMINS K.W., SEDELL J.R. & C.E. CUSHING (1980): The river continuum consept. – Canadian Journal of Fisheries and Aquatic Science 37: 130-137.

VEIT, H. (2003): Die Alpen – Geoökologie und Landschaftsentwicklung. – UTB Ulmer, Stuttgart: 1-352.

WARD J.V. (1994): Ecology of alpine streams. Freshwater Biology, 32, 277-294.

WARD J.V. & U. UEHLINGER (2003): Ecology of a glacial food plain. – Kluwer Academic Publ., Dordrecht: 1-306.

WEICHSELBAUMER P.(1989):Ökologische Gewässerbeurteilung anhand der Bodenfauna (Makrozoobenthos) im Projektgebiet des geplanten Speicherkraftwerkes Kals am Großglockner - Matrei in Osttirol. Unveröffentl. Bericht, Univ. Innsbruck.

WICHARD W., ARENS W. & G. EISENBEIS (1995): Atlas zur Biologie der Wasserinsekten. – Gustav Fischer, Stuttgart: 1-338.

11 Anhang –
Gewässerinventar Nationalpark Hohe Tauern – Stillgewässer

Anhang-Tab.: Alphabetisches Verzeichnis der Stillgewässer – Teil Kärnten (Lage siehe Seite 105)

Brettersee	*K1*	**P**fandlschartenkeesee	*K17*
Brunnkarsee	*K2*	Plessnitzsee	*K18*
		Pritischkarsee	*K19*
Dössnersee	*K3*		
		Samerseelein	*K20*
Großer Gradensee	*K4*	Sandersee	*K21*
Grünecker See	*K5*	Stappitzer See	*K22*
Hinterer Langtalsee	*K6*	**T**homaslacke	*K23*
Kleiner Tauernsee	*K7*	**U**nterer Hochalmsee	*K24*
Konradlacke	*K8*	Unterer Langkarsee	*K25*
Kreuzsee	*K9*	Unterer Preimlsee	*K26*
		Unterer Schwarzhornsee	*K27*
Mittlerer Gradensee	*K10*		
Mittlerer Hochalmsee	*K11*	**V**orderer Gradensee	*K28*
Mittlerer Langtalsee	*K12*	Vorderer Langtalsee	*K29*
Oberer Hochalmsee	*K13*	**W**angenitzsee	*K30*
Oberer Langkarsee	*K14*		
Oberer Preimlsee	*K15*		
Oberer Schwarzhornsee	*K16*		

Anhang-Tab.: Alphabetisches Verzeichnis der Stillgewässer – Teil Tirol (Lage siehe Seite 105)

Alkuser See	T1	Michlbachlacke	T32
Arnitzsee	T2		
		Oberer Alplessee	T33
Barrensee	T3	Oberseitsee	T34
Beim See	T4		
Berger See	T5	Raneburger See	T35
Blindissee	T6		
Bödensee	T7	Salzbodensee	T36
Brunner Seeble	T8	Schandlasee	T37
		Schinaglsee	T38
Daber See	T9	Schwarzer See	T39
Dichtensee	T10	Schwarzkofelsee	T40
Dorfer See	T11	Schwarzkopfsee	T41
		Schwarzsee	T42
Eggsee	T12	See b. Fleischbankees	T43
Eissee bei Pragerhütte	T13	See b. Gamsköpfl	T44
Eissee beim Gradötzkees	T14	Seebl	T45
Eissee beim Löbbensee	T15	Simonysee	T46
Eissee im Timmeltal	T16	Steinkassee	T47
Gartlsee	T17	Thurner See	T48
Göslessee	T18	Trelebitschsee	T49
Grauer See	T19		
Gritzer See	T20	Umballkeessee	T50
Grossbachsee	T21	Unterer Alplessee	T51
Grüner See	T22		
Gumpenlacke	T23	Vorderer Grubensee	T52
Gutenbrunnsee	T24		
		Wildensee	T53
Hinterer Grubensee	T25		
		Zunigsee	T54
Keespölachlacke	T26	Zupalsee	T55
Keespölachsee	T27		
Kesselsee	T28		
Lackensee	T29		
Langseebl	T30		
Löbbensee	T31		

Anhang-Tab. 6: Alphabetisches Verzeichnis der Stillgewässer – Teil Salzburg (Lage siehe Seite 105)

Bockkarsee	S1	**P**alfner See	S25
Brandlsee	S2	Pfringer See	S26
Brechlsee	S3	Plattachsee	S27
Eissee i. Windbachtal	S4	**R**ainbachsee	S28
		Reedsee	S29
Foiskarsee	S5	Rinderkarsee	S30
Fürlegsee	S6		
		Schafflkogelsee	S31
Gamskarlsee	S7	Schafsee	S32
Großer Tauernsee	S8	Schödersee	S33
Grüne Lacke	S9	Schwarze Lacke	S34
Grünsee	S10	Schwarzkarlsee	S35
		See b. Murauer Köpfe	S36
Hintersee	S11	See b. Karlinger Kees	S37
Hochbirgsee	S12	See b. Kreuzkogel	S38
		See b. Woisgenkopf	S39
Karsee	S13	Seebachsee	S40
Karwassersee	S14	Seekarsee	S41
Kratzenbergsee	S15		
		Tauernsee (Obersee)	S42
Langsee	S16		
		Unterer Bockhartsee	S43
Medelzlacke	S17	Unterer Gerlossee	S44
		Unterer Hörkarsee	S45
Oberer Bockhartsee	S18	Unterer Kleineisersee	S46
Oberer Gerlossee	S19	Unterer Kolmsee	S47
Oberer Hörkarsee	S20	Unterer Schwarzsee	S48
Oberer Kleineisersee	S21		
Oberer Kolmsee	S22	**V**orderer Jaidbachsee	S49
Oberer Rotgüldensee	S23		
Oberer Schwarzsee	S24	**W**ildkarsee	S50
		Windschursee	S51

11 Anhang

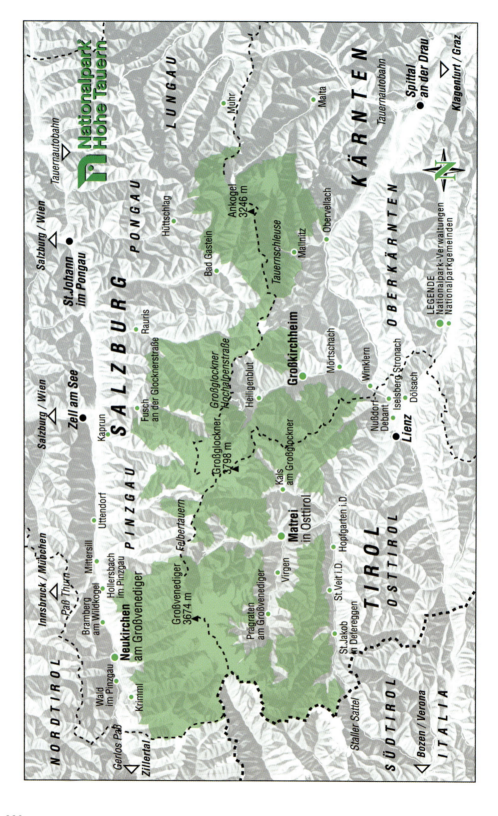

12 Glossar – wichtige gewässerökologische Fachbegriffe

aerob: unter Verwendung von Sauerstoff

allochthon: von außen in ein System eingetragen, z.B. außerhalb des Gewässers produziert und dann ins Gewässer gelangt (Laub der Ufervegetation)

alpine Seen: Seen über der Waldgrenze (Hochgebirgsseen)

anaerob: ohne Sauerstoff

Anflug: a) in der Fischereibiologie: Eintrag wirbelloser Tiere aus der Luft;
b) in der Vegetationskunde: Eintrag pflanzlicher Verbreitungseinheiten oder Pflanzenbestände im Initialstadium

Aufwuchs: Belag aus meist mikroskopisch kleinen Organismen, der die Oberflächen von Substraten überzieht und sich vorwiegend aus Bakterien, Ciliaten und Algen zusammensetzt

autochthon: innerhalb eines Systems gebildet

autotrophe Organismen: Organismen, die in der Lage sind, ihre Biomasse aus anorganischen Bestandteilen aufzubauen. Man unterscheidet photoautotrophe und chemoautotrophe Organismen

Benthal: Lebensraum des Gewässerbodens

Benthos: Lebensgemeinschaft des Gewässerbodens

Biofilm: komplexe Lebensgemeinschaft von Mikroorganismen an Oberflächen

Bioindikation: Ableiten des ökologischen Zustandes eine Ökosystems aus dem Vorhandensein einzelner Arten oder Artenkombinationen

Biomasse: flächen-, substratmassen- oder volumenbezogene Masse von Organismen

Biota: Gesamtheit der Tier- und Pflanzenarten einer bestimmten Region

biotisch: belebt, belebend; bezogen auf die biologischen Aspekte der Umwelt eines Organismus

Biotop: Lebensraum einer Biozönose

Biozönose: Lebensgemeinschaft von Organismenarten, die untereinander und mit der Umwelt in Wechselwirkung stehen

Biozönotische Region: Region einer bestimmten Lebensgemeinschaft

Choriotop: Teillebensraum, der einem bestimmten Strukturtyp zugeordnet ist. Die Choriotope einer Gewässerstrecke sind meist mosaikartig miteinander verflochten. Es wird zwischen natürlichen und künstlichen Choriotopen unterschieden. Künstliche Choriotope sind z.B. Betonwände und andere harte Verbauungen

detritivor: sich von Detritus ernährend

Detritus: abgestorbenes, totes organisches Material

Diversität: mathematischer Ausdruck für das Arten- und/oder Individuenverhältnis in einer Biozönose

Dominanz: Maßzahl zur Erfassung der relativen Häufigkeit einer Pflanzen- oder Tierart in einem Habitat oder Ökosystem; es wird unterschieden zwischen a) dem prozentuellen Anteil der Individuen einer taxonomischen Einheit (bzw. der von einer taxonomischen Einheit bedeckten Fläche) an der Gesamtzahl der Individuen (bzw. an der Gesamtfläche), b) dem prozentuellen Anteil der Biomasse einer Art an der Gesamtbiomasse

Drift: mit der Strömung erfolgende aktive oder passive Ortsveränderung von Wasserorganismen

Einzugsgebiet: Gebiet, das von einem Gewässer und seinen sämtlichen Zuflüssen ober- und unterirdisch entwässert wird

Epilimnion: warme Oberflächenschicht in geschichteten Seen

Eukrenal: Lebensraum der Quelle

12 Glossar

Eukryal: Lebensraum des Gletschers
eutroph: nährstoffreich, mit hoher Produktion
Fließgeschwindigkeit: Geschwindigkeit des Wassers an einem bestimmten Punkt des Gewässers
Fließgewässer: ständig oder zeitweise fließendes oberirdisches Gewässer
freie Welle, fließende Welle: gesamter in Fließrichtung bewegter Wasserkörper im Gewässerbett
Gewässerbeschaffenheit: Beschreibung der Eigenschaften eines Gewässers durch physikalische, chemische, mikrobiologische und biologische Parameter sowie morphologische, hydrographische und weitere beschreibende Begriffe
gewässerbezogenes Umland: für die ökologische Funktionsfähigkeit eines Gewässers maßgeblicher Uferbereich; gemäß WRG 1959 § 30 (3) der Bereich bis zur Wasseranschlaglinie bei HW30 im natürlichen Zustand des Gewässers (siehe § 38 (3) WRG 1959)
Gewässergüte: Bewertung der Gewässerbeschaffenheit
Glazio-rhithral: Lebensraum des Gletscherbaches
Großgruppen: höhere taxonomische Einheiten der Organismen
Habitat: Lebensraum einer Art, charakteristischer Standort einer Art
Häufigkeit: empirische Mengenschätzung von Organismen, normalerweise ausgedrückt in Häufigkeitsstufen von 1 bis 5 (fallsweise auch bis 3 oder bis 7). Die Stufen haben je nach Fachgebiet eine andere Bedeutung
hemimetabole Insekten: Entwicklung läuft ohne Puppenstadium ab (z.B. Eintagsfliegen)
heterotrophe Organismen: Organismen, die ihre Biomasse durch Verwertung von organischem Material aufbauen
holometabole Insekten: Entwicklung beinhaltet ein Puppenstadium (z.B. Köcherfliegen)
Hypokrenal: Lebensraum des Quellabflusses
Hypokryal: Lebensraum des Gletscherbaches (siehe Kryal)
Hypolimnion: kalte Tiefenschicht in geschichteten Gewässern
Interstitial: Porenraum des Gewässerbettes als Lebensraum (hyporheisches Interstitial)
Konkurrenz: Interaktion zwischen Populationen, die gemeinsame Ressourcen nutzen
Konstanz: prozentueller Anteil der Proben von verschiedenen Untersuchungsstellen, in denen eine Art gefunden wird
Konsumenten: Organismen, die sich von vorgebildeten organischen Stoffen ernähren
Krenal: Lebensraum eines Quellbaches, wobei zwischen der eigentlichen Quelle (Eukrenal) und dem abfließenden Quellbach (Hypokrenal) unterteilt wird
Kryal: Lebensraum eines Gletscherbaches. Unterteilung in Lebensraum des Gletschers (Eukryal) und der daran anschließenden Abschnitte, direkt am Gletschertor (Metakryal) und etwas bachabwärts (Hypokryal). Der Lebensraum des Gebirgsbaches, wo die Vergletscherung im Einzugsgebiet genügend groß ist, um die Gewässereigenschaften deutlich zu modifizieren (Gletschertrübe, sommerliche Abflussmaxima, geringere Temperaturen) werden als Glazio-rhithral bezeichnet
Limnologie: Wissenschaft von den Binnengewässern (stehende und fließende Oberflächengewässer und Grundwasser) und ihrer Organismenwelt
Litoral: Uferzone
Makrophyt: mit freiem Auge in der Regel bis auf das Artniveau bestimmbare Wasserpflanze mit funktionell gegliedertem Sprossaufbau
Makrozoobenthos: Sammelbezeichnung für Tiere, die den Gewässerboden bewohnen und zumindest in einem Lebensstadium mit freiem Auge sichtbar sind
Metakryal: Lebensraum des Gletscherbaches (siehe Kryal)
Metalimnion: Zone stärkster Temperaturänderung (Sprungschicht) in geschichteten Gewässern

Mikrobenthos: Sammelbezeichnung für mikroskopisch kleine Pflanzen und Tiere, die den Gewässerboden bewohnen

Mittelwasser-Anschlagsbereich: periodisch trockenfallender Schwankungsbereich der Mittelwasser-Anschlagslinie eines Gewässers; kennzeichnend ist das Fehlen ausdauernder krautiger Landpflanzen

mittlere Fließgeschwindigkeit: Quotient aus Durchfluss und Durchflussquerschnitt

Nekton: Sammelbezeichnung für Tiere, die im freien Wasserkörper (auch gegen Strömungen) zu zielgerichteten Ortsveränderungen größeren Ausmaßes befähigt sind

Neuston: Lebensgemeinschaft des Oberflächenhäutchens

oligotroph: nährstoffarm, mit geringer Produktion

Ökologie: Wissenschaft von den Wechselwirkungen der Komponenten und Faktoren belebter Systeme

ökologische Funktionsfähigkeit: Fähigkeit zur Aufrechterhaltung des Wirkungsgefüges zwischen dem in einem Gewässer und seinem Umland gegebenen Lebensraum und seiner organismischen Besiedelung entsprechend der natürlichen Ausprägung des betreffenden Gewässertyps (Erhaltung von Regulation, Resilienz und Resistenz

Ökosystem: funktionelle Einheit aus Biozönose und Biotop, gekennzeichnet durch stoffliche, energetische und informatorische Wechselwirkungen zwischen den Organismen untereinander und ihrer Umwelt

Ökoton: Übergangsbereich zwischen Teilökosystemen, z.B. Wasser-Land-Übergangszone

Paläolimnologie: Teilgebiet der Limnologie zur Rekonstruktion früherer Umweltzustände mit Hilfe physikalischer, chemischer und biologischer Informationen aus Sedimentkernen

Pelagial: Freiwasserzone

Plankton: im freien Wasserkörper schwebende Pflanzen (Phytoplankton), Tiere (Zooplankton) und Bakterien (Bakterioplankton) mit fehlender oder nur geringer Eigenbewegung

Präsenz: Anwesenheit einer Art im Organismenbestand

Primärproduktion: Aufbau organischer Substanz aus anorganischen Bestandteilen (durch Photosynthese oder Chemosynthese)

Regulation: Fähigkeit eines Ökosystems zur Erhaltung seiner charakteristischen Ausprägung

Resilienz: Fähigkeit eines Ökosystems, nach Überwindung vorübergehender Störungen seine charakteristische Ausprägung wieder zu erreichen

Resistenz: Widerstand eines Ökosystems gegenüber störenden Einflüssen

Ressourcen: konsumierbare Faktoren (Energie, Substanzen, Beute, Platz), die für die Aufrechterhaltung, Wachstum und Vermehrung von Organismen von Bedeutung sind

Saprobie: Intensität des Abbaues organischer Substanzen durch Stoffwechselvorgänge

Saprobiensystem: Bewertungsverfahren für das Maß einer organischen Belastung von Fließgewässern anhand der Gewässerbesiedelung

Saprobiestufen: durch die Lebensgemeinschaften von Organismen und durch abiotische Merkmale charakterisierte Stufen der Intensität des Abbaues organischer Substanz. Es werden die xenosaprobe, oligosaprobe, b-mesosaprobe, a-mesosaprobe und polysaprobe Stufe unterschieden

Saprobiont: heterotropher, an Standorte mit faulenden Stoffen gebundener Organismus

See: meist tiefes, oft großes natürliches Gewässer mit einer mittleren Tiefe über 2 m, das thermisch geschichtet oder ungeschichtet sein kann. Normalerweise wird als See ein stehendes Gewässer bezeichnet, dessen Tiefe so groß ist, dass sich eine ausgeprägte Temperatur-, Licht- und Nährstoffzonierung einstellen kann

Selbstreinigung: Gesamtheit aller Vorgänge in einem Gewässer, durch die organische Wasserinhaltsstoffe und anorganische Nährstoffe in den natürlichen Stoffkreislauf einbezogen, abgebaut, mineralisiert und langfristig auch aus ihm ausgeschieden werden. Dieser Vorgang wird vorwiegend durch organismische Aktivitäten bewirkt

Seston: Gesamtheit aller im Wasser schwebenden festen Bestandteile. Man unterscheidet Bioseston (z.B. Plankton, Detritus) und Abioseston (z.B. mineralische Partikel)

Trophie: Intensität der Produktion organischer Substanz durch Photosynthese (Primärproduktion)

trophische Ebene: Position in der Nahrungskette, definiert durch die Energietransferschritte bis zu dieser Position

turbulente Strömung: Strömung mit wirbelförmigen Stromlinien

Tümpel: zeitweilig austrocknendes Stillgewässer beliebiger Größe, aber meist klein

Verwitterung: der durch physikalische, chemische und biogene Einflüsse bewirkte Zerfall von Gestein und Mineralien

Wasserbeschaffenheit: Beschreibung der Eigenschaften eines Wassers durch physikalische, chemische, mikrobiologische und biologische Parameter sowie beschreibende Begriffe

Wassergüte; Wasserqualität: Bewertung der Wasserbeschaffenheit (z.B. Trinkwasser, Badewasser)

Weiher: meist kleinere, seichtere natürliche Gewässer. Wasserdurchmischung homogen (im Gegensatz zum See). Das Licht reicht bis zum Gewässergrund

Zonierung: Abfolge von Vegetationseinheiten, Artengruppen sowie Bestandes- oder Strukturtypen o.ä. längs eines physikalischen oder chemischen Gradienten, unter Umständen auch in Abhängigkeit von einer zeitlichen Entwicklung. Strömungsgeschwindigkeit, Wassertiefe, Wassertemperatur und Licht bedingen wichtige physikalische Gradienten. Chemische Gradienten sind etwa die Konzentration an Protonen, Kohlenstoffdioxid, Hydrogencarbonat oder Nährstoffen. Abhängig von der Richtung des Gradienten ist eine Quer-, Längs- oder Tiefenzonierung im Fließgewässer zu unterscheiden

13 Einfacher Bestimmungsschlüssel zu den Familien und wichtigsten Gattungen wirbelloser Tiere in den Gebirgsgewässern

In den meisten Ordnungen und Familien wasserlebender wirbelloser Tiere ist die Bestimmung der Arten mühsam und zeitaufwändig. In vielen Fällen ist sie nicht durchführbar, weil der Kenntnisstand für eine sorgfältige Bearbeitung noch unzureichend ist. Einige der Lebensräume, das gilt auch für manche Gewässertypen des Hochgebirges und die darin lebenden Tiergruppen sind ungenügend erforscht, von manchen Arten sind nur die Imaginalstadien (geschlechtsreife Männchen und/oder Weibchen) oder Puppenstadien bekannt, auch können oft die Larven einer Art von nahverwandten Arten nicht unterschieden werden. Je kleiner die Arten werden, desto schlechter sind sie bearbeitet. Das gilt insbesondere für die Mikro- oder Mesofauna. Lebensräume, die nicht Gegenstand von Routineuntersuchungen sind, zum Beispiel Quellen, Grundwasser und hyporheisches Interstitial, könnten noch einige für die Wissenschaft neue Arten beherbergen. Viele Fachleute sind überzeugt, dass angesichts der anhaltenden und fortschreitenden Zerstörung von Lebensräumen manche Arten bereits ausgestorben sein werden, bevor sie der Menschheit überhaupt bekannt sind.

Foto 13. 1. Die Artbestimmung von im Wasser lebenden wirbellosen Tieren ist besonders im Larvenstadium schwer möglich. Manchmal sind Unterschiede zwischen nah verwandten Arten selbst mit dem Mikroskop nicht zu erkennen. Bei anderen Vertretern sind möglicherweise noch nicht alle Larven bekannt. Besonders schwierig ist die Zuordnung bei jüngeren Entwicklungsstadien der Chironomiden (Zuckmücken), Trichopteren (Köcherfliegen) und Plecopteren (Steinfliegen), nur um die häufigsten Bewohner der alpinen Fließgewässer zu nennen. Als typische Steinfliegenlarven sind in Gebirgsbächen Arten der Gattungen a) Perla sp., b) Leuctra sp. und Chloroperla sp. zu finden. Bei den Zweiflüglern (Ordnung Diptera), ebenfalls zahlreich in den Gebirgsbächen, fällt besonders die vielfältige Gestalt auf, wenn man die verschiedenen Familien betrachtet: c) Puppe und Larven der Lidmücke (Blephariceridae). d) Kriebelmücken-Larve mit ihren typischen Filterreusen am Kopf. e) Kriebelmücken-Puppe und f) Larven der Mückenfamilie Athericidae (L. Füreder).

13 Bestimmungsschlüssel

Tafel 1

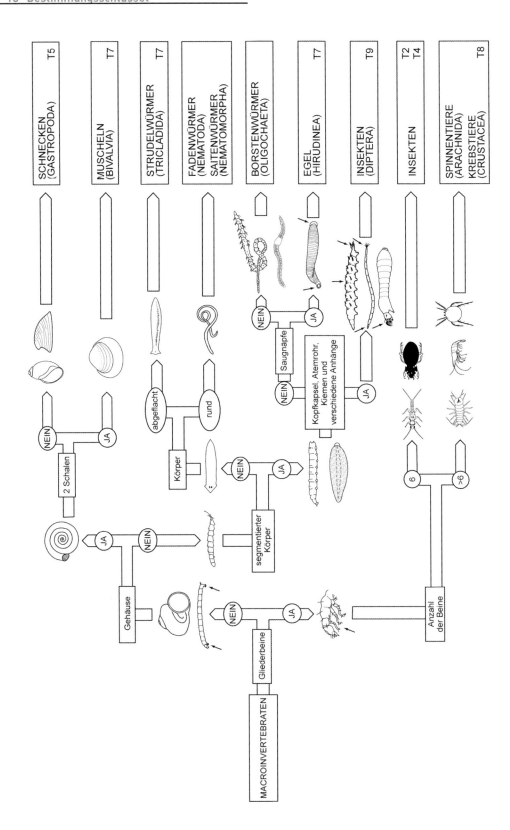

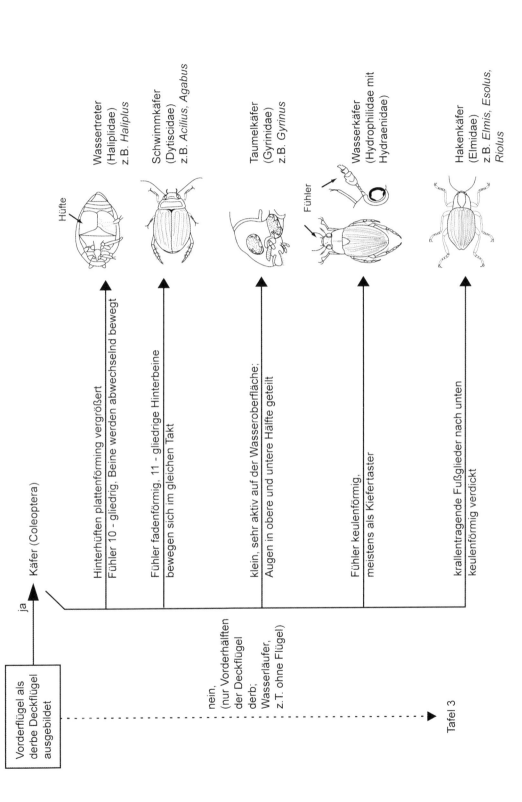

13 Bestimmungsschlüssel

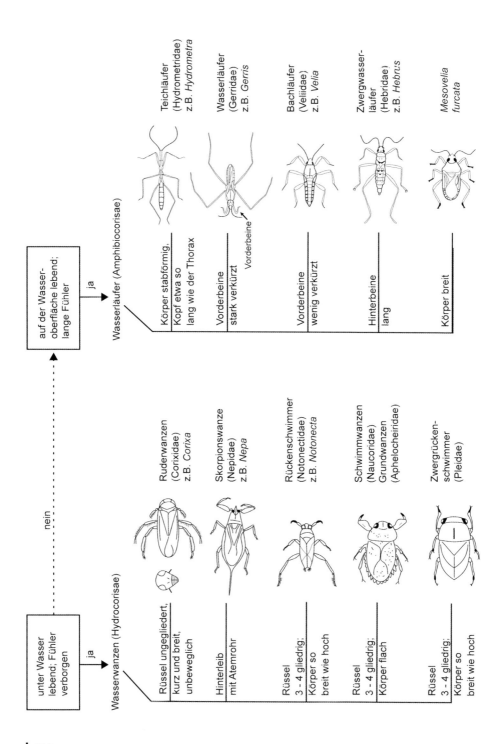

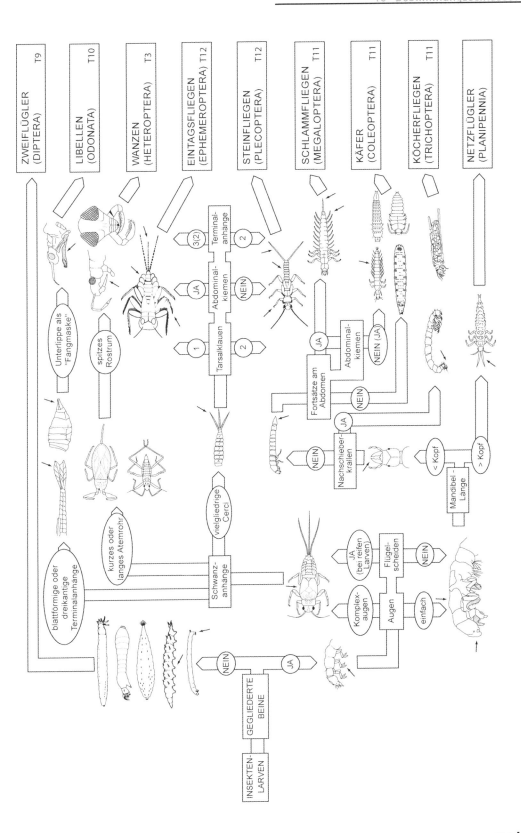

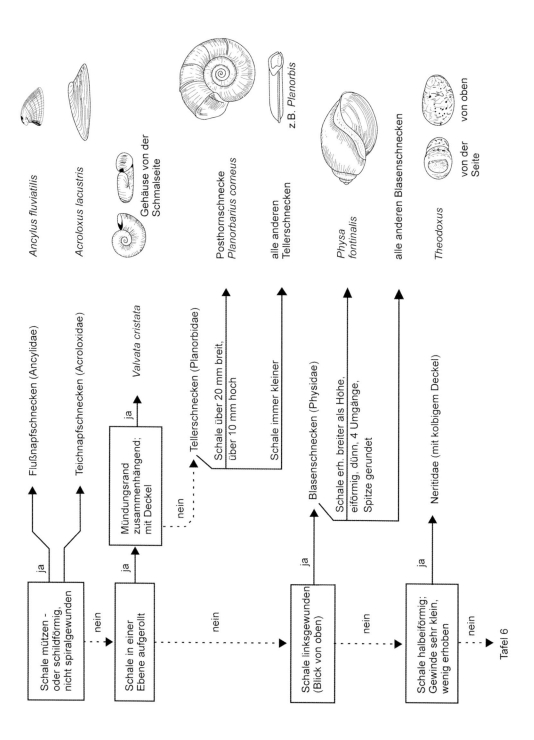

13 Bestimmungsschlüssel

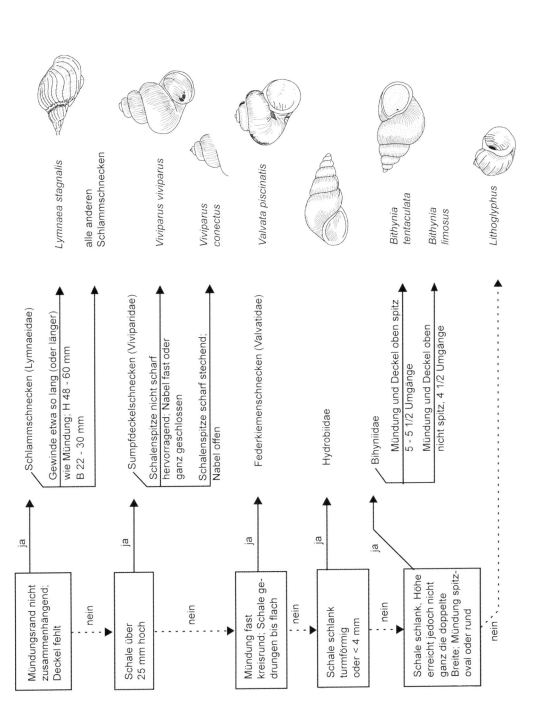

Tafel 6

13 Bestimmungsschlüssel

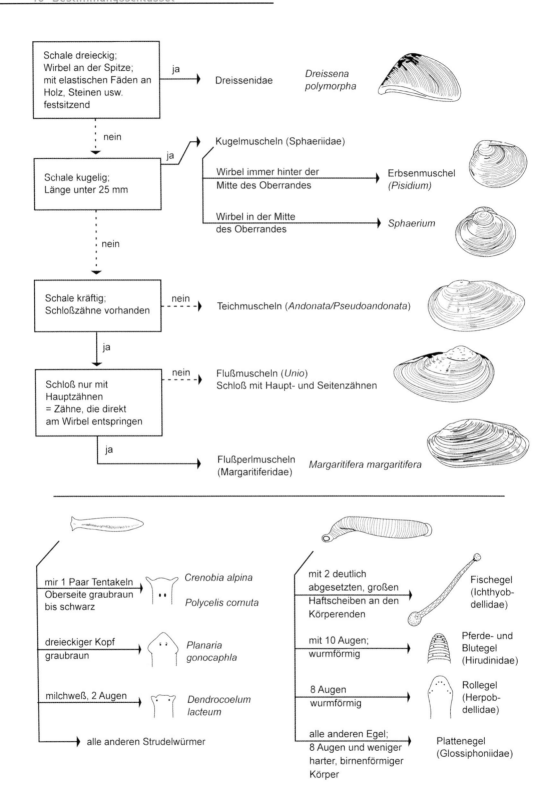

242

13 Bestimmungsschlüssel

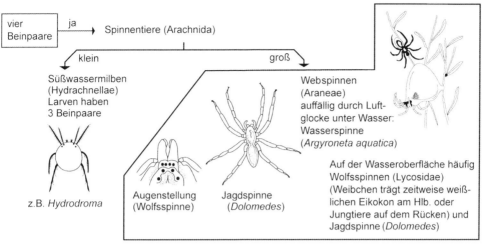

vier Beinpaare — ja → Spinnentiere (Arachnida)

- klein: Süßwassermilben (Hydrachnellae) Larven haben 3 Beinpaare, z.B. *Hydrodroma*
- groß: Webspinnen (Araneae) auffällig durch Luftglocke unter Wasser: Wasserspinne (*Argyroneta aquatica*)

Auf der Wasseroberfläche häufig Wolfsspinnen (Lycosidae) (Weibchen trägt zeitweise weißlichen Eikokon am Hlb. oder Jungtiere auf dem Rücken) und Jagdspinne (*Dolomedes*)

Augenstellung (Wolfsspinne) — Jagdspinne (*Dolomedes*)

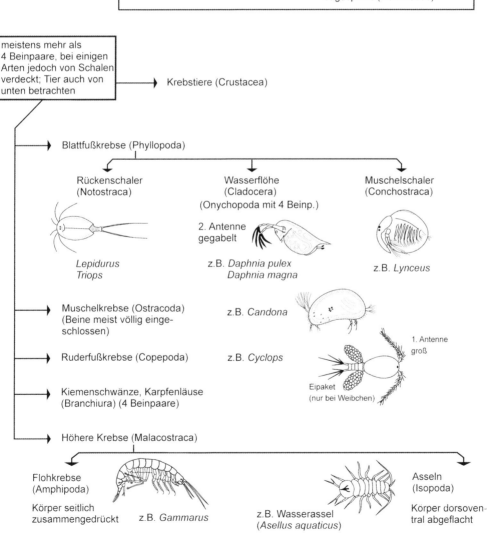

meistens mehr als 4 Beinpaare, bei einigen Arten jedoch von Schalen verdeckt; Tier auch von unten betrachten → Krebstiere (Crustacea)

- Blattfußkrebse (Phyllopoda)
  - Rückenschaler (Notostraca) — *Lepidurus*, *Triops*
  - Wasserflöhe (Cladocera) (Onychopoda mit 4 Beinp.) 2. Antenne gegabelt, z.B. *Daphnia pulex*, *Daphnia magna*
  - Muschelschaler (Conchostraca), z.B. *Lynceus*
- Muschelkrebse (Ostracoda) (Beine meist völlig eingeschlossen), z.B. *Candona*
- Ruderfußkrebse (Copepoda), z.B. *Cyclops* — 1. Antenne groß; Eipaket (nur bei Weibchen)
- Kiemenschwänze, Karpfenläuse (Branchiura) (4 Beinpaare)
- Höhere Krebse (Malacostraca)
  - Flohkrebse (Amphipoda) Körper seitlich zusammengedrückt, z.B. *Gammarus*
  - z.B. Wasserassel (*Asellus aquaticus*)
  - Asseln (Isopoda) Körper dorsoventral abgeflacht

Tafel 8

243

13 Bestimmungsschlüssel

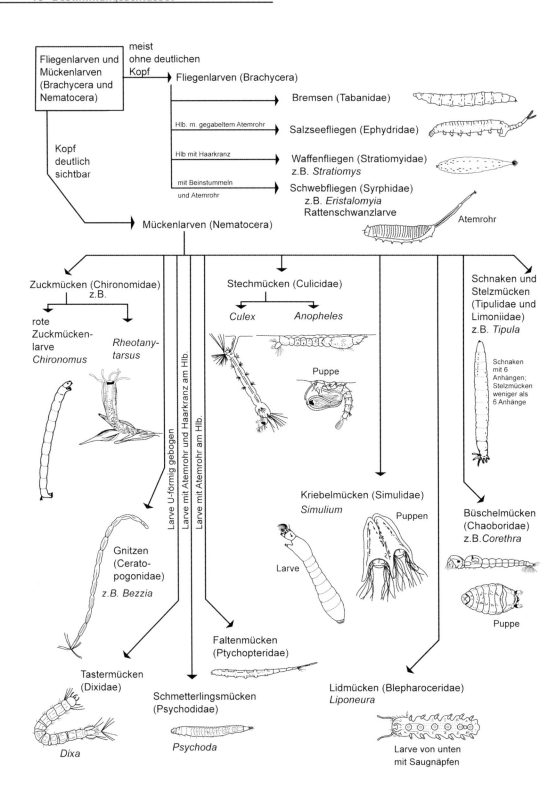

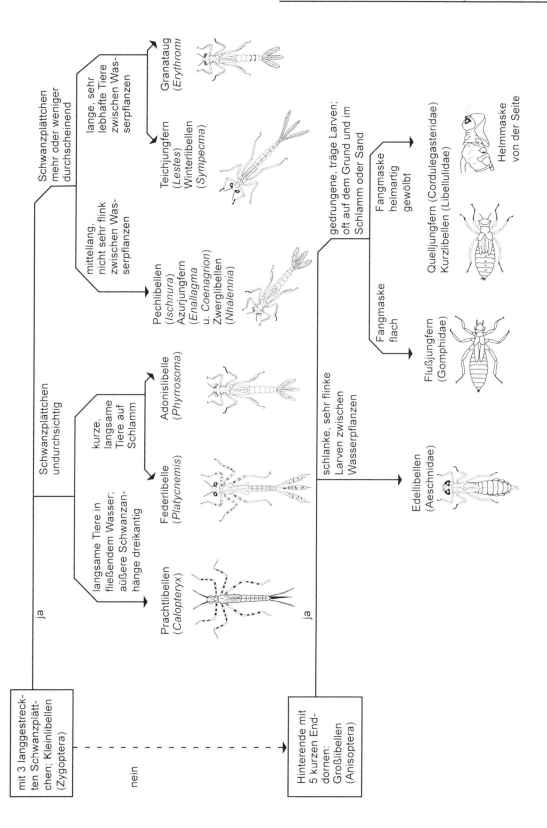

13 Bestimmungsschlüssel

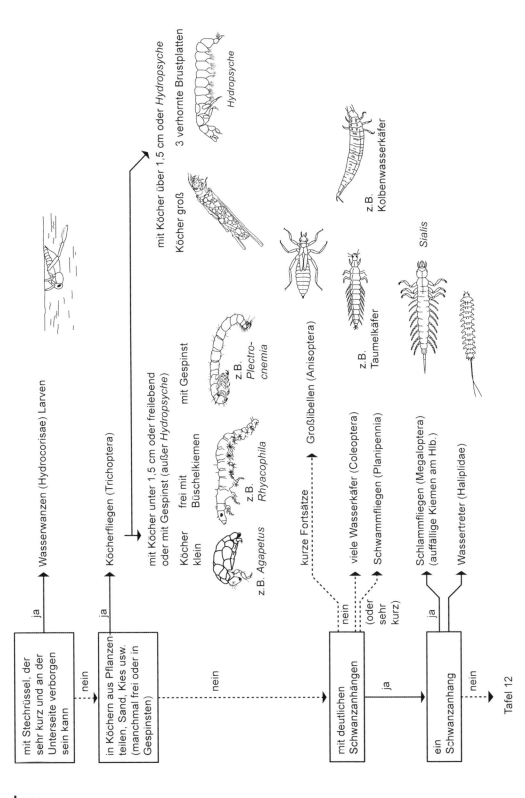

Tafel 11

246

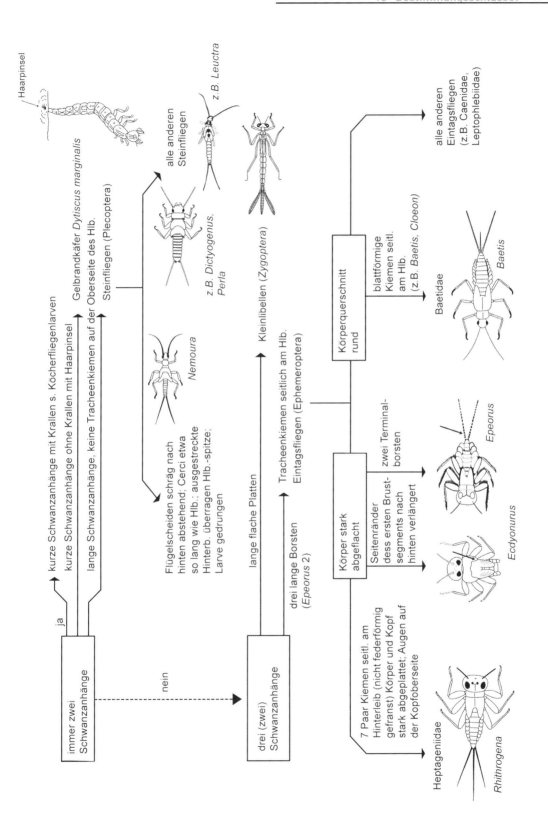

Biographie

Leopold Füreder wurde am 28. Oktober 1958 in Wels, Oberösterreich, geboren. Nach einer Ausbildung als Einzelhandelskaufmann und Dekorateur studierte er im zweiten Bildungsweg an der Universität Innsbruck Zoologie und Limnologie. Während des Doktoratsstudiums verbrachte er etwa 2 Jahre in Philadelphia und Costa Rica und promovierte 1994 zum Dr. rer.nat. in den Fächern Limnologie und Tropenökologie. Von 1994 bis 1997 war er in verschiedenen wissenschaftlichen und angewandten Projekten tätig und auch Lehrbeauftragter an der Universität Innsbruck. Seit 1997 hat er die Stelle eines Universitätsassistenten inne und wurde 2002 für die Fächer Limnologie und Zoologie habilitiert und ist nun Professor am Institut für Ökologie.

Seine Forschungstätigkeit liegt auf dem Gebiet der Gewässerökologie mit den Schwerpunkten Fließgewässerökologie und wirbellose Tiere des Süßwassers. Das Spektrum reicht dabei von den Gewässern der Arktis (Spitzbergen) über die Gewässer der höher gelegenen Gebiete der gemäßigten Zone (Gewässer der Alpen) bis zu den Flüssen der asiatischen, afrikanischen und mittelamerikanischen Tropen. Dabei sind vor allem Biodiversität, Struktur und Funktion von Lebensgemeinschaften im ökosystemaren Gefüge das gemeinsame Thema. Neben der Grundlagenforschung haben auch der Arten- und Gewässerschutz sowie angewandte Fragestellungen ihre Bedeutung. Leopold Füreder ist schon seit etwa 10 Jahren Mitglied des Naturschutzbeirates der Tiroler Landesregierung und seit August 2006 auch wissenschaftlicher Beirat des Nationalparks Hohe Tauern.

Das große Schutzgebiet des Nationalparks Hohe Tauern bietet gerade in der Fließgewässerforschung ein reiches Betätigungsfeld. So ermöglicht die Vielfalt der Umweltfaktoren und der Lebewelt die Erforschung wesentlicher Kausalfaktoren sowie die Beobachtung und Interpretation möglicher Auswirkungen globaler Veränderungen an den vom Menschen kaum direkt beeinträchtigten Gewässern.

Die Ergebnisse seiner wissenschaftlichen Tätigkeit sind in zahlreichen Veröffentlichungen festgehalten.

Anschrift des Verfassers:
Ao. Univ.-Prof. Mag. Dr. Leopold Füreder
AG Fließgewässerökologie und Süßwasserfauna, Institut für Ökologie der Leopold-Franzens-Universität Innsbruck, Technikerstr. 25, A-6020 Innsbruck.
E-mail: leopold.fuereder@uibk.ac.at